westermann

Iris Faßbender-Busch, Werner Pawlicki

Reihenkonzept von: Sabine Dietlmeier, Manuela Schmidt

Sicher vorbereiten und bestehen

Automobilkauffrau/-kaufmann
Gestreckte Abschlussprüfung Teil 2

5. Auflage

Bestellnummer 43727

Die in diesem Produkt gemachten Angaben zu Unternehmen (Namen, Internet- und E-Mail-Adressen, Handelsregistereintragungen, Bankverbindungen, Steuer-, Telefon- und Faxnummern und alle weiteren Angaben) sind i. d. R. fiktiv, d. h., sie stehen in keinem Zusammenhang mit einem real existierenden Unternehmen in der dargestellten oder einer ähnlichen Form. Dies gilt auch für alle Kunden, Lieferanten und sonstigen Geschäftspartner der Unternehmen wie z. B. Kreditinstitute, Versicherungsunternehmen und andere Dienstleistungsunternehmen. Ausschließlich zum Zwecke der Authentizität werden die Namen real existierender Unternehmen und z. B. im Fall von Kreditinstituten auch deren IBANs und BICs verwendet.

Für Verweise (Links) auf Internet-Adressen gilt folgender Haftungshinweis: Trotz sorgfältiger inhaltlicher Kontrolle wird die Haftung für die Inhalte der externen Seiten ausgeschlossen. Für den Inhalt dieser externen Seiten sind ausschließlich deren Betreiber verantwortlich. Sollten Sie daher auf kostenpflichtige, illegale oder anstößige Inhalte treffen, so bedauern wir dies ausdrücklich und bitten Sie, uns umgehend per E-Mail davon in Kenntnis zu setzen, damit beim Nachdruck der Verweis gelöscht wird.

Druck und Bindung:
Westermann Druck GmbH, Georg-Westermann-Allee 66, 38104 Braunschweig

ISBN 978-3-427-**43727**-7

Teil 1 der Abschlussprüfung zur Automobilkauffrau oder zum Automobilkaufmann liegt hinter Ihnen? Sie befinden sich in der Vorbereitung auf Teil 2 der gestreckten Prüfung? Dann haben wir hier das richtige Buch zur Prüfungsvorbereitung für Sie.

Die Verordnung über die Berufsausbildung zur Automobilkauffrau und zum Automobilkaufmann sieht vor, dass die Abschlussprüfung in einer gestreckten Form durchgeführt wird. Die Prüfung besteht aus einem Teil 1, der ca. nach der Hälfte der Ausbildungszeit stattfinden soll, und einem Teil 2 zum Ende der Ausbildung.

Auch ohne im Besitz von Teil 1 dieser Buchreihe zu sein, kann dieses Prüfungsvorbereitungsbuch Sie dabei unterstützen, sich auf den zweiten Teil der Prüfung vorzubereiten und gleichzeitig den prüfungsrelevanten Unterrichtsstoff zu wiederholen und zu vertiefen. Der Aufbau dieses Buches orientiert sich am Ausbildungsrahmenplan und den damit zu vermittelnden Fertigkeiten, Kenntnissen und Fähigkeiten.

Welche Themengebiete beinhaltet Teil 2 der Abschlussprüfung?

Der schriftliche Teil der Abschlussprüfung beinhaltet die Prüfungsbereiche Fahrzeugvertriebsprozesse und Finanzdienstleistungen sowie die kaufmännischen Unterstützungsprozesse und den Teil Wirtschafts- und Sozialkunde. Zusätzlich beinhaltet Teil 2 der Abschlussprüfung auch ein fallbezogenes Fachgespräch.

Bei den Fahrzeugvertriebsprozessen werden alle Themen von der Marktanalyse und Produktpolitik über die Disposition und Auslieferung bis hin zur Aftersalesbetreuung der Kundinnen und Kunden aufgegriffen.

Im Rahmen der Finanzdienstleistungen werden die Möglichkeiten des Unternehmens in Hinsicht auf das Angebot von Kreditfinanzierung, Leasing und deren Absicherung, aber auch auf die Chancen in Bezug auf die Vermittlung von Kfz-Versicherungen ausgearbeitet.

Die kaufmännischen Unterstützungsprozesse bestehen aus personalbezogenen Aufgaben wie Beschaffung und Planung sowie der Steuerung und Kontrolle des Unternehmens. Bei Letzterem handelt es sich sowohl um die Erfassung und Auswertung der Buchhaltung als auch um gängige Kalkulationsverfahren.

Der Prüfungsteil Wirtschafts- und Sozialkunde beinhaltet Themen rund um die rechtlichen Rahmenbedingungen des Wirtschaftens bis hin zu den Grundzügen der Wirtschaftspolitik.

Wie hilft Ihnen dieses Buch bei der Prüfungsvorbereitung?

Zu den genannten prüfungsrelevanten Themen finden Sie Aufgaben und Lösungen sowie ausführliche Erläuterungen. Viele komplexe Zusammenhänge werden durch zahlreiche Abbildungen veranschaulicht.

So können Sie nicht nur Ihr vorhandenes Wissen wiederholen und trainieren, sondern gleichzeitig auch eventuelle Verständnislücken schließen.

Auf jeder Seite finden Sie in der Kopfzeile auf der linken Seite den Prüfungsbereich und auf der rechten Seite das behandelte Thema. Dazu finden Sie auf der Vorderseite mehrere Aufgaben, bei denen Sie Ihre Lösung direkt eintragen können. Die meisten Aufgaben sind in der Form gestellt, wie sie auch in der Prüfung vorkommen wird. Wenn Sie umblättern, sehen Sie auf der Rückseite die Lösungen zu den Aufgaben (in grauer Schrift) und die Erklärungen (in schwarzer Schrift). Häufig finden Sie hier auch Schaubilder, die den Ablauf oder Zusammenhang übersichtlich zusammenfassen. Nach den Übungsaufgaben zu den prüfungsrelevanten Themen finden Sie zu allen drei Teilen eine Probeprüfung, mit der Sie das Erlernte unter Prüfungsbedingungen testen können.

Am Ende des Buches befindet sich zudem ein Kapitel mit Tipps und einigen Musterfällen zu Ihrem fallbezogenen Fachgespräch. Auch hierzu finden Sie die Lösungsvorschläge im Anschluss.

Im Sachwortverzeichnis können Sie gezielt nach Aufgaben und Erläuterungen zu bestimmten Themen suchen.

Ob Sie die Themen in der Reihenfolge bearbeiten, die das Buch vorgibt, oder einzelne Themengebiete aufgreifen wollen, bleibt Ihnen überlassen. Auf jeden Fall kann dieses Buch Sie bei Ihrer Prüfungsvorbereitung unterstützen.

Wir wünschen Ihnen viel Erfolg bei Ihrer Prüfung.

Das Autorenteam

P.S. Sollten Sie bei einer Lösung einmal anderer Meinung sein, schreiben Sie uns eine E-Mai an: service@westermanngruppe.de.

Inhaltsverzeichnis

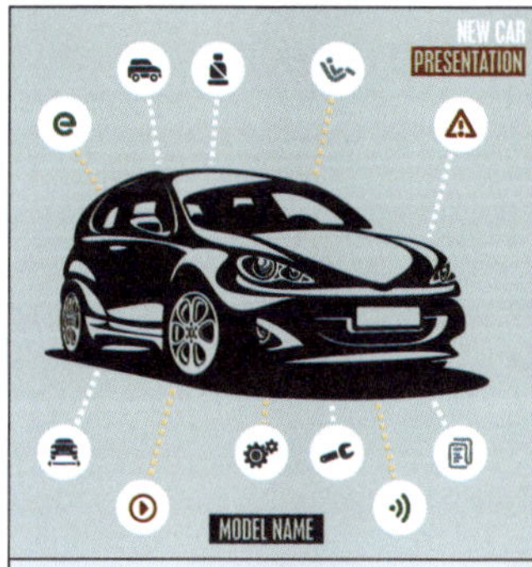

Autohaus Schmidt GmbH

Ihr Partner in Sachen Auto!

Geschäftssitz	Ettore-Bugatti-Straße 6–14 50737 Köln
Registergericht **Gründungsdatum**	Amtsgericht Köln HRB 572 03.10.1967
Geschäftsführende **Geschäftsanteile**	• Oliver Schmidt 100.000,00 € • Jeanice Monak 80.000,00 € • Cynthia Kantal 60.000,00 €
Telefon **Website** **E-Mail**	Zentrale 0221 1234567 www.autoschmidt.de info@autohausschmidt.de
Zertifizierung	DIN EN ISO 9001
Mitarbeitende	26 Beschäftigte, davon: • 3 Geschäftsführende • 2 Mitarbeitende Einkauf • 3 Mitarbeitende Verkauf • 4 Mitarbeitende Verwaltung • 7 Mitarbeitende Werkstatt • 2 Mitarbeitende Lager • 5 Auszubildende

Bilanzsumme **Umsatz**	5.800.000,00 € 14.200.000,00 €
Geschäftszweck	• Vertrieb von Neu- und Gebrauchtwagen • Teile- und Zubehörverkauf • Service und Reparatur • Finanzdienstleistungen

Das Unternehmen

Die Autohaus Schmidt GmbH wurde 1967 gegründet und ist seitdem in dritter Generation ein verlässlicher Partner für Köln und Umgebung. Mit über 50 Jahren Erfahrung stehen wir für höchste Kundenzufriedenheit und exzellenten Service!

In unserem Ausbildungsbetrieb wird unser Personal markenspezifisch geschult, um Ihnen eine fachkundige Beratung und qualifizierte Lösungen zu ermöglichen.
Mit zurzeit 21 Beschäftigten, sowie 5 Auszubildenden und jahrzehntelanger Erfahrung sind wir ein Garant für Qualität. Durch ständige Investitionen in Know-how und modernste Technik können wir Ihnen schnelle Lösungen nach Ihrem Bedarf liefern.

Gut durchdachte Arbeitsabläufe tragen entscheidend zur Qualität unserer Dienstleistungen bei. Ein wirksames Qualitätsmanagement berücksichtigt die speziellen Anforderungen und Perspektiven unseres Unternehmens.

Als markenungebundenes Autohaus können wir außerdem ganz gezielt auf Ihre Wünsche und Vorstellungen eingehen.

Situation
Rechtlich und auch nach Herkunft lassen sich Fahrzeuge in verschiedene Fahrzeugarten einteilen.

Aufgabe

Erklären Sie kurz folgende gängige Begriffe.

Fahrzeugart	Erklärung
Neuwagen	
Gebrauchtwagen	
Vorführfahrzeug	
Tageszulassung	
Jahreswagen	
Werkswagen	
Lagerfahrzeug	
Kundenfahrzeug	
Orderfahrzeug	
Reimport-Fahrzeug	

Erläuterungen und Lösungen

Das Kraftfahrtbundesamt (KBA) in Flensburg teilt Fahrzeuge in unterschiedliche Kategorien ein. Neben dem klassischen Personenkraftwagen (Pkw) werden im Nutzfahrzeugbereich u. a. Lastkraftwagen (Lkw), Busse und Sonderfahrzeuge wie Abschleppfahrzeuge, Autokräne, Wohnmobile usw. unterschieden. Daneben stehen die Krafträder.

Pkw lassen sich auch nach ihrer Karosserieform einteilen. Man unterscheidet z. B. Limousine, Coupé, Cabriolet, Kombi, SUV, Van usw. (vgl. AP Teil 1).

Daneben sind folgende Fahrzeugarten gängig:

Neuwagen sind unbenutzte (geringer Kilometerstand, < 100 km) und noch nicht zugelassene Fahrzeuge. Zwischen Herstellung und Abschluss des Kaufvertrags dürfen nicht mehr als zwölf Monate liegen. Auch muss es sich um ein Modell handeln, das noch produziert wird.

Gebrauchtwagen sind Fahrzeuge, denen mindestens ein Kriterium des Neuwagens fehlt.

Vorführfahrzeuge sollen es potenziellen Autokäuferinnen und -käufern ermöglichen, ihr gewünschtes Modell in der Realität auszuprobieren. Es sind Fahrzeuge, die auf das Autohaus zugelassen sind. Deshalb gehören sie zum Anlagevermögen des Unternehmens. Oft schreibt der Hersteller im Händlervertrag die Anzahl und die Ausstattung der Vorführfahrzeuge vor, die im Autohaus zur Verfügung gestellt werden müssen.

Tageszulassungen sind Neufahrzeuge, die für kurze Zeit (ein bis drei Tage) auf das Autohaus zugelassen werden. Danach werden sie wieder abgemeldet und zu einem günstigeren Verkaufspreis angeboten, da sie nun keine Neuwagen mehr sind. Dieser „vorsätzliche Wertverlust“ hat allerdings gute Gründe. Besteht zum Ende eines Geschäftsjahres die Gefahr, die Jahresabsatz-Zielvereinbarungen mit dem Hersteller nicht zu erreichen, lässt der Vertragshändler die fehlenden Einheiten auf sich zu. Damit erreicht er sein Jahresziel doch noch und rettet seine Absatzboni. Freilich hat er dann im nächsten Jahr ein neues Problem:
Die Kundinnen und Kunden, die eine Tageszulassung kaufen, fehlen dann als Neuwagenkunden und wieder ist das neue Jahresabsatzziel in Gefahr.

Jahreswagen sind laut Gerichtsurteilen „junge Gebrauchte aus erster Hand“. Zwischen der Herstellung und der Erstzulassung darf kein längerer Zeitraum als ein Jahr liegen. Diese Fahrzeuge wurden also schon im Straßenverkehr genutzt. Die Erstzulassung auf einen Werksangehörigen des Herstellers ist nicht mehr nötig.

Lagerfahrzeuge im weiteren Sinne sind alle Fahrzeuge, die ein Autohaus in seinem Lagerbestand führt. Auch Gebrauchtwagen aller Art gehören hierzu. Im engeren Sinne werden unter diesem Begriff Neufahrzeuge im Lagerbestand des Autohauses verstanden. Sie wurden beim Hersteller in gängigen Farben und entsprechender Ausstattung bestellt, um längere Lieferzeiten zu vermeiden und den Kundenwunsch nach einem neuen Auto schnell erfüllen zu können.

Kundenfahrzeuge sind alle Fahrzeuge, die im Eigentum der Kundinnen und Kunden sind. Durch Auftragserteilung, z. B. für Reparaturen, befinden sie sich jedoch in der Obhut des Autohauses.

Orderfahrzeuge sind Fahrzeuge, die beim Hersteller bestellt wurden, aber noch nicht an das Autohaus ausgeliefert sind. Hierbei kann es sich um eine Bestellung im Auftrag von Kundinnen und Kunden handeln. Oftmals bestellen Autohändler aber auch Fahrzeuge „im Vorlauf“. Die Herstellung von Autos ist ein komplexer technischer Vorgang. In der Produktionsplanung werden pro Auto, das bestellt ist, Zeitfenster in der Fließband-Fertigung festgelegt. Um lange Lieferzeiten zu vermeiden, bestellen deshalb viele Autohändler allgemein konfigurierte Fahrzeuge. Wird ein solches Fahrzeug dann tatsächlich während des Vorlaufs verkauft, so lassen sich noch Änderungen bis ca. drei Wochen vor tatsächlicher Produktion einplanen. So bekommen Kundinnen und Kunden ohne lange Lieferzeit ihr Wunschfahrzeug. Nicht verkaufte Orderfahrzeug werden Lagerfahrzeuge.

Reimport-Fahrzeuge sind Fahrzeuge, die nicht für den deutschen Markt produziert und ins Ausland gebracht wurden. Sind im Bestimmungsland deutlich höhere Umsatzsteuersätze als in Deutschland für diese Fahrzeuge fällig, wird der Nettolistenpreis vom Hersteller günstiger als in Deutschland angesetzt. So bleibt das Auto auch im Ausland bezahlbar. Freie Händler in Deutschland versuchen nun, solche Fahrzeuge aus dem Ausland wieder zu reimportieren. Sie kaufen die Autos zu einem niedrigeren Nettolistenpreis ein und versteuern dann mit dem in Deutschland gültigen Umsatzsteuersatz. Es ergibt sich ein niedrigerer Bruttoverkaufspreis als für ein vergleichbares für den deutschen Markt hergestelltes Fahrzeug.

Situation zur 1. bis 3. Aufgabe
Ein Kunde beschwert sich: „Wieso kostet denn dasselbe Fahrzeug bei Ihnen 850,00 € mehr als bei der Konkurrenz? Außerdem habe ich dort mehrere Marken zur Auswahl, bei Ihnen gibt es nur eine! Sie wollen wohl, dass ich Ihr tolles Gebäude mitbezahle!“

Sie erkundigen sich und finden heraus, dass das Konkurrenzunternehmen kein Vertragshändler, sondern „freier Händler“ ist.

1. Aufgabe

Grenzen Sie anhand zweier Aspekte eine(n) Vertragshändler/-in von einem/einer freien Händler/-in ab.

•

•

2. Aufgabe

Welche Rechte und Pflichten ergeben sich für ein Autohaus u. a. aus einem Händlervertrag?

Rechte	Pflichten

3. Aufgabe

Viele Autohersteller vertreiben ihre Fahrzeuge neben dem Vertragshändlernetz auch über eigene Niederlassungen. Geben Sie jeweils drei Vor- und Nachteile dieses Vertriebswegs aus Sicht des Herstellers an.

Vorteile

•

•

•

Nachteile

•

•

•

Erläuterungen und Lösungen

1. Aufgabe

Vertragshändler beziehen ihre Neufahrzeuge im eigenen Namen auf eigene Rechnung bei *einem Hersteller* und verkaufen diese an eigene Kundinnen und Kunden weiter. Durch den Händlervertrag binden sie sich an *eine bestimmte Automarke*.

Freien Händlern stehen zwar alle Bezugsquellen für ihre Fahrzeuge offen, fabrikneue Autos erhalten jedoch nur Vertragshändler beim Hersteller.

2. Aufgabe

Beispiele für Rechte und Pflichten eines Händlervertrags:

Rechte	Pflichten
Unterstützung und Beratung	Vertrieb der festgelegten Marke
Grundmarge	Vertrieb nicht außerhalb des Europäischen Wirtschaftsraums
Teilnahme an Bonussystemen	Kein Verkauf an markenfremde Wiederverkäufer
Erstattung von Sachmängel-, Garantie- und Kulanzleistungen	Einhaltung von Jahreszielvorgaben
Bezug fabrikneuer Fahrzeuge	Erfüllung bestimmter qualitativer Standards

Bindet sich ein Autohaus durch einen Händlervertrag an einen bestimmten Hersteller, erhält es bei Erfüllung der vertraglichen Pflichten eine Reihe von Rechten. Diese hat ein ungebundener Händler nicht.

Neben der kaufmännischen und technischen Beratung erhält der Vertragshändler beim Kauf eines Neufahrzeugs einen Grundrabatt auf den Listenverkaufspreis (UPE) des Autos.

Diese Grundmarge stellt damit die Basis für den Bruttoertrag dar, also die Differenz zwischen Händlereinkaufspreis und tatsächlich erzieltem Verkaufspreis (abzgl. aller Verkaufsnachlässe).

Erfüllen Vertragshändler bestimmte qualitative Vorgaben, erhalten sie zusätzlich rückwirkend auf ihre Umsätze bestimmte Boni. So können sie ihre Bruttoerträge rückwirkend verbessern, wenn sie z. B. Corporate Design-Vorgaben wie Gebäudeform, Showroom-Gestaltung usw. einhalten, Anforderungen an ihr Personal (Schulungen, Verkäufer-Zertifizierungen, ...) erfüllen oder auch bestimmte Absatzziele für die angebotenen Modelle erreichen und dafür jeweils einen zusätzlichen Bonus erhalten.

Verstoßen Vertragshändler erheblich gegen ihre vereinbarten Pflichten, können Hersteller den Vertrag fristlos kündigen. Fristgerecht können diese Verträge i. d. R. mit einer Frist von zwei Jahren gekündigt werden.

3. Aufgabe

Verkaufsniederlassungen stellen eine Möglichkeit des direkten Vertriebswegs dar. Hier erhalten die Kundinnen und Kunden ihr Fahrzeug nicht indirekt über rechtlich selbstständige Vertragshändler, sondern ohne Zwischenhandel direkt über regionale Niederlassungen des Herstellers.

Vorteile sind z. B.:

- die Absatzmarktnähe des Herstellers
- die volle Wertschöpfungskette, die beim Hersteller bleibt
- die Imagepflege durch Vorzeigebetrieb und Flagship-Stores

Nachteile sind z. B.:

- hohe Kosten für Immobilien und Personal
- das vollständige Verkaufsrisiko, das die Hersteller nun selbst tragen
- die Konkurrenz für das eigene Vertragshändlernetz

Eine Sonderform stellt das Agenturgeschäft dar. Hierbei vermittelt das Autohaus nur zwischen Kundinnen und Kunden und Herstellern. Hersteller bleiben Eigentümer des Fahrzeugs. Das Autohaus erhält lediglich eine Vermittlungsprovision. Eine Verpflichtung zur Erreichung von Jahreszielen oder auch Lagerwagenanzahl besteht i. d. R. nicht.

Situation zur 1. und 2. Aufgabe
Die Geschäftsleitung des Autohauses Schmidt bittet Sie, für anstehende Entscheidungen den Automarkt in Ihrem Marktzuständigkeitsgebiet zu analysieren. Hierzu beschaffen Sie sich entsprechende Auswertungen beim Statistischen Bundesamt bzw. der Zulassungsstelle und werten diese aus.

1. Aufgabe

Handelt sich bei diesem Vorgehen um Primär- oder Sekundärforschung?

Begründen Sie kurz.

2. Aufgabe

Ihnen liegen folgende Daten für Ihr Zuständigkeitsgebiet vor:

Einwohner/-innen insgesamt	Kfz insgesamt	Davon Pkw
120 300	69 363	61 312

Ermitteln Sie die Fahrzeugdichte, also die Anzahl der Pkw auf 1 000 Einwohnerinnen und Einwohner (Ergebnis mit einer Nachkommastelle).

Fortführung der Situation zur 3. bis 5. Aufgabe
Aus statistischen Informationen kennen Sie die durchschnittlichen prozentualen Marktanteile von drei Modellen sowie den tatsächlichen Fahrzeugbestand für jedes Modell.

Modell	X	Y	Z
Marktanteil in Deutschland (in %)	1,3	2,5	3,2
Mögliche Fahrzeuge im Zuständigkeitsgebiet (Stück)			
Aktueller Fahrzeugbestand im Zuständigkeitsgebiet (Stück)	815	1 605	1 340
Marktausschöpfung (in %)			

3. Aufgabe

Ermitteln Sie die Anzahl der Modelle, die aufgrund der Gesamtmarktanteile in Ihrem Gebiet zu erwarten wären (Rundung auf ganze Stück).

4. Aufgabe

Ermitteln Sie die Marktausschöpfung, also die prozentuale Abweichung von der möglichen Anzahl der Fahrzeuge (Rundung auf zwei Nachkommastellen).

5. Aufgabe

Bei welchem Modell sehen Sie den größten Handlungsbedarf?

Erläuterungen und Lösungen

1. Aufgabe

Es handelt sich hier um Sekundärforschung, da schon vorhandene Daten neu aufbereitet werden.

Bei der Primärforschung werden die marktrelevanten Daten neu erhoben. Diese sind zwar aktuell und treffsicher erhoben. Eine erstmalige Erhebung von Daten ist jedoch sehr teuer und aufwendig.

2. Aufgabe

Rechenweg:

Anzahl der Einwohner/-innen : 1 000 = 120 300 : 1 000 = 120,3

Anzahl der Pkw : 120,3 = 61 312 : 120,3 = 509,7 (Pkw pro 1 000 Einwohner/-innen

3. Aufgabe

Rechenweg:

Anzahl der Pkw · Marktanteil in % = mögliche Fahrzeuge im Zuständigkeitsbereich (Stück),

61 312 · 1,3 % = 797 (Stück)

61 312 · 2,5 % = 1 533 (Stück)

61 312 · 3,2 % = 1 962 (Stück)

4. Aufgabe

Rechenweg:

$$\frac{\text{Aktueller Fahrzeugbestand im Zuständigkeitsgebiet (Stück)}}{\text{Mögliche Fahrzeuge im Zuständigkeitsgebiet (Stück)}} \cdot 100$$

815 : 797 · 100 = 102,26 (%)

1 605 : 1 533 · 100 = 104,70 (%)

1 340 : 1 962 · 100 = 68,30 (%)

Lösung 3 und 4

Modell	X	Y	Z
Marktanteil in Deutschland (in %)	1,3	2,5	3,2
Mögliche Fahrzeuge im Zuständigkeitsgebiet (Stück)	797	1 533	1 962
Aktueller Fahrzeugbestand im Zuständigkeitsgebiet (Stück)	815	1 605	1 340
Marktausschöpfung (in %)	102,26	104,70	68,30

Die Marktanalyse hilft dem Unternehmen, die eigene Stellung im Markt zu bestimmen. Darauf basierend können dann Marketingziele festgelegt werden. Sind diese bestimmt, werden Marketingstrategien zur Erreichung dieser Ziele entwickelt. Mit konkreten Marketingmaßnahmen werden diese Strategien dann umgesetzt.

Die Fahrzeugdichte in unserem Absatzgebiet gibt z. B. Auskunft über die Sättigung des Pkw-Markts. Das Marktpotenzial informiert darüber, welche Wachstumsmöglichkeiten für den Absatz bestimmter Modelle bestehen.

Werden diese Werte mit der Marktausschöpfungsquote kombiniert, ergeben sich konkrete Handlungsempfehlungen.

Unser Beispiel zeigt, dass für die Fahrzeugmodelle X und Y der Markt schon relativ gesättigt ist. Hier gilt es also, die Marktanteile zu halten und die Absatzpotenziale durch Kundenbindungsmaßnahmen zu sichern. Sonderevents für Stammkundschaft, Anschlussfinanzierungen oder auch besondere Leasingaktionen sind denkbar.

5. Aufgabe

Beim Modell Z ist das Absatzpotenzial noch zu einem großen Teil ungenutzt. Hier sind Sonderverkaufsaktionen zur Gewinnung von Neukunden ein guter Weg, den Markt besser auszuschöpfen.

Fortführung der Situation zur 6. bis 8. Aufgabe
Die Geschäftsleitung des Autohauses Schmidt bittet Sie nun, die Ergebnisse der Marktanalyse auf den Produktlebenszyklus zu übertragen.

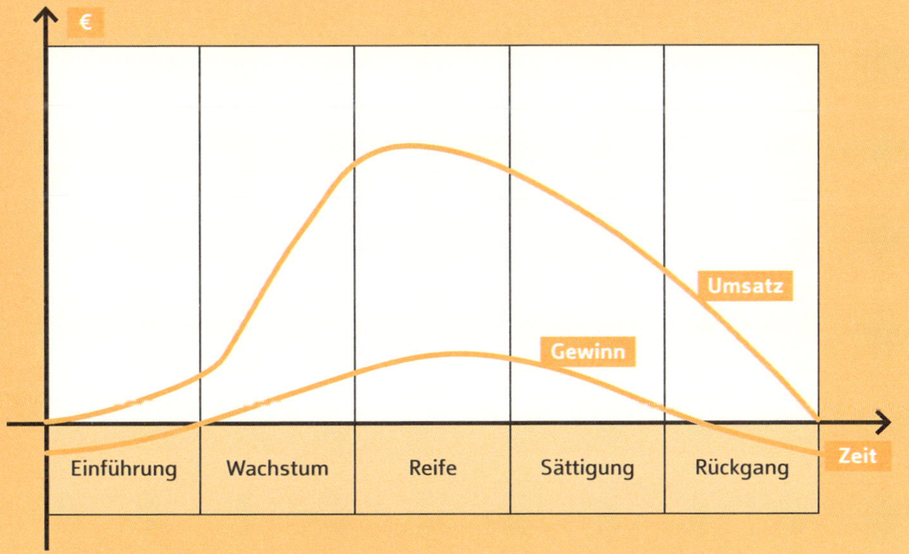

6. Aufgabe

In welcher Phase des Produktlebenszyklus befindet sich das jeweilige Modell? (Nutzen Sie die Ergebnisse aus Aufgabe 4.)

Modell Y ______________________________

Modell Z ______________________________

7. Aufgabe

Begründen Sie kurz, weshalb

a) in der Einführungsphase die Gewinne noch negativ sind.

____

____

____

b) in der Reifephase trotz steigender Umsätze die Gewinne sinken.

____

____

____

8. Aufgabe

Stellen Sie den Umsatzverlauf des Lebenszyklus inklusiv eines erfolgreichen Relaunches durch z. B. ein Modell-Facelift dar.

Zeichnen Sie hierzu in das Koordinatensystem ein.

Erläuterungen und Lösungen

6. Aufgabe

Modell Y hat durch die hohe Marktausschöpfung wahrscheinlich die Wachstums- und Reifephase schon hinter sich. Es befindet sich also in der Sättigungs- oder Degenerationsphase.
Modell Z dagegen hat sein Marktpotenzial noch nicht ausgeschöpft. Es befindet sich daher noch in der Wachstums- bzw. Reifephase.

Mit dem Modell des Produktlebenszyklus wird die Lebensdauer eines Produkts in verschiedene „Lebensphasen" eingeteilt. Ist bekannt, in welcher Phase sich ein Produkt befindet, können entsprechend Marketingmaßnahmen effektiver eingesetzt werden. Die Dauer der einzelnen Phasen kann in der Praxis sehr unterschiedlich sein. Je schneller die Entwicklungen in der automobilen Welt voranschreiten, desto kürzer wird z. B. die Lebensdauer der Automodelle. Hatte der VW Käfer z. B. ein „ewiges" Leben, so werden die Phasen aktueller Modelle immer kürzer.

7. Aufgabe

a) In der **Einführungsphase** eines Produkts muss dieses erst einmal im Markt bekannt gemacht werden. Erst langsam wird es gekauft. Hohe Kosten in der Markteinführung fallen an. Deshalb werden noch keine Gewinne erzielt.

Ist das Produkt erfolgreich, so beginnt die **Wachstumsphase**. Umsatz und Gewinn steigen kräftig an. Steigende Gewinne locken allerdings auch die Konkurrenz. Erste nachgeahmte Produkte drängen auf den wachsenden Markt.

b) In der **Reifephase** wächst der Umsatz bis zu seinem Maximum. Da immer mehr Konkurrenz vorhanden ist, beginnt ein Preiskampf. Hinzu kommen hohe Werbekosten usw. Sinkende Preise und steigende Kosten führen zu sinkenden Gewinnen.

Die **Sättigungsphase** erkennbar durch sinkende Umsätze und sinkende Gewinne. Die Unternehmen versuchen, durch Veränderungen das schon lang eingeführte und bewährte Produkt noch möglichst lange im Markt zu halten, denn es wird immer noch Gewinn erzielt.

In der **Rückgangsphase** schließlich gehen die Umsätze so weit zurück, dass die Verlustzone erreicht wird. Die Kundinnen und Kunden warten bereits auf neue Produkte. Die Zeit für ein neues Modell ist gekommen. Hoffentlich wurde es schon entwickelt.

8. Aufgabe

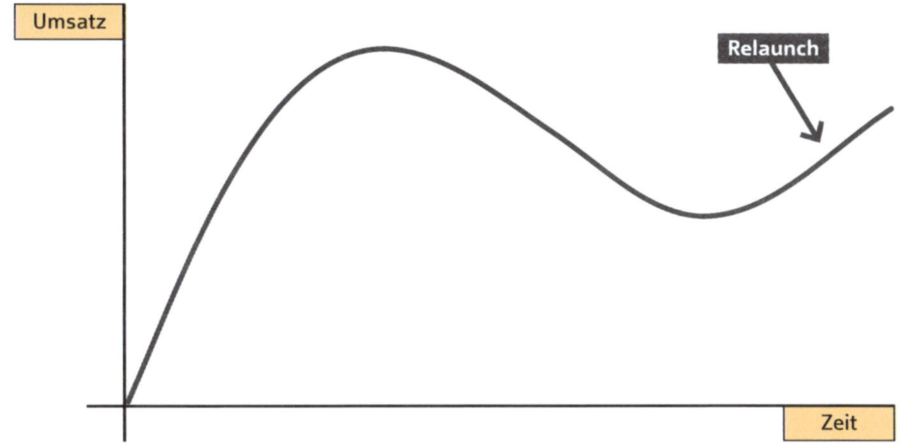

Der Relaunch (= Wiedereinführung, Durchstarten) dient dem Wiederbeleben eines Produkts, das schon lange erfolgreich verkauft wurde, jedoch bereits in der Sättigungs- oder Rückgangsphase ist. Man will durch Face-Lifts oder auch Weiterentwicklungen an den Erfolg des alten Modells anknüpfen und die gewonnenen Marktanteile so erhalten.
Ist der Relaunch erfolgreich, beginnt eine neue Wachstumsphase. Paradebeispiel hierfür ist der VW Golf, der ständig durch Folgeentwicklungen relaunched wird.

Eine andere Darstellungsform des Produktlebenszyklus ist die Portfolio-Analyse-Matrix der Boston Consulting Group (BCG-Matrix).

Bei Markteinführung wissen die Unternehmen noch nicht, wie sich ein Produkt entwickeln wird. Es stellt ein Fragezeichen (question mark) in einem wachsenden Markt dar. Ist es erfolgreich, erzielt es einen hohen Marktanteil in einem immer noch wachsenden Markt. Ein Stern (star) ist geboren. Danach ist der Markt ausgeschöpft, die Marktanteile sind gesichert. Wie eine Kuh werden jetzt Gewinne „gemolken" (cash cow). Schließlich sinken auch hier die Marktanteile in einem schrumpfenden Markt. Das Produkt wird zum armen Hund (poor dog).

Fortführung der Situation zur 9. und 10. Aufgabe
Aufgrund der Marktdaten entscheidet der Autohersteller, Modell Y vom Markt zu nehmen und dafür ein komplett neues Modell E mit Elektroantrieb einzuführen.

9. Aufgabe

Um welche produktpoltische Maßnahme handelt es sich jeweils?

Modell Y ______________________________

Modell E ______________________________

10. Aufgabe

Geben Sie jeweils ein Beispiel aus der Automobilbranche zu folgenden produktpolitischen Maßnahmen an:

a) Produktvariation

____

____

____

b) Produktdifferenzierung

____

____

____

c) Laterale Produktdiversifikation

____

____

____

Fortführung der Situation zur 11. und 12. Aufgabe
Sie erhalten für Ihren Ausstellungsraum das neue Modell E und müssen nun das Ausstellungsfahrzeug mit einem Preisschild und dem „Hinweis auf Kraftstoffverbrauch, CO_2-Emmission und Stromverbrauch" versehen.

11. Aufgabe

Laut Preisangabenverordnung (PAngVO) ist den Endverbraucherinnen und -verbrauchern auf Preisauszeichnungen der Endpreis des Fahrzeugs zu nennen. Welche Angaben müssen Sie bei der Erstellung des Preisschilds daher unbedingt machen? Nennen Sie drei solcher Angaben.

- ______________________________
- ______________________________
- ______________________________

12. Aufgabe

Das Fahrzeug ist nach der Pkw-Energieverbrauchskennzeichnungsverordnung (Pkw-EnVKV) mit einem entsprechenden Hinweis zu versehen.
Welche Angaben sind hier zu machen?
Listen Sie die fünf wichtigsten Angaben auf:

1. ______________________________
2. ______________________________
3. ______________________________
4. ______________________________
5. ______________________________

Erläuterungen und Lösungen

9. Aufgabe

Die produktpolitischen Maßnahmen lassen sich in folgende Einzelinstrumente einteilen:

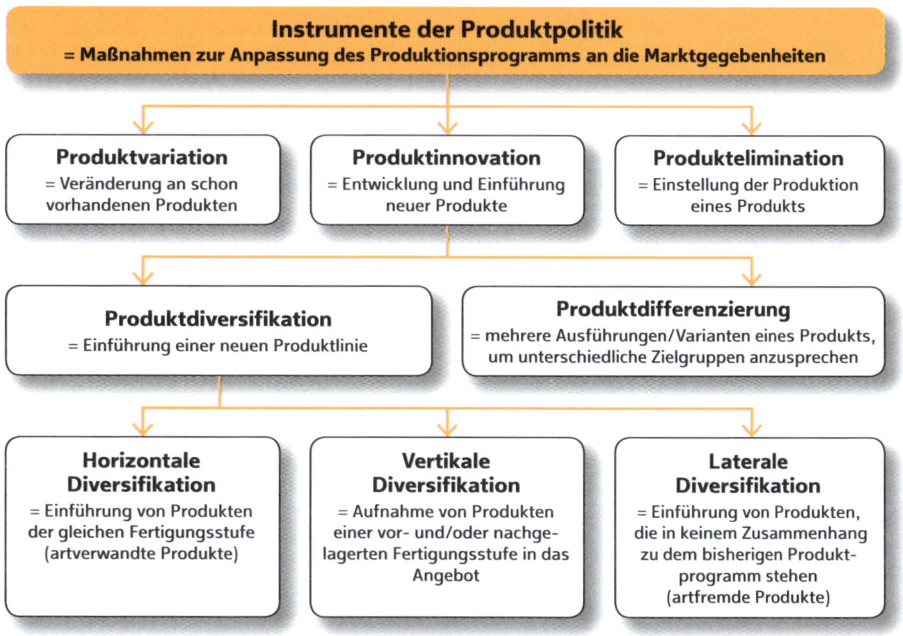

Bei Modell Y handelt sich um eine Produktelimination, da dieses Modell komplett vom Markt genommen wird.
Modell E wird als Neuentwicklung eingeführt. Hier handelt es sich um horizontale Produktdiversifikation.

10. Aufgabe

a) Beispiele für Produktvariation: zusätzliche Motorvarianten an bestehenden Modellen, Sonderausstattungslinien wie Cross-Pakete usw.

b) Beispiel für Produktdifferenzierung: Ausbau der Modellpalette durch eine neue Luxusschiene, vgl. Toyota und Lexus, Nissan und Infiniti, Citroen und DS.

c) Beispiel für laterale Produktdiversifikation: Ein Autohersteller verkauft auch Nahrungsmittel, vgl. VW und seine berühmte Currywurst.

11. Aufgabe

Verbraucherinnen und Verbrauchern ist der Endpreis inklusive aller Nebenkosten zu nennen. Es sind also z. B. Überführungskosten und der Umsatzsteueranteil sowohl getrennt auszuweisen als auch im Endpreis mit einzurechnen.

Um Kundinnen und Kunden transparent zu machen, welche Preisvorteile sie z. B. durch Sondermodelle oder Rabatte erhält, muss auch die ursprüngliche unverbindliche Preisempfehlung des Herstellers (UPE) und der Listenpreis der Ausstattungen auf dem Preisschild angegeben werden. Komplexer werden die Pflichtangaben bei Finanzierungs- und Leasingangeboten. Neben den Zinsangaben sind sämtliche Finanzierungsbeispiele so zu wählen, dass mindestens 2/3 der umworbenen Verbraucherinnen und Verbraucher auch zu den Beispielkonditionen ihr Fahrzeug bekommen könnten.

12. Aufgabe

Sämtliche Neufahrzeuge sind (auch bei Internetangeboten) mit einem Pkw-Label zu versehen. Dieses enthält nach Pkw-EnVKV folgende Angaben:

1. Angaben zum Fahrzeug
2. offizielle Verbrauchs- und CO_2-Werte
3. Effizienz-Skala
4. Einordnung des Fahrzeugs in die Effizienzklasse
5. Kraftstoffkosten und Kfz-Steuer pro Jahr

Situation zur 1. und 2. Aufgabe
Sie befinden sich im Beratungsgespräch mit einem Kunden. Dieser ist sehr interessiert am neuen Modell E. Nachdem Sie ihn ausführlich beraten haben, möchte der Kunde das Auto gerne Probe fahren.

1. Aufgabe

Geben Sie zwei Vorteile von Probefahrten aus Sicht des Autohauses an.

-
-

2. Aufgabe

Welche Kontrollen und Tätigkeiten sind von Ihnen bei der Organisation einer Probefahrt durchzuführen? Ergänzen Sie die Checkliste.

Probefahrt – Was ist zu tun???	
✓	
✓	
✓	
✓	
✓	
✓	
✓	
✓	
✓	

Fortführung der Situation
Während der Kunde die Probefahrt durchführt, bereiten Sie für den Verkäufer schon einmal Unterlagen vor, die für das weitere Verkaufsgespräch benötigt werden.

3. Aufgabe

Welche Unterlagen benötigt der Neuwagenverkäufer für das anschließende Verkaufsgespräch?

Nennen Sie mindestens fünf Beispiele.

-
-
-
-
-

Erläuterungen und Lösungen

1. Aufgabe

- Kundinnen und Kunden können Fahrzeuge im echten Fahrbetrieb testen. Fehlkäufe und damit unzufriedene Kundinnen und Kunden werden so vermieden.
- Begleiten Verkäuferinnen und Verkäufer ihre Kundschaft bei Probefahrten, können sie direkt auf Fragen eingehen. Das Verkaufsgespräch wird so gezielt geführt.

2. Aufgabe

- Ausweis und Führerschein kontrolliert
- Probefahrtvereinbarung ausgefüllt und unterschrieben
- Dauer besprochen
- Kilometerzahl vereinbart
- Versicherung und Selbstbeteiligung erläutert
- Fahrzeug erklärt
- Vorschäden festgehalten
- Betankung geregelt
- Sauberkeit des Fahrzeugs kontrolliert usw.

Für die korrekte und rechtssichere Abwicklung einer Probefahrt erstellt der ZDK Muster-Probefahrtvereinbarungen sowie Hinweise für Verwenderinnen und Verwender. Diese helfen dabei, nichts Wesentliches zu vergessen.

Quelle: Zentralverband Deutsches Kraftfahrzeuggewerbe e. V.: ZDK-Formular. Vereinbarung über eine Probefahrt, Januar 2017, Seite 1–3.

Deutsches Kraftfahrzeuggewerbe Zentralverband

ZDK-Formular: Vereinbarung über eine Probefahrt

Hinweise für den Verwender der Formulare:

Das vorliegende Formular umfasst ausschließlich den Fall einer Probefahrt eines Kaufinteressenten und nicht den Fall einer Probefahrt des Käufers mit dem von ihm bestellten Neufahrzeug, um die vertragsgemäße und fehlerfreie Beschaffenheit des Fahrzeugs zu überprüfen.

Stellen Sie sicher, dass der Kunde voll geschäftsfähig, d. h., **18 Jahre** alt ist, und prüfen Sie den Führerschein des Kunden. Tragen Sie die erforderlichen Daten des Kunden, wie z. B. vollständige Anschrift und Namen, in das Formular ein und prüfen Sie die Übereinstimmung der Daten mit den Eintragungen im Personalausweis oder Pass des Kunden.

Es wird ferner empfohlen, **klare Absprachen** über Dauer, Fahrtstrecke und ggf. Kosten der Probefahrt zu treffen.

Sofern das Fahrzeug mit einem roten Kennzeichen ausgestattet ist, wird empfohlen, den Kunden darauf hinzuweisen, dass das rote Kennzeichen nicht missbräuchlich verwendet wird. Erkundigt sich der Kunde danach, ob Vollkaskoversicherungsschutz besteht, muss ihn der Händler, wenn er ein Fahrzeug mit rotem Kennzeichen übergibt, darüber belehren, dass der Versicherungsschutz nicht für andere als in § 16 FZV (Probefahrten; siehe Verwendungszweck) geregelte Fahrten besteht.

Bei der Vereinbarung einer Probefahrt mit einem Kraftfahrzeug wird regelmäßig ein jedenfalls stillschweigender Haftungsausschluss des Inhalts anzunehmen sein, dass der Fahrer für **Beschädigungen des Fahrzeugs** nur bei Vorsatz und grober Fahrlässigkeit aufzukommen hat, wenn die Schäden mit den einer Probefahrt eigentümlichen Gefahren zusammenhängen. Grund dafür ist, dass der Händler das Risiko kennt und sich durch den Abschluss einer Vollkaskoversicherung absichern kann. Der Fahrer haftet daher grundsätzlich nicht für **leicht fahrlässig** verursachte Schäden. Dieser von der Rechtsprechung entwickelte Haftungsausschluss greift (möglicherweise) dann nicht ein, wenn der Händler den Kunden vor Fahrantritt auf das volle Haftungsrisiko ausdrücklich, insbesondere auch mündlich (vgl. Formular, Abschnitt Versicherung), hingewiesen hat. Eine entsprechende Regelung in den Allgemeinen Geschäftsbedingungen reicht für diesen ausdrücklichen Hinweis allerdings nicht aus. Bitte beachten Sie, dass hierzu noch keine höchstrichterliche Rechtsprechung vorliegt. Es wird daher eine entsprechende **Absicherung durch eine Vollkaskoversicherung** empfohlen.

Stand: 01/2017

Vereinbarung über eine Probefahrt
(Unverbindliche Empfehlung des Zentralverband Deutsches Kraftfahrzeuggewerbe e. V. [ZDK])

Zwischen der Firma **(als Verleiher)**

und Herrn/Frau/Firma **(als Benutzer)**

Name, Vorname

Straße, Hausnummer

PLZ, Ort

Geburtsdatum

Telefon E-mail

☐ Personalausweis
☐ Reisepass

Ausstellungsbehörde:

Ausstellungsdatum: Nr.:

Führerscheindaten

☐ Kopie
☐ Daten:

Fahrerlaubnisklasse: Erteilungsdatum:

Führerscheinnummer:

Ausstellungsdatum: Ablaufdatum:

Ausstellungsbehörde:

wird unter den nachfolgenden und umseitigen Geschäftsbedingungen folgende Probefahrt-Vereinbarung geschlossen:

Fahrzeug

Dem Benutzer wird folgendes Fahrzeug überlassen:

Fabrikat: Fahrzeugart:

Typ:

Fahrzeug-Ident-Nr./

Fahrgestell-Nr:

Amtliches Kennzeichen: km-Stand:

Verwendungszweck

Die Probefahrt soll dem Kaufinteressenten die Möglichkeit geben, das Fahrzeug im Hinblick auf Funktion, Fahreigenschaften, Bedienungskomfort, Verwendungsmöglichkeiten etc. – d. h. Gebrauchsfähigkeit – kennenzulernen und sich damit über den Kauf dieses oder eines anderen Wagens schlüssig zu werden.
Das Fahrzeug darf nur vom Benutzer persönlich im Rahmen der vereinbarten Probefahrt gefahren werden, soweit nicht nachfolgend eine abweichende Regelung getroffen wird.

Der Benutzer darf das Fahrzeug nur zu dem obigen Verwendungszweck gebrauchen, insbesondere ist ihm untersagt, das Fahrzeug zu verwenden:

- zur Teilnahme an motorsportlichen Veranstaltungen und Fahrzeugtests,
- zur Beförderung von leicht entzündlichen, giftigen oder sonst gefährlichen Stoffen,
- zum Transport von Gütern,
- zur Weitervermietung.

Die Benutzung des Fahrzeugs ist grundsätzlich nur im Inland gestattet.

Nutzungsdauer & Kosten der Probefahrt

Dem Benutzer wird das Fahrzeug

☐ vom (Datum, Uhrzeit)
bis (Datum, Uhrzeit) überlassen.

☐ Die Probefahrt ist bis zu einer km-Leistung von unentgeltlich. Mehrkilometer werden mit 0,30 Euro pro gefahrenen Kilometer berechnet.

3. Aufgabe

- Prospekte
- Formular „Verbindliche Neuwagenbestellung“
- Anträge für eventuelle Sonderprämien
- Unterlagen zu erwerbbaren Garantien
- Datenschutzerklärung
- Bei Finanzierung oder Leasing:
  - Formular „Selbstauskunft“
  - Formular „Kreditanfrage“
  - Formular für Restschuldversicherung, GAP-Versicherung usw.
  - SECCI
  - Formular für Inzahlungnahme des alten Kundenfahrzeugs

Neben diesen Unterlagen sollte natürlich auch noch alles vorbereitet sein, das für eine angenehme Verkaufsatmosphäre sorgt.

Situation zur 1. und 2. Aufgabe
Ihr Kunde will das Modell E kaufen. Der Listenpreis für das Grundmodell beträgt 21.257,00 €. Hinzu kommen Sonderausstattungen in Höhe von 3.270,00 €.
Statt eines Rabatts erhält der Kunde einen Satz Winterräder im Wert von 750,00 € sowie die Überführungs- und Zulassungskosten in Höhe von 595,00 € ohne Berechnung.

1. Aufgabe

Berechnen Sie den Rechnungsendbetrag im Angebot.

2. Aufgabe

Wie hoch ist die Ersparnis in Prozent für den Kunden?

Fortführung der Situation zur 3. und 4. Aufgabe
Der Neuwagenverkäufer freut sich über das Geschäft. Er erzählt Ihnen, dass er für jeden Kaufabschluss Provision erhält.

3. Aufgabe

Man unterscheidet u. a. Bruttoertragsprovision und Umsatzprovision.
Erklären Sie die beiden Begriffe.

a) Bruttoertragsprovision

b) Umsatzprovision

4. Aufgabe

Welche der beiden Provisionsarten erscheint sinnvoller für das Autohaus?
Begründen Sie kurz.

Erläuterungen und Lösungen

1. Aufgabe

Grundpreis Modell E	21.257,00 €
+ Sonderausstattung	3.270,00 €
+ Winterräder	0,00 €
+ Überführung/Zulassung	0,00 €
= Rechnungsbetrag	**24.527,00 €**
+ 19 % Umsatzsteuer	4.660,13 €
= Rechnungsendbetrag	**29.187,13 €**

Beachten Sie bei der Angebotserstellung unbedingt auch die Preisangabenverordnung. Endbeträge sind immer inklusive Umsatzsteuer auszuweisen. Die Umsatzsteuer ist darüber hinaus gesondert auszuweisen.

2. Aufgabe

Ohne Rabatt müsste bezahlt werden:

Grundpreis Modell E	21.257,00 €
+ Sonderausstattung	3.270,00 €
+ Winterräder	750,00 €
+ Überführung/Zulassung	595,00 €
= Rechnungsbetrag	**25.872,00 €**

Der Kunde aus dem Beispiel erhält die Winterräder und die Überführung/Zulassung ohne Berechnung als „Rabatt-Ersatz“.

Winterräder	750,00 €
+ Überführung/Zulassung	595,00 €
= Ersparnis (absolut)	1.345,00 €

Daraus ergibt sich:

$$\textbf{Ersparnis (\%)} = \frac{\textbf{1.345,00 €}}{\textbf{25.872,00 €}} \cdot \textbf{100} = \textbf{5,2 \%}$$

Die Umsatzsteuer ist hier irrelevant.

3. Aufgabe

a) Bruttoertragsprovision = Provision, also ein bestimmter Prozentsatz, auf den erzielten Bruttoertrag eines Verkaufs

b) Umsatzprovision = Provision, also ein bestimmter Prozentsatz, auf den erzielten Umsatz eines Verkaufs

Der Bruttoertrag berechnet sich aus der Differenz zwischen Verkaufspreis und Einkaufspreis eines Fahrzeugs.

Hier müssen jedoch alle Rabatte und Zugaben, wie z. B. Zusatzausstattung ohne Berechnung, Wartungsgutscheine, berücksichtigt werden. Diese mindern den Bruttoertrag und somit die Provision, die Verkäuferinnen und Verkäufer erhalten.

Bei der Umsatzprovision erhalten Verkäuferinnen und Verkäufer einen Prozentsatz auf den getätigten Umsatz (Verkaufspreis · Menge) aus einem Verkauf.

Daneben wird u. a. im Gebrauchtwagengeschäft die **Stückprovision** angewendet. Hier erhalten Verkäuferinnen und Verkäufer z. B. für jedes verkaufte Auto einen festen Provisionsbetrag. Da gerade im Gebrauchtwagenhandel die Verkäuferinnen und Verkäufer weder den Ankauf noch den Verkaufspreis, der ja vom Markt vorgegeben wird, aktiv beeinflussen können, wäre hier jede andere Provisionsform unfair.

Wird vom Bruttoertrag die Provision für Verkäuferinnen und Verkäufer abgezogen, so ergibt sich der **Rohüberschuss**.

4. Aufgabe

Am sinnvollsten für das Autohaus ist die Bruttoertragsprovision.

Je höher der Bruttoertrag aus dem Verkauf eines Autos ist, desto mehr Provision erhalten die Verkäuferinnen und Verkäufer. Es liegt also in ihrem Interesse, einen möglichst hohen Bruttoertrag zu erzielen. Damit steigt die Qualität der Verkaufsabschlüsse, „Rabattschlachten“ werden vermieden und der Einzelgewinn steigt.

Bei der Umsatzprovision streben Verkäufer zwar auch einen möglichst hohen Umsatz an, die Ertragsqualität ist aber nicht so hoch. Es wird hier oft versucht, möglichst schnell zu verkaufen, um den Umsatz nicht über den Preis, sondern über die Menge zu steigern. Hohe Rabatte sorgen am schnellsten für viele Verkäufe. Der Ertrag für das Autohaus ist trotz mehr verkaufter Fahrzeuge gering.

Fortführung der Situation
Der Kunde hat alles Notwendige unterschrieben. Ihr Kollege aus der Abteilung „Neuwagenverkauf" beauftragt Sie nun, das Weitere zu veranlassen.

5. Aufgabe

Stellen Sie den zeitlichen Ablauf eines Neufahrzeuggeschäfts übersichtlich dar. Ergänzen Sie dazu das nebenstehende Schaubild.

Beachten Sie auch die Auszüge aus den Neuwagen-Verkaufsbedingungen.

Neuwagen-Verkaufsbedingungen

(Kraftfahrzeuge und Anhänger)

Unverbindliche Empfehlung des Verbandes der Automobilindustrie e. V. (VDA), des Verbandes der Internationalen Kraftfahrzeughersteller e.V. (VDIK) und des Zentralverbandes Deutsches Kraftfahrzeuggewerbe e. V. (ZDK)

Stand: 01/2022

I. Vertragsabschluss/Übertragung von Rechten und Pflichten des Käufers

1. Der Käufer ist an die Bestellung höchstens bis drei Wochen, bei Nutzfahrzeugen bis sechs Wochen gebunden. Diese Frist verkürzt sich auf 10 Tage (bei Nutzfahrzeugen auf 2 Wochen) bei Fahrzeugen, die beim Verkäufer vorhanden sind. Der Kaufvertrag ist abgeschlossen, wenn der Verkäufer die Annahme der Bestellung des näher bezeichneten Kaufgegenstandes innerhalb der jeweils genannten Fristen in Textform bestätigt oder die Lieferung ausführt. Der Verkäufer ist jedoch verpflichtet, den Besteller unverzüglich zu unterrichten, wenn er die Bestellung nicht annimmt.
2. Übertragungen von Rechten und Pflichten des Käufers aus dem Kaufvertrag bedürfen der Zustimmung des Verkäufers in Textform.

   Dies gilt nicht für einen auf Geld gerichteten Anspruch des Käufers gegen den Verkäufer. [...]

II. Preise

...

III. Zahlung

1. Der Kaufpreis und Preise für Nebenleistungen sind bei Übergabe des Kaufgegenstandes und Aushändigung oder Übersendung der Rechnung zur Zahlung fällig.
2. Gegen Ansprüche des Verkäufers kann der Käufer nur dann aufrechnen, wenn die Gegenforderung des Käufers unbestritten ist oder ein rechtskräftiger Titel vorliegt. Hiervon ausgenommen sind Gegenforderungen des Käufers aus demselben Kaufvertrag. Ein Zurückbehaltungsrecht kann er nur geltend machen, soweit es auf Ansprüchen aus demselben Vertragsverhältnis beruht.

IV. Lieferung und Lieferverzug

1. Liefertermine und Lieferfristen, die verbindlich oder unverbindlich vereinbart werden können, sind in Textform anzugeben. Lieferfristen beginnen mit Vertragsabschluss. [...]

V. Abnahme

1. Der Käufer ist verpflichtet, den Kaufgegenstand innerhalb von 14 Tagen ab Zugang der Bereitstellungsanzeige abzunehmen.
2. Im Falle der Nichtabnahme kann der Verkäufer von seinen gesetzlichen Rechten Ge-brauch machen. Verlangt der Verkäufer Schadensersatz, so beträgt dieser 15 % des Kaufpreises. Der Schadenersatz ist höher oder niedriger anzusetzen, wenn der Verkäufer einen höheren Schaden nachweist oder der Käufer nachweist, dass ein geringerer oder überhaupt kein Schaden entstanden ist.

VI. Eigentumsvorbehalt

1. Der Kaufgegenstand bleibt bis zum Aus-gleich der dem Verkäufer aufgrund des Kaufvertrages zustehenden Forderungen Eigentum des Verkäufers. [...]

Quelle: Verband der Internationalen Kraftfahrzeughersteller e.V. (VDIK): Neuwagen-Verkaufsbedingungen, S. 1–2. In: www.vdik.de. Stand: 01/2022. https://www.vdik.de/wp-content/uploads/2021/12/Neuwagen-Verkaufsbedingungen.pdf [03.04.2022].

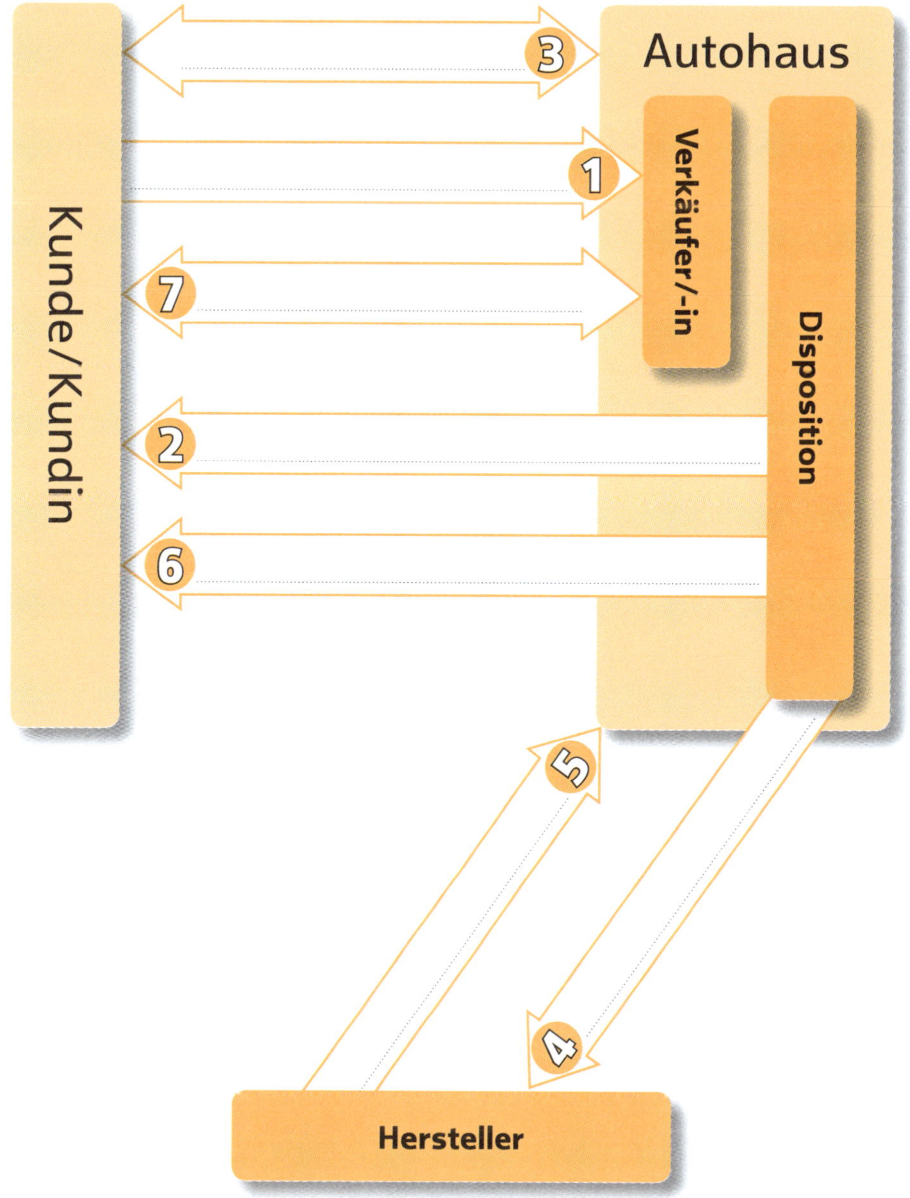

Erläuterungen und Lösungen

5. Aufgabe

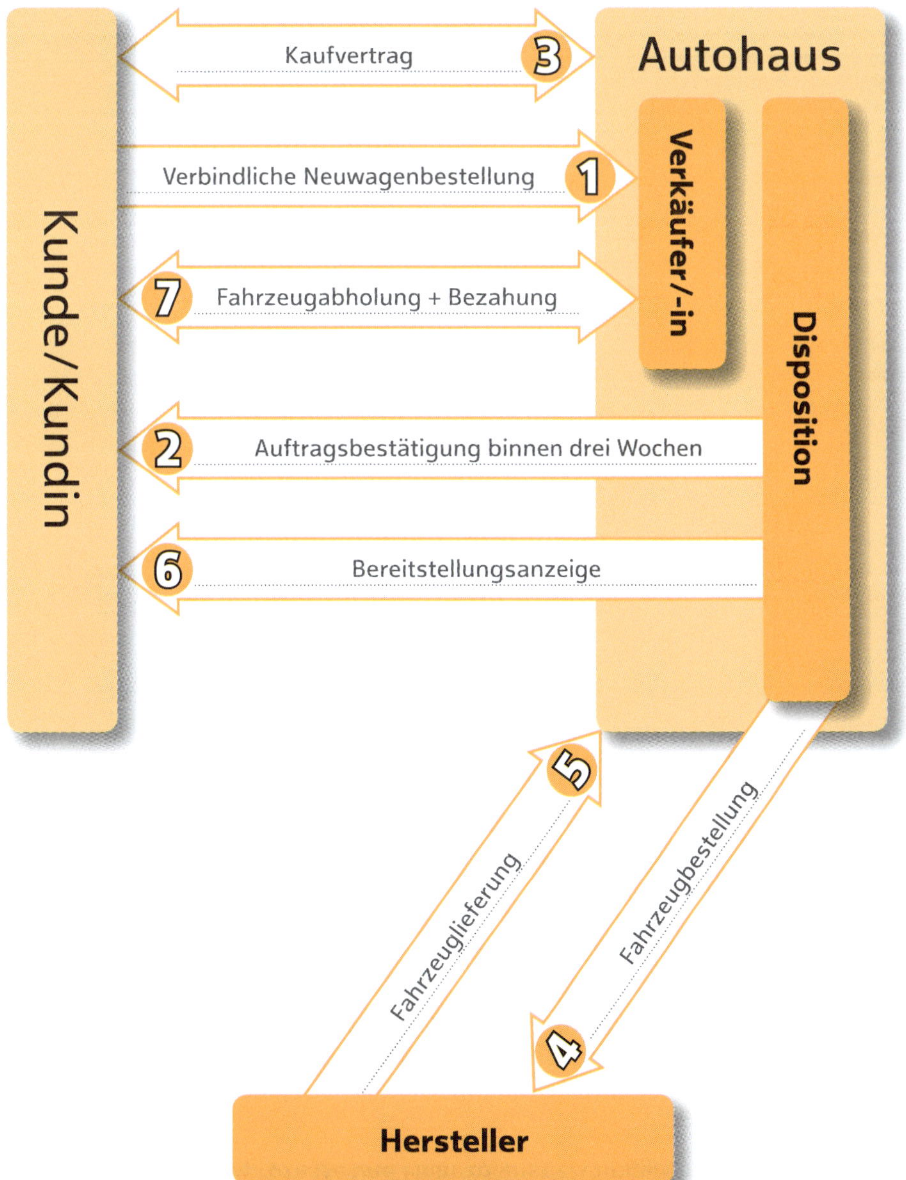

1. Haben Kundinnen und Kunden sich für ein Fahrzeug entschieden, unterschreiben sie im Regelfall eine **verbindliche Neuwagenbestellung**. Diese ist zunächst als Kaufantrag nur für die Kundinnen und Kunden rechtlich bindend.

2. Nun hat das Autohaus maximal drei Wochen Zeit, um nochmals zu prüfen, ob das Fahrzeug wie bestellt überhaupt lieferbar ist. Ist dies der Fall, schickt die Dispositionsabteilung (= Dispo) den jeweiligen Kundinnen und Kunden innerhalb der drei Wochen eine **Auftragsbestätigung** zu.

3. Erst jetzt ist der Kaufantrag der Kundinnen und Kunden angenommen und ein **Kaufvertrag** geschlossen worden. In Ausnahmefällen kann aber auch sofort ein Kaufvertrag von beiden Seiten unterschrieben werden.

4. Jetzt **bestellt** die Dispo **das Fahrzeug beim Hersteller**. Dieser plant die Bestellung in der Produktion ein und nennt einen voraussichtlichen Liefertermin. Die Dispo überwacht den Liefertermin. Bis ca. drei Wochen vor Produktionsdatum könnten auch noch Änderungen am bestellten Fahrzeug berücksichtigt werden.

5. Ist das Auto gebaut, so erfolgt die **Fahrzeuglieferung** an das Autohaus. Beliebt sind auch Werksabholungen durch die Kundinnen und Kunden selbst. Markenbindung und Faszination für Technik werden so gefördert.

6. Die Dispo schickt eine **Bereitstellungsanzeige** an die Kundinnen und Kunden. Diese wissen nun, dass ihr jeweiliges Auto abholbereit ist.

7. Kundinnen und Kunden sowie das Verkaufspersonal vereinbaren den Auslieferungstermin. **Das Auto wird bezahlt und übergeben.**

Bei Finanzierung und Leasing wird zusätzlich ein Vertrag zwischen Kundinnen und Kunden sowie der Bank geschlossen. Das Fahrzeug wird bei Bezahlung der Anzahlung bzw. der ersten Leasingrate übergeben. Den Restbetrag überweist die Bank an das Autohaus.

Situation
Der Hersteller hat die Produktion des bestellten Fahrzeugs an die Dispositionsabteilung gemeldet.

1. Aufgabe

Welche Aufgaben hat die Dispositionsabteilung in einem Autohaus? Nennen Sie mindestens fünf.

-
-
-
-
-

Fortführung der Situation zur 2. und 3. Aufgabe
Der Kunde möchte sein Fahrzeug im Autohaus abholen. Sie vereinbaren einen Termin und bereiten alles Nötige dafür vor.

2. Aufgabe

Welche Vorteile hat das Autohaus durch die persönliche Übergabe des Fahrzeugs an Kundinnen und Kunden?

3. Aufgabe

Überlegen Sie, welche Schritte bis zur kundenbindenden Fahrzeugübergabe zu erfolgen haben. Ergänzen Sie die Checklisten um konkrete Tätigkeiten.

Checkliste Fahrzeugvorbereitung	
✓	
✓	
✓	
✓	
✓	

Checkliste notwendige Papiere	
✓	
✓	
✓	
✓	

Checkliste Fahrzeugübergabe	
✓	
✓	
✓	
✓	
✓	

Erläuterungen und Lösungen

1. Aufgabe

Die Dispositionsabteilung stellt im Autohaus die Verbindungs- und Koordinationsstelle zwischen sämtlichen Abteilungen dar, die mit dem An- und Verkauf von Fahrzeugen zu tun haben. Hierbei spielt es keine Rolle, ob es sich um Neu- oder Gebrauchtwagen handelt. Sämtliche Tätigkeiten bis auf den direkten Kundenkontakt werden von der Dispo verwaltet und überwacht.

Konkrete Aufgaben sind z. B.:

- Anlage und Führen der Kunden- und Fahrzeugakten
- Kontrolle, ob Fahrzeug wie bestellt lieferbar ist
- Erstellung und Versand der Auftragsbestätigung
- Bestellung von verkauften Fahrzeugen beim Hersteller
- Bestellung von Fahrzeugen im Vorlauf beim Hersteller
- Terminüberwachung bei bestellten Fahrzeugen
- Information und Organisation von Änderungen an der Ausstattung bestellter Fahrzeuge
- Erfassung der Fertigstellungsmeldung des Herstellers
- Organisation der Lieferung an das Autohaus
- Versenden der Bereitstellungsanzeige an Kundinnen und Kunden
- Organisation der Ablieferungsdurchsicht
- Organisation der Auslieferung mit der Abteilung „Neuwagenverkauf"
- Zulassungsdienst
- Abrechnung mit dem Hersteller
- Rechnungserstellung an Kundinnen und Kunden

2. Aufgabe

Holen Kundinnen und Kunden ihr Fahrzeug persönlich im Autohaus ab, ergeben sich zahlreiche Vorteile:

- Das Autohaus kann sich als kompetenter Vertragspartner erneut positiv präsentieren.
- Das Autohaus schafft dadurch eine starke Kundenbindung.
- Der Anschlusskontakt zu Kundinnen und Kunden ist persönlicher oder einfacher.
- Zusatzverkäufe wie Anschlussgarantien oder Wartungsverträge sind möglich.

Bei vielen Herstellern besteht die Möglichkeit einer Werksabholung. Kundinnen und Kunden holen hier ihr Fahrzeug direkt im Auslieferungszentrum des Herstellers ab. Durch das damit verbundene Rahmenprogramm, wie z. B. Produktionsführungen, Besuch eines Markenmuseums bis hin zum exklusiven Catering, entsteht eine starke Bindung zur Automarke. Der emotionale Aspekt beim Autokauf wird hier genutzt.

3. Aufgabe

Holen Kundinnen und Kunden dagegen ihr Auto direkt im Autohaus ab, sind viele Vorbereitungen zu treffen:

Checkliste Fahrzeugvorbereitung, z. B.:

- Abgleich mit der Bestellung
- Durchsicht auf Schäden, Vollständigkeit und Sauberkeit
- Übergabe-Inspektion
- Probefahrt
- Eventuell Zulassung (mit Wunschkennzeichen)
- Fahrzeugschlüssel bereitlegen

Checkliste notwendige Papiere, z. B.:

- Eintrag der Fahrzeugdaten in das Garantieheft
- Erstellung der Rechnung
- Begleitpapiere bereitlegen (Zulassungsbescheinigung I und II, Garantieerklärung; Kundendienst-Scheckheft; Bedienungsanleitung; Übernahmebestätigung, COC-Papiere)

Checkliste Fahrzeugübergabe, z. B.:

- Termin einplanen
- Platzierung des Fahrzeugs, eventuell Abdeckung mit Tuch/Schleife
- Bereitstellung von Sekt und Blumen
- Fotoapparat für Erinnerungsfoto bereitlegen
- Checkliste für die Fahrzeugerklärung und gemeinsame Probefahrt erstellen
- kurze Betriebsbegehung und Vorstellung von Ansprechpersonen

Die Fahrzeugübergabe ist in jedem Fall ein wesentliches Instrument, um Kundinnen und Kunden an die Marke und das Autohaus zu binden.

Situation zur 1. und 2. Aufgabe
Ihr Kunde möchte, dass sein Fahrzeug bei Abholung bereits zugelassen ist. Sie übernehmen die Aufgabe.

1. Aufgabe

Welche Unterlagen benötigt die Zulassungsbehörde zur Zulassung des Neufahrzeugs auf Ihren Kunden?

2. Aufgabe

Was ist zusätzlich zu beachten bei:

a) Zulassung eines Firmenfahrzeugs?

b) Zulassung eines gebrauchten Fahrzeugs?

Fortführung der Situation
Bei der Zulassungsbehörde erhalten Sie die amtlichen Kennzeichen für das Kundenfahrzeug.

3. Aufgabe

Welche Kennzeichenarten gibt es? Ergänzen Sie die Übersicht.

Bezeichnung	Kennzeichen
	D MK GG 23
	D HH EE 11 04/10
	D OHZ W AB 10 8H 2
	D MK GG 23H
	D HB 06199
	D HH HU 199
	BRB 04567 09 03 10
	HA 45 A 09 09 10
	D MK GG 23E

Erläuterungen und Lösungen

1. Aufgabe

Zur Zulassung eines Fahrzeugs auf eine Privatperson werden folgende Unterlagen benötigt:

- Zulassungsbescheinigung Teil II, alt: Fahrzeugbrief (Teil I wird bei Neuzulassung ausgestellt)
- Personalausweis oder Reisepass mit Meldebescheinigung (Kopie genügt i. d. R.)
- Zulassungsvollmacht, da das Autohaus im Kundenauftrag zulässt
- Versicherungsnachweis (bei Neuzulassung: 7-stellige Versicherungsbestätigungsnummer, kurz VB-Nummer bzw. eVB, die Kundinnen und Kunden von ihrer Versicherung erhalten)
- Unterschriebene SEPA-Lastschrift der jeweiligen Kundinnen und Kunden für die Kfz-Steuer
- COC-Papier (EU-Typgenehmigung)

2. Aufgabe

Zusätzlich wird benötigt bei

a) Zulassung eines Firmenfahrzeugs

- Handelsregisterauszug oder Gewerbeanmeldung
- Personalausweis oder Reisepass mit Meldebescheinigung der bevollmächtigten Person des Unternehmens
- Nachweis der Bevollmächtigung

b) Zulassung eines gebrauchten Fahrzeugs

- Bescheinigung über die letzte HU/AU
- Abmeldebestätigung oder Zulassungsbescheinigung Teil I (alt: Fahrzeugschein)

3. Aufgabe

Bezeichnung	**Kennzeichen**
Regelkennzeichen	
Saisonkennzeichen	
Wechselkennzeichen Eine amtliche Zulassung für mehrere Fahrzeuge	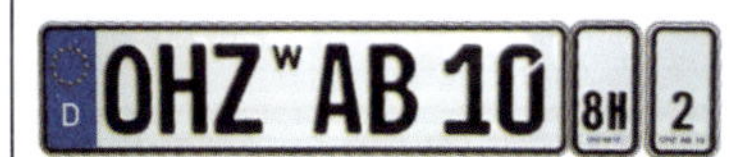
Oldtimerkennzeichen H-Kennzeichen, für historisch wertvolle Fahrzeuge	
Rotes Kennzeichen Für Überführungs- und Probefahrten z. B. der Werkstatt, beginnen immer mit „06“	
Grünes Kennzeichen Steuerbefreite Fahrzeuge z. B. in der Landwirtschaft	
Kurzzeitkennzeichen Datumsfeld gelb	
Ausfuhrkennzeichen Datumsfeld rot	
Kennzeichen für Elektrofahrzeuge	

Fortführung der Situation
Seit dem 1. September 2023 ist die Zulassung eines Fahrzeugs erstmals auch für juristische Personen digital möglich. Damit soll die Fahrzeugzulassung für Bürgerinnen und Bürger, Unternehmen und Behörden einfacher und effizienter gestaltet werden.

4. Aufgabe

Nennen Sie drei Vorteile die sich aus der digitalen Zulassung ergeben können.

-
-
-

5. Aufgabe

Ab wann dürfen digital zugelassene Kraftfahrzeuge am Straßenverkehr teilnehmen? Tragen sie die Ziffer vor der **richtigen** Aussage in das Kästchen ein. ☐

1 Nach der digitalen Zulassung können die Dokumente sofort beim zuständigen Straßenverkehrsamt abgeholt werden. Nach Montage der Kfz-Kennzeichen kann das Fahrzeug am Straßenverkehr teilnehmen.

2 Sobald die Kfz-Dokumente und Plaketten mit der Post zugegangen sind, kann das Fahrzeug am Straßenverkehr teilnehmen.

3 Das Fahrzeug kann sofort nach der digitalen Zulassung am Straßenverkehr teilnehmen. Als Nachweis reicht der vorläufige digitale Bescheid.

4 Nachdem die Zulassung für das Fahrzeug beantragt wurde, kann es im Straßenverkehr eingesetzt werden. Dokumente sind nicht notwendig.

6. Aufgabe

Nennen Sie vier Zulassungsvorgänge, die online durchgeführt werden können.

-
-
-
-

7. Aufgabe

Nennen Sie, neben natürlichen Personen, drei weitere (juristische) Personen, die die entsprechende Zulassungsvorgänge abwickeln können

-
-
-

8. Aufgabe

Was wir bei der online Neuzulassung eines Kraftfahrzeugs von juristischen Personen zusätzlich zur Identifizierung für die Anmeldung benötigt?

Erläuterungen und Lösungen

4. Aufgabe

- keine Wartezeiten
- kein Behördengang
- 24/7 möglich
- von überall nutzbar
- Zahlung online
- geringere Kosten

5. Aufgabe

Lösung: 3

Man kann direkt nach Erhalt der Bestätigung über die digitale Zulassung losfahren. Man muss nicht mehr wie bisher abwarten, bis die Papiere und Plaketten mit der Post zugestellt werden. Als Nachweis für die Zulassung dient in den ersten 10 Tage der digitale Zulassungsbescheid und der Bescheid über die Zulassung.

6. Aufgabe

- Anmeldung, Abmeldung, Wiederzulassung
- Umschreibung mit oder ohne Halterwechsel
- Tageszulassung
- Auswahl von Elektro-, Saison- und Oldtimerkennzeichen

7. Aufgabe

- Autohäuser
- Flottenbetreiber
- Kfz-Zulassungsdienste
- Versicherungen

8. Aufgabe

Unternehmenskonto BUND mit ELSTER-Zertifikat

i-Kfz (internetbasierte Kfz-Zulassung)

Voraussetzung bei Neuanmeldungen:

- Zulassungsdokument Teil II mit Sicherheitscode (Fahrzeugbrief)
- Elektronische Versicherungsbestätigung (eVB-Nummer)
- Bankverbindung (IBAN)/SEPA-Mandat für die Kfz-Steuer

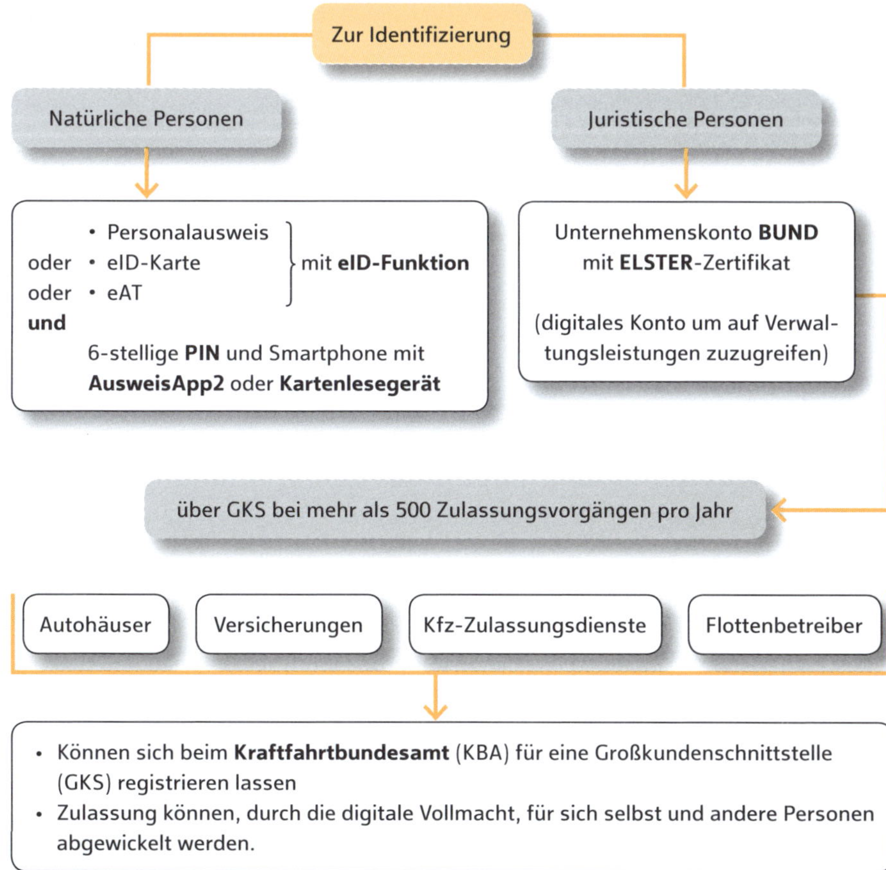

Voraussetzung bei Ummeldungen: (zusätzlich zu Neuanmeldungen)

- Zulassungsdokument Teil I (Fahrzeugschein) mit Sicherheitscode
- Gültige Hauptuntersuchung (HU) und ggf. Sicherheitsprüfung (SU)

Situation zur 1. bis 4. Aufgabe
Ein Kunde möchte seinen Gebrauchtwagen in Zahlung geben. Sie haben die Aufgabe, den Ankaufpreis zu ermitteln. Hierzu müssen Sie den Zustand des Fahrzeugs prüfen. Sie arbeiten das Formular „Zustandsbewertung“ ab.

1. Aufgabe

Markieren Sie in der „Zustandsbewertung“ die Hauptprüfpunkte.

B = Beule | F = Fehler | T = Technische Mängel | X = Bruch | R = Rost | S = Steinschlag
D = Delle | K = Kratzer | V = Verschmutzung | G = Gebrauchsspuren | U = Undicht

Zustandsbewertung

Opt. Zustand ☐ sehr gut ☐ gut ☐ mittel ☐ schlecht
Techn. Zustand ☐ sehr gut ☐ gut ☐ mittel ☐ schlecht
Unfallschäden erkannt ☐ ja ☐ nein

Karosserie: EUR
Front: ____
Heck: ____
linke Seite: ____
rechte Seite: ____
Dach: ____
Stoßstangen: ____
Beleuchtung: ____
Glasschäden: ____
Sonstiges: ____

Antriebsaggregate:
Motor: ____
Kühler: ____
Antriebsstrang: ____
Kupplung: ____
Auspuff: ____
Kat. geprüft: ☐ ja ☐ nein
Elektrik/Elektronik/Display: ____
Batterie: ____
Sonstiges: ____

Fahrwerk: EUR
Lenkung: ____
Radaufhängung: ____
Stoßdämpfer: vorn ____ hinten ____
Bremsen: vorn ____ hinten ____
Handbremse: ____
Felgen/Typ: ____
zulässig: ☐ ja ☐ nein
normale Bereifung: ____fach
VL___ VR___ HL___ HR___ Res.___ mm
M + S Bereifung: ____fach
VL___ VR___ HL___ HR___ Res.___ mm
optisch vermessen: ____
Undichtigkeiten: ____
Sonstiges: ____

Innenraum:
Polster: ____
Seitenverkleidung: ____
Fußraum: ____
Kofferraum: ____
Dachhimmel: ____
Desodorisierung: ____
Inspektion: ____
Ölservice: ____
TÜV/AU: ____
optische Aufbereitung: ____

Nachlackiert J / N **Teil:**
Lackstärke: µ
Ausgelesener KM-Stand:
Key-Reader: J / N

Datum Unterschrift Bewerter

Kosten aus:
Karosserie: ____
Antriebsaggregate: ____
Fahrwerk: ____
Innenraum: ____
Optik: ____
TÜV/AU: ____
Kosten gesamt: ____

2. Aufgabe

Neben dem technischen Zustand sind Sonderausstattungen eines Gebrauchtfahrzeugs ein großer wertbeeinflussender Faktor.

Nennen Sie jeweils drei Beispiele für

a) *werterhöhende Sonderausstattungen.*

- ____
- ____
- ____

b) *wertmindernde Sonderausstattungen.*

- ____
- ____
- ____

3. Aufgabe

Welche weiteren Hilfsmittel zur Fahrzeugbewertung kennen Sie?

____

____

4. Aufgabe

Außer Inzahlungnahmen gibt es für Autohäuser auch noch andere Ankaufmöglichkeiten für Gebrauchtfahrzeuge. Geben Sie mindestens drei solcher Bezugsquellen an.

- ____
- ____
- ____

Erläuterungen und Lösungen

1. Aufgabe

Prüfpunkte stellen die Hauptkomponenten eines Fahrzeugs wie Karosserie, Antriebsaggregate, Fahrwerk und auch Innenraum dar. Daneben erfolgen eine Mängelbeschreibung sowie eine grobe Kostenschätzung.

2. Aufgabe

a) Werterhöhende Sonderausstattungen sind z. B. hochwertige Soundsysteme, Spezialfelgen in gutem Zustand, Massagesitze, Xenon-Scheinwerfer, Komplett-Airbags usw.

b) Wertmindernde Sonderausstattungen sind z. B. benutzte Anhängerkupplung, Sonderlackierungen, Extrem-Tuning usw.

Sonderausstattungen haben beim Kauf des Neuwagens immer viel Geld gekostet. Für Käuferinnen und Käufer hatten sie einen entsprechenden Nutzwert. Wird das Fahrzeug dann als Gebrauchtwagen weiterverkauft, bestimmt den Wert des Fahrzeugs nicht mehr die Verkaufspreisliste, sondern die allgemeine Nachfrage nach genau diesem individuellen Fahrzeug.

Beispiele:

- Hat ein Kleinwagen eine Volllederausstattung, hat die Erstkäuferin/der Erstkäufer mit Sicherheit viel Geld dafür bezahlt. Potenzielle Käuferinnen und Käufer des Kleinwagens als Gebrauchtfahrzeug suchen aber in erster Linie ein günstiges, praktisches Auto. Sie freuen sich zwar über die Lederausstattung, zahlen aber deshalb bestimmt nicht mehr Geld als für die „Normalausstattung". Eine solche Sonderausstattung ist also mit Sicherheit nicht werterhöhend.
- Hat das Fahrzeug eine Anhängerkupplung, die auch genutzt wurde, sind der Antriebsstrang, die Kupplung und auch das Getriebe stärker belastet worden. Solche „Zugfahrzeuge" sind schwerer zu vermarkten. Eine entsprechende Wertminderung trotz Sonderausstattung ist die Folge in der Ankaufkalkulation.

3. Aufgabe

Neben der technischen Bewertung finden Bewertungsprogramme wie z. B. „SilverDAT" oder „EUROTAX" Anwendung.

Auch Bewertungskataloge wie die „Schwacke-Liste" oder der „DAT Marktspiegel" werden verwendet.

Die für die Fahrzeugbewertung notwendigen Daten werden von solchen Programmen direkt aus diversen Fahrzeug-Onlinebörsen gewonnen. Angepasst werden diese dann durch Informationen der Autohäuser, die diese Programme nutzen. Die Echtdaten jeder Gebrauchtwagenbewertung werden in das jeweilige Bewertungsprogramm eingepflegt.

Darüber hinaus kann dann die allgemeine Bewertung individuell für das betroffene Fahrzeug auf den echten Zustand hin angepasst werden.

Je mehr Autohäuser also ein bestimmtes Programm nutzen, desto mehr „echte" Daten fließen in die Bewertung ein und desto exakter wird der Ankaufwert des Fahrzeugs ermittelt.

4. Aufgabe

Weitere Ankaufmöglichkeiten für Gebrauchtfahrzeuge sind z. B.:

- Gebrauchtwagenbörsen im Internet
- Ankauf von anderen Händlern
- Ankauf vom Hersteller
- Leasingrückläufer
- Ankauf von Autovermietungen, Taxi-Unternehmen usw.
- Reimporte aus dem Ausland

Eine Sonderform stellt das **Agenturgeschäft** dar. Das Autohaus vermittelt hier im Auftrag von Kundinnen und Kunden ein Gebrauchtfahrzeug an Käuferinnen und Käufer. Die Gebrauchtfahrzeuge bleiben bis zum Verkauf im Eigentum der Kundinnen und Kunden. Der Kaufvertrag wird zwischen Kundinnen und Kunden sowie den Käuferinnen und Käufern geschlossen. Das Autohaus erhält nur eine Vermittlungsprovision.
Es trägt kein Vermarktungsrisiko, denn bei Nichtverkauf innerhalb einer Frist gehen die Autos wieder an die Kundinnen und Kunden zurück.

Situation zur 1. und 2. Aufgabe
Sie nehmen einen Gebrauchtwagen für 10.000,00 € in Zahlung. Zur Kalkulation des Verkaufspreises benötigen Sie die anfallenden Kosten.

1. Aufgabe

Kalkulieren Sie die täglichen Standkosten des Fahrzeugs anhand der nachfolgenden Zahlen:

Kostenart	Jährlich/€
Kalkulatorische Miete	600,00
Sonstige Kosten (Pflege, Versicherung,...)	480,00
Werbekosten 1,5 % vom Einstandspreis	
Kapitalverzinsung 5 % p. a. vom Einstandspreis	
Wertverlust (AfA = 36 Monate)	
Gesamt	

(1 Jahr = 360 Tage)

2. Aufgabe

Welchen Mindestpreis (ohne Gewinn) müssen Sie für das Fahrzeug erzielen, wenn es nach 30 Tagen Standzeit verkauft werden soll und außerdem an Instandsetzungskosten 450,00 € sowie Verkäuferprovision pauschal 300,00 € anfielen?

Fortführung der Situation
Das Fahrzeug wird nach 20 Tagen für 12.000,00 € (netto) verkauft.

3. Aufgabe

Wie hoch ist der Gewinn/Verlust in Prozent?

Erläuterungen und Lösungen

1. Aufgabe

Kostenart	Jährlich/€
Kalkulatorische Miete	600,00
Sonstige Kosten (Pflege, Versicherung,...)	480,00
Werbekosten 1,5 % vom Einstandspreis	150,00
Kapitalverzinsung 5 % p. a. vom Einstandspreis	500,00
Wertverlust (AfA = 36 Monate)	3.333,36
Gesamt	5.063,36

* *AfA = Absetzung für Abnutzung, hier: Nach 36 Monaten wäre das Fahrzeug nichts mehr wert.*

Berechnung des Wertverlusts:

10.000,00 € : 36 Monate = 277,78 €

277,78 € · 12 Monate = 3.333,36 € Wertverlust pro Jahr

Berechnung der täglichen Standkosten

Tägliche Standkosten = 5.063,36 € : 360 Tage = **14,06 €/Tag**

2. Aufgabe

30 Standtage · 14,06 €/Tag =	421,80 €
+ Instandsetzung	450,00 €
+ Verkäuferprovision	300,00 €
+ Hereinnahmepreis	10.000,00 €
= **Mindestpreis**	**11.171,80 €**
(= **Selbstkostenpreis**)	

3. Aufgabe

20 Standtage · 14,06 €/Tag =	281,20 €
+ Instandsetzung	450,00 €
+ Verkäuferprovision	300,00 €
+ Hereinnahmepreis	10.000,00 €
= **Mindestpreis**	**11.031,20 €**
(= **Selbstkostenpreis**)	

12.000,00 € – 11.031,20 € = 968,80 € Gewinn

$$\frac{968{,}80\ € \cdot 100\ \%}{11.031{,}20\ €} = \mathbf{8{,}78\ \%}$$

Je länger ein Fahrzeug steht, desto geringer wird der Gewinn beim Verkauf des Gebrauchtwagens. Deshalb ist es schon beim Ankauf wichtig, die Absatzchancen für ein Auto richtig einzuschätzen. Lohnt sich die Investition in z. B. Aufbereitung und Werbung für ein Fahrzeug? Handelt es sich um einen „Schnelldreher“, also ein Fahrzeug, das sich mit Gewinn schnell weiterverkaufen lässt, oder besteht die Gefahr, einen „Langsteher“ angekauft zu haben?

Oft werden die Risiken bei Inzahlungnahmen von Gebrauchtwagen durch schnelle Verkäufe an Aufkäufer aus dem Ausland umgangen. Diese haben in ihren Heimatländern z. B. andere Kostenstrukturen und Absatzchancen und können so Autos, die auf dem deutschen Markt nicht mehr gewinnbringend verkauft werden können, erfolgreich absetzen.

Situation
Die Verkaufsleitung muss den künftigen Kapitalbedarf für das Gebrauchtwagengeschäft mit der Firmenleitung abstimmen. Sie sollen nun die Daten ermitteln.

Folgende Zahlen liegen Ihnen vor:

Absatzziel pro Jahr	630 Gebrauchtwagen
Durchschnittlicher Händler-Einkaufspreis	5.800,00 €
Durchschnittliche Standzeit (Dauer bis Zahlungseingang berücksichtigt)	120 Tage

1. Aufgabe

Ermitteln Sie den durchschnittlichen jährlichen Kapitalbedarf auf Basis der Angaben.

Fortführung der Situation
Weiter werden Sie gebeten, zu prüfen, ob das Gebrauchtwagengeschäft gewinnbringend war.

Hierzu haben Sie folgende Daten:

Verkaufte Gebrauchtwagen	587 Stück
Gemeinkosten Sparte Gebrauchtwagen	360.715,00 €
Durchschnittlicher Bruttoertrag	580,00 €

2. Aufgabe

Berechnen Sie den durchschnittlichen Gewinn/Verlust pro Fahrzeug.

Fortführung der Situation
Bei der Kontrolle des Ergebnisses fällt Ihnen auf, dass viele in Zahlung genommene Gebrauchtfahrzeuge überhöht angekauft wurden.

3. Aufgabe

Geben Sie einen Grund an, warum Gebrauchtfahrzeuge überhöht in Zahlung genommen werden.

Erläuterungen und Lösungen

1. Aufgabe

630 Gebrauchtwagen · 5.800,00 €/Stück =
3.654.000,00 € Gesamtkapitalbedarf

3.654.000,00 €/360 Tage =
10.150,00 € Kapitalbedarf/Tag

10.150,00 € · 120 Tage =
1.218.000,00 € durchschnittlicher Kapitalbedarf

Da sich die Fahrzeuge 360/120 Tage = dreimal im Jahr umschlagen, „stecken" im Durchschnitt 1.218.000,00 € gebundenes Kapital im Gebrauchtwagenbereich.

2. Aufgabe

587 verkaufte Einheiten · 580,00 € Bruttoertrag =
340.460,00 € Gesamtbruttoertrag

340.460,00 € – 360.715,00 € (Gemeinkosten) =
– 20.255,00 € (Verlust)

– 20.255,00 €/587 verkaufte Einheiten =
– 34,51 € Verlust pro Fahrzeug

3. Aufgabe

Gründe, Gebrauchtfahrzeuge überhöht in Zahlung zu nehmen, können z. B. sein:

- Verdeckter Preisnachlass beim Neuwagenverkauf
- Fehler bei der Hereinnahmepreis-Kalkulation
- Ankauf-Sonderaktionen

Um langwierige Verkaufsverhandlungen um Rabatte im Neuwagenverkauf abzukürzen, werden statt eines Nachlasses höhere Preise für Gebrauchtwagen-Inzahlungnahmen geboten. Diese Überzahlung muss natürlich dem Geschäftsfeld „Neuwagen" angelastet werden. Somit sinkt der Bruttoertrag des Neuwagenverkaufs. Der Neuwagenkunde bleibt dem Autohaus aber damit erhalten. Gewinne können dann über das anschließende Werkstatt- und Servicegeschäft erzielt werden.

Hat der Ankäufer die Marktsituation oder auch die Standzeit falsch eingeschätzt, kann es ebenfalls zu überhöhten Ankäufen kommen. Gute Bewertungs- und Kalkulationsprogramme sind hier ein wichtiges Instrument, um solche Fehler zu vermeiden.

Abwrackprämien, Umweltzuschüsse und Ähnliches führen ebenfalls oft zu überhöhten Ankäufen. Freilich werden hier die Verluste durch Zuschüsse des Staates bzw. der Hersteller zumindest zum Teil wieder kompensiert.

Merke

„Der Grundstein liegt im Einkauf."

Da der Verkaufspreis für Gebrauchtfahrzeuge durch den Markt vorgegeben wird, ist der entscheidende Faktor der Ankaufpreis des Fahrzeugs. Durch einen möglichst knapp kalkulierten Ankauf entscheidet sich, ob aus dem Verkauf ein Gewinn erzielt wird, lediglich Geld gewechselt oder gar Verlust gemacht wird. Entsprechend hoch ist dann das unnötig gebundene Kapital im Gebrauchtwagenbestand.

Kalkulation des Hereinnahmepreises

Erzielbarer Marktpreis
– Verkäuferprovision
– Tägliche Standkosten
– Sonstige Gemeinkosten
– Gewinnerwartung
= maximal möglicher Hereinnahmepreis

Situation
Eine Kundin interessiert sich für ein Gebrauchtfahrzeug. Sie zeigen ihr einige Autos in Ihrem Gebrauchtwagenbestand. Der Kundin fällt auf, dass an einigen Preisschildern der Hinweis „Mehrwertsteuer ausweisbar“, an anderen „Besteuerung nach § 25a UStG“ zu finden ist.

1. Aufgabe

Erklären Sie der Kundin die Bedeutungen der Hinweise:

a) „Mehrwertsteuer ausweisbar“

b) „Besteuerung nach „§ 25a UStG“

Fortführung der Situation
Sie finden ein passendes Fahrzeug. Die Kundin hat sich für einen Jahreswagen zum Preis von 15.000,00 € entschieden. Sie fragen sich, wo die Unterschiede zu der Abwicklung beim Verkauf eines Neufahrzeugs liegen, und vergleichen hierzu die Neuwagen- und Gebrauchtwagen-AGB (nach den unverbindlichen Empfehlungen des ZDK).

2. Aufgabe

Ergänzen Sie die Tabelle.

	Regelung laut Neuwagen-AGB	**Regelung laut Gebrauchtwagen-AGB**
Vertragsabschluss		
Zahlung		
Abnahme		
Eigentumsvorbehalt		

Erläuterungen und Lösungen

1. Aufgabe

a) Das Fahrzeug wurde regelbesteuert von einem Unternehmen angekauft. Deshalb wird es auch regelbesteuert weiterverkauft.

Es kann sich z. B. um einen Leasingrückläufer oder ein ehemaliges Mietfahrzeug handeln.

Der Verkaufspreis enthält die volle Umsatzsteuer. Diese kann auch auf der Verkaufsrechnung ausgewiesen werden. Sind Käuferinnen und Käufer vorsteuerabzugsberechtigt, erhalten sie die ausgewiesene Umsatzsteuer vom Finanzamt wieder zurück.

b) Das Fahrzeug wurde steuerfrei von privat angekauft. Deshalb wird es differenzbesteuert weiterverkauft.

Der Verkaufspreis enthält lediglich den Umsatzsteueranteil, der ***in der* Differenz** zwischen Verkaufs- und Einkaufspreis steckt. Auf der Verkaufsrechnung darf keine Umsatzsteuer ausgewiesen werden. Sie trägt stattdessen den Hinweis „Differenzbesteuert nach § 25a UStG", o. Ä.

Solche Fahrzeuge sind i. d. R. für vorsteuerabzugsberechtigte Unternehmen uninteressant, da keine Umsatzsteuer vom Finanzamt zurückerstattet wird.

Hinweis

Zur Bearbeitung der folgenden Aufgaben empfiehlt es sich, mit den aktuellen Versionen der AGB-Empfehlungen zu arbeiten. Diese können von der Homepage des ZDK, der Kfz-Innungen usw. heruntergeladen werden, z. B. unter www.kfz-bayern.de/mitglieder/mitgliederservice/downloads/agb/neuwagen-verkaufsbedingungen.html; www.kfzbayern.de/mitglieder/mitglieder-service/downloads/agb/gebrauchtwagenverkaufsbedingungen.html.

2. Aufgabe

	Regelung laut Neuwagen-AGB	**Regelung laut Gebrauchtwagen-AGB**
Vertragsabschluss	Nach Bestätigung der verbindlichen Neuwagenbestellung innerhalb einer Frist von 3 Wochen	Nach Bestätigung der verbindlichen Gebrauchtwagenbestellung innerhalb einer Frist von 10 Tagen, entfällt i. d. R., da Fahrzeug auf Lager
Zahlung	Bei Übergabe des Fahrzeugs und Aushändigung oder Übersendung der Rechnung	Bei Übergabe des Fahrzeugs und Aushändigung oder Übersendung der Rechnung
Abnahme	Innerhalb von 14 Tagen nach Bereitstellungsanzeige	Innerhalb von 8 Tagen nach Bereitstellungsanzeige
Eigentumsvorbehalt	Fahrzeug bleibt bis zum Ausgleich der der Verkäuferin/dem Verkäufer zustehenden Forderungen Eigentum der Verkäuferin/des Verkäufers.	Fahrzeug bleibt bis zum Ausgleich der der Verkäuferin/dem Verkäufer zustehenden Forderungen Eigentum der Verkäuferin/des Verkäufers.

Fortführung der Situation
Die Kundin unterschreibt alles Nötige.
Wie vereinbart erscheint sie drei Tage später, um ihr Fahrzeug abzuholen.
Sie hat den Kaufpreis in Höhe von 15.000,00 € in bar dabei.

3. Aufgabe

Was ist neben der Kontrolle der Geldscheine auf Echtheit bei der Annahme des Kaufpreises noch zu beachten?

Fortführung der Situation
Auf jedes verkaufte Gebrauchtfahrzeug gibt Ihr Autohaus ein Jahr Gebrauchtgarantie. Natürlich freut sich Ihre Kundin darüber. Sie wundern sich jedoch etwas, da in den AGB doch ohnehin eine Haftung für Sachmängel, also Gewährleistung, geregelt ist.

4. Aufgabe

Wodurch unterscheidet sich die Gewährleistung von einer Garantie?

a) Gewährleistung

b) Garantie

Situation zur 5. und 6. Aufgabe
Ein anderer Kunde hat vor 13 Monaten bei Ihnen ein Gebrauchtfahrzeug gekauft. Nun kommt er zu Ihnen, weil das Getriebe defekt ist.

5. Aufgabe

Hat der Kunde Ansprüche aus der gesetzlichen Gewährleistung oder der Gebrauchtwagengarantie? Begründen Sie kurz.

6. Aufgabe

Wie können Sie dem Kunden im Rahmen der Kundenbindung helfen?

Erläuterungen und Lösungen

3. Aufgabe

Es sind die Regelungen des Geldwäschegesetzes zu beachten.

Vertragspartnerinnen und -partner sind zu identifizieren und die Aufzeichnungen hierüber sind für genau fünf Jahre zu dokumentieren. Die Identifizierung natürlicher Personen erfolgt über einen gültigen Personalausweis oder Reisepass (nicht Führerschein). Die Ausweisdokumente müssen im Original vorgelegt (keine Kopien per Fax oder E-Mail) und vollständig kopiert, gescannt oder fotografiert werden (ohne Schwärzung).

4. Aufgabe

a) Gewährleistung ist die im BGB geregelte gesetzliche Verpflichtung der Verkäuferinnen und Verkäufer, für die Mangelfreiheit einer Sache einzustehen.

Ein Mangel liegt z. B. vor, wenn eine Sache zum Zeitpunkt der Übergabe nicht die Beschaffenheit hat, die vereinbart wurde. Im dargestellten Fall haben Käuferinnen und Käufer das Recht auf Nacherfüllung. Sie können entweder Nachbesserung oder Neulieferung verlangen. Scheitert die Nacherfüllung, können Rechte wie Rücktritt vom Vertrag, Preisminderung sowie Schadenersatz beansprucht werden. Die gesetzliche Gewährleistungsfrist beträgt zwei Jahre. Für gebrauchte Sachen kann die Frist auf ein Jahr verkürzt werden. Innerhalb der ersten zwölf Monate der Gewährleistungsfrist gilt die Beweislastumkehr. Hier müssen Verkäuferinnen und Verkäufer beweisen, dass ein Mangel bei Übergabe nicht vorhanden war. Danach gilt wieder die „normale" Beweislast. Käuferinnen und Käufer müssen beweisen, dass der Mangel schon bei Übergabe vorhanden war.

In unserem Beispiel ist die Gewährleistung durch die Gebrauchtwagen-AGB auf ein Jahr verkürzt worden.

b) Garantie ist die vertraglich geregelte Verpflichtung des Garantiegebers, für den vereinbarten Zeitraum die Kosten für die Beseitigung der in den Garantiebedingungen beschriebenen Mängel zu übernehmen.

An die Garantie kann die Erfüllung bestimmter Bedingungen geknüpft sein. Für Anschlussgarantien muss z. B. gezahlt werden, Mobilitätsgarantien gelten nur bei regelmäßiger Wartung und Inspektion des Fahrzeugs in einer Fachwerkstatt usw. Die Garantieleistung beschränkt sich bei Autos auf die in den Garantiebedingungen aufgelisteten Baugruppen. Verschleißteile, wie z. B. Bremsscheiben, Bremsklötze, Auspuff-Endtöpfe, Scheibenwischerblätter, sind meist ausgeschlossen.

Die Garantie greift auch dann, wenn ein Mangel erst bei Benutzung auftritt.

5. Aufgabe

Die Gewährleistungsfrist wurde in den AGB auf zwölf Monate verkürzt.
Nach 13 Monaten sind die gesetzlichen Gewährleistungsansprüche deshalb verjährt. Auch die Garantie ist abgelaufen. Kundinnen und Kunden haben in diesem Fall also weder gesetzliche noch vertragliche Ansprüche.

6. Aufgabe

Es bietet sich eine Regelung über die Kulanz an. Hierbei handelt es sich um eine freiwillige Leistung des Herstellers oder Händlers.

Je nach Alter und Laufleistung des Fahrzeugs wird ein Teil der Kosten übernommen. Listen der Hersteller geben z. B. Auskunft über die Höhe der Kulanz, die als Prozentsatz angegeben sind. Der „gute Ruf" des Autohauses oder auch der Marke bleibt so erhalten.

Merke

Gewährleistung = gesetzlich
Garantie = vertraglich
Kulanz = freiwillig

Gewährleistet wird Mangelfreiheit, garantiert wird die Funktion.

Situation zur 1. und 2. Aufgabe
Die Verkaufsleitung bittet Sie, bei den Autokundinnen und -kunden der letzten Woche anzurufen.
Sie sollen diese befragen, wie zufrieden sie mit der Abwicklung ihres Autokaufs waren.

1. Aufgabe

Formulieren Sie drei sinnvolle Fragestellungen in diesem Zusammenhang.

-
-
-

2. Aufgabe

Welche Ziele verfolgt die Verkaufsleitung mit solchen Kundenzufriedenheitsbefragungen? Geben Sie vier Beispiele an.

-
-
-
-

Fortführung der Situation zur 3. und 4. Aufgabe
Neben den Kundenbefragungen gibt es eine Vielzahl von Möglichkeiten, Kundinnen und Kunden durch gute Betreuung nach einem Vertragsabschluss (Aftersales-Maßnahmen) langfristig an das Autohaus zu binden.

3. Aufgabe

Nennen Sie fünf weitere typische Aftersales-Maßnahmen im Autohaus.

-
-
-
-
-

4. Aufgabe

Sie wollen im Rahmen von Aftersales-Maßnahmen Ihre Kundinnen und Kunden anschreiben. Welche rechtlichen Aspekte sind hier zu beachten? Erläutern Sie kurz.

Erläuterungen und Lösungen

1. Aufgabe

Beispiele:

- Waren die technischen Erklärungen für Sie verständlich?
- Wurde eine Probefahrt angeboten?
- Waren Verkäuferinnen und Verkäufer bei Fragen erreichbar?
- Wo sehen Sie Verbesserungsmöglichkeiten für uns?
- Würden Sie Ihr nächstes Fahrzeug wieder bei uns kaufen?

2. Aufgabe

- Erfüllen der Vorgaben des Herstellers
- Aufdecken von Verbesserungspotenzialen
- Sammeln neuer Ideen
- Kundenbindung, da Wertschätzung der Kundenmeinung

Ziel jeder Maßnahme nach dem direkten Fahrzeugverkauf (= Aftersales-Maßnahme) ist die langfristige Bindung der Kundinnen und Kunden an das Autohaus. Eine Kundenzufriedenheitsbefragung ist hier sicherlich nur der erste Schritt, dem weitere folgen müssen.

Durch den reinen Verkauf eines Autos sind die Erträge für ein Unternehmen nicht zufriedenstellend. Im Servicebereich liegt die Hauptertragsquelle. Deshalb kommt es darauf an, alles dafür zu tun, den Fahrzeugkunden auch als Werkstattkunden zu gewinnen und weiter an das Autohaus zu binden. Aftersales-Maßnahmen sollen hierbei helfen.

3. Aufgabe

Beispiele:

- Aufmerksam-Machen auf möglichen Zusatzservice, z. B. Notfallnummer bei Unfall, Schneeketten-Verleih, Räder-Einlagerung
- Erinnerung an Service-Termin oder Ölwechsel
- Einladungen zu Winter-, Licht- oder Urlaubs-Checks
- Erinnerung an HU-Termin
- Einladungen zur Vorstellung von neuen Modellen oder anderen Events im Autohaus
- Onlinebefragungen einige Wochen nach Fahrzeugkauf
- Persönliche Geburtstags- oder Weihnachtsgrüße

4. Aufgabe

Die Erhebung, Verarbeitung und Verwendung personenbezogener Daten unterliegt strengen gesetzlichen Regelungen. Rechtsgrundlage hierfür bildet die Datenschutz-Grundverordnung (DSGVO) sowie das Gesetz gegen Wettbewerbsbeschränkung (GWB).

Viele der genannten Maßnahmen können nur durchgeführt werden, wenn Kundinnen und Kunden vorher zugestimmt haben. Sie müssen mit ihrer Unterschrift bestätigen, dass sie mit der Kontaktaufnahme einverstanden sind und dass ihre Daten zweckgebunden gespeichert und verarbeitet werden.

Situation zur 1. und 2. Aufgabe

Das Autohaus Schmidt plant die Modernisierung ihres Showrooms für die Neufahrzeuge. Die Umbaumaßnahmen werden 1.500.000,00 € betragen. Vom Hersteller bekommen Sie einen Zuschuss von 450.000,00 € und 350.000,00 € sind als Eigenkapital vorhanden. Somit hat die Geschäftsleitung beschlossen, die fehlenden 700.000,00 € über ein langfristiges Darlehen bei der Hausbank abzudecken. Hierzu haben Sie die folgenden drei Angebote erhalten. Alle Darlehen haben eine Laufzeit von zehn Jahren.

Angebot 1:

Gewerbliches Baudarlehen über 700.000,00 €, effektiver Jahreszins 3,5 %, Tilgung 2,0 % der Darlehenssumme mit gleichbleibender jährlicher Rate

Angebot 2:

Gewerbliches Baudarlehen über 700.000,00 €, effektiver Jahreszins 3,5 %, Tilgung des Darlehens am Ende der Laufzeit

Angebot 3:

Gewerbliches Baudarlehen über 700.000,00 €, effektiver Jahreszins 3,95 %, es werden jährlich 70.000,00 € getilgt.

1. Aufgabe

Geben Sie bitte an, um welche Art Darlehen es sich bei dem jeweiligen Angebot handelt.

Begriff	Beschreibung
Angebot 1	
Angebot 2	
Angebot 3	

2. Aufgabe

Erstellen Sie für das Angebot 1 und 3 einen Finanzierungsplan der ersten drei Jahre.

Finanzierungsplan Angebot 1

Jahr	Schuld am Jahresanfang	Tilgung	Zinsen	Jährliche Gesamtzahlung	Schuld am Jahresende
1					
2					
3					

Platz für Nebenrechnungen:

Finanzierungsplan Angebot 3

Jahr	Schuld am Jahresanfang	Tilgung	Zinsen	Jährliche Gesamtzahlung	Schuld am Jahresende
1					
2					
3					

Platz für Nebenrechnungen:

Erläuterungen und Lösungen

1. Aufgabe

Bei der Vergabe der Darlehen können verschiedene Darlehensarten vom Autohaus Schmidt in Betracht gezogen werden.

Begriff	Beschreibung
Angebot 1	Annuitätendarlehen
Angebot 2	Fälligkeitsdarlehen
Angebot 3	Abzahlungsdarlehen

Annuitätendarlehen: Darlehensnehmerinnen und -nehmer haben eine immer gleichbleibende Annuität zu bezahlen. Die Annuität setzt sich aus Tilgungsanteil und Zinsanteil zusammen.

Fälligkeitsdarlehen: Bei dieser Darlehensart tilgen die Kreditnehmerinnen und -nehmer den Kredit am Ende der Laufzeit mit einer Einmalzahlung. Während der Darlehenslaufzeit zahlen Kreditnehmerinnen und -nehmer nur die Zinsen für den Kredit.

Abzahlungsdarlehen: Beim Abzahlungsdarlehen tilgen Kreditnehmerinnen und -nehmer immer einen festen Betrag. Die Zinsen werden anhand der Restdarlehenssumme berechnet und nehmen kontinuierlich ab.

2. Aufgabe

Finanzierungsplan für das Annuitätendarlehen

Jahr	Schuld am Jahresanfang	Tilgung	Zinsen	Jährliche Gesamtzahlung	Schuld am Jahresende
1	700.000,00	14.000,00	24.500,00	38.500,00	686.000,00
2	686.000,00	14.490,00	24.010,00	38.500,00	671.510,00
3	671.510,00	14.997,15	23.502,85	38.500,00	656.512,85

Berechnung Jahr 1:

Berechnung der Tilgung:
2,0 % von 700.000,00 € = 14.000,00 €

Berechnung der Zinsen:
3,5 % von 700.000,00 € = 24.500,00 €

Berechnung Annuität:
Tilgung + Zinsen = Annuität 14.000,00 € + 24.500,00 € = 38.500,00 €

Berechnung der Schuld am Jahresende:
Darlehenssumme – Tilgung 700.000,00 € – 14.000,00 € = 686.000,00 €

Berechnung Jahr 2:

Es handelt sich um ein Annuitätendarlehen, daher ist die Annuität immer gleich.
Annuität = 38.500,00 € (siehe Berechnung 1. Jahr)

Berechnung der Zinsen:
3,5 % von 686.000,00 € = 24.010,00 €

Berechnung der Tilgung:
38.500,00 € – 24.010,00 € = 14.490,00 €

Berechnung der Schuld am Jahresende:
686.000,00 € – 14.490,00 € = 671.510,00 €

Finanzierungsplan für das Abzahlungsdarlehen

Jahr	Schuld am Jahresanfang	Tilgung	Zinsen	Jährliche Gesamtzahlung	Schuld am Jahresende
1	700.000,00	70.000,00	27.650,00	97.650,00	630.000,00
2	630.000,00	70.000,00	24.885,00	94.885,00	560.000,00
3	560.000,00	70.000,00	22.120,00	92.120,00	490.000,00

Berechnungen:

Tilgung ist über die Laufzeit immer gleich = 70.000,00 €

Berechnung der Zinsen: Schuld am Jahresanfang · Zinssatz

Zinsen 1. Jahr: 3,95 % von 700.000,00 € = 27.650,00 €

Zinsen 2. Jahr: 3,95 % von 630.000,00 € = 24.885,00 €

Zinsen 3. Jahr: 3,95 % von 560.000,00 € = 22.120,00 €

Berechnung der jährlichen Gesamtzahlung = Tilgung + Zinsen

Berechnung der Schuld am Jahresende = Schuld am Jahresanfang – Tilgung

Situation
Sie sind aktuell in der Neuwagenabteilung eingesetzt. Dort interessiert sich die junge Kundin Lisa Klose für einen Kleinwagen. Frau Klose hat lange für ihr erstes Fahrzeug gespart und ein Budget von 13.000,00 €. Sie ist sich unsicher, ob sie das Fahrzeug bar bezahlen oder doch eine Finanzierung in Anspruch nehmen soll. Durch die Medien hat sie erfahren, dass die aktuellen Zinssätze sehr niedrig sind.

1. Aufgabe

1.1 Nennen Sie Frau Klose drei Vorteile einer Finanzierung gegenüber einer Barzahlung.

-
-
-
-
-

1.2 Nennen Sie Frau Klose die zwei Grundfinanzierungsarten, welche in Betracht kommen.

-
-

1.3 Erklären Sie Frau Klose den Unterschied der beiden Finanzierungsvarianten.

1.4 Welche Vorteile ergeben sich für Ihr Autohaus, wenn sich Frau Klose für eine Finanzierung, statt für einen Barkauf entscheidet.

Fortführung der Situation
Frau Klose hat sich für eine Finanzierung des neuen Fahrzeugs entschieden. Allerdings ist Frau Klose über den effektiven Jahreszinssatz von 0,9 % sehr erstaunt. Ein Vergleichsangebot ihrer Hausbank hat einen effektiven Jahreszinssatz von 3,9 % ergeben.

2. Aufgabe

Erklären Sie Frau Klose, wie dieser Unterschied zustande kommt.

Erläuterungen und Lösungen

1. Aufgabe

1.1 Die Finanzierung eines Fahrzeugs hat gegenüber einer Barzahlung für Privatkundinnen und -kunden erhebliche Vorteile:

- Kein Liquiditätsabfluss
  Frau Klose müsste ihre Ersparnisse nicht komplett für die Bezahlung des Fahrzeugs hernehmen, sondern könnte z. B. nur eine Anzahlung mit den Ersparnissen leisten.
- Finanzierung eines höherwertigen Fahrzeugs möglich.
- Feste monatliche Raten, daher gut planbar
- Keine Zinsverluste
- Bei der Entscheidung einer 3-Wege-Finanzierung haben Kundinnen und Kunden kein Gebrauchtwagenrisiko.

1.2 Frau Klose kann aus zwei Finanzierungsarten wählen:

- 3-Wege-Finanzierung (Schlussratenkredit, Ballonfinanzierung)
- Klassischer Ratenkredit

1.3 Die Vertragsarten lassen sich wie folgt erklären:

3-Wege-Finanzierung

Bei der 3-Wege-Finanzierung leisten die Darlehensnehmerinnen und -nehmer oft eine Anzahlung, danach zahlen Kundinnen und Kunden ihre monatlichen Finanzierungsraten. Am Ende der Finanzierung bleibt noch eine Schlussrate übrig. Diese Schlussrate können die Kundinnen und Kunden entweder bezahlen, weiter finanzieren oder das Fahrzeug an das Autohaus zurückgeben.

Klassischer Ratenkredit

Beim Ratenkredit können Kundinnen und Kunden ebenfalls eine Anzahlung leisten, dies verringert die monatliche Rate. Danach bezahlen die Kundinnen und Kunden die monatliche Rate. Am Ende der Darlehenszeit ist das jeweilige Fahrzeug komplett abbezahlt und geht in das Eigentum der Kundinnen und Kunden über. Eine Schlussrate ist hier nicht mehr notwendig.

1.4 Vorteile einer Finanzierung für das Autohaus:

- Das Autohaus erhält eine zusätzliche Provision für die Vermittlung der Finanzierung.
- Das Autohaus kann noch zusätzliche Produkte, wie eine Restschuldversicherung, verkaufen und auch hier zusätzliche Provisionen erwirtschaften.
- Das Autohaus muss keine rechtlichen Bestimmungen bezüglich des Geldwäschegesetzes beachten.
- Das Bargeld muss nicht auf Falschgeld geprüft werden.
- Das Autohaus kann eventuell ein teureres Fahrzeug verkaufen, weil Kundinnen und Kunden sich dies über eine Finanzierung eher leisten können.
- Das Autohaus bleibt über die Finanzierung ständig in Kontakt.
- Bei einer 3-Wege-Finanzierung ist ein Neugeschäft in regelmäßigen Abständen möglich.

2. Aufgabe

Die Banken der Autohersteller können oft günstigere Zinssätze bieten, weil die Banken und Hersteller voneinander abhängig sind und die Zinssätze von den Herstellern subventioniert werden. Dadurch erhoffen sich die Hersteller hohe Produktionszahlen und viele Neugeschäfte.

Fortführung der Situation
Sie bereiten den Kreditvertrag von Frau Klose vor. Frau Klose hat sich für eine Ballonfinanzierung entschieden. Sie leistet eine Anzahlung von 4.000,00 €; der Finanzierungsvertrag geht über 48 Monate. Sie erklären Frau Klose die nächsten Schritte ganz genau und welche Unterlagen nun benötigt werden.

3. Aufgabe

3.1 Zuerst überprüfen Sie die Kreditfähigkeit von Frau Klose. Was ist unter der Kreditfähigkeit zu verstehen und wie kann diese geprüft werden?

Definition Kreditfähigkeit einer Privatperson:

Notwendige Unterlagen zur Prüfung der Kreditfähigkeit von Frau Klose:

3.2 Sie erklären Frau Klose, dass der nächste Schritt die Prüfung ihrer Bonität ist. Was ist darunter zu verstehen?

3.3 Im Rahmen der Bonitätsprüfung füllt Frau Klose eine Selbstauskunft aus. Nennen Sie mindestens sechs Inhalte, die im Rahmen einer Selbstauskunft von Kreditnehmerinnen und -nehmern abgefragt werden können.

-
-
-
-
-
-

3.4 Neben der Selbstauskunft können weitere Materialien zur Prüfung der Kreditwürdigkeit herangezogen werden. Nennen Sie drei.

-
-
-

Fortführung der Situation
Im Rahmen der Darlehenserstellung erklären Sie Frau Klose, dass sie die sogenannte „Schufa-Klausel" unterschreiben muss.

4. Aufgabe

Füllen Sie folgende Tabelle rund um die Schufa aus.

Was ist die Schufa?	
Welche Informationen speichert die Schufa?	
Was sind sogenannte „Negativmerkmale" bei der Schufa?	
Welche Informationen werden bei der Schufa nicht gespeichert?	

Erläuterungen und Lösungen

3. Aufgabe

3.1 Eine natürliche Person mit unbeschränkter Geschäftsfähigkeit besitzt die Fähigkeit, rechtsgültige Verträge abzuschließen, und ist somit auch kreditfähig.

Dies ist der Fall, wenn die Vertragspartnerin oder der Vertragspartner das 18. Lebensjahr vollendet hat. Sind Kreditnehmerinnen und -nehmer beschränkt geschäftsfähig (ist das 18. Lebensjahr noch nicht vollendet), wird die Zustimmung des Familiengerichts und der gesetzlichen Vertretung benötigt. Bei einem Unternehmen muss geprüft werden, ob dieses bereits existiert. Dies geschieht durch einen Handelsregisterauszug und den Personalausweis des Bevollmächtigten.

Die Kreditfähigkeit von Frau Klose kann durch den Personalausweis oder durch den Reisepass mit einer Meldebescheinigung überprüft werden.

3.2 Unter der Bonität wird die Kreditwürdigkeit von Kreditnehmerinnen und -nehmern verstanden. Diese sagt aus, ob von Kreditnehmerinnen und -nehmern eine vertragsgemäße Rückzahlung des Darlehens erwartet werden kann.

Eine umfassende Prüfung der Kreditwürdigkeit umfasst zwei Bereiche. Es müssen die persönlichen Faktoren und die wirtschaftlichen Faktoren geprüft werden. Die Überprüfung der persönlichen Faktoren ist allerdings sehr schwierig, da es keine belegbaren Informationen sind. Hier ist viel Menschenkenntnis gefordert. Bei Unternehmen muss die Kreditwürdigkeit geprüft werden durch Bilanzen, Bankenbestätigungen, wirtschaftliche Auswertungen oder CREDITREFORM.

3.3 aktueller Arbeitgeber, Zeit der Beschäftigung beim Arbeitgeber, monatliches Einkommen der Kreditnehmerin oder des Kreditnehmers und Ehepartners bzw. Ehepartnerin, Familienstand, Mietkosten, Finanzierungsrate für das Eigenheim, weitere Kredite, Unterhaltsverpflichtungen usw.

3.4 Einkommensnachweise der letzten drei Monate der Kreditnehmerin oder des Kreditnehmers, Kontounterlagen oder Bankbescheinigungen über vorhandenes Vermögen, Grundbuchauszüge von vorhandenem Immobilienbesitz, Auskünfte von Dateien (z. B. Schufa, Bürgel), Aufstellung über Einnahmen und Ausgaben der Kreditnehmerin oder des Kreditnehmers (Haushaltsrechnung)

4. Aufgabe

Was ist die Schufa?	= Schutzgemeinschaft für allgemeine Kreditsicherung Die Schufa verfolgt das Ziel, ihre Vertragspartner vor Kreditausfällen zu schützen. Vertragspartner der Schufa sind Kreditinstitute, Banken, Leasinggesellschaften, Versandhandelsunternehmen.
Welche Informationen speichert die Schufa?	Personendaten (Name, Geburtsdatum, Geburtsort, Anschrift, frühere Anschriften), laufende Kredit- und Leasingverträge, Girokonten, Kreditkarten, Telekommunikationskonten
Was sind sogenannte „Negativmerkmale" bei der Schufa?	Bei Negativmerkmalen handelt es sich um Eintragungen in der Schufa, die eine schlechte Bonität von Kreditnehmerinnen und -nehmern belegen: • Beantragung einer Privatinsolvenz • Durchgeführte Zwangsvollstreckungen • Nicht ordnungsgemäß getilgte Kredite • Abgabe einer eidesstaatlichen Versicherung • Durchgeführte Lohn- und Gehaltspfändungen
Welche Informationen werden bei der Schufa nicht gespeichert?	• Einkommen oder das Vermögen • der Arbeitgeber • Familienstand

Situation
Im Kalender des Verkäufers Neunte können Sie sehen, dass heute ein Beratungstermin zu einer Autofinanzierung ansteht:

15:00 Uhr Familie Meister, Kombi, 3-Wege-Finanzierung oder Ratenfinanzierung.

Herr Neunte ist aktuell noch mit einem Großkunden im Gespräch und hat Ihnen den Auftrag gegeben, die notwendigen Berechnungen für das Gespräch mit Familie Meister vorzunehmen.

Familie Meister interessiert sich für einen Kombi, Listenpreis 34.000,00 €.
Frau Meister wählt noch das Businesspaket für 4.500,00 €, Restschuldversicherung 2,45 € pro Monat. Die Familie gibt ihr Altfahrzeug für 2.700,00 € in Zahlung.
Der Rest soll über die Bank des Herstellers finanziert werden. Es fallen Zinsen von 1.480,00 € an. Nach vier Jahren soll der Familie das Fahrzeug gehören.

Ihnen liegen folgende Informationen zu Familie Meister vor:

Selbstauskunft der SCHMIDT BANK

Name	Thomas Meister	Corinna Meister
Familienstand	verh.	verh.
Kinder im Haushalt	1, aus erster Ehe	2 (Kindergeld = 250,00 € pro Kind)
Monatliches Einkommen	3.250,00 € netto	Teilzeit: 980,00 €
Sonst. Einnahmen	Vermietung Einliegerwohnung: 550,00 €/mtl.	
Ratenkredite, Verbindlichkeiten, Unterhaltszahlungen	Versicherungen inkl. Kfz: 230,00 €/mtl. Weiterbildung: 260,00 €/mtl. Unterhaltszahlungen: 540,00 €/mtl.	
Miete/Verpflichtungen Hauskredit	Belastung Eigenheim: 1.600,00 €/mtl.	

5. Aufgabe

5.1 Berechnen Sie die monatliche Rate von Familie Meister.

5.2 Überprüfen Sie mithilfe der Selbstauskunft, ob Familie Meister die Kreditraten bezahlen kann. Gehen Sie von Lebenshaltungskosten von 1.300,00 € pro Monat für die Familie aus.

Erläuterungen und Lösungen

5. Aufgabe

5.1 **1. Schritt: Berechnung des Gesamtfinanzierungsbedarfs**

Listenpreis ohne Sonderausstattung
+ Sonderausstattung
= Listenpreis inkl. Sonderausstattung
– Nachlass/Rabatt
– Anzahlung/Inzahlungnahme
= Nettokreditbetrag
+ sonstige Leistungen, z. B. Restschuldversicherung
= Finanzierungssumme
+ Zinsen (bezogen auf die Finanzierungssumme)
= Gesamtfinanzierungsbedarf (Gesamtdarlehensbetrag)

2. Schritt: Berechnung der monatlichen Raten

Berechnung der monatlichen Raten: $\frac{\text{Gesamtdarlehensbetrag}}{\text{Anzahl der monatlichen Raten}}$

Listenpreis	34.000,00 €
+ Sonderausstattung	4.500,00 €
= Listenpreis inkl. Sonderausstattung	38.500,00 €
– Inzahlungnahme	2.700,00 €
= Nettokreditbetrag	35.800,00 €
+ Restschuldversicherung	117,60 €
= Finanzierungssumme	35.917,60 €
+ Zinsen	1.480,00 €
= Gesamtfinanzierungsbedarf	37.397,60 €

Monatliche Raten: 37.397,60 € : 48 Monate = 779,12 €

5.2 Verkäufer/-innen und Vermittler/-innen sind verpflichtet, die Monatsraten so zu wählen, dass die Kundinnen und Kunden diese neben ihren weiteren finanziellen Ausgaben aufbringen können. Um dies zu ermitteln, ist es sinnvoll, mit Kundinnen und Kunden eine Haushaltsrechnung durchzuführen.

Einnahmen pro Monat	Gehalt von Herrn Meister	3.250,00 €
	Gehalt von Frau Meister	980,00 €
	Mieteinnahmen	550,00 €
	Kindergeld*	500,00 €
Summe Einnahmen		**5.280,00 €**
Ausgaben pro Monat	Versicherungen	230,00 €
	Kredit Eigenheim	1.600,00 €
	Lebenshaltungskosten	1.300,00 €
	Unterhaltskosten	540,00 €
	Weiterbildungskosten	260,00 €
Summe Ausgaben		**3.930,00 €**

Ermittlung des verfügbaren Kapitals:

Summe Einnahmen – Summe Ausgaben
5.280,00 € – 3.930,00 € = 1.350,00 €

Antwort: Die Raten könnten durch den Betrag gedeckt werden, allerdings hat die Familie Meister dann kaum noch finanzielle Reserven. Es sollte von diesem Vertrag abgeraten werden.

* *Laut der Selbstauskunft von Familie Meister hat Herr Meister ein Kind aus einer früheren Ehe. Da aus der Selbstauskunft nicht ersichtlich ist, wer das Kindergeld für dieses Kind erhält, sollte dieses nicht in die Kalkulation mit eingerechnet werden.*

5.3 Familie Meister möchte die monatliche Rate etwas senken.
Welche Möglichkeiten können Sie der Familie nennen?

5.4 Erklären Sie Familie Meister, welche Risiken durch die Restschuldversicherung abgedeckt sind und welche Zahlung der Kreditnehmer im Versicherungsfall zu erwarten hat.

5.5 Erklären Sie Familie Meister, welche Kriterien bei der Ermittlung des Werts für das Altfahrzeug eine Rolle spielen.

Fortführung der Situation
Die monatlichen Raten sind Familie Meister zu hoch. Sie empfehlen ihnen, das Fahrzeug mit einem Schlussratenkredit (Ballonfinanzierung) zu finanzieren.

Sie bekommen von der Bank folgende Vorgaben:

Zinsen: 1.760,00 €
Höhe der Schlussrate 48. Monatsrate: 18 % vom Fahrzeuggesamtpreis.
Das Altfahrzeug soll weiterhin mit 2.700,00 € in Zahlung genommen werden.
Die Restschuldversicherung wird mit 2,45 € pro Monat für die Monate 1 bis 47 mit berücksichtigt.

6. Aufgabe

6.1 Erstellen Sie das Angebot für Familie Meister.

Erläuterungen und Lösungen

5.3 Die monatliche Rate einer Kfz-Finanzierung kann durch folgende Aktionen gesenkt werden:

- Höhere Anzahlung
- Längere Laufzeit des Kredits
- Wechsel zu einem günstigeren Fahrzeug
- Sonderausstattung reduzieren
- 3-Wege-Finanzierung

5.4 Kreditgeber verlangen sehr oft den Abschluss einer Restschuldversicherung (Kreditschutzbrief). Mit dieser Absicherung sind Kreditnehmerinnen und -nehmer vor Schicksalsschlägen geschützt.

- Kreditnehmerinnen und -nehmer werden unverschuldet arbeitslos: Hier übernimmt die Restschuldversicherung die monatlichen Raten. Die Dauer der Zahlung ist abhängig vom jeweiligen Anbieter, oft auf die Dauer von einem Jahr begrenzt.
- Kreditnehmerinnen und -nehmer länger krank: In diesem Fall erhalten sie über ihre gesetzliche Krankenversicherung eine Lohnfortzahlung von sechs Wochen. Nach dieser Zeit übernimmt die Restschuldversicherung die monatlichen Raten aus dem Darlehensvertrag bis zu seiner Genesung.
- Kreditnehmerinnen und -nehmer versterben: In diesem Fall übernimmt die Restschuldversicherung den noch offenen Kreditbetrag als Einmalzahlung

5.5 Alter des Fahrzeugs, Kilometerstand, Zustand des Fahrzeugs, regelmäßiger Service, aktuelle Lage auf dem Gebrauchtwagenmarkt, Sonderausstattungen, Farbe, Anzahl der Vorbesitzerinnen und Vorbesitzer

6. Aufgabe

6.1 **Berechnung des Gesamtfinanzierungsbedarfs**

Listenpreis ohne Sonderausstattung	34.000,00 €
+ Sonderausstattung	4.500,00 €
= Listenpreis inkl. Sonderausstattung	38.500,00 €
– Nachlass/Rabatt	
– Anzahlung/Inzahlungnahme	2.700,00 €
= Nettokreditbetrag	35.800,00 €
+ sonstige Leistungen, z. B. Restschuldversicherung	115,15 €
= Finanzierungssumme	35.915,15 €
+ Zinsen (bezogen auf die Finanzierungssumme)	1.760,00 €
= Gesamtfinanzierungsbedarf(Gesamtdarlehensbetrag)	37.675,15 €

Berechnung der Schlussrate

Grundlage ist der Listenpreis inkl. Sonderausstattung des Fahrzeugs.

18 % von 38.500,00 € = 6.930,00 €

Berechnung der monatliche Rate

Gesamtdarlehensbetrag	37.675,15 €
– Schlussrate (48. Monatsrate)	6.930,00 €
Summe	30.745,15 €
: 47 Monatsraten	
= Monatliche Rate	654,15 €

6.2 Welche drei Möglichkeiten hat Familie Meister am Ende der Drei-Wege-Finanzierung?

6.3 Vergleichen Sie den Gesamtaufwand von Familie Meister, wenn Sie das Fahrzeug mit dem Ratenkredit finanzieren oder mit der Drei-Wege-Finanzierung. Gehen Sie davon aus, dass die Familie das Fahrzeug zur kalkulierten Schlussrate übernehmen wird.

6.4 Erklären Sie, warum die Schlussratenfinanzierung im Gesamtaufwand teurer als der Ratenkredit ist.

6.5 Wieso spielt die Jahresfahrleistung von Familie Meister bei der Drei-Wege-Finanzierung eine Rolle?

6.6 Erklären Sie den Begriff „verbrieftes Rückgaberecht“ im Rahmen der Drei-Wege-Finanzierung. Welche Daten enthält das verbriefe Rückgaberecht?

Erläuterungen und Lösungen

6.2 Die Drei-Wege-Finanzierung, Schlussratenkredit oder auch Ballonkredit genannt, bietet Kundinnen und Kunden sehr viel Flexibilität am Vertragsende, da sie sich erst am Vertragsende entscheiden müssen, wie sie mit dem Darlehensvertrag verfahren möchten:

Übernahme des Fahrzeugs	Durch die Bezahlung der Schlussrate können Kundinnen und Kunden dafür sorgen, dass das Fahrzeug in ihr Eigentum übergeht. Die Höhe der Schlussrate steht bereits zu Beginn der Finanzierung fest. In diesem Fall sind eine Überschreitung der km-Laufleistung oder kleine Schäden am Fahrzeug irrelevant.
Anschlussfinanzierung	Kundinnen und Kunden fahren ihr Fahrzeug weiter und bleiben im Besitz des Fahrzeugs. Durch einen neuen Kredit über die Höhe der Schlussrate kann die Finanzierung fortgesetzt werden. Die Bank bietet in diesem Fall eine sogenannte „Gebrauchtwagenfinanzierung“ an. Die Zinskonditionen sind meist schlechter gegenüber dem Ursprungsvertrag. Eine Aussage über die möglichen Zinsen der Weiterfinanzierung kann zu Beginn der Finanzierung nicht getroffen werden.
Rückgabe des Fahrzeugs beim Autohaus	Am Tag der Fälligkeit der Schlussrate können Kreditnehmerinnen und -nehmer das Fahrzeug beim Autohaus zurückgeben. Dieses wickelt den Darlehensvertrag ab und bezahlt die Schlussrate für die Darlehensnehmerinnen und -nehmer. Das Fahrzeug muss sich in einem einwandfreien und altersgerechten Zustand befinden. Eventuelle Zusatzvereinbarungen bzgl. der km-Laufleistung und Schäden am Fahrzeug müssen bei der Abrechnung beachtet werden.

Einige Banken der Hersteller bieten in Kooperation mit ihren Vertragshändlerinnen und -händlern keine Drei-Wege-Finanzierung, sondern nur eine Zwei-Wege-Finanzierung an. Bei einer Zwei-Wege-Finanzierung entfällt die Option der Rückgabe des Fahrzeugs an das Autohaus.

6.3

Gesamtaufwand Klassischer Ratenkredit		Gesamtaufwand Drei-Wege-Finanzierung	
Zahlungen:		Zahlungen:	
Anzahlung	2.700,00 €	Anzahlung	2.700,00 €
+ 48 · 779,12 €	37.397,60 €	+ 47 · 654,15 €	30.745,05 €
		+ Schlussrate	6.930,00 €
Gesamtaufwand	40.097,60 €	Gesamtaufwand	40.375,05 €

6.4 Der Schlussratenkredit ist teurer als der klassische Ratenkredit, da die Schlussrate über den kompletten Zeitraum mit verzinst werden muss. Durch die niedrigeren Raten fällt auch der Tilgungsanteil niedriger aus und die Zinskosten erhöhen sich gegenüber dem klassischen Ratenkredit.

6.5 Die km-Laufleistung hat einen hohen Einfluss auf den Gebrauchtwagenwert. Daher ist es wichtig, diesen vertraglich festzuhalten und bei der Kalkulation der Schlussrate mit zu berücksichtigen. Im Idealfall entspricht die Schlussrate dem Wert des Gebrauchtfahrzeugs am Ende der Laufzeit.

6.6 Das „verbriefte Rückgaberecht“ erlaubt Kundinnen und Kunden die Rückgabe des Fahrzeugs beim Autohaus. Folgende Aspekte sind vorher zu vereinbaren:

- Höhe der Schlussrate
- Zeitpunkt der Zahlung der Schlussrate
- Abrechnung der Mehr- oder Minderkilometer (Toleranzgrenze beachten)
- Vertraglich vereinbarte Kilometerleistung

Situation

Herr Nentwich kommt mit einem Konkurrenzangebot zu Ihnen:

UPE:	19.850,00 €
Anzahlung:	3.500,00 €
Effektiver Jahreszins:	0,9 %
Laufzeit:	36 Monate
Jährliche Fahrleistung:	17 000 km
Schlussrate:	5.500,00 €
35 Raten à	341,22 €

7. Aufgabe

7.1 Wie wird diese Art der Finanzierung genannt?

7.2 Herr Nentwich hat bisher immer nur vom Sollzinssatz oder Nominalzinssatz gehört. Erklären Sie ihm den Unterschied zum effektiven Zinssatz, wie er im obigen Angebot angegeben ist.

7.3 Berechnen Sie, wie viel Euro die Gesamtzahlung für Herrn Nentwich am Ende der Laufzeit beträgt, wenn er auch die Schlussrate bezahlt.

7.4 Berechnen Sie, wie viel Euro die Summe der gezahlten Zinsen während der Laufzeit beträgt.

7.5 Herr Nentwich ist sich nicht sicher, ob er am Ende der Laufzeit die Schlussrate direkt bezahlen kann. Erläutern Sie ihm ausführlich die Möglichkeit der Anschlussfinanzierung.

7.6 Sie sollen Ihren Kundinnen und Kunden verstärkt eine Anschlussgarantie anbieten, am besten schon bei der Neuwagenauslieferung oder spätestens vor Ablauf der Sachmangelhaftung bzw. der Garantie. Welche Vorteile ergeben sich hier für Ihr Autohaus und für die Kundinnen und Kunden?

7.7 Herr Nentwich hat früher seine Fahrzeuge mit einem Kredit bei der Hausbank finanziert. Nennen Sie ihm zwei Vorteile, die für eine Finanzierung über Ihre Bank sprechen.

-
-

Erläuterungen und Lösungen

7. Aufgabe

7.1 Aus den Angaben wird ersichtlich, dass der Kunde eine Anzahlung, monatliche Kreditraten und eine Schlussrate zu zahlen hat. Anhand dieser Schlussrate lässt sich die Kreditart erkennen.

Es handelt sich um einen Schlussratenkredit (= Ballonfinanzierung oder Drei-Wege-Finanzierung).

7.2 Banken sind verpflichtet, bei Angeboten immer den Soll- oder Nominalzinssatz und den effektiven Zinssatz anzugeben. Da zwischen diesen beiden Zinssätzen oft ein Unterschied zu erkennen ist, ist es wichtig zu wissen, woher dieser Unterschied kommt.

Die Sollzinsen lassen sich mit dem „Nettopreis" des Kredits vergleichen.
Es handelt sich um die Zinskosten, die Kreditnehmerinnen und -nehmer an die Bank bezahlen. Unterm Strich kann die finanzielle Belastung jedoch höher ausfallen, weil eventuelle Zusatzkosten erst im „Bruttopreis" – sprich: Effektivzins – berücksichtigt werden. Der Effektivzins zeigt die tatsächlichen Kreditkosten pro Jahr. Das gilt für Angebote mit festgeschriebenem Zinssatz während der Laufzeit.

Der Effektivzinssatz erlaubt also den Kreditnehmerinnen und -nehmern einen Vergleich zwischen zwei Krediten.

7.3 Die Gesamtzahlung lässt sich wie folgt berechnen:

Anzahlung	3.500,00 €
35 Raten · 341,22 €	11.942,70 €
Schlussrate	5.500,00 €
Gesamtzahlung:	20.942,70 €

7.4 Die gesamten Zahlungen wurden bereits in 3.3 ermittelt und lauten auf 20.942,70 €.

Das Fahrzeug selbst hat eine unverbindliche Preisempfehlung von 19.850,00 €.

20.942,70 € – 19.850,00 € = 1.092,70 €

Herr Nentwich muss 1.092,70 € Zinsen für diesen Vertrag bezahlen.

7.5 Eine Anschlussfinanzierung ist jederzeit möglich. Allerdings können die Konditionen erst nach Ablauf des Kreditvertrags und somit mit Beginn der Anschlussfinanzierung genannt werden. Da es sich hierbei um eine Gebrauchtwagenfinanzierung handelt, sind die Konditionen oft nicht vergleichbar wie mit einer Neuwagenfinanzierung, sondern schlechter.

7.6 Vorteile für das Autohaus:

- Die Inanspruchnahme der Anschlussgarantie setzt voraus, dass Wartungsarbeiten regelmäßig durchgeführt wurden.
- Die Abwanderung dieser Kundinnen und Kunden in freie Werkstätten kann weitgehend verhindert werden.
- Durch regelmäßige Kontakte ist die Chance für Anschlussgeschäfte größer.
- Keine Diskussion über die Kosten

Vorteile für Kundinnen und Kunden:

- Das Risiko, teure Reparaturen bezahlen zu müssen, wird gemindert.
- Die Betriebs- und Fahrsicherheit des Fahrzeugs wird erhalten.
- Regelmäßige Wartungsarbeiten in der Markenwerkstatt beeinflussen den Werterhalt und Wiederverkaufspreis.

7.7
- Herr Nentwich hat nur eine Ansprechperson.
- Oft subventionierte Zinssätze und dadurch ein günstigeres Angebot

Situation zur 8. bis 12. Aufgabe
Frau Baum hat sich für eine Drei-Wege-Finanzierung entschieden und ist heute bei Ihnen, um den Vertrag zu unterschreiben. Sie erklären Frau Baum die Vertragsunterlagen ihrer Fahrzeugfinanzierung.

8. Aufgabe

Sie erklären Frau Baum, dass die Finanzierung dem Verbraucherkreditrecht unterliegt. Welches Ziel wird damit verfolgt?

9. Aufgabe

Alle Kreditgeber haben gegenüber Verbraucherinnen und Verbrauchern eine vorvertragliche Informationspflicht (SECCI). Was wird darunter verstanden und welche Inhalte sind damit verbunden?

10. Aufgabe

Nennen Sie die Mindestangaben, die der Finanzierungsvertrag enthalten muss.

11. Aufgabe

Erklären Sie Frau Baum ihr Widerrufsrecht.

12. Aufgabe

Frau Baum tritt von ihrem Darlehensvertrag fristgerecht zurück. Welche Folgen hat dies für den Kaufvertrag zwischen Frau Baum und Ihrem Autohaus?

Erläuterungen und Lösungen

8. Aufgabe

Ziel des Verbraucherkreditrechts ist der Schutz der Verbraucherinnen und Verbraucher. Es beinhaltet Vorschriften zu den Verbraucherdarlehensverträgen, die zwischen Unternehmen als Darlehensgeber und Verbraucherinnen und Verbrauchern als Darlehensnehmer abgeschlossen werden. Grundvoraussetzung ist eine Nettodarlehenssumme von mehr als 200 Euro.

9. Aufgabe

Darlehensverträge sind in der Schriftform abzuschließen. Auch sind Darlehensgeber verpflichtet, die Darlehensnehmerinnen und -nehmern in Textform zu informieren und die Vertragsbedingungen zu erläutern. Ziel ist hierbei, dass die Darlehensnehmerinnen und -nehmer in der Lage sein müssen, zu beurteilen, ob die Verträge für sie jeweils passend sind, und sie verschiedene Angebote vergleichen können.

Inhalte der vorvertraglichen Informationspflicht (nicht vollständig):

- Name und Anschrift der Darlehensnehmerin/des Darlehensnehmers
- Art des Darlehens
- Effektiver Jahreszinssatz (Gesamtkosten des Verbraucherdarlehens)
- Sollzinssatz
- Vertragslaufzeit
- Betrag, Zahl und Fälligkeit der einzelnen Zahlungen (Zahlungsplan)
- Gesamtbetrag
- Auszahlungsbedingungen
- Alle sonstigen Kosten
- Verzugszinssatz und anfallende Verzugskosten
- Widerrufsrecht
- Recht des Darlehensnehmers auf vorzeitige Rückzahlung
- Recht auf einen Entwurf des Verbraucherdarlehensvertrags

10. Aufgabe

Mindestinhalte von Verbraucherdarlehensverträgen:

- Nettodarlehensbetrag
- Gesamtbetrag aller Teilzahlungen einschließlich Kosten und Zinsen
- Art und Weise der Rückzahlung des Darlehens
- Zinssatz sowie alle sonstigen Kosten des Darlehens
- Effektiver Jahreszins
- Kosten einer Restschuld- oder sonstigen Versicherung, die im Zusammenhang mit dem Verbraucherkreditvertrag abgeschlossen wird
- Zu bestellende Sicherheiten

Das Darlehen muss in Schriftform abgeschlossen sein. Erfolgt dies nicht oder fehlt eine der Mindestangaben, ist der Darlehensvertrag nichtig.

11. Aufgabe

Frau Baum hat ein 14-tägiges Widerrufsrecht beim Abschluss eines Darlehensvertrags. Dieses Widerrufsrecht muss die Kundin schriftlich ausüben. Entscheidend für die Frist ist das Absendedatum des Widerrufs. Die Frist beginnt mit der Darlehensbestätigung.

12. Aufgabe

Da der Darlehensvertrag eng mit dem Kaufvertrag verbunden ist, wird auch der damit verbundene Kaufvertrag unwirksam.

Situation
Paul Meister hat ein Leasingfahrzeug bei Ihnen über eine Laufzeit von 48 Monaten mit Gebrauchtwagenabrechnung (Restwertvertrag) abgeschlossen. Er möchte nun ein neues Fahrzeug bei Ihnen leasen und bringt den alten zur Gebrauchtwagenbewertung in Ihr Autohaus. Diese ergibt einen Betrag von 7.200,00 €. Das Fahrzeug steht jedoch mit einem Restwert von 9.100,00 € bei der Leasinggesellschaft zu Buche.

1. Aufgabe

1.1 Bei der Rückgabe des Fahrzeugs wird ein Rückgabeprotokoll erstellt. Notieren Sie hierfür drei Positionen, die neben den in der Zulassungsbescheinigung Teil 1 enthaltenen Daten geprüft und in das Protokoll eingetragen werden.

-
-
-

1.2 Herr Meister empfindet den Gebrauchtwagenwert als zu niedrig. Erläutern Sie Herrn Meister eine Möglichkeit, einen höheren Preis für das geleaste Fahrzeug zu bekommen.

1.3 Der Vertrag von Herrn Meister ist ein Teilamortisationsvertrag. Es gibt auch Vollamortisationsverträge. Erklären Sie beide Begriffe.

Vollamortisationsvertrag	
Teilamortisationsvertrag	

1.4 Neben Leasingverträgen mit Restwertabrechnung gibt es noch zahlreiche weitere Leasingvertragsarten. Erklären Sie diese.

Vertrag mit Andienungsrecht des Leasinggebers	
Vertrag mit Aufteilung des Mehrerlöses (Restwertabrechnung)	
Leasing mit Kilometerabrechnung	
Vertrag mit Kaufoption	

Erläuterungen und Lösungen

1. Aufgabe

1.1 Bei der Rückgabe des Leasingfahrzeugs wird ein Rückgabeprotokoll erstellt. Oft wird hierzu ein unabhängiger Sachverständiger herangezogen. Ziel dieser Bewertung ist es, den aktuellen Restwert zu kalkulieren. Folgende Angaben zum Fahrzeug sind wichtig:

- Gesamtkilometerlaufleistung
- Unfallschäden und deren Höhe
- Technische Bewertung des Fahrzeugs
- Optische Bewertung
- Fehlende Teile (Schlüssel, Serviceheft, Reserverad, Werkzeuge usw.)
- Ausstattung
- Scheckheft gepflegt
- Wurden Umbaumaßnahmen am Fahrzeug durchgeführt?

1.2 Herr Meister hat die Möglichkeit, innerhalb einer Frist von 14 Tagen eine Käuferin oder einen Käufer zu benennen, der oder die bereit ist, einen höheren Kaufpreis zu bezahlen. Ein solcher Fall umschreibt das sogenannte „Drittkäuferbestimmungsrecht".

Alternative: Wurde die Bewertung seitens des Autohauses vorgenommen, kann der Leasingnehmer ein neutrales Gutachten fordern, um die Bewertung überprüfen zu lassen.

1.3 Je nach Vertragsart werden beim Leasing Voll- und Teilamortisationsverträge unterschieden.

Vertragsart	Erläuterung
Vollamortisationsvertrag	Bei einem Vollamortisationsvertrag zahlen Leasingnehmerinnen und -nehmer durch die Leasingraten alle Aufwendungen (Anschaffungskosten, Finanzierungskosten und Gewinn) der Leasinggesellschaft zurück.
Teilamortisationsvertrag	Bei einem Teilamortisationsvertrag wird nur ein Teil der Aufwendungen (Anschaffungskosten, Finanzierungskosten und Gewinn) durch die Leasingraten an die Leasinggesellschaft bezahlt.

1.4 Folgende Leasingarten können unterschieden werden.

Leasingart	Erläuterung
Vertrag mit Andienungsrecht des Leasinggebers	Das Andienungsrecht ist ein Recht der Leasinggesellschaft. Es bedeutet, dass Leasingnehmerinnen und -nehmer (LN) das Fahrzeug am Vertragsende kaufen müssen, wenn dies der Leasinggeber (LG) so möchte. Kann der LG das Fahrzeug am Gebrauchtwagenmarkt zu einem Mehrerlös verkaufen, müssen die LN das Fahrzeug zurückgeben. Kann der LG das Fahrzeug am Gebrauchtwagenmarkt schlechter verkaufen, wird er es den LN andienen, d. h., Kundinnen und Kunden müssen das Auto zum Restwert übernehmen.
Vertrag mit Aufteilung des Mehrerlöses (Restwertabrechnung)	Der LG muss das Fahrzeug am Ende der Laufzeit veräußern. Wird bei der Veräußerung ein Gewinn erzielt, muss (lt. Leasingerlass) der Mehrerlös nach dem Schlüssel 75 % für den LN, 25 % für den LG verteilt werden. Bei einem Mindererlös trägt der LN die gesamte Unterdeckung und somit das volle Verwertungsrisiko.
Leasing mit Kilometerabrechnung	Zum Vertragsbeginn wird eine Kilometerbegrenzung festgelegt, wird diese • überschritten, ist vom LN eine Nachzahlung pro gefahrenem Mehrkilometer zu leisten; • unterschritten, erhält der LN eine (geringere) Zahlung pro gefahrenem Kilometer. Meist wird ein „Spielraum" von 2.500 km zur vereinbarten Begrenzung festgelegt. Bei Rückgabe des Fahrzeugs wird ein „Rücknahmeprotokoll" erstellt, in dem der Zustand des Fahrzeugs festgehalten wird. Das Protokoll dient als Basis für die Endabrechnung zwischen LN und LG. Das Risiko für den Gebrauchten hat das Autohaus.
Vertrag mit Kaufoption	LN werden bei Vertragsbeginn eine Kaufoption eingeräumt. Diese Option hat zur Folge, dass die LN das Fahrzeug am Ende der Laufzeit kaufen können, es aber nicht müssen. Der LG muss das Fahrzeug auf Wunsch des LNs verkaufen. Wenn die LN am Ende der Laufzeit die Kaufoption ausüben, zahlen sie den Restwert (RW) + einen Optionsaufschlag.

Fortführung der Situation
Herr Meister entschließt sich, als Neuwagen einen SUV mit Komfortausstattung zu leasen. Dieser kostet 37.500,00 €. Eine Leasingsonderzahlung will Herr Meister in Höhe von 4.500,00 € leisten. Der Restwert beträgt am Ende der Laufzeit von 48 Monaten 20 % vom Neupreis.

Leasingzeit/Monate	Faktoren für Anschaffungskosten in %	Faktoren für Gebrauchtwagen in %
18	6,50	6,12
24	5,45	5,02
30	4,35	4,15
36	3,25	3,13
42	2,50	2,25
48	2,00	1,60
54	1,56	1,12
60	1,20	0,82

2. Aufgabe

2.1 Berechnen Sie die monatliche Leasingrate von Herrn Meister.

2.2 Herr Meister empfindet die Leasingrate als zu hoch. Notieren Sie ihm drei Möglichkeiten, die eine günstigere Leasingrate für diesen Neuwagen ergeben.

-
-
-

2.3 Herr Meister ist erstaunt, dass in dem Angebot keine GAP-Versicherung mit eingeschlossen ist. Er habe gehört, dass diese wichtig wäre. Erklären Sie Herrn Meister die abgesicherten Risiken einer GAP-Versicherung.

2.4 Sie möchten Herrn Meister für einen Full-Service-Leasingvertrag begeistern. Nennen Sie ihm mögliche Inhalte eines Full-Service-Leasingvertrags.

Erläuterungen und Lösungen

2. Aufgabe

2.1 Für die Berechnung eines Leasingbetrags wird folgendes Schema herangezogen:

Kaufpreis
– Rabatt
= Auslieferungspreis
– Mietsonderzahlung/Leasingsonderzahlung
= Anschaffungskosten für die Leasinggesellschaft

Berechnung der Leasingrate:
Neuwagenleasingrate (Anschaffungskosten · Leasingfaktor NW)
– Gebrauchtwagen (Restwert · Leasingfaktor GW)
= Leasingrate

Kaufpreis	37.500,00 €
– Rabatt	0,00 €
= Auslieferungspreis	37.500,00 €
– Leasingsonderzahlung	4.500,00 €
Anschaffungskosen für die Leasinggesellschaft	33.000,00 €

Berechnung der Leasingrate:

Neuwagenleasingrate (2,00 % von 33.000,00 €)	660,00 €
– Gebrauchtwagenrate (1,60 % von 7.500,00 €*)	120,00 €
Leasingrate mtl.	540,00 €

* *Nebenrechnung:*
Berechnung des Restwerts: 20 % von 37.500,00 € = 7.500,00 €

2.2 Die Leasingrate unterliegt verschiedenen Faktoren. Herr Meister kann die Leasingrate durch folgende Veränderungen des Leasingvertrags reduzieren:

- Leasingdauer erhöhen
- Leasingsonderzahlung erhöhen
- Laufleistung verringern

2.3 Die GAP-Versicherung wird auch als Unterdeckungsschutz in den Leasingverträgen bezeichnet. Durch diese Absicherung wird verhindert, dass im Falle eines Unfalls mit anerkanntem Totalschaden oder Diebstahls eine Deckungslücke zwischen Erstattungsausgleich der Kfz-Versicherung (Wiederbeschaffungswert abzgl. Zeitwert) und dem Abrechnungswert des Leasingvertrags entsteht.

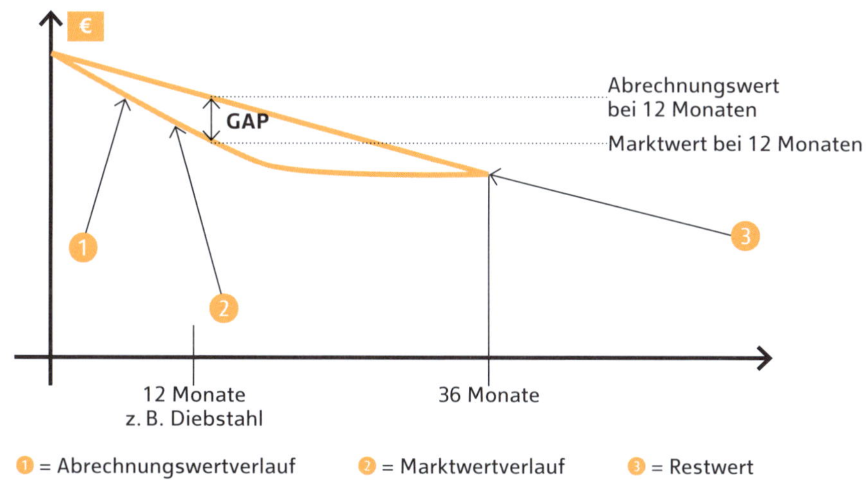

2.4 In einem Full-Service-Leasingvertrag können folgende Leistungen eingeschlossen sein:

- Kfz-Versicherung
- GAP-Abdeckung
- Kfz-Steuer
- Reifenersatz und Einlagerung
- GEZ-Gebühren
- Tankkarte

Auszug aus den Leasingbedingungen

Privat-Leasing-Bedingungen

[...]

VII. Übernahme und Übernahmeverzug

1. Der Leasingnehmer ist verpflichtet, das Fahrzeug innerhalb von 14 Tagen nach Zugang der Bereitstellungsanzeige am vereinbarten Übernahmeort abzunehmen. Im Falle der Nichtabnahme kann der Leasinggeber von seinen gesetzlichen Rechten Gebrauch machen.
2. Verlangt der Leasinggeber Schadenersatz, so beträgt dieser 15 % des Fahrzeugpreises entsprechend der unverbindlichen Preisempfehlung (einschließlich Umsatzsteuer) des Fahrzeugherstellers zum Zeitpunkt des Vertragsabschlusses für dieses Fahrzeug.

[...]

VIII. Eigentumsverhältnisse, Halter des Fahrzeugs und Zulassung

1. Der Leasinggeber ist Eigentümer des Fahrzeugs. Er ist berechtigt, in Abstimmung mit dem Leasingnehmer das Fahrzeug zu besichtigen und auf seinen Zustand zu überprüfen.

[...]

1. Der Leasingnehmer ist Halter des Fahrzeugs. Es wird auf ihn zugelassen. Der Fahrzeugbrief (Zulassungsbescheinigung Teil II) wird vom Leasinggeber verwahrt. Benötigt der Leasingnehmer zur Erlangung behördlicher Genehmigungen den Fahrzeugbrief (Zulassungsbescheinigung Teil II), wird dieser der Behörde auf sein Verlangen vom Leasinggeber vorgelegt.

[...]

X. Versicherungsschutz und Schadenabwicklung

1. Der Leasinggeber schließt im Namen und für Rechnung des Leasingnehmers auf dessen Wunsch für das Leasingfahrzeug bei unten genannter Versicherung eine Kfz-Haftpflicht- (unbegrenzte Deckung) und eine Kfz-Vollkaskoversicherung (Selbstbeteiligung 300,00 € je Schadenereignis) für den Leasingnehmer ab.

[...]

Versichert der Leasingnehmer das Fahrzeug nicht über den Leasinggeber, hat der Leasingnehmer eine Kraftfahrzeug-Haftpflichtversicherung und eine Vollkaskoversicherung, jeweils mit dem gleichen Umfang wie vorstehend, abzuschließen und dem Leasinggeber nachzuweisen, Letztere durch einen Sicherungsschein.

5. Entschädigungsleistungen für Wertminderung sind in jedem Fall an den Leasinggeber weiterzuleiten. Bei Verträgen mit Gebrauchtwagenabrechnung rechnet der Leasinggeber erhaltene Wertminderungsbeträge dem aus dem Verkauf des Fahrzeugs erzielten Verkaufserlös am Vertragsende zu.

[...]

1. Bei Totalschaden oder Verlust des Fahrzeugs kann jeder Vertragspartner den Leasingvertrag zum Ende eines Vertragsmonats kündigen. Bei schadenbedingten Reparaturkosten von mehr als 60 % des Wiederbeschaffungswerts des Fahrzeugs kann der Leasingnehmer innerhalb von drei Wochen nach Kenntnis dieser Voraussetzungen zum Ende eines Vertragsmonats kündigen.

[...]

XIV. Vertragsaufhebung und Kündigung

1. Der Leasingvertrag ist fest über die vereinbarte Vertragszeit abgeschlossen, doch kann auf Wunsch des Leasingnehmers sechs Monate nach Vertragsbeginn, bei Totalschaden, Verlust oder unfallbedingten Reparaturkosten von mehr als 60 % des Wiederbeschaffungswerts des Fahrzeugs jederzeit eine vorzeitige Beendigung des Leasingvertrags durch schriftlichen Aufhebungsvertrag erfolgen.

[...]

2. Jeder Leasingpartner kann den Vertrag aus wichtigem Grund fristlos kündigen. Der Leasinggeber kann insbesondere dann fristlos kündigen, wenn der Leasingnehmer
   - mit 2 Leasingraten in Verzug ist;
   - seine Zahlungen einstellt, als Schuldner einen außergerichtlichen Vergleich anbietet, Wechsel und Schecks mangels Deckung zu Protest gehen lässt;
   - bei Vertragsabschluss unrichtige Angaben gemacht oder Tatsachen verschwiegen hat und deshalb dem Leasinggeber die Fortsetzung des Vertrags nicht zumutbar ist;
   - trotz schriftlicher Abmahnung schwerwiegende Verletzungen des Vertrags nicht unterlässt oder bereits eingetretene Folgen solcher Vertragsverletzungen nicht unverzüglich beseitigt.
3. Stirbt der Leasingnehmer und haben die Erben an der Fortführung des Vertrags kein Interesse, können die Erben oder der Leasinggeber das Vertragsverhältnis zum Ende eines Vertragsmonats kündigen.

Fortführung der Situation
Herr Meister hat noch einige Fragen bezüglich seines Leasingvertrags. Beantworten Sie diese mithilfe der nebenstehenden Leasingbedingungen.

3. Aufgabe

3.1 Erklären Sie die Eigentumsverhältnisse bei einem Leasingvertrag.

____

____

3.2 Herr Meister möchte sein Fahrzeug nur Haftpflicht versichern. Ist dies möglich?

____

____

____

____

3.3 Nennen Sie Herrn Meister drei Möglichkeiten einer fristlosen Kündigung durch den Leasinggeber.

____

____

____

____

3.4 Nennen Sie außerordentliche Kündigungsmöglichkeiten von Herrn Meister.

____

____

____

____

Erläuterungen und Lösungen

Auszug aus den Leasingbedingungen

Privat-Leasing-Bedingungen

[...]

VII. Übernahme und Übernahmeverzug

1. Der Leasingnehmer ist verpflichtet, das Fahrzeug innerhalb von 14 Tagen nach Zugang der Bereitstellungsanzeige am vereinbarten Übernahmeort abzunehmen. Im Falle der Nichtabnahme kann der Leasinggeber von seinen gesetzlichen Rechten Gebrauch machen.
2. Verlangt der Leasinggeber Schadenersatz, so beträgt dieser 15 % des Fahrzeugpreises entsprechend der unverbindlichen Preisempfehlung (einschließlich Umsatzsteuer) des Fahrzeugherstellers zum Zeitpunkt des Vertragsabschlusses für dieses Fahrzeug.

[...]

VIII. Eigentumsverhältnisse, Halter des Fahrzeugs und Zulassung

1. Der Leasinggeber ist Eigentümer des Fahrzeugs. Er ist berechtigt, in Abstimmung mit dem Leasingnehmer das Fahrzeug zu besichtigen und auf seinen Zustand zu überprüfen.

[...]

1. Der Leasingnehmer ist Halter des Fahrzeugs. Es wird auf ihn zugelassen. Der Fahrzeugbrief (Zulassungsbescheinigung Teil II) wird vom Leasinggeber verwahrt. Benötigt der Leasingnehmer zur Erlangung behördlicher Genehmigungen den Fahrzeugbrief (Zulassungsbescheinigung Teil II), wird dieser der Behörde auf sein Verlangen vom Leasinggeber vorgelegt.

[...]

X. Versicherungsschutz und Schadenabwicklung

1. Der Leasinggeber schließt im Namen und für Rechnung des Leasingnehmers auf dessen Wunsch für das Leasingfahrzeug bei unten genannter Versicherung eine Kfz-Haftpflicht- (unbegrenzte Deckung) und eine Kfz-Vollkaskoversicherung (Selbstbeteiligung 300,00 € je Schadenereignis) für den Leasingnehmer ab.

[...]

Versichert der Leasingnehmer das Fahrzeug nicht über den Leasinggeber, hat der Leasingnehmer eine Kraftfahrzeug-Haftpflichtversicherung und eine Vollkaskoversicherung, jeweils mit dem gleichen Umfang wie vorstehend, abzuschließen und dem Leasinggeber nachzuweisen, Letztere durch einen Sicherungsschein.

5. Entschädigungsleistungen für Wertminderung sind in jedem Fall an den Leasinggeber weiterzuleiten. Bei Verträgen mit Gebrauchtwagenabrechnung rechnet der Leasinggeber erhaltene Wertminderungsbeträge dem aus dem Verkauf des Fahrzeugs erzielten Verkaufserlös am Vertragsende zu.

[...]

1. Bei Totalschaden oder Verlust des Fahrzeugs kann jeder Vertragspartner den Leasingvertrag zum Ende eines Vertragsmonats kündigen. Bei schadenbedingten Reparaturkosten von mehr als 60 % des Wiederbeschaffungswerts des Fahrzeugs kann der Leasingnehmer innerhalb von drei Wochen nach Kenntnis dieser Voraussetzungen zum Ende eines Vertragsmonats kündigen.

[...]

XIV. Vertragsaufhebung und Kündigung

1. Der Leasingvertrag ist fest über die vereinbarte Vertragszeit abgeschlossen, doch kann auf Wunsch des Leasingnehmers sechs Monate nach Vertragsbeginn, bei Totalschaden, Verlust oder unfallbedingten Reparaturkosten von mehr als 60 % des Wiederbeschaffungswerts des Fahrzeugs jederzeit eine vorzeitige Beendigung des Leasingvertrags durch schriftlichen Aufhebungsvertrag erfolgen.

[...]

2. Jeder Leasingpartner kann den Vertrag aus wichtigem Grund fristlos kündigen. Der Leasinggeber kann insbesondere dann fristlos kündigen, wenn der Leasingnehmer
   - mit 2 Leasingraten in Verzug ist;
   - seine Zahlungen einstellt, als Schuldner einen außergerichtlichen Vergleich anbietet, Wechsel und Schecks mangels Deckung zu Protest gehen lässt;
   - bei Vertragsabschluss unrichtige Angaben gemacht oder Tatsachen verschwiegen hat und deshalb dem Leasinggeber die Fortsetzung des Vertrags nicht zumutbar ist;
   - trotz schriftlicher Abmahnung schwerwiegende Verletzungen des Vertrags nicht unterlässt oder bereits eingetretene Folgen solcher Vertragsverletzungen nicht unverzüglich beseitigt.
3. Stirbt der Leasingnehmer und haben die Erben an der Fortführung des Vertrags kein Interesse, können die Erben oder der Leasinggeber das Vertragsverhältnis zum Ende eines Vertragsmonats kündigen.

3.1 Bei einem Leasingvertrag ist der Eigentümer die Leasinggesellschaft. Der Leasingnehmer oder die Leasingnehmerin darf das Fahrzeug aber nutzen und ist somit der Besitzer bzw. die Besitzerin.

3.2 Welchen Versicherungsschutz das jeweilige Leasingobjekt benötigt, legt die Leasinggesellschaft in seinen Leasingbedingungen fest. In diesem Fall schreibt die Leasinggesellschaft eine Vollkaskoabsicherung mit einer Selbstbeteiligung von 300,00 € vor. Die Leasinggesellschaft verlangt hierfür einen Nachweis. Schließt der Leasingnehmer oder die Leasingnehmerin keine derartige Versicherung ab, ist der Leasinggeber berechtigt, eine abzuschließen und die Beiträge für diese dem Leasingnehmer oder der Leasingnehmerin in Rechnung zu stellen.

3.3 Der Leasinggeber kann den Vertrag fristlos kündigen, wenn der Leasingnehmer oder die Leasingnehmerin

- mit zwei Leasingraten in Verzug ist,
- die Zahlungen einstellt,
- bei Vertragsabschluss unrichtige Angaben gemacht hat oder Tatsachen
- verschwiegen hat,
- trotz schriftlicher Abmahnung schwerwiegend gegen den Vertrag verstoßen hat und seine Handlungen nicht unterlässt oder
- bereits eingetretene Folgen nicht unverzüglich beseitigt.

3.4 Der Leasingnehmer oder die Leasingnehmerin kann den Vertrag außerordentlich kündigen, wenn Folgendes vorliegt:

- Verlust oder Diebstahl des Fahrzeugs
- Totalschaden
- Reparaturkosten von mehr als 60 % des Wiederbeschaffungswerts
- Tod des Leasingnehmers oder der Leasingnehmerin

Situation
Der Installateur Harald Sonne plant für seinen Fuhrpark die Anschaffung von drei weiteren Fahrzeugen. Bisher hat er alle Fahrzeuge finanziert. Sein Steuerberater hat ihn aber auf die steuerlichen Vorteile von Leasingverträgen aufmerksam gemacht. Im Rahmen seiner Entscheidung benötigt Herr Sonne ein paar Informationen von Ihnen.

4. Aufgabe

4.1 Nennen Sie Herrn Sonne Vorteile eines Leasingvertrags.

4.2 Erläutern Sie Herrn Sonne die Vorteile eines Leasingvertrags gegenüber einer Bezahlung aus Eigenmitteln anhand der drei folgenden wichtigen Aspekte genauer.

Aspekte	Erläuterungen
Kapitaleinsatz	
Steuern	
Gebrauchtwagen-veräußerung	

4.3 Wie überprüfen Sie die Kreditwürdigkeit und Kreditfähigkeit von Herrn Sonne?

4.4 Damit ein Leasingvertrag steuerlich geltend gemacht werden kann, muss er den Kriterien des Leasingerlasses des Bundesministeriums für Finanzen entsprechen. Nennen Sie die drei Kriterien.

-
-
-

Erläuterungen und Lösungen

4. Aufgabe

4.1 Neben dem steuerlichen Aspekt sprechen auch weitere Punkte für einen Leasingvertrag:

- Der Leasingnehmer oder die Leasingnehmerin muss sich nach der Vertragslaufzeit nicht um die Vermarktung des Gebrauchtfahrzeugs kümmern.
- Der Leasingnehmer oder die Leasingnehmerin kann ca. alle zwei bis drei Jahre das aktuelle Fahrzeug gegen ein neues Fahrzeug eintauschen.
- Das Fahrzeug muss nicht bilanziert werden.
- Das Fremdkapital steigt nicht an.

4.2

Aspekte	Erläuterungen
Kapitaleinsatz	Unternehmer und Unternehmerinnen müssen die Anschaffungskosten für das Fahrzeug nicht aus dem Barbestand des Unternehmens bezahlen. Daher bleiben sie weiterhin liquid für eintretende Zahlungen, die vorher nicht geplant waren. Auch verliert er eventuell keine Zinsen, falls das Geld gut angelegt war.
Steuern	Bei einem Leasinggeschäft können Unternehmer und Unternehmerinnen die Nettoleasingrate als Betriebsausgabe bei der Steuer ansetzen und somit Steuerzahlungen mindern.
Gebrauchtwagenveräußerung	Nach Ende des Leasingvertrags können Unternehmer und Unternehmerinnen das Fahrzeug beim Händler nach den vereinbarten Rückgabemodalitäten wieder abgeben.

4.3 Überprüfung der Kreditfähigkeit: Handelsregisterauszug, Personalausweis des Bevollmächtigten zur Unterzeichnung des Leasingvertrags

Überprüfung der Kreditwürdigkeit: Bilanzen, Gewinn- und Verlustrechnung, Selbstauskunft für Gewerbe, CREDITREFORM, wirtschaftliche Auswertungen

4.4

- Der Leasinggeber muss der wirtschaftliche Eigentümer sein und ist somit verpflichtet, das geleaste Gut bei sich zu bilanzieren
- Der Vertrag muss mindestens über einen Zeitraum von 40 % bis maximal 90 % der betriebsgewöhnlichen Nutzungsdauer gehen. (Hier gelten die aktuellen Afa-Tabellen. Die betriebsgewöhnliche Nutzungsdauer bei einem Pkw liegt bei sechs Jahren.)
- Der Vertrag muss unkündbar sein für beide Vertragsparteien.

Folgende Besonderheiten zwischen den voll- und teilamortisierten Verträgen sind zu beachten.

Vollamortisationsleasing	Teilamortisationsleasing
Die Anschaffungs- oder Herstellungskosten sowie alle Nebenkosten einschließlich der Finanzierungskosten müssen durch die zu entrichtenden Raten während der Grundmietzeit gedeckt sein.	Die Anschaffungs- oder Herstellungskosten sowie alle Nebenkosten einschließlich Finanzierungskosten dürfen durch die gezahlten Raten nur zum Teil gedeckt sein.
Kundinnen und Kunden haben eine Kaufoption: Der vorgesehene Kaufpreis darf nicht niedriger sein als der Buchwert, der sich auf der linearen Abschreibung bei Kauf des Gutes und Übernahme ergeben hätte.	**Andienungsrecht:** Der Leasinggeber entscheidet aufgrund wirtschaftlicher Überlegungen, an wen er das Objekt verkauft.
Verträge mit Mietverlängerung: Die Anschlussmiete muss den linearen Abschreibungsbeträgen, die sich bei der bilanziellen Abschreibung ergeben hätten, entsprechen.	**Verträge mit Mehr-/Mindererlösbeteiligung:** Der Leasinggeber erhält von einem eventuellen Mehrerlös 25 %. So gilt er auch für den Zeitraum der Leasingdauer als wirtschaftlicher Eigentümer.

Fortführung der Situation

Herr Sonne interessiert sich für folgendes Leasingangebot:

Neupreis des Fahrzeuges inkl. Sonderausstattung:	44.500,00 € netto
Jährliche km-Fahrleistung:	30 000 km
Leasingsonderzahlung:	10.000,00 €
Leasingdauer:	4 Jahre (48 Monate)

	Laufzeit in Monaten/Restwert des Fahrzeugs				
	24	**30**	**36**	**42**	**48**
Km pro Jahr					
25.000	50	44	42	40	38
30.000	48	42	40	38	36
35.000	46	40	37	35	33
40.000	43	40	37	35	33
	Faktoren für Anschaffungskosten in %				
	5,23	4,33	3,24	3,11	2,96
	Faktoren für Gebrauchtwagenwert in %				
	3.84	3,09	2,48	2,32	2,24

5. Aufgabe

5.1 Berechnen Sie die monatliche Nettoleasingrate von Herrn Sonne.

5.2 Berechnen Sie den Gesamtaufwand von Herrn Sonne, wenn er das Fahrzeug vertragsgemäß am Ende der Leasingdauer wieder zurückgibt.

Fortführung der Situation

Neben dem Leasingangebot unterbreiten Sie Herrn Sonne auch folgendes Finanzierungsangebot:

Neupreis des Fahrzeugs inkl. Sonderausstattung:	44.500,00 €
Anzahlung:	10.000,00 €
Finanzierungsraten mtl.	778,52 €
Zinsanteil während der Finanzierung:	2.496,00 €

6. Aufgabe

Herr Sonne bittet Sie darum, auszurechnen, welchen Anteil er bei seinem Leasingangebot und bei dem Finanzierungsangebot steuerlich absetzen kann.

Erläuterungen und Lösungen

5. Aufgabe

5.1

Kaufpreis	44.500,00 €
– Rabatt	0,00 €
= Auslieferungspreis	44.500,00 €
– Leasingsonderzahlung	10.000,00 €
= Anschaffungskosen für die Leasinggesellschaft	34.500,00 €

Berechnung der Leasingrate:

Neuwagenleasingrate (2,96 % von 34.500,00 €)	1.021,20 €
– Gebrauchtwagenrate (2,24 % vom 16.020,00 €)	358,85 €
= Leasingrate mtl.	662,35 €

5.2 Der Gesamtaufwand berechnet sich folgendermaßen:

Leasingsonderzahlung
+ gezahlte Leasingraten über die Leasingdauer
+ eventuelle Nachzahlungen
- für Mehrkilometer
- für Schäden am Fahrzeug die gebrauchsüblich oder unter den normalen Verschleiß fallen

= Summe des Gesamtaufwands des Leasingnehmers

Berechnung von Herrn Sonne:

Leasingsonderzahlung	10.000,00 €
+ 48 Monatsraten · 662,35 €	31.792,80 €
= Gesamtaufwand von Herrn Sonne	41.792,80 €

6. Aufgabe

Bei der Berechnung des steuerlichen Vorteils muss Folgendes beachtet werden:

Leasing: Beim Leasing können die Leasingsonderzahlung und die Leasingraten netto bei den Betriebsausgaben angesetzt werden:

Bei Herrn Sonne ist dies mit dem Gesamtaufwand aus der Aufgabe 5.2 gleichzusetzen. Dies entspricht 41.792,80 €

Finanzierung: Im Rahmen einer Finanzierung können die Abschreibung und die gezahlten Zinsen für das Fahrzeug steuerlich geltend gemacht werden.

Bei Herrn Sonne ergeben sich folgende Werte:

Berechnung der Abschreibung
Ein Fahrzeug wird lt. Afa-Tabelle über sechs Jahre (72 Monate) abgeschrieben:

$$\frac{44.500,00\ €}{72} \cdot 48 = 29.666,67\ €$$

Steuerlich geltend zu machender Betrag
= Abschreibungen + gezahlte Zinsen = 29.666,67 € + 2.496,00 € = 32.162,67 €

Exkurs: Was sind Abschreibungen?

Jedes Anlagegut verliert im Laufe der Nutzung an Wert. Daher müssen diese Güter über die Dauer ihrer Nutzung abgeschrieben werden. Die Nutzungsdauer kann nicht beliebig gewählt werden, sondern wird für jedes Gut in den sogenannten „Abschreibungstabellen" angegeben. So hat ein Pkw eine betriebsgewöhnliche Nutzungsdauer von sechs Jahren. Wird ein Gut über diesen Zeitraum hinaus genutzt, steht es mit einem Erinnerungswert von 1,00 € weiterhin in der Bilanz. Die Abschreibungen werden als Aufwand verbucht und reduzieren dadurch den Gewinn eines Unternehmens.

Situation
Während einer Schulung sollen Sie sich in die Situation der Leasinggesellschaft versetzen. Für einen Privatleasingvertrag mit Kilometerabrechnung erhalten Sie durch die Schulungsleitung folgende Daten:

Listenpreis des Herstellers	35.000,00 € (Brutto)
Laufzeit	36 Monate
Mietsonderzahlung	Keine
Versicherung	Vollkasko mit 1.000,00 € SB
Teilkasko mit 300,00 € SB	
Leasingraten monatlich	556,36 €
Kalkulierter Restwert	49 % vom Neupreis

7. Aufgabe

7.1 Berechnen Sie die Summe aller Zahlungen, die bei ordnungsgemäßer Vertragsabwicklung und Veräußerung des Fahrzeugs zum kalkulierten Restwert am Ende an die Leasinggesellschaft fließen.

7.2 Berechnen Sie die gesamten Erlöse aus diesem Leasinggeschäft für die Leasinggesellschaft.

7.3 Nach zwölf Monaten wird das Fahrzeug im Urlaub gestohlen. Die Teilkaskoversicherung haftet für den Schaden und erklärt sich bereit, den Wiederbeschaffungswert in Höhe von 70 % zu bezahlen.

Wie hoch ist die Entschädigungsleistung der Teilkaskoversicherung?

Fortführung der Situation
Die Schulungsleitung ist mit Ihnen sehr zufrieden und kontrolliert Ihren Lernerfolg. Ihnen werden einige Leasingangebote eines Wettbewerbers vorgelegt. Für alle Angebote gelten folgende Bedingungen:

36 Monate Laufzeit

Privat-Kilometerleasing-Vertrag ohne Kaufoption

20 000 km Fahrleistung im Jahr

Alle Preise brutto in Euro (Nachkommastellen der Monatsrate sind gerundet.)

8. Aufgabe

Ermitteln Sie die fehlenden Beträge für die drei Leasingangebote.

Modell	Listenpreis	Sonderzahlung	Monatsrate	Gesamtzahlung
Prolo	14.123,00 €	2.150,00 €		6.890,00 €
Zkoda	21.100,00 €	4.820,00 €	189,00 €	
Wolvo	18.980,00 €		175,00 €	9.836,00 €

Erläuterungen und Lösungen

7. Aufgabe

7.1 Bei der Berechnung der Zahlungen an die Leasinggesellschaft müssen alle Zahlungen berücksichtigt werden, die von der Leasingnehmerin bzw. vom Leasingnehmer, der Käuferin oder dem Käufer des Fahrzeugs, am Ende der Leasingdauer an die Leasinggesellschaft fließen:

Monatliche Raten · Leasingdauer
+ Veräußerungserlös des Fahrzeugs am Ende des Leasingvertrags
= Summe der Zahlungen, bei ordnungsgemäßer Vertragsabwicklung

36 Monate · 556,36 €	20.028,96 €
+ Verkaufserlöse am Ende der Leasingdauer (49 % vom Neupreis)	17.150,00 €
= Summe der Zahlungen	37.178,96 €

7.2 Bei der Berechnung der Erlöse für die Leasinggesellschaft ist es wichtig, dass die Umsatzsteuer keine Berücksichtigung findet, da diese ein durchlaufender Posten ist.

Somit berechnen sich die Erlöse folgendermaßen:
37.178,96 € : 1,19 = 31.242,82 €

7.3 Im Falle eines Diebstahls kann die Leasingnehmerin oder der Leasingnehmer eine Entschädigung aus der Teilkaskoversicherung des Fahrzeugs erwarten. Aus diesem Grund wird einer Leasingnehmerin oder einem Leasingnehmer oft vorgeschrieben, dass für das jeweilige Fahrzeug eine Vollkaskoversicherung mit Teilkaskoversicherung abzuschließen ist. Oft geben die Leasinggesellschaften auch die Höhe der Selbstbeteiligung vor. Die Entschädigung aus der Teilkaskoversicherung steht aber nicht der Leasingnehmerin oder dem Leasingnehmer, sondern der Leasinggesellschaft zu. Leider ist es in der Praxis oft so, dass die Entschädigungssumme sich nicht mit den aktuellen Forderungen der Leasinggesellschaft deckt. Somit ist hier der Abschluss einer GAP-Versicherung zu empfehlen.

In diesem Fall leistet die Teilkaskoversicherung folgende Entschädigung:
70 % von 35.000,00 € = 24.500 €
24.500 € – 300,00 € = 24.200 €

8. Aufgabe

Modell	Listenpreis	Sonderzahlung	Monatsrate	Gesamtzahlung
Prolo	14.123,00 €	2.150,00 €	131,67 €	6.890,00 €
Zkoda	21.100,00 €	4.820,00 €	189,00 €	11.624,00 €
Wolvo	18.980,00 €	3.536,00 €	175,00 €	9.836,00 €

Berechnung der Monatsrate Prolo:
Während der Leasingdauer wurden in der Summe 6.890,00 € gezahlt. Hiervon sind 2.150,00 € die Leasingsonderzahlung, somit muss der Restbetrag die monatlichen Raten sein.
6.890,00 € – 2.150,00 € = 4.740,00 € : 36 Monate = 131,67 €

Berechnung der Gesamtzahlung Zkoda:
Die Gesamtzahlung setzt sich aus der Sonderzahlung und den monatlich gezahlten Leasingraten zusammen:
4.820,00 € + (189,00 € · 36 Monate) = 11.624,00 €

Berechnung der Sonderzahlung Wolvo:
Die Höhe der Sonderzahlung ergibt sich, wenn von der Gesamtzahlung die gezahlten monatlichen Raten abgezogen werden.
9.836,00 € – (36 · 175,00 €) = 3.536,00 €

Situation

Sie erwarten Frau Annika Busch. Frau Busch hat vor vier Jahren einen Prolo bei Ihnen geleast. Heute soll die Rückgabe des Fahrzeugs erfolgen.

Sie erstellen folgendes Rücknahmeprotokoll.

Schmidt Bank Leasing GmbH

Autohaus Schmidt

(2) Vertrag mit Restwert-Abrechnung
(3) für einvernehmliche Vertragsauflösung
(4) für fristlose Kündigung

Leasingnehmer/-in:
Annika Busch
Nordstrasse 77
55767 Köln
Telefon:

Kundennummer:	
Bestandsnummer:	
Vertrieb/Gebiet:	
Modell:	Prolo 1.2
Fahrgestell-Nummer:	WP 1234587
Erstzulassung:	15.11.20XX
pol. Kennzeichen:	K-AB 1
kalk. Restwert:	netto: 16.000,00 EUR
Vertragsende:	15.11.20XX
Rückgabedatum:	
Vereinbar. Laufleistung:	
km-Stand:	21.500

I. Einigung über den Fahrzeugzustand:

Fehlende Ausstattung:

Innenraum:

Technik:	Bremsen	vertragsgemäß
	Auspuff	vertragsgemäß
	Motor	vertragsgemäß
	Getriebe	vertragsgemäß
Karosserie	Front	vertragsgemäß
	Heck	vertragsgemäß
	Seite links	vertragsgemäß
	Seite rechts	vertragsgemäß
	Unfallfrei:	ja X nein

Zurückgegebene Unterlagen:

ZB I	x
Serviceheft	x
Tankarte	
Anzahl der Schlüssel	3

Reifen:

links vorne:	5	rechts vorne:	5
links hinten:	5	rechts hinten:	5

Mit der Unterschrift bestätigt die Leasingnehmerin oder der Leasingnehmer den gemeinsam festgestellten Fahrzeugzustand:

15.11.20XX Annika Busch
Datum/Unterschrift Leasingnehmer/-in

15.11.20XX
Datum/Unterschrift Händler

II. Einigung über Minderwerte ohne Mwst. (1):

Fehlende Ausstattung:	EUR
Reifen:	EUR
Innenraum:	
Technik:	
Karosserie:	
Merkantile Wertminderung:	
Summe der Minderwerte:	

Einigung über Netto-Händlereinkaufpreis (2/3/4):

Netto-Fahrzeugwert: EUR 18.000,00

Die Leasingnehmerin bzw. der Leasingnehmer erkennt die Belastung für die Summe der Minderwerte bzw. die Einigung über den Netto-Händlereinkaufspreis an.

15.11.20XX Annika Busch
Datum Unterschrift Leasingnehmer/-in

15.11.20XX
Datum Unterschrift Händler

9. Aufgabe

9.1 Sie ermitteln einen Netto-Händlereinkaufspreis von 18.000,00 € (siehe Rücknahmeprotokoll). Erklären Sie Frau Busch, wie der Vertrag richtig abgerechnet wird.

9.2 Nennen Sie Gründe dafür, warum der ermittelte Nettoeinkaufspreis höher als der kalkulierte Restwert sein kann.

9.3 Frau Busch hatte während der Leasinglaufzeit die Pflichten als Leasingnehmerin zu erfüllen. Nennen Sie vier Pflichten, die Leasingnehmerinnen und -nehmer gegenüber der Leasinggesellschaft haben.

-
-
-
-

Erläuterungen und Lösungen

9. Aufgabe

9.1 Bei der Erstellung eines Rücknahmeprotokolls muss die Leasingnehmerin oder der Leasingnehmer in das Autohaus fahren, bei dem der Leasingvertrag abgeschlossen wurde. Oft muss die erste Vorführung des Fahrzeuges vier Wochen vor dem Datum der Abgabe erfolgen. Das Datum ist in den Leasing-AGB festgelegt. Im Autohaus wird ein Gutachten des Fahrzeugs erstellt. Viele Autohäuser erstellen dieses Gutachten nicht selbst, sondern übergeben dies bereits an Sachverständige. Dies ist aber grundsätzlich nicht notwendig.
Ist die Leasingnehmerin oder der Leasingnehmer mit dem Gutachten des Autohauses nicht einverstanden, können neutrale Sachverständige hinzugezogen werden. Die Kosten gehen mit je 50 % zulasten der Leasingnehmerin oder des Leasingnehmers und Leasinggebers.

Anhand des Rückgabeprotokolls wird festgelegt, ob die Leasingnehmerin oder der Leasingnehmer noch etwas zu bezahlen hat oder ob eine Erstattung angewiesen wird.

Grundsätzlich können das Kilometerleasing und das Restwertleasing unterschieden werden. Während beim Kilometerleasing die gefahrenen Kilometer eine Rolle spielen, sind diese beim Restwertleasing unwichtig.

In unserem Beispiel handelt es sich um einen Vertrag mit Restwertabrechnung. Die Leasingnehmerin oder der Leasingnehmer wird dadurch folgendermaßen beteiligt oder muss folgende Zahlungen leisten:

Mehrerlös: Der LN erhält 75 % des Mehrerlöses, 25 % erhält die Leasinggesellschaft.

Mindererlöse: Der LN muss die 100 % des Mindererlöses bezahlen.

Der kalkulierte Restwert lag bei 16.000,00 €, die aktuelle Bewertung ergibt aber einen Netto-Händlereinkaufspreis von 18.000,00 €. Somit kann mit diesem Fahrzeug ein Mehrerlös von 2.000,00 € erzielt werden.

75 % von 2.000,00 € = 1.500 € ist der Mehrerlös, der der Leasingnehmerin oder dem Leasingnehmer zusteht.

Frau Busch erhält eine Erstattung von 1.500,00 €.

9.2 Bei der Ermittlung des Restwerts spielen mehrere Faktoren eine Rolle. Folgende Aspekte können sich positiv auf den Restwert auswirken:

- Das Fahrzeug befindet sich in einem überdurchschnittlichen Pflegezustand.
- Das Fahrzeug wurde sehr wenige Kilometer gefahren.
- Das Fahrzeug hat einen wertstabilen Wiederverkaufswert.
- Die Marktentwicklung für das Fahrzeug verlief positiver als geplant.

9.3 Leasingnehmerinnen und -nehmer haben während der Vertragslaufzeit mehrere Pflichten:

- Versicherungspflicht
- Termingerechte Zahlung der Raten
- Wartungspflicht
- Abnahmepflicht
- Vertragsgemäße Nutzung
- Meldung von Unfallschäden an den Leasinggeber
- Einholung der Zustimmung des LG bei Einbauten und Fahrzeugveränderungen

Situation
Sie erwarten um 11:00 Uhr Björn Winter. Herr Winter ist 22 Jahre alt und befindet sich im 1. Ausbildungsjahr zum Gesundheits- und Krankenpfleger. Er hat sich für eine Finanzierung Ihres Cabrios entschieden. Sie haben bereits alle Unterlagen an die zu finanzierende Bank weitergegeben und folgende Rückmeldung erhalten. „Leider können wir Herrn Winter ohne eine weitere Kreditsicherheit den Kauf des Fahrzeugs nicht finanzieren. Bitte klären Sie Herrn Winter über die Möglichkeiten einer Bürgschaft oder eines Mitdarlehensnehmers auf. Wenn Herr Winter sich mit einer dieser Varianten zuzüglich einer Sicherungsübereignung einverstanden erklärt, geben wir die Finanzierung frei."

1. Aufgabe

1.1 Nennen Sie geeignete Personen, die als Mitdarlehensnehmer/-innen oder Bürginnen und Bürgen für Herrn Winter infrage kommen.

1.2 Herr Winter interessiert sich zuerst für die Variante der Bürgschaft.

1.2.1 Erklären Sie ihm das Grundprinzip einer Bürgschaft.

1.2.2 Erklären Sie den Unterschied der zwei Bürgschaftsvarianten.

1.3 Neben einer Bürgschaft würde die Bank auch eine Mitdarlehensnehmerin oder einen Mitdarlehensnehmer akzeptieren. Erklären Sie den Unterschied zwischen einer Bürgschaft und der Mitdarlehensnehmerschaft.

Fortführung der Situation
Der Vater von Björn Winter, Theodor Winter, hat sich bereit erklärt, als Bürge zu fungieren. Es wurde eine Ausfallbürgschaft beantragt.
Der Darlehensvertrag läuft über 21.000,00 €, als Bürgschaftssumme werden 15.000,00 € vereinbart.

1.4 Herr Björn Winter bricht seine Ausbildung im 3. Lehrjahr ab und kann seinen Ratenzahlungen nicht mehr vertragsgemäß nachkommen. Es ist noch ein Kreditbetrag von 14.860,00 € offen. Welche Pflicht hat nun Theodor Winter?

Erläuterungen und Lösungen

1. Aufgabe

1.1 Als Mitdarlehensnehmerinnen und -nehmer oder Bürginnen und Bürgen kommen bei Herrn Winter folgende Personen infrage:

- Sein Vater, seine Mutter oder seine Eltern zusammen
- Gute Freunde
- Nähere Verwandtschaft (Tante, Onkel, Großmutter und Großvater)

1.2

1.2.1 Eine Bürgin/Ein Bürge verpflichtet sich, die Raten für den Kreditnehmer/Hauptschuldner (Björn Winter) zu zahlen, wenn dieser die Raten nicht mehr selbst bezahlen kann. Die Banken akzeptieren Bürginnen und Bürgen (Nebenschuldnerinnen und -schuldner) nur, wenn diese kreditwürdig sind. Auch die Bonität von Bürginnen und Bürgen wird überprüft. Das Einkommen von Bürginnen und Bürgen muss ausreichen, um die eigenen Verpflichtungen zu bezahlen und im Notfall auch die Raten des Kreditnehmers bezahlen zu können. Die Bürgin/der Bürge muss sich schriftlich einverstanden erklären, die Bürgschaft für den Kreditnehmer zu übernehmen.

1.2.2 **Ausfallbürgschaft**

Im Falle einer Ausfallbürgschaft können Bürginnen und Bürgen das Recht der „Einrede der Vorausklage" geltend machen. Dies bedeutet: Kann der Hauptschuldner seine Zahlungen nicht mehr erfüllen, muss die Zwangsvollstreckung beim Hauptschuldner erfolglos gewesen sein. Erst wenn diese erfolglos bleibt, müssen Bürginnen und Bürgen für den Hauptschuldner bezahlen.

Selbstschuldnerische Bürgschaft

Bei der Selbstschuldnerischen Bürgschaft haften Bürginnen und Bürgen genauso wie der Hauptschuldner. Der Gläubiger kann also direkt seine Forderungen an den Nebenschuldner stellen, wenn der Hauptschuldner nicht mehr bezahlt. Die Einrede der Vorausklage ist in diesem Fall ausgeschlossen.

1.3 Mitdarlehensnehmerinnen und -nehmer haften wie Schuldner gesamtschuldnerisch. Dies bedeutet, dass sich die Bank an beide Personen mit einer Forderung der Rückzahlung wenden kann. Jede der Personen haftet in vollem Umfang für die Rückzahlung des Darlehens.

Dies ist bei einer Bürgschaft nicht der Fall. Hier ist die Darlehensnehmerin/der Darlehensnehmer Hauptschuldner und die Bürgin/der Bürge Nebenschuldner. Der Nebenschuldner muss erst die Forderungen der Bank begleichen, wenn der Hauptschuldner dies nicht mehr tut.

1.4 Da Herr Theodor Winter dem Bürgschaftsvertrag zugestimmt hat, tritt er in diesem Darlehensvertrag als Nebenschuldner auf. Allerdings ist die Höhe der Bürgschaft auf 15.000,00 € beschränkt. Es wurde eine Ausfallbürgschaft vereinbart, daher kann Herr Theodor Winter sein Recht auf „Einrede der Vorausklage" geltend machen. Die Bank muss nun zuerst eine Zwangsvollstreckung bei Björn Winter vollziehen. Bleibt diese erfolglos, muss Theodor Winter den restlichen Kreditbetrag bei der Bank tilgen und kann diese Zahlung bei seinem Sohn wieder zurückfordern.

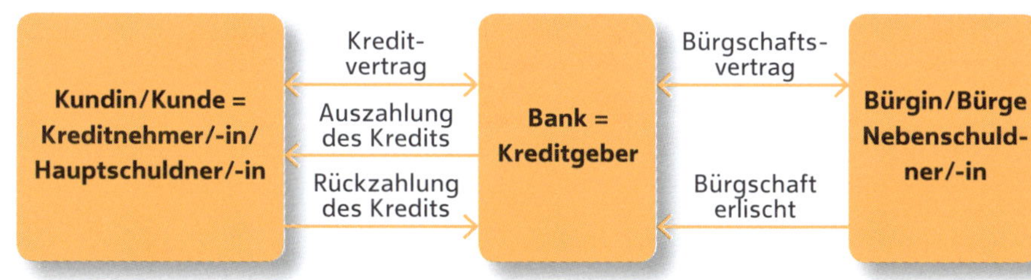

Situation
Sie erwarten um 15:00 Uhr Frau Julia Hansen. Frau Hansen ist eine junge Mutter von Zwillingen und hat einen Kombi bei Ihnen gekauft. Frau Hansen konnte 10.000,00 € Anzahlung für das Fahrzeug leisten, die restlichen 13.000,00 € hat sie mit einer Drei-Wege-Finanzierung bei der Bank ihres Herstellers finanziert.
Heute führen Sie die Fahrzeugübergabe durch. Sie übergeben Frau Hansen alle wichtigen Dokumente und erklären ihr, dass die Zulassungsbescheinigung Teil II an die Bank geht.

2. Aufgabe

2.1 Wie nennt sich diese Art der Kreditsicherheit?

2.2 Erklären Sie Frau Hansen die einzelnen Vertragsbeziehungen bei einer Sicherungsübereignung. Welche rechtlichen Folgen ergeben sich für die Kundin und für die Bank?

2.3 Worin unterscheidet sich die Sicherungsübereignung vom Lombardkredit?

2.4 Welche Rechte hat die Bank, wenn Frau Hansen ihren Zahlungen nicht mehr vertragsgemäß nachkommen kann?

2.5 Könnte Frau Hansen das Fahrzeug während der Kreditfinanzierung jederzeit verkaufen?

Erläuterungen und Lösungen

2. Aufgabe

2.1 Sicherungsübereignung

2.2 Zwischen der Bank und der Kreditnehmerin werden ein Kreditvertrag und ein Sicherungsübereignungsvertrag geschlossen:

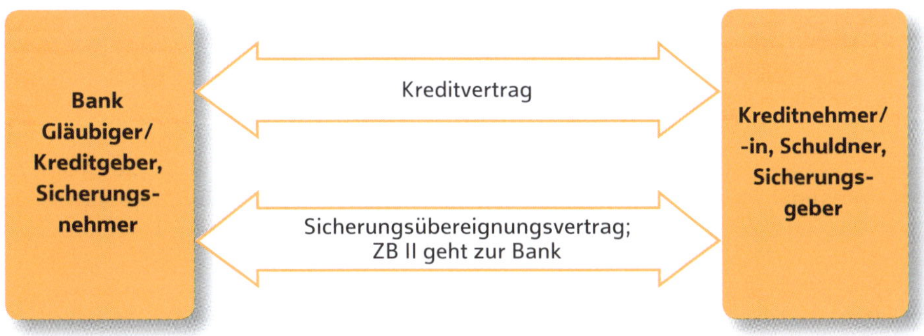

Daraus ergeben sich folgende rechtlichen Konsequenzen:

Die Bank ist der rechtliche Eigentümer, aber die Kreditnehmerin darf das Fahrzeug weiter nutzen.

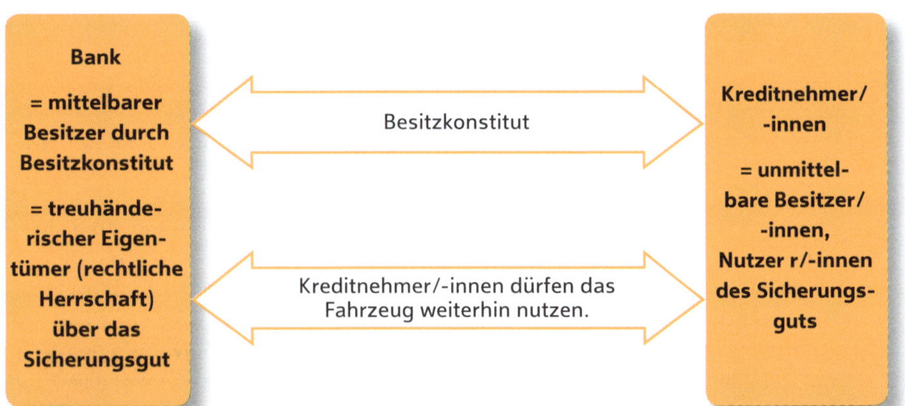

2.3 Es ändert sich die rechtliche Stellung der Kreditnehmerin. Bei einem Lombardkredit ist die Kreditnehmerin weiterhin die Eigentümerin und die Bank unmittelbarer Besitzer.

Bei einem Lombardkredit verpfändet eine Kreditnehmerin oder ein Kreditnehmer an einen Kreditgeber eine bewegliche Sache oder Wertpapiere zur Deckung eines kurzfristigen Darlehens. Im Rahmen des Lombardkredits wird die Sache an den Gläubiger übergeben. Der Gläubiger wird dadurch zum unmittelbaren Besitzer der Sache, die Kreditnehmerin oder der Kreditnehmer bleibt Eigentümerin bzw. Eigentümer. Kommen Kreditnehmerinnen und -nehmer ihren Verpflichtungen nicht nach (Zahlung der Gebühren, Zahlung von Zinsen) oder lösen durch die Rückzahlung des Kredits ihre Sache nicht aus, kann der Kreditgeber die Sache veräußern. Wird der Kredit vertragsgemäß erfüllt, muss der Kreditgeber die Sache wieder an die kreditnehmerinnen und -nehmer aushändigen.

2.4 Die Bank hat das Recht zur Veräußerung des Fahrzeugs. Um dieses Recht aber wahrnehmen zu können, müssen wichtige Schritte eingehalten werden:

- Die Kündigung des Darlehensvertrags muss Frau Hansen schriftlich zugehen.
- Das Fahrzeug muss mittels Gutachten geschätzt werden.

Wird das Fahrzeug über der Darlehenshöhe verkauft, erhält der Kreditgeber die Differenz. Ist der Erlös niedriger als die Darlehenssumme, muss diese noch die Kreditnehmerin bezahlen.

2.5 Nein, ein Verkauf des Fahrzeugs ist nur mit der Zustimmung der Bank möglich. Die Kreditnehmerin benötigt hierzu auch die Zulassungsbescheinigung Teil II. Diese ist bei der Bank hinterlegt.

2.6 Sie erklären Frau Hansen, dass Sie neben der Sicherungsübereignung noch einen Sicherungsschein von der Kfz-Versicherung von Frau Hansen benötigen. Welche Rolle spielt der Sicherungsschein im Rahmen einer Kfz-Finanzierung?

Fortführung der Situation
Bereits nach sieben Monaten kommt Frau Hansen sehr betrübt zu Ihnen ins Autohaus. Sie hatte mit Ihrem neuen Fahrzeug einen selbstverschuldeten Unfall. Es wurde ein Gutachten über Reparaturkosten von 3.500,00 € erstellt. Mit der Darlehensfinanzierung hat Frau Hansen auch eine Abtretung aus der Kaskoversicherung unterschrieben.

2.7 Was bedeutet diese Abtretung im Schadensfall?

Fortführung der Situation
Frau Hansen hat sich am Ende der Darlehenszeit für die Übernahme des Fahrzeugs entschieden. Sie bezahlt die Schlussrate fristgemäß.

2.8 Wie verändert sich nun die rechtliche Lage?

Situation
Die Bank des Herstellers hat Ihnen zu einem laufenden Kreditvertrag folgenden Sachverhalt mitgeteilt.

Kunde:	Matthias Mederer
Darlehensbeginn:	01.10.2017
Darlehenssumme:	23.485,78 €
Aktuelle Darlehenssumme (offener Darlehensbetrag):	19.456,00 €
Vereinbarte Kreditsicherheit:	Gehaltsabtretung

Herr Mederer befindet sich seit zwei Monaten im Rückstand mit seinen Zahlungen. Die Zahlungserinnerungen blieben ohne Reaktion von Herrn Mederer.

3. Aufgabe

Welche rechtlichen Schritte kann die Bank einleiten?

Erläuterungen und Lösungen

2.6 Viele Banken von Herstellern verlangen im Rahmen einer Finanzierung von der Kraftfahrtversicherung der Kreditnehmerin oder des Kreditnehmers die Ausstellung eines Sicherungsscheins. In diesem wird der Versicherungsumfang (Haftpflicht-, Teilkasko-, Vollkaskoversicherung) bestätigt.

Durch den Sicherungsschein garantiert die Versicherung auch, den Kreditgeber zu informieren wenn

- Versicherungsnehmer/-innen (= Leasing- bzw. Kreditnehmer/-in) die Versicherung kündigen oder den Versicherungsumfang ändern,
- ein Schadensfall eingetreten ist (Versicherungsnehmer/-innen können nicht mehr frei über die Versicherungsleistung verfügen),
- ein Prämienrückstand besteht (Leasing- bzw. Kreditgeber haben das Recht, die ausstehende Prämie auszugleichen, um so den Versicherungsschutz zu erhalten):

Der Sicherungsschein gilt als Schutz des Kreditgebers, da er im Schadensfall auch eigene Ansprüche gegenüber der Versicherung geltend machen kann.

2.7 Diese Abtretung bedeutet im Schadensfall, dass die Ansprüche der Versicherungsnehmerin oder des Versicherungsnehmers gegenüber der Versicherung auf die zu finanzierende Bank übergehen. In diesem Fall sind das die Reparaturkosten in Höhe von 3.500,00 €. Ziel ist dabei, dass der Schaden nicht fiktiv abgerechnet wird, sondern auch wirklich eine Reparatur des Fahrzeugs stattfindet, um den Wert des Fahrzeugs zu erhalten.

2.8 Durch die Bezahlung der Schlussrate wird Frau Hansen Eigentümerin und Besitzerin des Fahrzeugs. Die Bank übersendet ihr die Zulassungsbescheinigung Teil 2.

3. Aufgabe

Im vorliegenden Darlehensvertrag wurde eine Gehaltsabtretung vereinbart. Der Gläubiger kann sich direkt an den Arbeitgeber wenden und den unpfändbaren Anteil des Einkommens von Herrn Mederer einfordern.

Lohn- bzw. Gehaltsabtretung

Eine Lohn- bzw. Gehaltsabtretung kann sich grundsätzlich jeder unterschreiben lassen, der einem anderen Geld leiht. Bei der Abtretung überträgt der Schuldner den pfändbaren Anteil seines Arbeitsentgelts an den Gläubiger. Diese Übertragung stellt eine Sicherheit für den Gläubiger für den Fall dar, dass das Darlehen nicht zurückgezahlt wird. Solange sich der Gläubiger nicht auf die Abtretung beruft und den pfändbaren Betrag vom Arbeitgeber einfordert (sog. Offenlegung der Lohnabtretung), erhält der Schuldner weiterhin seinen vollen Lohn bzw. sein volles Gehalt. Es handelt sich also um eine vorsorgliche Maßnahme, die im Kreditwesen zur Absicherung der Bank üblich ist.

Lohn- bzw. Gehaltspfändung

Für eine Pfändung muss immer ein vollstreckbarer Titel gegen den Schuldner erwirkt werden – so auch bei der Lohnpfändung. Der Gläubiger kann dann bei Gericht die Durchführung beantragen, woraufhin der Arbeitgeber des Schuldners vom Vollstreckungsgericht einen Pfändungs- und Überweisungsbeschluss erhält. Diesem muss der Arbeitgeber Folge leisten. Eine abweichende vertragliche Regelung ist nicht möglich.

Sowohl Lohnabtretung als auch Lohnpfändung erfolgen direkt beim Arbeitgeber. Das bedeutet, dieser berechnet anhand der Situation des Schuldners den unpfändbaren Teil dessen Einkommens und führt den darüber liegenden Teil des Einkommens an den entsprechenden Gläubiger ab.

Situation
Der langjährige Kunde Martin Meixner hat sich bei Ihnen eine neue Limousine gekauft. Für dieses Fahrzeug möchte er ein Angebot für die Kfz-Versicherung haben.

Es liegen Ihnen folgende Informationen vor:

Schadenfreie Jahre gesamt	SF-Klasse	Beitragssätze in % KH	VK
1 Kalenderjahr	SF 1	100	100
2 Kalenderjahre	SF 2	85	85
3 Kalenderjahre	SF 3	70	70
4 Kalenderjahre	SF 4	60	60
5 Kalenderjahre	SF 5	55	65
6 Kalenderjahre	SF 6	50	60

Vollkasko Pkw R6 Regionalklasse

Typklasse	mit 150,00 €	mit 300,00 €	mit 1.000,00 €	mit 2.500,00 €
	einschließlich Teilkasko mit 150,00 € Selbstbeteiligung			
16	847,52	827,32	789,36	450,36
17	942,36	896,36	877,58	502,34
18	956,36	888,66	852,44	552,36
19	999,31	917,54	887,26	578,24
20	1.023,47	965,34	904,33	620,12

Haftpflichtversicherung mit unbegrenzter Deckung

Typklasse Regionalklasse	19	20	21	22
R5	796,89	935,26	1.022,36	1.128,63
R6	834,59	1.011,28	1.077,58	1.181,25
R7	881,51	1.068,25	1.156,62	1.247,65

Tarifmerkmal	Haftpflicht	Vollkasko	Teilkasko
Fahrzeugalter			
Bis 1 Jahr	– 15 %		
Über 1 bis 3 Jahre	– 5 %		
Fahrleistung			
Bis 9 000 km	– 15 %	– 15 %	– 15 %
9 000 km bis 12 000 km	– 10 %	– 10 %	– 10 %
Über 20 000 km bis 25 000 km	+ 5 %	+ 5 %	+ 5 %
Garagennachlass	– 20 %	– 10%	– 15 %
Partnernachlass	– 10 %	– 10 %	– 5 %

Zum Fahrzeug von Herrn Meixner liegen folgende Informationen vor:
Regionalklasse 6, Typklasse 19
Herr Meixner fährt seit fünf Jahren unfallfrei, er fährt 21 000 km im Jahr. Das Fahrzeug ist in einer Garage untergebracht und wird nur von ihm und seiner Frau gefahren. Er möchte für das Fahrzeug auch eine Vollkaskoversicherung mit einer Selbstbeteiligung von 1.000,00 €.

1. Aufgabe

Berechnen Sie den jährlichen Beitrag für die Kfz-Versicherung von Herrn Meixner.

Erläuterungen und Lösungen

1. Aufgabe

Bei der Berechnung des Kfz-Versicherungsbeitrags spielen mehrere Merkmale eine Rolle:

Schadenfreiheitsklasse/Schadenfreiheitsrabatt

Die Schadenfreiheitsklasse spiegelt wider, wie viele Jahre die Versicherungsnehmerin oder der Versicherungsnehmer bereits schadenfrei gefahren ist. Hierbei gelten immer volle Kalenderjahre (Versicherungsjahre). Am Ende eines Versicherungsjahrs und zu Beginn des neuen Versicherungsjahrs wird die SF-Klasse angepasst.

Beispiel: Hat ein Versicherungsnehmer vom 01.01.2018 – 31.12.2018 die SF-Klasse 3 und fährt das Kalenderjahr 2018 ohne eigenverschuldete Unfälle, hat er ab dem 01.01.2019 die Schadenfreiheitsklasse 4.

Die Schadenfreiheitsklassen gelten für die Kraftfahrthaftpflichtversicherung und Vollkaskoversicherung unabhängig voneinander.

Grundlegend kann gesagt werden, je länger Versicherungsnehmerinnen und -nehmer schadenfrei fahren, umso höher ist die SF-Klasse und desto günstiger fällt die zu zahlende Versicherungsprämie aus.

Selbstbeteiligungen in der Vollkasko/Teilkaskoversicherung

In der Kaskoversicherung können Selbstbeteiligungen gewählt werden. Dies bedeutet, dass die gewählte Selbstbeteiligung im Schadensfall von den Versicherungsnehmerinnen und -nehmern selbst zu bezahlen ist. Je höher die Selbstbeteiligung ist, umso niedriger fällt der Versicherungsbeitrag aus.

Tarifmerkmale

Dies sind Tarifmerkmale, die jeder Versicherer individuell in seinen Vertragsbedingungen ausgibt.

Berechnung der Kfz-Haftpflichtversicherungsprämie

Haftpflicht (R6, Typklasse 19) 100 % Beitrag		834,59 €
Herr Meixner hat SF 5 und muss nur 55 % bezahlen.		459,02 €
Rabatte/Zuschläge:		
– Neufahrzeug	– 15 %	– 68,85 €
+ km-Fahrleistung	+ 5 %	+ 22,95 €
– Garagennachlass	– 20 %	– 91,80 €
– Partnernachlass	–10 %	– 45,90 €
= Jährlicher Beitrag Kfz-Haftpflichtversicherung		275,42 €

Vollkaskoversicherung inkl. Teilkaskoversicherung

(R6, Typklasse 19) mit SB 1.000,00 € in VK, 150,00 € in TK		887,26 €
Herr Meixner hat SF 5 und muss nur 65 % bezahlen.		576,72 €
Rabatte/Zuschläge		
+ km-Fahrleistung	+ 5%	+ 28,84 €
– Garagennachlass	– 10 %	– 57,67 €
– Partnernachlass	–10 %	– 57,67 €
= Jährlicher Beitrag Vollkaskoversicherung incl. Teilkasko		490,22 €

Berechnung des Jahresbeitrags

Haftpflichtbeitrag + Kaskobeitrag = Jahresbeitrag
275,42 € + 490,22 € = 765,64 €

Situation
Herr Meixner ist entsetzt über den jährlichen Versicherungsbeitrag.
Er überlegt, ob er wirklich eine Vollkaskoversicherung benötigt.

2. Aufgabe

2.1 Erklären Sie Herrn Meixner, welche Schadensereignisse von der Haftpflichtversicherung, Vollkaskoversicherung und Teilkaskoversicherung gedeckt sind.

Versicherungsart	Definition	Beispiele für Schäden
Haftpflicht-versicherung		
Vollkasko-versicherung		
Teilkasko-versicherung		

2.2 Herr Meixner ist erstaunt, dass sein Schwager in Bayern nur die Regionalkasse 5 hat. Erklären Sie Herrn Meixner die Regionalklasse.

2.3 Sie erklären Herrn Meixner, dass neben der Regionalklasse auch die Typklasse des Fahrzeugs eine Rolle bei der Beitragsberechnung spielt. Was wird unter der Typklasse verstanden?

2.4 Neben der Regionalklasse und Typklasse spielen auch objektive und subjektive Beitragsmerkmale eine Rolle bei der Berechnung der Kfz-Versicherung. Nennen Sie jeweils Beispiele dafür.

Objektive Beitragsmerkmale	
Subjektive Beitragsmerkmale	

Erläuterungen und Lösungen

2. Aufgabe

2.1 Versicherungsnehmerinnen und -nehmer sind verpflichtet, ihr Fahrzeug Haftpflicht zu versichern. Die Kaskoversicherung ist eine freiwillige Versicherung und kann von Versicherungsnehmerinnen und -nehmern individuell gewählt werden. Folgende Versicherungskonstellationen sind möglich:

- Haftpflichtversicherung + Vollkasko inkl. Teilkasko
- Haftpflichtversicherung + Teilkasko
- Nur eine Haftpflichtversicherung

Versicherungsart	Definition	Beispiele für Schäden
Haftpflicht-versicherung	Die Haftpflichtversicherung deckt Schäden gegenüber Dritten ab: • Personenschäden • Vermögensschäden • Sachschäden	• Reparaturkosen beim gegnerischen Fahrzeug • Schmerzensgeld bei der geschädigten Person • Lohnausfall bei der geschädigten Person
Vollkasko-versicherung	Die Vollkaskoversicherung deckt Schäden am eigenen Fahrzeug ab, • wenn diese durch Eigenverschulden verursacht wurden; • wenn diese durch Vandalismus verursacht wurden.	• Reparaturkosten am eigenen Fahrzeug durch selbstverschuldeten Unfall • Reparaturkosten am eigenen Fahrzeug; Tatpersonen sind unbekannt.
Teilkasko-versicherung	Die Teilkaskoversicherung deckt Schäden ab, die verursacht wurden durch: Diebstahl, Wildschäden, Brand und Explosion, Glasschäden, Kurzschlussschäden, Sturmschäden ab Windstärke 8, Hagel, Blitz, Überschwemmung	• Die Windschutzscheibe des Fahrzeugs ist gebrochen. • Das Fahrzeug wird gestohlen. • Das Fahrzeug hat einen Hagelschaden.

2.2 Verschiedene Regionen haben eine unterschiedliche Regionalklasse. Für die Berechnung werden die Unfallhäufigkeit und -schwere herangezogen. Weiteren Einfluss haben das Fahrverhalten der Autofahrerinnen und -fahrer, die Anzahl der zugelassenen Fahrzeuge und auch die Straßenverhältnisse. Aus allen Aspekten wird die Regionalklasse für die jeweilige Region ermittelt.

2.3 Jedes Fahrzeug wird aufgrund seines Schadensverlaufs in der Vergangenheit in eine Typklasse eingeteilt. Fahrzeuge, die häufig in einen Unfall eingebunden sind und bei denen die Reparatur kostenintensiv ist, werden in eine höhere Typklasse eingestuft. Ausschlaggebend ist der Schadensbedarfsindexwert des jeweiligen Fahrzeugs.

2.4

Objektive Beitragsmerkmale	Hersteller, Typ, Erstzulassung, Verwendungszweck, Motorleistung, Hubraum
Subjektive Beitragsmerkmale	SFR-Klasse, Jahres-Kilometerfahrleistung, Fahrerkreis, Familienstand, Regionalklasse, Garage, Selbstbeteiligung bei der Voll- und Teilkasko, Zugehörigkeit zu folgenden Tarifgruppen: B = Beamtinnen und Beamte, öffentlicher Dienst A = Agrarwirtschaft

2.5 Welche Möglichkeiten hat Herr Meixner, den Beitrag der Kfz-Versicherung zu senken. Nennen Sie zwei Möglichkeiten.

-
-

2.6 Eine Möglichkeit, den Beitrag in der Kaskoversicherung zu reduzieren, ist die sogenannte „Werkstattbindung“. Auf welche Pflichten lassen sich Kundinnen und Kunden bei einer Werkstattbindung ein?

Fortführung der Situation
Neben der Kfz-Versicherung bieten Sie Herrn Meixner auch noch eine Insassenunfallversicherung und eine Verkehrsrechtsschutzversicherung.

3. Aufgabe

Welche Risiken sind in der Insassenunfallversicherung und der Verkehrsrechtsschutzversicherung abgedeckt?

Insassenunfallversicherung	Verkehrsrechtsschutzversicherung

Fortführung der Situation
Herr Meixner entdeckt auf dem Angebot einen jährlichen Beitrag von 11,00 € für den Schutzbrief.

4. Aufgabe

Erklären Sie Herrn Meixner, in welchen Fällen ein Schutzbrief notwendig ist.

Fortführung der Situation
Weiterhin wundert sich Herr Meixner, dass in der Teilkaskoversicherung kein Schadenfreiheitsrabatt hinterlegt ist.

5. Aufgabe

Erklären Sie Herrn Meixner, wieso dies so ist.

Fortführung der Situation
Nach sieben Monaten kommt Herrn Meixner zu Ihnen. Er hatte aufgrund einer Vorfahrtsmissachtung einen Verkehrsunfall. Er möchte von Ihnen wissen, was nun mit seinem Schadenfreiheitsrabatt passiert.

6. Aufgabe

Erklären Sie ihm die Auswirkungen auf seinen Schadenfreiheitsrabatt.

Erläuterungen und Lösungen

2.5 Der Beitrag von Herrn Meixner kann durch folgende Veränderungen des Versicherungsvertrags reduziert werden:

- Höhere Selbstbeteiligung in der Kaskoversicherung
- Jährliche Zahlungsweise
- Geringere Jahresfahrleistung
- Fahrerkreis einschränken (z. B. Einzelfahrer/-in, Partner/-in)
- Vereinbarung über Werkstattbindung in der Kaskoversicherung

2.6 **Die Werkstattbindung ist eine Vereinbarung des Versicherungsnehmers mit der Versicherung. Sie findet ihren Einsatz im Bereich der Kaskoversicherung.**

Versicherungsnehmerinnen und -nehmer verpflichten sich im Falle eines Kaskoschadens, die vorgegebene Werkstatt der Versicherung für die Reparatur zu übernehmen. Dadurch kann der Beitrag im Rahmen der Kaskoversicherung um ca. 20 % reduziert werden.

3. Aufgabe

Insassenunfallversicherung	Verkehrsrechtsschutzversicherung
Die Insassenunfallversicherung versichert die Insassen eines Fahrzeugs gegen Unfälle. Die Schuldfrage ist hierbei nicht wichtig. Abgesichert sind der Tod und Invalidität. **Es ist aber Folgendes zu beachten:** • **Fahrer/-in ist nicht schuld am Unfall: Die Kfz-Haftpflichtversicherung muss für Personenschäden an den Insassen bezahlen.** • **Fahrer/-in ist schuld am Unfall: Die Haftpflichtversicherung muss für Schäden an den Insassen bezahlen. Die eigenen Schäden sind aber ausgeschlossen. Hier würde nun die Insassenunfallversicherung greifen. Auch eine Private Unfallversicherung würde in diesem Fall greifen. Der Vorteil einer privaten Unfallversicherung ist, dass sie nicht auf Unfälle mit einem Auto begrenzt ist.**	Die Verkehrsrechtsschutzversicherung soll helfen bei der Durchsetzung von: • Schadensersatz- und Schmerzensgeldforderungen nach einem Verkehrsunfall • der Verteidigung in Bußgeld- und Strafverfahren aufgrund von Verletzungen der Verkehrsvorschriften Sie übernimmt in diesem Fall, die Kosten für den Anwalt, Gutachterkosten usw.

4. Aufgabe

Im Schutzbrief ist eine Pannen- und Unfallhilfe versichert. So werden Abschleppkosten, Bergungskosten, die Rückfahrt nach einer Panne, eventuelle Übernachtungskosten, Ersatzwagen, Ersatzteilversand oder auch der Krankentransport bezahlt.

5. Aufgabe

In der Teilkaskoversicherung spielt die Schadenfreiheitsklasse keine Rolle, weil die Schäden kaum durch Fahrerinnen und Fahrer beeinflussbar sind. So wird in der Teilkaskoversicherung immer der 100 % Beitrag gezahlt.

6. Aufgabe

Die Schadenfreiheitsklasse von Herrn Meixner wird mit Beginn des neuen Versicherungsjahrs heruntergestuft und die Beitragssätze werden angepasst. Die einzelne Abstufung kommt darauf an, in welcher Schadenfreiheitsklasse sich der Versicherungsnehmer vorher befand.

Die Rückstufung kann verhindert werden, indem Versicherungsnehmerinnen und -nehmer die Schäden selbst tragen und die der Versicherung entstandenen Kosten wieder zurückzahlen. Ob sich dies für Versicherungsnehmerinnen und -nehmer rentiert, können sie sich sich bei ihrer Versicherungsgesellschaft ausrechnen lassen.

Situation
Sie sind während Ihrer Ausbildung auch in der Personalabteilung eingesetzt. Hier arbeiten Sie eng mit Frau Schmitz zusammen. Frau Schmitz ist aktuell mit der Personalbedarfsplanung beschäftigt.

1. Aufgabe

1.1 Erklären Sie, was unter der Personalbedarfsplanung verstanden wird. Gehen Sie in Ihren Erklärungen auf den quantitativen und qualitativen Personalbestand ein.

Definition Personalbedarfsplanung

Quantitativer Personalbedarf

Qualitativer Personalbedarf

1.2 Der Personalbedarf ist abhängig von internen und externen Einflussfaktoren. Nennen Sie jeweils zwei davon.

Interne Einflussfaktoren

•

•

Externe Einflussfaktoren

•

•

Fortführung der Situation
Im Rahmen der Personalbedarfsplanung vom Autohaus Schmidt haben Sie die Aufgabe, die Personalbedarfsrechnung aufgrund folgender Informationen durchzuführen.
Der aktuelle Ist-Bestand entspricht dem aktuellen Soll-Bestand, mit Ausnahme des Bereichs „Verkauf", der aufgrund einer kurzfristigen Arbeitnehmerkündigung mit 1 Selle unterbesetzt ist. Im neuen Jahr wird mit einer Umsatzsteigerung von 8 % gerechnet, die sich direkt auf den Personalbedarf in der Assistenz auswirken soll. Bei den weiteren Stellenarten wird davon ausgegangen, dass die Umsatzsteigerung den Personalbedarf nicht beeinflusst. Sarah Schuster (Serviceannahme) kehrt aus der Elternzeit zurück. Sie hat den Wunsch geäußert, zukünftig mit reduzierter Stundenzahl zu arbeiten (75 %). Werner Müller, Verkaufsleiter, geht zum Ende des nächsten Kalenderjahrs in den Ruhestand. Die Auszubildende Mia Mutzke soll als Mitarbeiterin in der Verwaltung übernommen werden.

2. Aufgabe

Berechnen Sie den Bruttopersonalbedarf und den Nettopersonalbedarf.

Autohaus Schmidt				
Stellenart	**Soll-Bestand**	**Ist-Bestand**	**Zu-/Abgänge**	**Personal-bedarf**
Abteilung Verkauf		6		
Abteilung Kundendienst		2		
Teilelager		2		
Abteilung Verwaltung		2		
Abteilung Geschäftsleitung		2		
Abteilung Assistenz		6		

Erläuterungen und Lösungen

1. Aufgabe

1.1 **Definition Personalbedarf**

Die Personalbedarfsplanung hat die Aufgabe, den zukünftigen Personalbedarf nach der Anzahl (quantitativer Personalbedarf), der Qualifikation (qualitativer Personalbedarf), dem Einsatzort und dem Zeitpunkt des Bedarfs zu ermitteln.

Quantitativer Bedarf

Beim quantitativen Bedarf wird ermittelt, wie viele Mitarbeiterinnen und Mitarbeiter in der Zukunft im Unternehmen benötigt werden. Die jeweilige Qualifikation spielt hier erst mal noch keine Rolle. Dies wird erst im nächsten Schritt bestimmt.

Qualitativer Bedarf

Beim qualitativen Bedarf wird ermittelt, welche Mitarbeiterinnen und Mitarbeiter das Unternehmen in der Zukunft benötigt. Merkmale hierfür sind: berufliche Qualifikation, Berufserfahrung, aber auch Persönlichkeitsmerkmale wie z. B. Führungsverhalten, Sozialkompetenz.

1.2 Der jeweilige Personalbedarf wird nicht nur durch interne Einflussgrößen bestimmt. Auch äußere Faktoren müssen bei der Entscheidung berücksichtigt werden, ob neues Personal eingestellt wird oder ob vielleicht sogar eine Übersetzung im Unternehmen vorliegt.

Interne Einflussfaktoren	Externe Einflussfaktoren
• Betriebliche Ziele (Umsatzsteigerung, Vergrößerung des Betriebs) • Vorhandener Personalbestand mit Änderungen (Ruhestand, Schwangerschaften) • Fehlzeitenquote • Fluktuationsquote • Notwendige neue berufliche Fachkräfte aufgrund von technologischen Änderungen oder gesetzlichen Vorgaben	• Wirtschaftliche Entwicklungen auf dem jeweiligen Absatzmarkt • Geplante wirtschaftspolitische Maßnahmen oder Förderprogramme • Technologische Entwicklungen • Gesellschaftliche Änderungen wie Demografie, Inklusion, Migration • Rechtliche Rahmenbedingungen

2. Aufgabe

Ermittlung des Personalbedarfs einer Planungsperiode

Grundlegende Formel Personalbedarf

Ist-Bestand am Anfang der Planungsperiode
– Abgänge
+ Zugänge
= Personalbestand
– Geplanter Personalbedarf (Bruttobedarf)
= Nettobedarf Personalbestand – Bruttobedarf

Autohaus Schmidt				
Stellenart	**Soll-Bestand**	**Ist-Bestand**	**Zu-/Abgänge**	**Personal-bedarf**
Abteilung Verkauf	7	6	– 1	+ 2
Abteilung Kundendienst	2	2		0
Teilelager	2	2		0
Abteilung Verwaltung	2	2	+ 1	– 1
Abteilung Geschäftsleitung	2	2		0
Abteilung Assistenz	6,48	6	+ 0,75	– 0,27

Berechnung des Bruttopersonalbedarfs

Der Bruttopersonalbedarf entspricht dem Soll-Bestand.
21,48 Mitarbeitende = 21,5 Mitarbeitende

Berechnung des Nettopersonalbedarfs

Nettopersonalbedarf
= Bruttopersonalbedarf – Ist-Bestand + Personalabgänge – Personalzugänge
= 21,5 Mitarbeitende – 20 Mitarbeitende + 1 Mitarbeitende – 1,75 Mitarbeitende
= 0,75 Mitarbeitende

Situation
Nach Abschluss der quantitativen Personalbedarfsplanung wurde entschieden, im Verkauf eine neue Person einzustellen. Sie haben die Aufgabe, diesen Einstellungsprozess zu begleiten.
Zu Beginn wird eine Stellenbeschreibung für die Stelle „Verkäufer/-in im Neuwagenbereich (m/w/d)" entworfen.

1. Aufgabe

Erklären Sie, was unter einer Stellenbeschreibung verstanden wird.

Fortführung der Situation zur. 2. bis 4. Aufgabe
Nach der Erstellung der Stellenbeschreibung muss entschieden werden, auf welchem Wege die Personalbeschaffung erfolgen soll.

2. Aufgabe

Nennen Sie jeweils mindestens fünf Beispiele der internen und externen Personalbeschaffungswege.

Interne Beschaffungswege	Externe Beschaffungswege

3. Aufgabe

Nennen Sie jeweils Vorteile und Nachteile der beiden Beschaffungswege.

	Interne Beschaffungswege	Externe Beschaffungswege
Vorteile		
Nachteile		

4. Aufgabe

Sie haben die Aufgabe, zur Stellenbeschreibung „Verkäufer/-in im Neuwagenbereich (m/w/d)" die notwendige Stellenanzeige zu entwerfen.

Nennen Sie mindestens fünf Mindestinhalte einer Stellenanzeige.

Erläuterungen und Lösungen

1. Aufgabe

In Stellenbeschreibungen werden die Anforderungen an die gesuchte Person, die Qualifikationen, festgehalten. In diesem Anforderungsprofil muss beschrieben werden, welche fachlichen und sozialen Qualifikationen zukünftige Stelleninhaberinnen und -inhaber für die Bewältigung der Aufgaben besitzen sollten.

Inhalte einer Stellenbeschreibung	
Stellenbezeichnung	Name der Stelle, z. B. „Verkäufer/-in im Neuwagenbereich“
Instanzenbild	Welche Vorgesetzten wird die zukünftig eingestellte Person haben? Für welche Aufgaben ist sie verantwortlich? In welchem Rahmen darf sie die Firma vertreten?
Aufgabenbild	Aufgaben der Stelle, z. B. Beratung von Kundinnen und Kunden, Gewinnung von Neukunden, Verkauf von Fahrzeugen
Leistungsbild	Vorbildung, wesentliche Kenntnisse (Fachkompetenz, Weiterbildungen), Fertigkeiten, Persönlichkeitsmerkmale z. B. bereits abgeschlossene Verkäuferschulungen, Auslandserfahrung, Erfahrung als Führungspersönlichkeit

2. Aufgabe

Interne Beschaffungswege	Externe Beschaffungswege
• Innerbetriebliche Stellenausschreibung • Innerbetriebliche Versetzungsmaßnahmen • Nachwuchs- und Aufstiegsplanung • Betriebliche Umschulungsmaßnahmen Übernahme von Auszubildenden	• Stellenanzeige in der Tageszeitung, Fachzeitschriften • Stellenanzeigen in audiovisuellen Medien, z. B. Radio, Fernsehen • Stellenanzeigen im Internet bei Jobbörsen, Sozialen Medien • Arbeitsvermittlungen • Jobbörse der Arbeitsagentur • Initiativbewerbungen sichten

3. Aufgabe

	Interne Beschaffungswege	Externe Beschaffungswege
Vorteile	• Auswahlrisiko ist gering, da die Person bereits bekannt ist. • Motivation für Mitarbeiter/-innen, wenn Aufstiegschancen vorhanden sind • Einarbeitungszeit ist kürzer, da die internen Abläufe bereits bekannt sind. • Stellenbeschaffung ist relativ günstig.	• Hohe Bewerberanzahl • Neue Impulse werden ins Unternehmen getragen. • Interbetriebliche Abläufe können nicht gestört werden („Versetzungskarussell“). • Mitarbeiter/-innen bringen evtl. hohe Fachkompetenz mit.
Nachteile	• Weniger Auswahlmöglichkeiten • Rivalität im Unternehmen wird verstärkt. • Neue Ideen kommen nicht ins Unternehmen (“Betriebsblindheit”). • Zusätzliche Personalentwicklungskosten	• Hohe Kosten für die Personalsuche • Bewerberinnen und Bewerber sind, abgesehen von einem kurzen Eindruck beim Gespräch, noch nicht bekannt. • Eigene Mitarbeiterinnen und Mitarbeiter fühlen sich übergangen. • Risiko einer Fehlbesetzung ist höher. • Lange Einarbeitungszeit

4. Aufgabe

Eine Stellenanzeige dient dazu, die möglichen neuen Mitarbeiterinnen und Mitarbeiter neugierig auf die Stelle zu machen und die Stelle so darzustellen, dass eine Selbsteinschätzung der Bewerberinnen und Bewerber möglich ist. Hierzu muss die Stellenanzeige Folgendes enthalten:

Vorstellung des Unternehmens, Bezeichnung der freien Stellen, das Anforderungsprofil an die gesuchte Person, Leistungen des Unternehmens für Mitarbeiterinnen und Mitarbeiter, Form der Bewerbung (online, schriftlich, Bewerbungsformulare), für Nachfragen einen Kontakt im Unternehmen

Fortführung der Situation zur 5. und 6. Aufgabe
Sie erhalten die ersten Bewerbungen für die ausgeschriebene Stelle und verschaffen sich einen ersten Überblick.

5. Aufgabe

Welche Unterlagen sollte eine Bewerbung üblicherweise mindestens enthalten?

6. Aufgabe

Nennen Sie mindestens drei häufige Gründe für das Ausscheiden von Bewerberinnen und Bewerbern in dieser Phase.

Fortführung der Situation zur 7. bis 9. Aufgabe
Nach der Grobsichtung und nach Rücksprache mit der Verkaufsleitung sind fünf Bewerberinnen und Bewerber in der engeren Auswahl. Diese werden zu einem Vorstellungsgespräch und unterschiedlichen Tests eingeladen.

7. Aufgabe

Nennen Sie die sechs typischen Phasen eines Vorstellungsgesprächs.

-
-
-
-
-
-

8. Aufgabe

Erklären Sie, was unter den hier angegebenen Tests verstanden wird.

Intelligenztest	
Leistungstest	
Persönlichkeitstest	

9. Aufgabe

Nennen Sie mindestens zwei Fragen, die in einem Vorstellungsgespräch rechtlich nicht zulässig sind.

Erläuterungen und Lösungen

5. Aufgabe

Jedes Unternehmen kann unterschiedliche Anforderungen an die Bewerbung stellen. Wenn das Unternehmen etwas Spezielles möchte, wie z. B. eine Bewerbung in einer anderen Sprache oder ein extra Motivationsschreiben, muss dies in der Anzeige angegeben sein. Ist nichts angegeben, gelten folgende **Mindestinhalte** in einer Bewerbung:

- Deckblatt mit Foto und Kontaktdaten
- Bewerbungsschreiben
- Lebenslauf
- Letzte Schulzeugnisse
- Letzte Arbeitszeugnisse

Mögliche zusätzliche Unterlagen wären:

- Personalfragebogen zur schnelleren Sichtung in der Personalabteilung
- Referenzen und Empfehlungsschreiben
- Zertifikate über Weiterbildungen
- Polizeiliches Führungszeugnis (in Berufen mit Kontakt von Jugendlichen, Kindern)
- Gesundheitszeugnis (Beamtinnen und Beamte)

6. Aufgabe

Aufgrund der häufig sehr vielen Bewerbungen werden diese oft im Schnellverfahren gesichtet. Sehr viele Bewerbungen fallen hier bereits durch. Gründe hierfür sind:

- Äußere Form: Unterlagen sind unvollständig, dreckig, kaputt.
- Bewerbungsschreiben: kein Bezug zu der Stelle, zu viele Rechtschreibfehler
- Arbeitszeugnisse: nur mittelmäßige Beurteilung, fehlende Arbeitszeugnisse
- Lebenslauf: widersprüchliche Aussagen; zu viele Fehlzeiten, die nicht erklärbar sind

7. Aufgabe

1. Phase: Begrüßung der Person, die sich bewirbt, Smalltalk, Vorstellen der Anwesenden
2. Phase: Bewerber/-in stellt sich vor, persönliche Verhältnisse, bisherige Tätigkeiten, Berufserfahrung
3. Phase: Das Unternehmen und die Stelle werden nochmals dargestellt.
4. Phase: Offene Fragen, Lücken im Lebenslauf werden geklärt.
5. Phase: Gesprächsabschluss
6. Phase: Erstellung eines Protokolls, zum Vergleich mit den anderen Bewerberinnen und Bewerbern

8. Aufgabe

Intelligenztest	Beim Intelligenztest werden Fähigkeiten wie Kombinationsgabe, logisches Denken, räumliche Vorstellungskraft, Merkfähigkeit getestet. Welche Fähigkeiten getestet werden, kommt auf die jeweiligen Anforderungen des Berufs an.
Leistungstest	Beim Leistungstest wird überprüft, wie belastbar Bewerberinnen und Bewerber sowohl körperlich als auch psychisch sind. Hierbei müssen unter Zeitdruck Aufgaben bewältigt werden, die Tätigkeiten in der Stelle ähnlich sind. Auch wird die Allgemeinbildung getestet. In manchen Berufen wird auch ein Sehtest, Hörtest oder Geschicklichkeitstest gemacht.
Persönlichkeitstest	Bewerberinnen und Bewerber werden beobachtet, wie sie in Konfliktsituationen reagieren. Diese Tests werden sehr viel bei Führungskräften gemacht oder bei Bewerberinnen und Bewerbern, die viel Kontakt mit Kundschaft haben werden. Besondere Charaktereigenschaften können hierbei gesehen werden.

9. Aufgabe

Rechtlich nicht zulässig sind z. B. folgende Fragen:

- „Sind Sie aktuell schwanger?“
- „Planen Sie noch Kinder in der Zukunft“?
- „Welcher Partei gehören Sie an“?
- „Sind Sie Mitglied in der Gewerkschaft“?

Situation zur 1. bis 6. Aufgabe
Sie haben sich für Herrn Brehme als neuen Verkäufer entschieden. Um 11 Uhr kommt Herr Brehme zu Ihnen ins Autohaus, um seinen Arbeitsvertrag zu unterschreiben.

1. Aufgabe

Nennen Sie mindestens acht Inhalte, die in einem Arbeitsvertrag geregelt werden müssen.

- ______
- ______
- ______
- ______
- ______
- ______
- ______
- ______

2. Aufgabe

Was besagt das Günstigkeitsprinzip beim Abschluss des Arbeitsvertrags?

3. Aufgabe

Nachdem Herr Brehme den Arbeitsvertrag unterschrieben hat, legen Sie für ihn eine Personalakte an.
Welche Aufgaben hat eine Personalakte im Rahmen der Personalverwaltung?

4. Aufgabe

Welche Inhalte werden während der Tätigkeit von Herrn Brehme bei Ihnen in der Personalakte gesammelt? Nennen Sie mindestens fünf.

5. Aufgabe

Herr Brehme möchte wissen, ob er die Personalakte einsehen darf.
Nehmen Sie Stellung zu dieser Frage.

6. Aufgabe

Welche datenschutzrechtlichen Vorgaben sind in der Verwaltung von Personalakten zu berücksichtigen?

Lösungen

1. Aufgabe

Inhalte des Arbeitsvertrags:

- Name und Anschrift der Vertragsparteien
- Art und Umfang der Tätigkeit
- Einsatzort
- Beginn und Dauer des Arbeitsverhältnisses
- Probezeit
- Kündigungsfristen
- Entgelt
- Dauer der Arbeitszeit
- Urlaub
- Hinweise auf anzuwendende Gesetze, Tarifverträge und Betriebsvereinbarungen

2. Aufgabe

In einem Arbeitsvertrag sind die gesetzlichen Regelungen des Arbeitsschutzes zu beachten, die in verschiedenen Gesetzen und Rechtsverordnungen zu finden sind. Wird ein Arbeitsvertrag zwischen Mitgliedern der Tarifvertragspartner (Gewerkschaften und Arbeitgeber bzw. Arbeitgeberverbänden) geschlossen, sind die Regelungen des Tarifvertrags auf das Arbeitsverhältnis anzuwenden. Die Bestimmungen der Tarifverträge, der Gesetze und Rechtsvorschriften sind Mindestbestimmungen.

Das Günstigkeitsprinzip besagt: Abmachungen in Einzelarbeitsverträgen zwischen Arbeitgeber und Arbeitnehmer dürfen die Gesetze, Rechtsverordnungen und ggf. Normen des Tarifvertrags nicht unterschreiten, sie dürfen den Arbeitnehmer aber besser stellen als diese Bestimmungen.

3. Aufgabe

Die Personalakte begleitet alle Mitarbeiterinnen und Mitarbeiter während ihrer Tätigkeit im Unternehmen. In Personalakten werden alle relevanten Unterlagen von Mitarbeiterinnen und Mitarbeitern gesammelt.

4. Aufgabe

Folgende Unterlagen werden in der Personalakte gesammelt:

Bewerbung, Arbeitszeugnisse von anderen Unternehmen, Weiterbildungen, Schulzeugnisse, Informationen zur Krankenversicherung/Sozialversicherung, Weiterbildungen, Fehlzeiten, Krankheitszeiten, unterschriebene Vereinbarungen zwischen Unternehmen und Arbeitnehmerinnen und Arbeitnehmer, Abmahnungen

5. Aufgabe

Alle Arbeitnehmerinnen und Arbeitnehmer haben ein Einsichtsrecht in ihre Personalakte. Wenn sie dies nicht allein wahrnehmen möchte, können sie ein Mitglied des Betriebsrats hinzuziehen. Arbeitnehmerinnen und Arbeitnehmer haben auch ein Auskunftsrecht zu Eintragungen und kann deren Herkunft und Bedeutung erfragen. Durch diese Rechte soll verhindert werden, dass falsche oder unzulässige Informationen gesammelt werden. Entdecken Arbeitnehmerinnen und Arbeitnehmer falsche oder unzulässige Informationen, können sie diese löschen oder berichtigen lassen. Werden negative Vorgänge in die Personalakte aufgenommen, müssen die Mitarbeitenden vorher angehört werden (Anhörungsrecht).

6. Aufgabe

In der Personalabteilung müssen aus Datenschutzsicht folgende Aufgaben wahrgenommen werden:

- Schutz der Mitarbeiterdaten vor unbefugtem Zugriff und Verlust
- Verpflichtung aller Beschäftigter zur Verschwiegenheit
- ggf. Verpflichtung auf das Fernmeldegeheimnis gem. § 88 Telekommunikationsgesetz (TKG) für Mitarbeitende, die Einsicht in Telekommunikationsdaten nehmen (z. B. IT-Administratoren)
- Erstellung und Veröffentlichung von Richtlinien über den ordnungsgemäßen Umgang mit personenbezogenen Daten (pbD) am Arbeitsplatz
- Überprüfung der Mitarbeitenden hinsichtlich der Eignung zum Umgang mit (sensiblen) personenbezogenen Daten. Hierunter sind zu verstehen: ethnische Herkunft, politische Meinungen, religiöse Überzeugungen
- Ständiger Kontakt mit dem betrieblichen oder externen DSB sowie der Unternehmensführung und dem Betriebsrat

Situation zur 1. und 2. Aufgabe
Sie haben die Aufgabe, die jährlichen Personalstatistiken zu berechnen, um Fragen in der Personalentwicklung beantworten zu können.

Folgende Informationen liegen Ihnen vor:

Mitarbeiter/-innen Autohaus Schmidt		
Bereich	**Verwaltung/Verkauf**	**Werkstatt**
Anzahl Mitarbeiter/-innen	22	9
Weiblich	6	1
Männlich	16	8
Altersstruktur:		
16–30	1	2
30–45	11	3
46–65	10	4
Vollzeit	20	9
Teilzeit (20 Std./Woche)	2	0

- In Ihrem Unternehmen haben Frau Nunner und Herr Halbig einen Schwerbehindertenausweis.
- Sechs Mitarbeitende in der Werkstatt haben einen Migrationshintergrund.
- Insgesamt haben alle Mitarbeiter Fehlzeiten in Höhe von 1 236 Std. (Arbeitszeiten Autohaus Schmidt: 40 Std. pro Woche für 52 Wochen Jeder Arbeitnehmer hat Anspruch auf 30 Tage Urlaub.)

1. Aufgabe

Bitte berechnen und interpretieren Sie folgende Kennzahlen:

- Frauenquote
- Männerquote
- Schwerbehindertenquote
- Fehlzeitenquote

2. Aufgabe

Erklären Sie, wieso die Altersstruktur in einem Unternehmen immer kritisch begutachtet werden muss.

Erläuterungen und Lösungen

Um Entscheidungen innerhalb der Personalentwicklung treffen zu können, muss der aktuelle Personalbestand analysiert werden. Hierzu können verschiedene Kennzahlen herangezogen werden. Ausgangsbasis ist der aktuelle Personalbestand:

$$\text{Frauenquote: } \frac{\text{Anzahl der weibl. Mitarbeiter} \cdot 100}{\text{Personalstand}}$$

$$\text{Männerquote: } \frac{\text{Anzahl der männl. Mitarbeiter} \cdot 100}{\text{Personalstand}}$$

$$\text{Vollzeitquote: } \frac{\text{Vollzeitkräfte} \cdot 100}{\text{Personalstand}}$$

$$\text{Teilzeitquote: } \frac{\text{Teilzeitkräfte} \cdot 100}{\text{Personalstand}}$$

$$\text{Schwerbehindertenquote: } \frac{\text{Schwerbehinderte} \cdot 100}{\text{Personalstand}}$$

$$\text{Migrationsquote: } \frac{\text{Migranten} \cdot 100}{\text{Personalstand}}$$

$$\text{Arbeitsproduktivität} = \frac{\text{Umsatz} \cdot 100}{\text{Durchschn. Personalstand}}$$

$$\text{Fehlzeitenquote: } \frac{\text{Fehlzeiten} \cdot 100}{\text{Soll-Stunden}}$$

$$\text{Fluktuationsquote: } \frac{\text{Personalabgänge} \cdot 100}{\text{Durchschn. Personalstand}}$$

1. Aufgabe

Berechnung der geforderten Kennzahlen:

- **Frauenquote**

  Diese Kennzahl zeigt an, wie viele Mitarbeiter im Unternehmen weiblich sind:

  $$\text{Frauenquote} = \frac{7 \text{ Mitarbeiter} \cdot 100}{31 \text{ Angestellte}} = 22{,}58\,\%$$

- **Männerquote**

  $$\text{Männerquote} = \frac{24 \text{ Mitarbeiter} \cdot 100}{31 \text{ Angestellte}} = 77{,}\ 42\,\%$$

- **Schwerbehindertenquote**

  $$\text{Schwerbehindertenquote} = \frac{2 \text{ Angestellte} \cdot 100}{31 \text{ Angestellte}} = 6{,}45\,\%$$

- **Fehlzeitenquote**

  $$\text{Fehlzeitenquote: } \frac{1\,236 \text{ Std.} \cdot 100}{55\,200 \text{ Std.}} = 2{,}24\,\%$$

  Nebenrechnung: Berechnung der Sollstunden

  29 Angestellte · 40 Std./Woche · 46 Wochen = 53 360 Std/Jahr

  2 Angestellte · 20 Std./Woche · 46 Wochen = 1 840 Std/Jahr

Bei näherer Betrachtung der Kennzahlen fällt auf:

- Die Frauenquote ist innerhalb des Unternehmens noch verbesserungswürdig. Dies sollte bei Neueinstellungen beachtet werden.
- Die Fehlzeitenquote ist sehr gut. Dies spricht für ein sehr gutes Betriebsklima.

2. Aufgabe

Die Altersstruktur muss aufgrund des demografischen Wandels in einem Unternehmen kritisch betrachtet werden. Die erfahrenen Mitarbeiterinnen und Mitarbeiter sind meist die älteren, kurz vor dem Ruhestand. Gelingt es dem Unternehmen nicht, bereits im Vorfeld junge Nachwuchskräfte von den erfahrenen Mitarbeiterinnen und Mitarbeitern lernen zu lassen, geht wertvolles Know-how im Unternehmen verloren. Daher ist eine ausgeglichene Altersstruktur in einem Unternehmen sehr wichtig.

Situation zur 1. und 2. Aufgabe
Die jährlich durchgeführten Mitarbeitergespräche haben gezeigt, dass sich die Mitarbeiterinnen und Mitarbeiter im Autohaus Schmidt flexiblere Arbeitszeiten wünschen würden. Um einen Überblick über mögliche Arbeitsmodelle zu bekommen, erstellen Sie folgende Übersicht.

1. Aufgabe

Vervollständigen Sie folgende Übersicht und definieren Sie die einzelnen Arbeitszeitmodelle.

Gleitzeit	
Flexible Arbeitszeit	
Jobsharing	
Langzeitarbeits-zeitkonto	
Team-Teilzeit	
Saison-Teilzeit	
Telearbeit (Homeoffice)	
Schichtarbeit	

2. Aufgabe

Erklären Sie, wie die Urlaubsplanung im Autohaus Schmidt ablaufen sollte, um keine Unterbesetzungen in den Abteilungen hervorzurufen.

Erläuterungen und Lösungen

1. Aufgabe

Gleitzeit	Bei der Gleitzeit gibt es eine Hauptzeit mit Anwesenheitspflicht für die Mitarbeitenden. Außerhalb dieser Anwesenheitspflicht greift die Gleitzeit, in der Mitarbeiterinnen und Mitarbeiter ihre Anwesenheit selbst bestimmen dürfen. Die Mitarbeiterinnen und Mitarbeiter können. sich ein Zeitguthaben erarbeiten oder auch Zeitschulden aufbauen. Sowohl Schulden als auch Guthaben müssen innerhalb einer bestimmten Frist abgebaut werden.
Flexible Arbeitszeit	Die wöchentliche Arbeitszeit wird individuell auf verschiedene Tage aufgeteilt. So können die Arbeitszeiten auf die Bedürfnisse der Mitarbeiterinnen und Mitarbeiter angepasst werden. Ein Beispiel hierfür wären: Arbeitszeit 35 Std./Woche Montag Frei Dienstag bis Donnerstag: 9 Std. täglich Freitag: 8 Std.
Jobsharing	Zwei Angestellte teilen sich eine Arbeitsstelle. Die Einteilung der Zeiten erfolgt von beiden eigenverantwortlich. *Beispiel:* Person A arbeitet Mo, Mi und Fr. Person B arbeitet Di und Do. Eine konkrete Absprache der Mitarbeitenden ist notwendig.
Langzeitarbeits-zeitkonto	Mitarbeiterinnen und Mitarbeiter arbeiten in Vollzeit, bekommen aber nur einen Teil ihres Gehalts. Der Rest wird auf individuellen Konten gutgeschrieben. Damit können Mitarbeitende ein Sabbatical nehmen oder vorzeitig in den Ruhestand gehen. In dieser Zeit wird das Gehalt weiter bezahlt.
Team-Teilzeit	Der Arbeitgeber gibt einem Team bestimmte feste Zeiten vor. Die anderen Zeiten werden innerhalb des Teams selbstständig belegt und können sehr flexibel geändert werden.
Saison-Teilzeit	Während der Hochphasen wird wesentlich mehr gearbeitet. In den Phasen, in denen weniger zu tun ist, werden die Überstunden wieder abgebaut. Die Mitarbeiterinnen und Mitarbeiter erhalten aber ein gleichbleibendes Gehalt während des Jahres: *Beispiel:* Mehrarbeit während der Räderwechselzeit in der Werkstatt.
Telearbeit (Homeoffice)	Mitarbeiterinnen und Mitarbeiter können einzelne Tage oder ihre komplette Arbeitszeit zu Hause verbringen. Hierzu ist allerdings oft eine gute EDV-Software notwendig. Dies ist nicht bei allen Stellen möglich.
Schichtarbeit	Die Arbeitszeiten der Angestellten variieren von Woche zu Woche oder Monat zu Monat in Abhängigkeit davon, ob sie die Frühschicht z. B. von 6:30 Uhr bis 15:00 Uhr oder Spätschicht von 9:30 Uhr bis 18:00 Uhr haben. Mit dem Einführen der Schichtzeiten können Unternehmen gewährleisten, dass immer ein eine Ansprechperson, z.B. im Verkauf für die Kundschaft vorhanden ist.

2. Aufgabe

Die Urlaubsplanung eines Unternehmens ist immer schwierig, da die Bedürfnisse/Wünsche der Mitarbeiterinnen und Mitarbeiter nicht immer mit den Bedürfnissen/Wünschen des Unternehmens übereinstimmen. Um hier Konflikte zu vermeiden, sind klare Regelungen und Absprachen notwendig.

1. Der Betrieb legt fest, ob es auch Phasen der Urlaubssperre gibt und zu welchem Zeitpunkt wie viele Mitarbeiterinnen und Mitarbeiter anwesend sein müssen. Um die Entscheidungen transparent zu machen, sollten sie den Mitarbeiterinnen und Mitarbeitern mitgeteilt werden.
2. Danach teilen die Mitarbeiterinnen und Mitarbeiter ihre Wünsche für das neue Kalenderjahr mit. In der Praxis muss ein Großteil der Urlaubstage bereits im Jahr davor geplant sein. Um flexibel zu bleiben, können einzelne Urlaubstage aufgehoben werden.
3. Genehmigter Urlaub darf nur in Notsituationen vom Unternehmen rückgängig gemacht werden. Alle Arbeitnehmerinnen und Arbeitnehmer haben Anrecht auf ihren Erholungsurlaub.

Situation
Herr Brehme ist nun bereits seit einem Monat bei Ihnen. Er ist 26 Jahre alt, ledig und hat keine Kinder. Sie bereiten seine Entgeltabrechnung vor.

Folgende Angaben liegen Ihnen vor:

Grundentgelt:	1.800,00 €
Provisionen:	1.500,00 €
Zulagen:	0,00 €
Steuerpflichtige Sachbezüge (geldwerter Vorteil):	350,00 €
Lohnsteuerfreibetrag:	150,00 €
AG-Anteil zu den vermögenswirksamen Leistungen: (gesamter Sparbetrag 52,00 €)	20,00 €

1. Aufgabe

1.1 Berechnen Sie das gesamte Bruttoentgelt von Herrn Brehme.

1.2 Herr Brehme erhält 20,00 € Zuschuss für vermögenswirksame Leistungen. Erklären Sie dies.

1.3 Herr Brehme hat einen Lohnsteuerfreibetrag von 150,00 €. Welche Auswirkung hat dieser in der Entgeltabrechnung?

1.4 Ein Unternehmen kann verschiedene Sonderzahlungen leisten. Nennen Sie hierfür vier Beispiele.

-
-
-
-

Erläuterungen und Lösungen

1. Aufgabe

1.1 Zur Berechnung des Bruttoentgelts wird folgendes Schema verwendet:

Bruttoentgelt lt. Arbeitsvertrag
+ Sonderzahlungen (Provisionen, Zulagen, Mehrarbeitszeit)
+ geldwerten Vorteil
+ Arbeitgeberzuschuss zu vermögenswirksamen Leistungen
= sozialversicherungspflichtiges Bruttoentgelt
– Steuerfreibetrag
= steuerpflichtiges Bruttoentgelt
+ steuer- bzw. beitragsfreie Zuschläge
= gesamtes Bruttoentgelt

Berechnung gesamtes Bruttoentgelt von Herrn Brehme

Bruttoentgelt lt. Arbeitsvertrag	1.800,00 €
+ Sonderzahlungen (Provisionen, Zulagen, Mehrarbeit)	1.500,00 €
+ geldwerten Vorteil	350,00 €
+ Arbeitgeberzuschuss zu vermögenswirksamen Leistungen	20,00 €
= sozialversicherungspflichtiges Bruttoentgelt	3.670,00 €
– Steuerfreibetrag	150,00 €
= steuerpflichtiges Bruttoentgelt	3.520,00 €
+ steuer- bzw. beitragsfreie Zuschläge	0,00 €
= gesamtes Bruttoentgelt	3.520,00 €

1.2 Eine vermögenswirksame Leistung ist eine staatlich geförderte Sparform in Deutschland, die Arbeitnehmerinnen und Arbeitnehmern auf Grundlage des fünften Vermögensbildungsgesetzes vom Staat gewährt wird. Durch die vermögenswirksamen Leistungen soll die Vermögensbildung von Arbeitnehmerinnen und Arbeitnehmern gestärkt und gesichert werden, damit diese sich später von ihrem Vermögen beispielsweise Eigentum finanzieren können. Die Einzahlung des Sparbetrags erfolgt durch den Arbeitgeber, indem dieser den Sparbetrag direkt an die zuständige Stelle überweist.

Diesen Sparplan können Arbeitnehmerinnen und Arbeitnehmer durch Zuschüsse unterstützen. Dies ist eine freiwillige Leistung. Diese Zahlungen sind aber sozialversicherungs- und steuerpflichtig. Daher werden diese Zahlungen zu dem Bruttoentgelt von Arbeitnehmerinnen und Arbeitnehmern dazugerechnet.

1.3 Durch den Lohnsteuerfreibetrag wird das steuerpflichtige Entgelt und somit die monatlichen steuerlichen Abzüge gesenkt.

Die Steuerfreibeträge können beim zuständigen Finanzamt beantragt werden. Oft ist die Grundlage vorhergehende Steuererklärungen, wenn sich hohe Werbungskosten oder außergewöhnliche Belastungen ergeben.

1.4 Sonderzahlungen sind Zahlungen, die nicht immer gleich sind, sondern teilweise nur zu bestimmten Zeitpunkten im Jahre gezahlt werden. Beispiele hierfür sind:

- Weihnachtsgeld
- Urlaubsgeld
- Provisionen
- Fahrtkostenerstattungen
- Vermögenswirksame Leistungen
- Erfolgsbeteiligungen

Fortführung der Situation
Nachdem Sie das gesamte Bruttoentgelt von Herrn Brehme berechnet haben (3.670,00 €), ermitteln Sie nun das Nettoengelt und den Auszahlungsbetrag.

Nutzen Sie hierfür folgende Informationen:

Herr Brehme ist in der Steuerklasse 1; Lohnsteuer 687,23 €

Kirchensteuer: 8 % von der Lohnsteuer

Krankenversicherung (Arbeitnehmeranteil 8,20 % inkl. Zusatzbeitrag)

Rentenversicherung (Arbeitnehmeranteil 9,30 %)

Arbeitslosenversicherung (Arbeitnehmeranteil 1,30 %)

Pflegeversicherung (Arbeitnehmeranteil 2,30 %)

2. Aufgabe

2.1 Berechnen Sie das Nettoentgelt und den Auszahlungsbetrag von Herrn Brehme.

2.2 Bei der Lohn- und Gehaltsabrechnung spielt die sogenannte „Beitragsbemessungsgrenze“ eine wichtige Rolle.
Was wird unter der Beitragsbemessungsgrenze verstanden?

2.3 Welche Fristen muss der Arbeitgeber bei der Überweisung der einbehaltenen Steuer und Sozialversicherungsbeiträge einhalten?

Erläuterungen und Lösungen

2. Aufgabe

2.1 Bei der Berechnung des Nettoentgelts müssen verschiedene Größen berücksichtigt werden:

Lohnsteuer	Die Lohnsteuer kann den aktuellen Lohnsteuertabellen entnommen werden.
Kirchensteuer	8 % der Lohnsteuer in Bayern und Baden-Württemberg bzw. 9 % in allen anderen Bundesländern
Krankenversicherung	Die Beitragsbemessungsgrenze, die jährlich neu angesetzt wird, ist zu beachten. Generell zahlen Arbeitnehmerinnen und Arbeitnehmer 50 % des Beitrags plus 50 % des Zusatzbeitrages in Höhe von durchschnittlich 1,8 % (je nach Krankenkasse)
Pflegeversicherung	Der Zusatzbeitrag für kinderlose AN (ab Geburtsjahrgang 1940) ab dem Monat nach Vollendung des 23. Lebensjahrs beträgt 0,6 %. Diesen Beitrag trägt der AN alleine. Ab dem 2. bis zum 5. Kind erhalten AN einen Beitragsnachlass in Höhe von 0,25 %-Punkten pro Kind. Dieser Nachlass entfällt nach dem Monat, in dem das jeweilige Kind das 25.Lebensjahr vollendet hat. Höchstbeitrag AN ohne Kinder (2,3 %) monatlich max. 119,03 € Höchstbeitrag AN mit 1 Kind (1,7 %) monatlich max. 87,98 € Höchstbeitrag AN mit 2 Kindern (1,45 %) monatlich max. 75,04 € Höchstbeitrag AN mit 3 Kindern (1,2 %) monatlich max. 62,10 € Höchstbeitrag AN mit 4 Kindern (0,95 %) monatlich max. 49,16 € Höchstbeitrag AN ab 5 Kindern (0,7 %) monatlich max. 36,23 € Höchstbeitrag AG (generell 1,7 %) monatlich max. 87,98 € Sonderregelung für Sachsen: AG-Anteil generell 1,2 % AN-Anteil alle Beitragssätze in der Tabelle + 0,5 %-Punkte
Rentenversicherung	Arbeitnehmerinnen und Arbeitnehmer bezahlen die Hälfte des Rentenversicherungssatzes. Es ist die Beitragsbemessungsgrenze zu beachten. Diese ändert sich jährlich.
Arbeitslosenversicherung	Arbeitnehmerinnen und Arbeitnehmer zahlen die Hälfte des Gesamtbeitragssatzes. Es ist die Beitragsbemessungsgrenze der Rentenversicherung zu beachten.

Zur Berechnung des Nettoentgelts und des Auszahlungsbetrages wird folgendes Schema herangezogen.

Gesamtes Bruttoentgelt	3.670,00 €
– Lohnsteuer	687,23 €
– Kirchensteuer	54,98 €
– Krankenversicherung	300,94 €
– Rentenversicherung	341,31 €
– Arbeitslosenversicherung	47,71 €
– Pflegeversicherung	84,41 €
= Nettoentgelt	2.153,42 €
– Vermögenswirksame Leistungen	52,00 €
– Sachbezüge (Geldwerter Vorteil)	350,00 €
– Eventueller Lohnvorschuss	0,00 €
– Lohnpfändung	0,00 €
= Auszahlungsbetrag	1751,42 €

Bei der Berechnung ist zu beachten:

Die Lohnsteuer wird berechnet vom steuerlichen Entgelt, dies ist in diesem Fall bei: 3.520,00 € (siehe Seite 94)

Die Beiträge zur Sozialversicherung (KV, RV, PV, AV) werden berechnet vom sozialversicherungspflichtigen Einkommen. Dies liegt bei Herrn Brehme bei 3.670,00 €.

2.2 Beitragsbemessungsgrenze bedeutet, dass Arbeitnehmerinnen und Arbeitnehmer bis zu diesem Betrag die Beiträge zur Krankenversicherung, Pflegeversicherung, Rentenversicherung und Arbeitslosenversicherung bezahlen müssen. Über der Beitragsbemessungsgrenze werden keine Zahlungen erhoben.

2.3 Die Lohnsteuer, Kirchensteuer und der Solidaritätszuschlag werden vom Arbeitgeber bei jeder Lohnzahlung vom Bruttoentgelt einbehalten und an das Finanzamt bis spätestens zum 10. des Folgemonats abgeführt. Der Arbeitgeber ist somit der Steuerschuldner, Arbeitnehmerinnen und Arbeitnehmer sind ist Steuerträger. Am Jahresende erhalten sie vom Arbeitgeber eine Lohnsteuerbescheinigung für das abgelaufene Kalenderjahr. Diese Bescheinigung dient als Nachweis über das erhaltene Jahresbruttoentgelt, die darauf gezahlten Steuern und Sozialversicherungsbeiträge. Arbeitnehmerinnen und Arbeitnehmer benötigen diese Informationen für eine mögliche Einkommensteuererklärung.

Auch die von Arbeitnehmenden zu tragenden Sozialversicherungsbeiträge werden direkt vom Arbeitgeber einbehalten. Der Arbeitgeber führt die Arbeitnehmenden- und Arbeitgeberanteile in der Höhe des Vormonats an die Krankenkassen bis zum drittletzten Bankarbeitstag (Montag bis Freitag) des jeweiligen Monats ab. Die jeweilige Krankenkasse hat dann die Aufgabe, die einzelnen Sozialversicherungsbeiträge an die entsprechenden Träger zu überweisen.

Situation
Sie werden beauftragt, die Lagerbewegungen der ersten Hälfte des laufenden Geschäftsjahrs auszuwerten. Ihnen steht für den Artikel „Halogenleuchtmittel H7 X-treme-Light" (Bezugspreis von 16,00 €) der unten stehende Auszug aus der Lagerdatei zur Verfügung.

1. Aufgabe

1.1 Vervollständigen Sie die folgende Tabelle.

Datum	Vorgang	Zugang	Abgang	Bestand
03.01.	AB			25
28.01.	AR 00126		5	
14.02	ER 0295	20		
16.02.	KA 185		11	
10.03.	AR 00750		8	
21.03.	AR 00981		5	
04.04.	ER 0477	20		
15.04.	KA 290		6	
30.04.	AR 01236		10	
04.05.	KA 413		2	
28.05.	AR01002		4	
01.06.	ER 0643	20		
20.06.	AR 01251		12	
23.06.	KA 408		5	
gesamt		60	68	

** AB = Bestand zu Beginn des Geschäftsjahrs*
** AR = Ausgangsrechnung*
** ER = Eingangsrechnung*
** KA = Kassenbeleg*

1.2 Ermitteln Sie den Wareneinsatz in Stück und in Euro.

1.3 Ermitteln Sie den durchschnittlichen Lagerbestand in Stück für die ersten sechs Monate des Jahres unter Berücksichtigung der Monatsendbestände. (Runden Sie kaufmännisch auf ganze Stück.)

1.4 Ermitteln Sie die Umschlagshäufigkeit in der ersten Jahreshälfte. (Runden Sie ggf. auf zwei Stellen nach dem Komma.)

1.5 Ermitteln Sie die durchschnittliche Lagerdauer für die erste Jahreshälfte. (Runden Sie auf volle Tage.)

Hinweis

Dieses Thema wurde bereits ausführlicher im Band 1 der Prüfungsvorbereitung auf den Seiten 43 ff. behandelt.

Erläuterungen und Lösungen

1. Aufgabe

1.1

Datum	Vorgang	Zugang	Abgang	Bestand
03.01.	AB			25
28.01.	AR 00126		5	20
14.02	ER 0295	20		40
16.02.	KA 185		11	29
10.03.	AR 00750		8	21
21.03.	AR 00981		5	16
04.04.	ER 0477	20		36
15.04.	KA 290		6	30
30.04.	AR 01236		10	20
04.05.	KA 413		2	18
28.05.	AR01002		4	14
01.06.	ER 0643	20		34
20.06.	AR 01251		12	22
23.06.	KA 408		5	17
gesamt		60	68	

1.2 Der Wareneinsatz beträgt 68 Stück bzw. 1.088,00 € (68 Stck. · 16,00 €)

In der Lagerdatei lässt sich der Wareneinsatz durch die Summe der Abgänge ermitteln. Eine andere Möglichkeit wäre die rechnerische Ermittlung:

Anfangsbestand + Zugänge – Endbestand = Wareneinsatz
25 + 60 – 17 = 68

Wareneinsatz = Anfangsbestand + Zugänge – Endbestand

Lagerkennziffern – mögliche Berechnungen

Durchschnittlicher Lagerbestand

Formel: $\frac{\text{Anfangsbestand} + 12 \text{ Monatsendbestände}}{13}$

Hier: $\frac{\text{Anfangsbestand} + 6 \text{ Monatsendbestände}}{7}$

Umschlagshäufigkeit

Formel: $\frac{\text{Wareneinsatz}}{\text{durchschnittlichen Lagerbestand}}$

Durchschnittliche Lagerdauer

Formel: 360 Tage : Umschlagshäufigkeit

Hier: 180 Tage : Umschlagshäufigkeit

1.3 Der durchschnittliche Lagerbestand beträgt:
(25 + 20 + 29 + 16 + 20 + 14 + 17) : 7 = 141 : 7 ~ 20 Stück

1.4 Die Umschlagshäufigkeit beträgt:
68 Stück : 20 Stück = 3,4 mal oder 1.088,00 € : 320,00 € = 3,4 mal

1.5 Die durchschnittliche Lagerdauer beträgt:
180 Tage : 3,4 mal = 52,94 → 53 Tage

Situation
In dieser Woche holt Herr Muder seinen Neuwagen ab. Durch geschickte Vertragsverhandlungen mit der Verkaufsleitung konnte er einen Hauspreis von 40.000,00 € inklusive Überführungsgebühren und Umsatzsteuer aushandeln. Das Fahrzeug wurde in der letzten Woche ordnungsgemäß geliefert. Gleichzeitig ging auch die entsprechende Rechnung des Herstellers ein. Das Fahrzeug wurde von Herrn Muder selbst zugelassen. Sie sind damit beauftragt, eine Nachkalkulation für das Neuwagengeschäft durchzuführen.

2. Aufgabe

2.1 Tragen Sie in den Auszug der Herstellerrechnung die fehlenden Werte in die grau hinterlegten Felder ein.

Rechnung

Liefer-Nr.: 832 Bestell-Nr.: 832 Kunden-Nr.: 832 Datum: 10.03.20XX

Fahrzeug-Ident.-Nr.: SAJAB60F7G8K30047		**Betrag in €**
Modell	Panther F-TYPE SVR AWD 2.0 Liter V6	30.000,00
Farbe	Lithium silber metallic	1.800,00
Bezug	Ledernappa	2.300,00
Felgen	19 Zoll Sportline	500,00
Sonderausstattung	Navigon plus	2.100,00
Listenpreis		
Grundmarge	11 %	
Eroberungsbonus	2 %	
Fahrzeugpreis		
Überführungskosten		300,00
Netto-Rechnungsbetrag		
19 % MwSt.		
Gesamtbetrag		

2.2 Berechnen Sie in übersichtlicher Darstellung, wie hoch der Bruttoertrag in Euro (netto) aus dem Neuwagenverkauf gewesen wäre, wenn Herr Muder den Listenpreis zuzüglich der gegebenen Überführungsgebühren gezahlt hätte.

2.3 Ermitteln Sie den Bruttoertrag (netto) aus dem Neuwagenverkauf in Euro.

2.4 Wie hoch ist der Nachlass, den Herr Muder vom Bruttolistenpreis inklusive Überführungskosten erzielen konnte, in Prozent? (Runden Sie auf zwei Stellen nach dem Komma.)

Erläuterungen und Lösungen

2. Aufgabe

2.1

Rechnung

Liefer-Nr.: 832 Bestell-Nr.: 832 Kunden-Nr.: 832 Datum: 10.03.20XX

Fahrzeug-Ident.-Nr.: SAJAB60F7G8K30047		**Betrag in €**
Modell	Panther F-TYPE SVR AWD 2.0 Liter V6	30.000,00
Farbe	Lithium silber metallic	1.800,00
Bezug	Ledernappa	2.300,00
Felgen	19 Zoll Sportline	500,00
Sonderausstattung	Navigon plus	2.100,00
Listenpreis		36.700,00
Grundmarge	11 %	4.037,00
Eroberungsbonus	2 %	734,00
Fahrzeugpreis		31.929,00
Überführungskosten		300,00
Netto-Rechnungsbetrag		32.229,00
19 % MwSt.		6.123,51
Gesamtbetrag		38.352,51

2.2

Listenpreis	36.700,00 €
+ Überführungsgebühren	300,00 €
= Netto-Fahrzeugpreis	37.000,00 €
– Netto-Rechnungspreis	32.229,00 €
= Bruttoertrag	4.771,00 €

Hätte Herr Muder den normalen Listenpreis zuzüglich 300,00 € Überführungskosten gezahlt, hätte der Netto-Umsatz bei 37.000,00 € gelegen.
Abzüglich des Netto-Rechnungsbetrags, den das Autohaus bezahlen muss, ergibt sich ein Bruttoertrag von 4.771,00 €

2.3

	Brutto in €	Netto in €
Hauspreis	40.000,00	33.613,45
– Netto-Rechnungspreis		32.229,00
= Bruttoertrag		1.384,45

Der Hauspreis, den der Kunde zahlt, liegt bei 40.000,00 € brutto. Netto sind dies 33.613,45 € (40.000 : 1,19). Daraus ergibt sich ein Bruttoertrag von 1.384,45 €.

2.4

	Brutto in €	Netto in €
Listenpreis		36.700,00
+ Überführungskosten		300,00
= Rechnungspreis	44.030,00	37.000,00
– Hauspreis	40.000,00	33.613,45
	4.030,00	3.386,55

44.030,00 € → 100 %
40.000,00 €
4.030,00 € → x %

$$\frac{4.030{,}00\ € \cdot 100\ \%}{44.030{,}00\ €} = 9{,}15\ \%$$

Der Kunde spart 4.030,00 € vom Bruttorechnungspreis.
Das sind 9,15 %.

Merke

*Die Bezeichnung **Bruttoertrag** bezieht sich nicht auf die enthaltene Umsatzsteuer in dieser Summe, sondern darauf, dass bei diesem Ertrag noch keine dafür angefallenen Kosten, wie Provisionen, Werbekosten oder sonstige Gemeinkosten, berücksichtigt sind. Er ist vergleichbar mit dem Rohgewinn.*

Bruttoertrag = Verkaufspreis – Einkaufspreis

Situation zur 3. und 4. Aufgabe

Die Erträge des Gebrauchtwagengeschäfts tragen maßgeblich zum Erfolg des Unternehmens bei. Dabei setzt sich das Angebot der Autohaus Schmidt GmbH durch die Inzahlungnahme von Gebrauchtwagen beim Neuwagenverkauf, die Annahme von Leasingrückläufern sowie den Ankauf von Privatleuten und Gewerbetreibenden zusammen. Für das laufende Geschäftsjahr wird von einem Absatz von 290 Gebrauchtwagen mit einem durchschnittlichen Einkaufswert von 13.000 € gerechnet. Die Standzeit der angekauften Fahrzeuge beträgt im Schnitt 35 Tage. Unser Zahlungsziel beim Ankauf beträgt durchschnittlich sieben Tage. Zwischen dem Vertragsabschluss und der Übergabe sowie dem Zahlungseingang der Kundinnen und Kunden vergehen normalerweise insgesamt fünf Tage. Die Handlungskosten für vorhandene Gebrauchtwagen betragen 10 % vom durchschnittlichen Einkaufswert.

3. Aufgabe

Berechnen Sie den zu erwartenden einfachen Kapitalbedarf in diesem Jahr und den Kapitalbedarf pro Tag zur Finanzierung des Einkaufs im Gebrauchtwagenbereich. (Gehen Sie von 360 Tagen pro Jahr aus.)

4. Aufgabe

Berechnen Sie den Kapitalbedarf im Gebrauchtwagenbereich unter Berücksichtigung der Zahlungsziele und der Handlungskosten für die Gebrauchtfahrzeuge.

Situation zur 5. und 6. Aufgabe

Nach drei Wochen Standzeit wurde ein Gebrauchtwagen zu einem Bruttopreis von 14.994,00 € verkauft (19 % Umsatzsteuer). Der Wagen war zu einem Preis von 10.000,00 € (netto) von einem Händler angekauft worden.

Zudem fielen folgende Kosten für diesen Gebrauchtwagen an:

- Aufbereitungskosten: 100,00 €
- Instandsetzungskosten: 250,00 €
- Allgemeine Handlungskosten: 50,00 €
- Verkäuferprovision: 300,00 €
- Kosten für Standzeiten: 240,00 €

5. Aufgabe

Führen Sie für den verkauften Gebrauchtwagen eine Nachkalkulation durch und ermitteln Sie den Erfolg, den die Autohaus Schmidt GmbH aus diesem Geschäft erwirtschaften konnte.

6. Aufgabe

Nennen Sie drei Bestandteile der Standkosten für ein Gebrauchtfahrzeug.

-
-
-

Erläuterungen und Lösungen

3. Aufgabe

Der einfache Kapitalbedarf wird errechnet, indem der erwartete Absatz mit dem durchschnittlichen Einkaufspreis multipliziert wird. Wird der so ermittelten Wert durch 360 Tage geteilt, ergibt sich der einfache Kapitalbedarf pro Tag.

Kapitalbedarf pro Jahr: 290 Gebrauchtwagen · 13.000 € = 3.770.000,00 €
Kapitalbedarf pro Tag: 3.770.000,00 € : 360 Tage = 10.472,22 €

4. Aufgabe

Um eine genauere Aussage zum Kapitalbedarf zu machen, müssen die Zahlungsziele und die Handlungskosten in Bezug auf den Gebrauchtwagenbereich berücksichtigt werden. Erst nach durchschnittlichen sieben Tagen Standzeit muss der Gebrauchtwagen bezahlt werden, d. h., es müssen 28 Tage der durchschnittlichen Standzeit von 35 Tagen finanziert werden. Allerdings dauert es vom Verkaufsabschluss bis zum Eingang des Kaufbetrags durchschnittlich fünf Tage, sodass insgesamt 33 Tage finanziert werden müssen (35 – 7 + 5). Handlungskosten fallen allerdings für jeden Tag an, den der Wagen im Unternehmen verweilt. Dies sind durchschnittlich 40 Tage (35 + 5), da Kundinnen und Kunden ihren Wagen erst nach Zahlung erhalten.

Kapitalbedarf für den Kaufpreis:

33 Tage · 10.472,22 €	= 345.583,26 €
Handlungskosten:	
40 Tage · (10 % von 13.000,00 €)	= 52.000,00 €
= gesamter Kapitalbedarf	**397.583,26 €**

Handlungskosten für 40 Tage

↑

35 Tage Standzeit + 5 Tage Zahlungsziel Kunde
– 7 Tage Zahlungsziel Lieferant

↓

Finanzierungskosten für 33 Tage

5. Aufgabe

Nachkalkulation für einen Gebrauchtwagen	€
Bruttoverkaufspreis	**14.994,00**
– Umsatzsteuer 19 %	2.394,00
= Nettoverkaufspreis (14.994,00 € : 1,19)	12.600,00
– Aufbereitungskosten	100,00
– Instandsetzungskosten	250,00
– Allgemeine Handlungskosten	50,00
– Verkäuferprovision	300,00
– Kosten für Standzeiten	240,00
– Nettoeinkaufspreis	10.000,00
= Erfolg aus dem Gebrauchtwagengeschäft	**1.660,00**

6. Aufgabe

Standkosten

- → Werbekosten
- → Kapitalbindungskosten
- → Reinigungskosten
- → Wertverlust
- → Lagerkosten

Situation zur 7. bis 10. Aufgabe
Grundlage des Werts von Wartungs- und Reparaturaufträgen ist der Stundenverrechnungssatz (SVS). Es ist der Preis, den Kundinnen und Kunden für eine geleistete Arbeitsstunde in der Werkstatt zahlen müssen. Die Autohaus Schmidt GmbH überprüft ihren SVS regelmäßig. Diesmal sind Sie mit der Bearbeitung betraut.

7. Aufgabe

Erläutern Sie die Bestandteile des Stundenverrechnungssatzes.

8. Aufgabe

Unterscheiden Sie die Begriffe produktive und unproduktive Stunden.

Fortführung der Situation
Die Autohaus Schmidt GmbH beschäftigt fünf produktive Mitarbeiterinnen und Mitarbeiter in der Werkstatt. Alle Arbeitsverträge beinhalten 38 Arbeitsstunden je Woche und 30 Tage Urlaub pro Jahr. Das laufende Jahr (365 Tage) hat 52 Wochenenden, an denen in der Werkstatt nicht gearbeitet wird. Neun gesetzliche Feiertage fallen auf Werktage. Durchschnittlich sind die Mitarbeiterinnen und Mitarbeiter an zehn Tagen im Jahr krank und zwei Tage entfallen als Arbeitstage durch Fortbildungsmaßnahmen. Der Auslastungsgrad der Werkstatt liegt zurzeit bei 90 %.

9. Aufgabe

Ermitteln Sie schematisch und nachvollziehbar die produktiven Stunden, mit denen im laufenden Jahr kalkuliert werden kann.

Fortführung der Situation
Folgende Kosten sind im letzten Geschäftsjahr angefallen:

• Hilfslöhne in der Werkstatt	77.500,00 €
• Bruttolöhne in der Werkstatt	120.160,00 €
• Meistergehalt	51.252,00 €
• Personalnebenkosten der Werkstatt	122.358,00 €
• Umlage der Gemeinkosten der Verwaltung	96.430,00 €
• Abschreibungen	133.100,00 €

Es wird erwartet, dass die Kosten für dieses Jahr in ähnlicher Höhe anfallen.

10. Aufgabe

Berechnen Sie für die Werkstatt den Gemeinkostenzuschlagssatz (GKZ in %), mit dem die Autohaus Schmidt GmbH in Zukunft kalkulieren sollte.

Erläuterungen und Lösungen

7. Aufgabe

Der Stundenverrechnungssatz (SVS) ist die Grundlage zur Ermittlung des Werts von Reparatur- und Wartungsaufträgen. Es ist der Preis, den Kundinnen und Kunden für eine Werkstattstunde zahlen müssen.

Der Stundenverrechnungssatz beinhaltet nicht nur den Stundenlohn der Mitarbeiterin oder des Mitarbeiters, sondern auch anteilig alle anderen Kosten, die in der Werkstatt anfallen, sogenannte „Gemeinkosten“. Zusätzlich wird bei der Kalkulation ein angemessener Gewinn- und Wagniszuschlag mit einbezogen.

8. Aufgabe

Die produktiven Stunden sind die geleisteten Werkstattstunden, die tatsächlich in Rechnung gestellt werden, d. h., mit denen Umsatz generiert wird.

Unproduktive Stunden werden nicht direkt in Rechnung gestellt, sind aber notwendig, um die Werkstattaufträge zu organisieren. Hierzu zählt z. B. die Beratung von Kundinnen und Kunden bei der Erteilung der Werkstattaufträge oder die Verteilung der Aufträge an die Mitarbeiterinnen und Mitarbeiter der Werkstatt.

9. Aufgabe

Ermittlung der produktiven Stunden in der Werkstatt pro Jahr	**Tage**
Tage des Kalenderjahrs	365
– Wochenenden: (52 · 2 Tage)	104
– gesetzliche Feiertage an Werktagen	9
– Urlaubstage	30
– Krankheitstage	10
– Fortbildung	2
= Anwesenheitstage der produktiven Mitarbeiter/-innen	210
– Unproduktive Tätigkeit: 10 % von 210 Tagen (Auslastungsgrad 90 %)	21
= Produktive Tage in der Werkstatt	189
· 38 Stunden pro Tag (38 Stunden · 5 Mitarbeiter : 5 Tage)	**7 182 Stunden**

10. Aufgabe

Die Bruttolöhne in der Werkstatt bilden die Grundlage (100 %) zur Errechnung des Gemeinkostenzuschlags (GKZ in %).

Bruttolöhne in der Werkstatt = 120.160,00 € → 100 %
alle anderen Kosten (Gemeinkosten) = 480.640,00 € → x % ↔ x = 400%

$$\textbf{GKZ in \%} = \frac{\textbf{Gemeinkosten} \cdot \textbf{100 \%}}{\textbf{Bruttolöhne in der Werkstatt}}$$

kostendeckender Stundenverrechnungssatz = Bruttostundenlohn + GKZ %

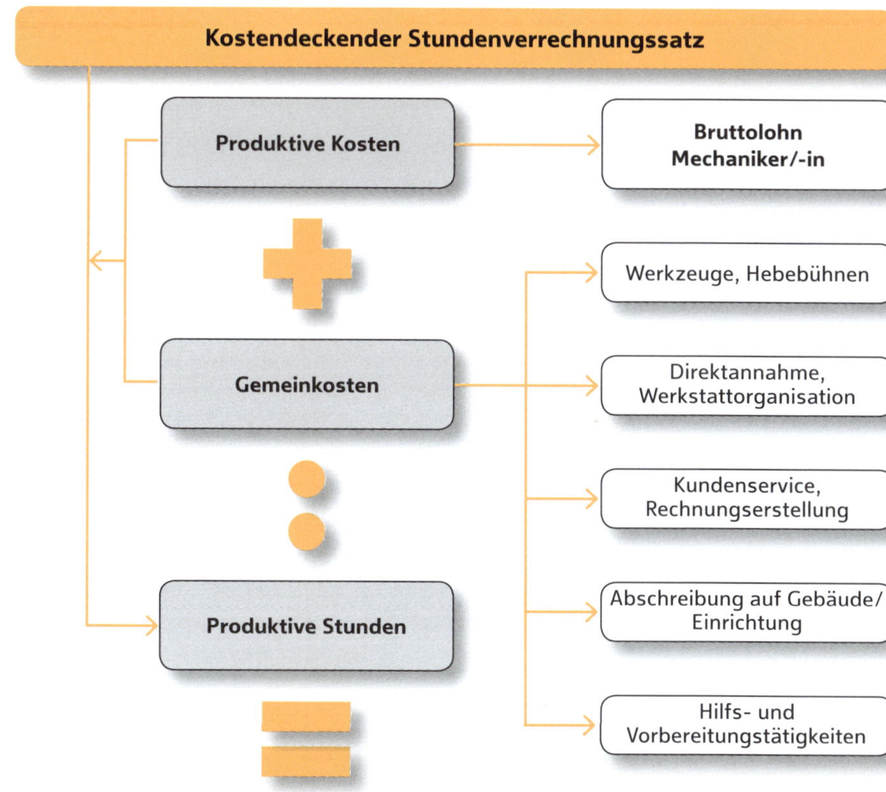

$$\textbf{Kostendeckender SVS in €} = \frac{\textbf{Alle Kosten der Werkstatt in €}}{\textbf{Produktive Stunden}}$$

Situation
Auf Grundlage der Entwicklung der vergangenen Jahre wird für das laufende Jahr mit stabilen produktiven Bruttolöhnen in Höhe von 120.000,00 € im Werkstattbereich und einem Gemeinkostenzuschlagssatz von 400 % gerechnet. Die Geschäftsleitung gibt für die Kalkulation einen Gewinnzuschlag von 5 % und einen Wagniszuschlag von 2 % vor. Es wird davon ausgegangen, dass im Laufe des Jahres 7.100 geleistete Werkstattstunden in Rechnung gestellt werden können.

11. Aufgabe

11.1 Berechnen Sie den Stundenverrechnungssatz in Euro.

11.2 Berechnen Sie den Werkstattindex.
(Runden Sie auf zwei Stellen nach dem Komma.)

Fortführung der Situation zur 12. und 13. Aufgabe
Momentan liegt der Stundenverrechnungssatz für einen Karosseriebauer oder eine Karosseriebauerin in der Werkstatt bei 95,00 € pro Stunde. Das Autohaus stellt den Kundinnen und Kunden für geleistete Reparaturen Arbeitswerte in Rechnung. Eine Stunde wird dabei in zehn Arbeitswerte (AW) unterteilt. Ein Kunde erhält die folgende, ausschnittweise dargestellte Rechnung.

12. Aufgabe

Ermitteln Sie die Kosten, die dem Kunden für den Arbeitslohn in Rechnung gestellt werden, indem Sie die entsprechenden Werte eintragen. Berechnen Sie auch den Gesamtbetrag.

Rechnung
Rechnung-Nr. 2015-08-1203 Kunden-Nr.: 1025 Datum: 16.08.20XY

Pos	Leistung	Anzahl Stk.	Einzelpreis €	Gesamtpreis €
1	Rüstzeit für Karosseriearbeiten	2		
2	Vorbereitungszeit	1		
3	Radlaufverkleidung. V L aus- und eingebaut	3		
4	Radlaufverkleidung. V R aus- und eingebaut	3		
5	Stoßfänger vorne aus- und einbauen	5		

Nettobetrag: EUR
zzgl. 19 % USt: EUR
Gesamtbetrag: EUR

13. Aufgabe

Warum unterteilen die meisten Betriebe im Kfz-Gewerbe die in Rechnung gestellten Arbeitsstunden in der Werkstatt in Arbeitswerte?

Erläuterungen und Lösungen

1. Aufgabe

11.1

Kostenart		€
Produktive Bruttolöhne + Gemeinkosten	 400 %	120.000,00 480.000,00
= gesamte Werkstattkosten + Gewinn + Wagniskosten	 5 % 2 %	600.000,00 30.000,00 12.000,00
= Summe der SVS		642.000,00
: produktive Werkstattstunden	7100 h	90,42

Der Stundenverrechnungssatz (SVS) beträgt 90,42 €.

Zu den produktiven Bruttolöhnen werden die Gemeinkosten addiert. Diese Summe ist Grundlage für die Berechnung des Gewinn- und auch des Wagniskostenzuschlags. Durch Addition der Beträge zu den gesamten Werkstattkosten, ergbibt sich der Gesamtbetrag, der durch die produktiven Stunden in der Werkstatt erwirtschaftet werden muss. Dieser Betrag wird durch die Anzahl der produktiven Stunden geteilt, um den SVS zu erhalten.

11.2

Summe der SVS	642.000,00 €
: Summe der Bruttolöhne	120.000,00 €
= Werkstattindex	5,35

Der Werkstattindex beträgt 5,35.

Der Werkstattindex sagt aus, mit welchem Wert der Bruttostundenlohn eines Werkstattmitarbeiters multipliziert werden muss, um den Stundenverrechnungssatz (SVS) zu erhalten. Dazu wird die Summe der SVS durch die Summe der in der Werkstatt gezahlten produktiven Löhne geteilt.

Beispiel:

Für die Bruttolöhne in Höhe von 120.000,00 € werden 7.100 h geleistet.
Der Stundenlohn beträgt 16,90 € (120.000,00 € / 7.100 h)
SVS = Stundenlohn 16,90 € · Werkstattindex 5,35 = 90,42 €

12. Aufgabe

Berechnung: 95,00 € : 10 = 9,50 € pro Arbeitswert

Rechnung

Rechnung Nr. 2015-08-1203 Kunden-Nr.: 1025 Datum: 16.08.20XY

Pos	Leistung	Anzahl Stk.	Einzelpreis €	Gesamtpreis €
1	Rüstzeit für Karosseriearbeiten	2	9,50	19,00
2	Vorbereitungszeit	1	9,50	9,50
3	Radlaufverkleidung. V L aus- und eingebaut	3	9,50	28,50
4	Radlaufverkleidung. V R aus- und eingebaut	3	9,50	28,50
5	Stoßfänger vorne aus- und einbauen	5	9,50	47,50

Nettobetrag: 133,00 EUR
zzgl. 19 % USt: 25,27 EUR
Gesamtbetrag: 158,27 EUR

13. Aufgabe

Dieser Abrechnungsmodus ist exakter, da nicht volle Stunden abgerechnet werden, sondern kleinere Zeiteinheiten in Rechnung gestellt werden können.

Für viele Arbeiten, wie Wartungs-, Reparatur- und Karosseriearbeiten, legt der Hersteller eine verbindliche Anzahl von Arbeitswerten fest. Braucht die Fachwerkstatt länger, müssen Kundinnen und Kunden dies nicht bezahlen. Außerdem bietet die Anwendung von Arbeitswerten viele Vorteile bei der Erstellung von Kostenvoranschlägen und bei der Terminplanung. Zusätzlich sind sie die Grundlage für Festpreise und Garantiearbeiten.

$$\textbf{SVS in €} = \frac{\text{produktive Bruttolöhne + Gemeinkosten + Gewinn + Wagniskosten}}{\text{produktive Arbeitsstunden}}$$

$$\textbf{Werkstattindex} = \frac{\text{produktive Bruttolöhne + Gemeinkosten + Gewinn + Wagniskosten}}{\text{produktive Bruttolöhne}}$$

↓

SVS in € = Bruttostundenlohn · Werkstattindex

Grundlagen: Aufgaben zur Wiederholung*

Situation zur 1. und 2. Aufgabe
In den folgenden Wochen sind Sie in der Buchhaltungsabteilung eingesetzt. Sie sollen Ihre Kolleginnen und Kollegen bei der Erfassung und Bearbeitung verschiedenster Geschäftsvorfälle unterstützen. Natürlich müssen Sie dabei die Gesetze ordnungsgemäßer Buchführung (GoB) beachten. Durch den Berufsschulunterricht kennen Sie außerdem den Aufbau und den Inhalt der Bilanz.

1. Aufgabe

Welche Aussagen zum Inhalt der Bilanz sind richtig? ☐ ☐ ☐

1 Auf der Passivseite der Bilanz werden die Vermögenswerte des Unternehmens erfasst.

2 Die Aktivseite der Bilanz umfasst nur Eigenkapital und Fremdkapital.

3 Die Summen der beiden Bilanzseiten sind immer identisch.

4 Abgesehen vom Anlage- und Umlaufvermögen wird auf der Passivseite der Bilanz auch noch der Wert des Eigenkapitals erfasst.

5 Bei der passiven Seite der Bilanz ist auch von Mittelverwendung die Rede.

6 Schulden werden grundsätzlich auf der passiven Seite der Bilanz erfasst.

7 Während auf der Aktivseite der Bilanz das Vermögen erfasst wird, befindet sich auf der Passivseite das Kapital.

8 Eine Erhöhung des Vermögens wirkt sich immer auf das Eigenkapital aus.

9 Da auf der Aktivseite der Bilanz nur Kapitalwerte zu finden sind, wird hier auch von Mittelherkunft gesprochen.

10 Zum Vermögen gehören auch Schulden und daher befindet sich diese Position auf der Aktivseite der Bilanz.

* *Aufgaben, die diese Überschrift haben, dienen der Wiederholung des prüfungsrelevanten Hintergrundwissens. Sie würden in dieser Form nicht in der Prüfung auftauchen. Der 2. Teil der Gestreckten Abschlussprüfung enthält nämlich ausschließlich offene Aufgaben.*

2. Aufgabe

2.1 Ordnen Sie den folgenden Vorgängen in der Buchhaltungsabteilung die entsprechenden Grundsätze ordnungsgemäßer Buchführung zu.

Vorgang		Grundsatz
a) Für die Erfassung der Geschäftsvorfälle wird der Kontenplan der Kfz-Branche verwendet und für die Geschäftsfelder werden verständliche Abkürzungen verwendet.	☐	1 Vollständigkeit
b) Die Aufwendungen und Erträge werden jeweils den Jahren zugerechnet, in denen sie entstanden sind. Dabei ist es unerheblich, wann die Belege datiert sind.	☐	2 Klarheit
c) Es werden grundsätzlich alle Geschäftsvorfälle dokumentiert und lückenlos erfasst.	☐	3 Nachprüfbarkeit
d) Belege müssen nach den gesetzlichen Vorschriften und Fristen aufbewahrt werden und bei einer evtl. Betriebsprüfung vorgelegt werden.	☐	4 Periodengerechte Abgrenzung

2.2 Welcher der folgenden Begriffe gehört nicht zu den Gesetzen ordnungsgemäßer Buchführung? ☐

1 Richtigkeit
2 Übersichtlichkeit
3 Willkürfreiheit
4 Wirtschaftlichkeit

Erläuterungen und Lösungen

1. Aufgabe

Lösung: 3, 6, 7

1. Die Vermögenswerte werden auf der **Aktivseite** der Bilanz erfasst.
2. Die **Passivseite** der Bilanz umfasst Eigenkapital und Fremdkapital.
4. Das Anlage- und Umlaufvermögen steht auf der **Aktivseite** der Bilanz.
5. Bei der Passivseite wird von **Mittelherkunft** gesprochen.
8. Eine Erhöhung des Vermögens kann sowohl durch die Erhöhung von Eigenkapital als auch durch die Erhöhung von **Fremdkapital** erfolgen.
9. Die Kapitalwerte stehen auf der **Passivseite** der Bilanz.
10. Zum Vermögen gehören **keine** Schulden. Schulden stehen auf der **Passivseite** der Bilanz.

2. Aufgabe

2.1 Lösung: 2, 4, 1, 3

Der Grundsatz der **Vollständigkeit** ist in § 246 Abs.1 HGB geregelt:

Die Buchhaltung bzw. der Jahresabschluss hat sämtliche Vermögensgegenstände, Schulden, Rechnungsabgrenzungsposten, Aufwendungen und Erträge zu enthalten, soweit gesetzlich nichts anderes bestimmt ist.

Der Grundsatz der Klarheit und **Übersichtlichkeit** ergibt sich aus § 238 HGB: Sachverständige Dritte müssen sich innerhalb angemessener Zeit einen Überblick über die Lage des Unternehmens verschaffen können. Erreicht wird dies unter anderem mit einer vorgeschriebenen Bilanzgliederung, die ebenfalls im HGB geregelt ist. Bilanzkundige wissen dadurch sofort, wo sie z. B. das Eigenkapital eines Unternehmens finden können (auf der Passivseite der Bilanz oben). Auch der Kontenplan trägt maßgeblich zur Übersichtlichkeit bei.

Zur Klarheit und Übersichtlichkeit gehört auch die **Nachprüfbarkeit**: Gemäß § 238 HGB müssen sich die Geschäftsvorfälle in ihrer Entstehung und Abwicklung nachvollziehen lassen. Daher stammt unter anderem auch der Grundsatz: „keine Buchung ohne Beleg“.

Der Grundsatz der **Periodenabgrenzung** des § 252 HGB besagt, dass Aufwendungen und Erträge des Geschäftsjahrs unabhängig von den Zeitpunkten der entsprechenden Zahlungen im Jahresabschluss zu berücksichtigen sind. Erreicht wird dies durch Rechnungsabgrenzungsposten.

2.2 Lösung: 4

Die drei anderen Grundsätze gehören zu den Rahmengrundsätzen der GoB. Wirtschaftlichkeit ist ein Ziel des Unternehmens, nicht der Vorschriften.

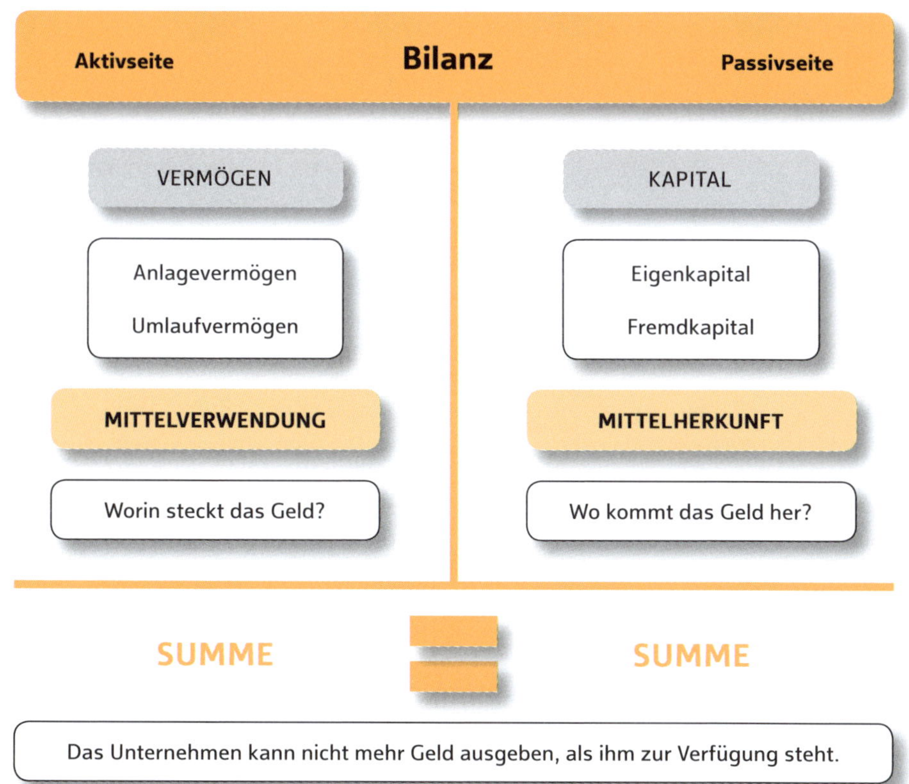

Grundlagen: Aufgaben zur Wiederholung

Situation zur 3. bis 5. Aufgabe
Nachdem Sie sich mit der Struktur der Bilanz auseinandergesetzt haben, sollen Sie jetzt aufzeigen, welche Auswirkungen einzelne Geschäftsvorfälle auf bestimmte Posten der Bilanz bzw. den Wert der Bilanz haben. Bei der Erstellung von Buchungssätzen müssen verschiedene Überlegungen berücksichtigt werden.

3. Aufgabe

Bringen Sie folgende Fragen, die Sie sich bei der Erstellung von Buchungssätzen stellen, in die richtige Reihenfolge, indem Sie die Nummerierung 1 bis 4 in die Kästchen eintragen.

Handelt es sich um aktive oder passive Konten? ☐

Bei welchem Konto wird im Soll und bei welchem im Haben gebucht? ☐

Welche Bestandskonten werden angesprochen? ☐

Liegt eine Minderung oder Mehrung der Konten vor? ☐

4. Aufgabe

Entscheiden Sie, welche Aussagen in Zusammenhang mit dem Buchungssatz richtig sind. ☐ ☐ ☐

1 Jeder Buchungssatz spricht immer mindestens zwei Konten an.
2 Die Konten werden immer auf der gleichen Seite gebucht.
3 Bei einem Buchungssatz wird das Konto, das im Soll gebucht wird, zuerst genannt.
4 Es können in einem Buchungssatz immer nur Konten einer Bilanzseite angesprochen werden.
5 Die angesprochenen Konten werden jeweils auf unterschiedlichen Seiten angesprochen.

5. Aufgabe

Ordnen Sie zu, um welche Art von Konto es sich handelt:

Konto		Art
a) Bank	☐	1 Aktivkonto
b) Forderungen	☐	2 Passivkonto
c) Verbindlichkeiten	☐	
d) Darlehen	☐	
e) Betriebs- und Geschäftsausstattung	☐	
f) Hypotheken	☐	

Fortführung der Situation
Sie sollen bei den folgenden Buchungssätzen entscheiden, um welche Art der Bilanzveränderung es sich jeweils handelt.

6. Aufgabe

Ordnen Sie zu:

Buchungssatz		Wertveränderung
a) Bank an Forderungen	☐	1 Aktivtausch
b) Verbindlichkeiten an Bank	☐	2 Passivtausch
c) Kasse an Fuhrpark	☐	3 Aktiv-Passiv-Minderung
d) BGA an Verbindlichkeiten	☐	4 Aktiv-Passiv-Mehrung
e) Verbindlichkeiten an Darlehen	☐	
f) Bank an Eigenkapital	☐	

Erläuterungen und Lösungen

3. Aufgabe

Lösung: 2, 4, 1, 3

Bei der Bildung des Buchungssatzes muss zunächst festgestellt werden, welche Konten angesprochen werden. Im Folgenden ist zu überlegen, ob es sich um aktive oder passive Konten handelt, um zu wissen, wie sie sich bei Minderungen oder Mehrungen verhalten. Erst danach kann der Buchungssatz gebildet werden.

4. Aufgabe

Lösung: 1, 3, 5

Da der Buchungssatz immer „Soll an Haben" lautet, müssen die Konten auf unterschiedlichen Seiten angesprochen werden. Dabei können zwei Aktivkonten, zwei Passivkonten oder auch jeweils ein aktives und ein passives Konto betroffen sein.

5. Aufgabe

Lösung: 1, 1, 2, 2, 1, 2

Auf der Aktivseite der Bilanz stehen das Anlagevermögen und das Umlaufvermögen, wie Betriebs- und Geschäftsausstattung, Forderungen und Bank. Auf der Passivseite befindet sich das Eigenkapital und das Fremdkapital, wie Darlehen, Hypotheken und Verbindlichkeiten.

6. Aufgabe

Lösung: 1, 3, 1, 4, 2, 4

	SOLL	Kontoart	HABEN	Kontoart	Wertveränderung
a)	Bank	Aktiv +	Forderungen	Aktiv –	Aktivtausch
b)	Verbindlichkeiten	Passiv –	Bank	Aktiv –	A-P-Minderung
c)	Kasse	Aktiv +	Fuhrpark	Aktiv –	Aktivtausch
d)	BGA	Aktiv +	Verbindlichkeiten	Passiv +	A-P-Mehrung
e)	Verbindlichkeiten	Passiv –	Darlehen	Passiv +	Passivtausch
f)	Bank	Aktiv +	Eigenkapital	Passiv +	A-P-Mehrung

Werden zwei Konten der gleichen Bilanzseite angesprochen, handelt es sich um einen Aktiv- oder Passivtausch. Wird jeweils ein Konto jeder Bilanzseite angesprochen, nehmen diese Konten entweder beide zu oder ab. Je nachdem handelt es sich um eine Aktiv-Passiv-Mehrung oder Aktiv-Passiv-Minderung.

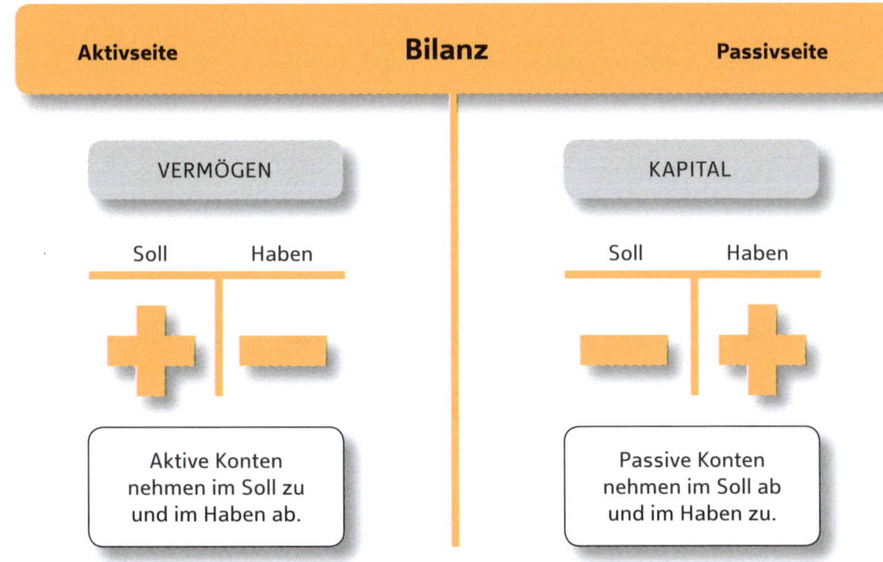

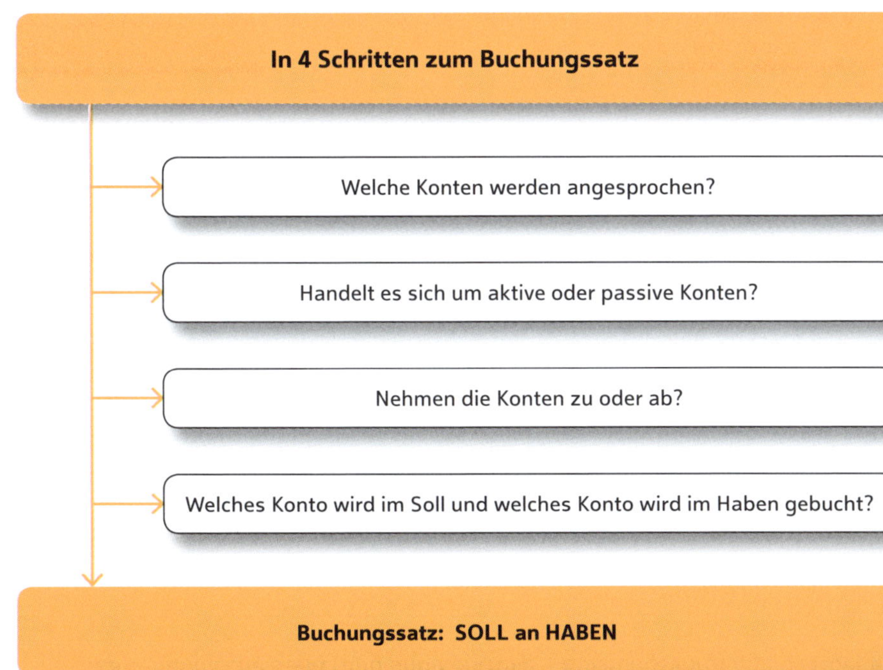

Grundlagen: Aufgaben zur Wiederholung (7. und 8. Aufgabe)

Situation zur 7. und 8. Aufgabe
In der Buchhaltung werden Kreditorenkonten, Debitorenkonten und Sachkonten unterschieden. Die Autohaus Schmidt GmbH hat aus dem Kontenrahmenplan für die Kfz-Branche ihren eigenen Kontenplan entwickelt. Sie sind damit beauftragt, Zahlungseingänge und Zahlungsausgänge den entsprechenden Rechnungen zuzuweisen. Dabei fällt Ihnen auf, dass in einem Buchungssatz auch mehr als zwei Konten angesprochen werden können.

7. Aufgabe

Ordnen Sie den folgenden Konten die entsprechende Kontoart zu.

Konten		Kontenart
a) Kundenkonto	☐	1 Kreditorenkonto
b) Eigenkapital	☐	2 Debitorenkonto
c) Lieferantenkonto	☐	3 Sachkonto
d) Fuhrpark	☐	

8. Aufgabe

Welche der folgenden Grundregeln gehört nicht zur Bildung eines zusammengesetzten Buchungssatzes? ☐

1 Die Summen der gebuchten Beträge auf der Sollseite und auf der Habenseite müssen identisch sein.
2 Die Regeln zur Bildung eines einfachen Buchungssatzes gelten grundsätzlich auch für den zusammengesetzten Buchungssatz.
3 Die Anzahl der angesprochenen Konten muss bei einem zusammengesetzten Buchungssatz im Soll und Haben gleich sein.
4 Bei einem zusammengesetzten Buchungssatz werden mindestens drei Konten angesprochen.
5 Bei einem zusammengesetzten Buchungssatz muss jedem Konto ein eindeutig zu buchender Betrag zugewiesen werden.

Situation
Ihnen liegt eine bereits erfasste Rechnung für Teile und Zubehör an einen Kunden über 980,00 € vor. Der Kunde hat 200,00 € bar bezahlt und den Rest mit seiner Bankkarte. Sie sollen die Zahlung des Kunden erfassen.

9. Aufgabe

Bilden Sie den Buchungssatz für die Zahlung unter Verwendung der folgenden Konten.

Kontonummer Kontobezeichnung	Kontonummer Kontobezeichnung
1000 Kasse	1600 Verbindlichkeiten a. L. L.
1200 Bank	3100 Bestand Gebrauchtwagen
1400 Forderungen a. L. L.	3300 Bestand Teile und Zubehör

SOLL			an	HABEN	
Kontonummer	Kontobezeichnung	Betrag €	Kontonummer	Kontobezeichnung	Betrag €

Situation
Der beabsichtigte Ankauf des Gebrauchtwagens von Herrn Meiner, einem langjährigen Privatkunden, wurde bereits in der Buchhaltung erfasst. Jetzt erfolgt die Buchung der Zahlung: 500,00 € wurden dem Kunden in bar ausgezahlt. Der restliche Betrag in Höhe von 9.500,00 € wurde Herrn Meiner auf sein Konto überwiesen. Der dazugehörige Kontoauszug der Autohaus Schmidt GmbH liegt Ihnen bereits vor.

10. Aufgabe

Bilden Sie den Buchungssatz zum Ausgleich des Kundenkontos unter Verwendung der oben stehenden Konten.

SOLL			an	HABEN	
Kontonummer	Kontobezeichnung	Betrag €	Kontonummer	Kontobezeichnung	Betrag €

Erläuterungen und Lösungen

7. Aufgabe

Lösung: 2, 3, 1, 3

Der Kontenrahmen gibt eine Form vor, die vom einzelnen Betrieb nach den eigenen Anforderungen gestaltet wird. Innerhalb der bestehenden Kontenklassen kann der Betrieb noch weitere Unterteilungen vornehmen oder Konten, die er nicht benötigt, ignorieren. Eine grundsätzliche Erweiterung des Kontenrahmens sind die Kundenkonten (Debitorenkonten) und die Lieferantenkonten (Kreditorenkonten). Da die Konten Forderungen aus L. u. L. und Verbindlichkeiten aus L. u. L. zu unübersichtlich würden, bekommt jeder Kunde und jeder Lieferant seine eigene Kontonummer im Kontenplan.

8. Aufgabe

Lösung: 3

Bei einem zusammengesetzten Buchungssatz kommt es in erster Linie darauf an, dass auf der Sollseite und auf der Habenseite derselbe Betrag gebucht wird. Die Anzahl der Konten auf den einzelnen Seiten spielt dabei keine Rolle.

9. Aufgabe

Es besteht gegenüber dem Kunden eine Forderung aus L. u. L. Da der Kunde zwei verschiedene Zahlungsmittel nutzt, stehen auf der Sollseite zwei Konten. Die gebuchte Summe ist auf beiden Seiten identisch.

SOLL			an HABEN		
Kontonummer	Kontobezeichnung	Betrag €	Kontonummer	Kontobezeichnung	Betrag €
1000	Kasse	200	1400	Forderungen aus L. u. L	980
1200	Bank	780			

10. Aufgabe

Es besteht eine Verbindlichkeit aus L. u. L. gegenüber unserem Kunden. Da der Kunde 500,00 € bar erhält und 9.500,00 € überwiesen bekommt, stehen hier auf der Habenseite zwei Konten.

SOLL			an HABEN		
Kontonummer	Kontobezeichnung	Betrag €	Kontonummer	Kontobezeichnung	Betrag €
1600	Verbindlichkeiten aus L. u. L.	10.000	1000	Kasse	500
			1200	Bank	9.500

Kontenklassen des Kontenrahmens
Branchenpaket für die Kfz-Branche SKR51

Nr.	Bezeichnung	Beispiele
0	Anlage- und Kapitalkonten	Grundstücke, Vorführwagen, Eigenkapital, Fremdkapital
1	Finanz- und Privatkonten	Bank, Forderungen, Verbindlichkeiten, Privatentnahmen
2	Abgrenzungskonten	Betriebsfremde-, periodenfremde Aufwendungen, Zinsaufwand
3	Wareneingangs-/ Bestandskonten	Bestand an Neuwagen, Gebrauchtwagen, Teile
4	Betriebliche Aufwendungen	Löhne, Bürobedarf, Versicherung, Abschreibung, Miete
5/6	Interne Konten	Kalkulatorische Kosten, Erlösschmälerung, interne Kosten
7	Verrechnete Anschaffungskosten	Verrechnete Kosten für Neuwagen, Gebrauchtwagen, Teile
8	Erlöskonten	Erlöse Werkstatt, Provisionen, Erlöse Neuwagen

→ Entwicklung eines individuellen **Kontenplans**

Zusammengesetzter Buchungssatz

Merke

- *Es wird von einem zusammengesetzten Buchungssatz gesprochen, wenn mehr als zwei Konten bei einer Buchung angesprochen werden.*
- *Grundsätzlich gelten die Regeln wie bei einem einfachen Buchungssatz*
- *Die Summe der gebuchten Beträge muss im Soll und Haben gleich sein*

Situation
Zu Ihren Aufgaben in der Buchhaltungsabteilung gehört auch das Führen der Kassenbücher. Bereits im ersten Teil Ihrer Ausbildungszeit haben Sie sich mit den Anforderungen, die an Rechnungen gestellt werden, und mit der inhaltlichen Kontrolle von Belegen vertraut gemacht.
Außerdem wissen Sie, dass es verschiedene Arten von Belegen im Zusammenhang mit der Kassenbuchführung gibt.

1. Aufgabe

Nennen Sie drei Inhalte, die ein Eigenbeleg enthalten muss.

- ______
- ______
- ______

Fortführung der Situation
Die Grundlage für ein ordnungsgemäß geführtes Kassenbuch sind die Kassenberichte. Hierbei müssen strikte Vorschriften beachtet werden, um die Anerkennung des Kassenbuchs durch die Finanzbehörden zu gewährleisten.

2. Aufgabe

Erklären Sie den Zusammenhang zwischen dem Kassenbuch und dem Kassenbericht.

______
______
______
______
______
______
______

Situation
§ 146 Abs.1 Satz 2 AO verpflichtet Unternehmerinnen und Unternehmer, Kasseneinnahmen und Kassenausgaben täglich festzuhalten. Bestandteil dieser Vorschrift ist die Ermittlung der Tageslosung.

3. Aufgabe

3.1 Nennen Sie je drei Geschäftsvorfälle, die bei der Ermittlung der Tageslosung addiert oder subtrahiert werden müssen.

Geschäftsvorfälle, die addiert werden:

- ______
- ______
- ______

Geschäftsvorfälle, die subtrahiert werden:

- ______
- ______
- ______

Fortführung der Situation
Die vorschriftsmäßige Ermittlung der Tageslosung wird „retrograde Vorgehensweise“ genannt.

3.2 Erklären Sie, was darunter zu verstehen ist.

______
______
______
______
______

Erläuterungen und Lösungen

1. Aufgabe

Das Ausstellen von Eigenbelegen erfolgt beispielsweise, wenn es keinen Beleg gibt, wie z. B. bei der Nutzung von Automaten, oder der eigentliche Beleg verloren wurde. Der Eigenbeleg ist an keine bestimmte Form gebunden, muss allerdings mindestens folgende Angaben enthalten:

- Fortlaufende Nummer des Eigenbelegs
- Datum und Zahlbetrag der Aufwendung
- Name und Anschrift der Zahlungsempfängerin/des Zahlungsempfängers
- Art der Aufwendung: Trinkgeld, Parkgebühren, Verlust des Belegs
- Datum und Unterschrift des Ausstellenden

2. Aufgabe

Der Kassenbericht ist ein wesentlicher Bestandteil des Kassenbuchs.
Im Unterschied zum Kassenbuch, in dem in chronologischer Reihenfolge Geschäftsvorfälle erfasst werden, die bar aus- oder eingezahlt wurden, wird bei einem Kassenbericht der gezählte Bestand der Kasse täglich erfasst und dokumentiert.

3. Aufgabe

3.1 Um die Tageslosung einer Bargeldkasse zu ermitteln, muss ein Kassenbericht aufgestellt werden. Zunächst muss dafür der aktuelle Kassenbestand gezählt werden. Häufig wird dafür ein sogenanntes „Zählprotokoll" zur Hilfe genommen, in dem die Stückzahlen der Geldscheine und Münzen in übersichtlicher Form festgehalten werden. Anschließend wird die Tageslosung ausgehend vom Kassenendbestand des Tages ermittelt (siehe nebenstehende Abbildung).

3.2 Ausgehend vom Kassenendbestand bei Geschäftsschluss wird durch Hinzu- und Herausrechnung sozusagen rückwärts (retrograde) die Tageslosung (Bareinnahmen durch Verkäufe) berechnet. Das Ergebnis wird durch Rückrechnung überprüft (siehe nebenstehende Abbildung).

Zur 1. Aufgabe: Beispiel für einen Eigenbeleg

Eigenbeleg	Nr.
Betrag EURO, Cent:	Datum:
Empfänger/-in:	
Verwendungszweck:	
Grund für Eigenbeleg:	
Ort, Datum:	Unterschrift:

Zur 3. Aufgabe: Kassenbericht

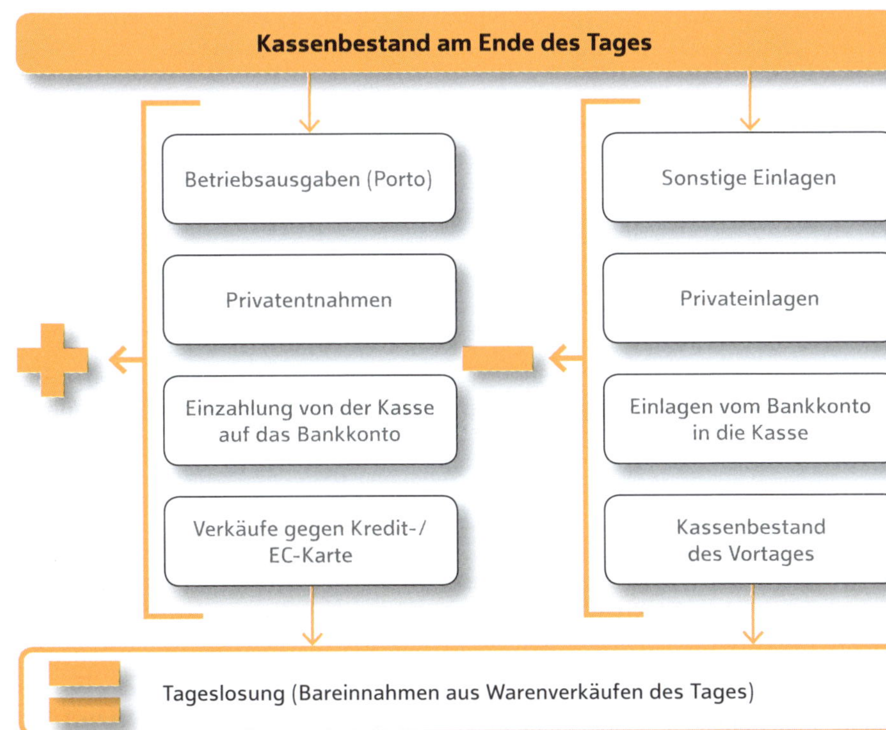

Situation
Sie wurden gebeten, einen Kunden mit einem der Vorführwagen nach Hause zu bringen. Auf dem Rückweg sollen Sie den Wagen wieder volltanken.

1. Aufgabe

Buchen Sie den nachstehenden Beleg, den Sie an der Tankstelle erhalten haben. Nutzen Sie dazu den unten stehenden Auszug aus dem Kontenplan.

1000	Kasse
1400	Forderungen a.L.L.
1576	Vorsteuer 19 %
1600	Verbindlichkeiten a.L.L.
1776	Umsatzsteuer 19 %
3010	Bestand Vorführwagen
3900	Roh-, Hilfs-, Betriebsstoffe
4410	Energiekosten
4500	Kosten Vorführwagen
4503	Kraftstoffe

Freie Tankstelle
Horst Manselmann
Eschweiler Str. 125
50763 Köln
St.-Nr.: 312/5068/0334

Beleg-Nr,:801034/122 02.10..20XX

BARZAHLUNG

0004	Super	47,24 €
A ZP 4	23,74 l	1,99 €/l

GESAMTBETRAG 47,24 €

Typ	Netto	USt
A:19 %	39,70 €	7,54 €

Gute Fahrt!!

SOLL			an	HABEN	
Kontonummer	Kontobezeichnung	Betrag €	Kontonummer	Kontobezeichnung	Betrag €

Fortführung der Situation
Nachdem Sie den Beleg kontiert haben, tragen Sie die Buchung zunächst in das Grundbuch und im Folgenden in das Hauptbuch ein.

2. Aufgabe

Worin besteht der Unterschied zwischen dem Grundbuch und dem Hauptbuch?

Situation
Nach der Bearbeitung des Belegs legen Sie ihn in der Ablage Kasse ab. Neben dem Kassenbuch gibt es noch weitere, nach Inhaltsbereichen unterteilte, Ablagen, in denen Belege abgelegt werden.

3. Aufgabe

3.1 Nennen Sie drei weitere Ablagekriterien, nach denen das Grundbuch aufgeteilt werden kann.

-
-
-

3.2 Nach welchem Ordnungskriterium sind die Belege im Grundbuch zu erfassen?

Erläuterungen und Lösungen

1. Aufgabe

SOLL			HABEN		
Kontonummer	Kontobezeichnung	Betrag €	Kontonummer	Kontobezeichnung	Betrag €
4503	Kraftstoffe	39,70	1000	Kasse	47,24
1576	Vorsteuer 19 %	7,54			

Den Aufwand auf dem Konto 4 500 Vorführwagen zu erfassen, wäre hier nicht korrekt. Auf diesem Konto werden Aufwendungen für Reparaturen und Instandhaltungsmaßnahmen erfasst. Für Kraftstoffe gibt es ein gesondertes Konto.

Da der Betrag an der Tankstelle bar gezahlt wird, entsteht keine Verbindlichkeit.

Die Summe wird direkt aus der Kasse bezahlt.

2. Aufgabe

Im Grundbuch, auch Journal oder Primanota genannt nennt, werden die Geschäftsvorfälle in Form von Buchungssätzen lückenlos erfasst.

Dabei handelt es sich um eine reine Auflistung von Geschäftsvorfällen, die keine Rückschlüsse auf die daraus resultierenden Veränderungen auf die Vermögens- und Finanzierungssituation des Unternehmens zulässt.

Im Hauptbuch werden die Geschäftsvorfälle auf den einzelnen Sachkonten erfasst. So kann die Wertveränderung durch die Buchung sofort ermittelt werden.

3. Aufgabe

3.1
- Rechnungseingangsbuch
- Rechnungsausgangsbuch
- Bankbelege

3.2 Die Eintragungen im Grundbuch sind in zeitlicher (chronologischer) Reihenfolge vorzunehmen.

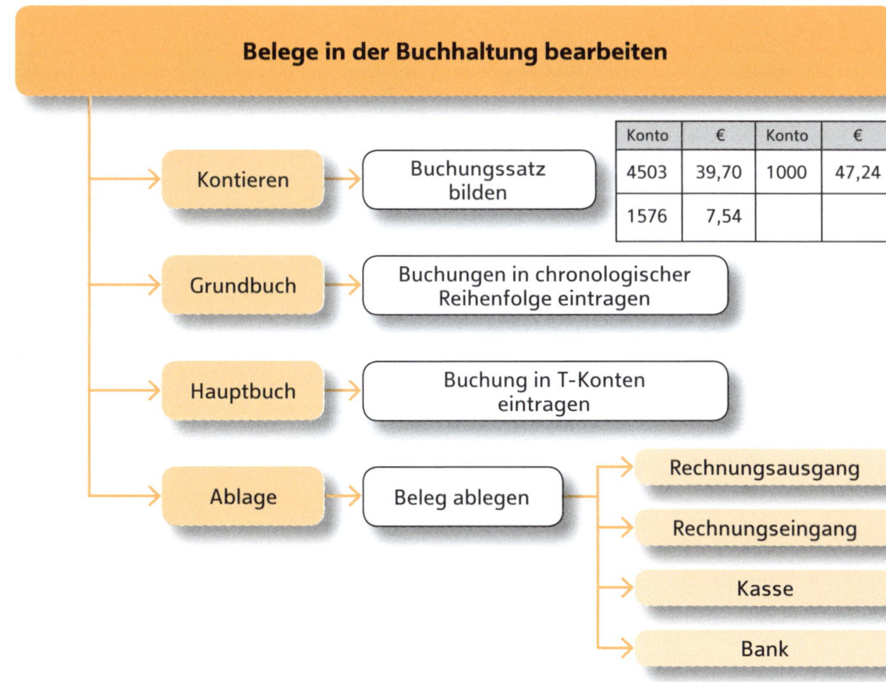

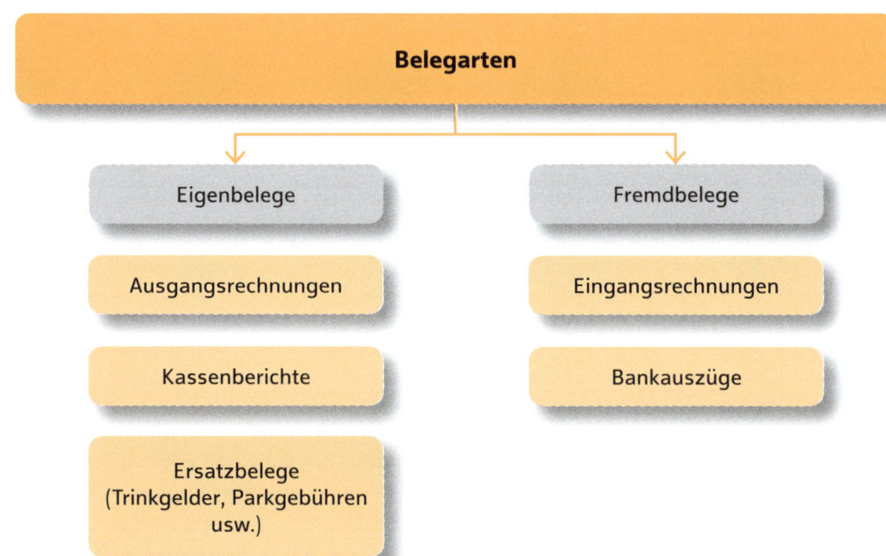

Grundlagen: Aufgaben zur Wiederholung

Situation
Ob die Autohaus Schmidt GmbH erwerbswirtschaftlich erfolgreich ist, kann unter anderem am Gewinn bzw. der Entwicklung des Eigenkapitals (Stammkapitals) festgestellt werden. Nahezu jeder Geschäftsvorfall hat Einfluss auf das Eigenkapital.

4. Aufgabe

Ordnen Sie den Geschäftsvorfällen zu, ob sie zu einer Eigenkapitalmehrung oder Eigenkapitalminderung führen.

Geschäftsvorfall		Auswirkung
a) Anfang Februar werden die Löhne und Gehälter von Januar überwiesen.	☐	1 EK-Mehrung
b) Für ein verpachtetes Geschäftsgrundstück zahlt ein Pächter die vereinbarte Pacht bar.	☐	2 EK-Minderung
c) Für eine im Regionalsender geschaltete Werbung zahlen wir vereinbarungsgemäß.	☐	
d) Das Bankkonto wird mit der Kfz-Steuer für den Abschleppwagen vom Zollamt belastet.	☐	

Fortführung der Situation
Da die Buchung sämtlicher Aufwendungen und Erträge über das Eigenkapitalkonto sehr chaotisch wäre, wird es zur besseren Übersicht in Unterkonten (Erfolgskonten) aufgelöst.

5. Aufgabe

Kennzeichnen Sie folgende Aussagen mit einer 1, wenn sie richtig sind und mit einer 9, wenn sie falsch sind.

a) Die GuV besteht aus Aufwands- und Ertragskonten. ☐

b) Zugänge der Aufwandskonten werden im Soll gebucht. ☐

c) In der GuV wird Aufwand im Soll und Ertrag im Haben gebucht. ☐

d) Buchungen auf der Habenseite von Aufwandskonten korrigieren den Aufwand nach unten und erhöhen den Gewinn. ☐

e) Wird auf der Habenseite eines Ertragskontos gebucht, sinkt der Gewinn entsprechend dem gebuchten Betrag. ☐

Situation
Die Autohaus Schmidt GmbH hat letzte Woche vom Hersteller eine Lieferung nachrüstbarer Navigationsgeräte zu einem Bezugspreis von 76,00 € je Stück erhalten. Heute hat Herr Müller ein Navigationsgerät zum Preis von 95,00 € gekauft und erteilt den Auftrag zum Einbau. In diesem Zusammenhang entstehen verschiedene Aufwendungen und Erträge.

6. Aufgabe

Ordnen Sie den folgenden Angaben zu, worum es sich aus Sicht der Autohaus Schmidt GmbH jeweils handelt.

a) Zahlung der Lohnkosten der Monteurin für den Einbau des Navigationsgeräts	☐	1 Aufwand
b) Barzahlung des Navigationsgeräts durch den Kunden Müller	☐	2 Ertrag
c) Ausgabe, die der Kunde Müller für den Einbau aufwenden muss	☐	
d) Buchung der Entnahme des Navigationsgeräts aus dem Lagerbestand	☐	

Situation
Letztendlich werden die Erfolgskonten wieder über die Gewinn- und Verlustrechnung abgeschlossen. Dabei gelten verschiedene Grundsätze und Regeln.

7. Aufgabe

Welche Aussagen im Zusammenhang mit dem Abschluss der Aufwands- und Ertragskonten sind richtig? ☐ ☐ ☐

1 Die Aufwandskonten stehen auf der Soll-Seite der Gewinn- und Verlustrechnung.

2 Bei den Aufwandskonten steht der Saldo gewöhnlich im Soll und sie erscheinen auf der Soll-Seite der Gewinn- und Verlustrechnung.

3 Die Ertragskonten haben den Saldo im Soll und erscheinen dementsprechend im Haben der Gewinn- und Verlustrechnung.

4 Der Abschlussbuchungssatz für die Ertragskonten lautet: Alle Ertragskonten an GuV.

5 Die Summe der Aufwendungen und Erträge muss immer gleich sein.

Erläuterungen und Lösungen

4. Aufgabe

Lösung: 2, 1, 2, 2

Bei den Geschäftsvorfällen a), c) und d) handelt es sich um Ausgaben, die auch gleichzeitig Aufwand sind. In allen Fällen handelt es sich um den Abgang liquider Mittel, die gleichzeitig das Eigenkapital mindern. Löhne und Gehälter, Werbekosten und Kfz-Steuer sind typische Aufwandskonten.

Im Geschäftsvorfall b) wird eine Einnahme gemacht. Ein Zufluss liquider Mittel, der gleichzeitig Ertrag ist und somit das Eigenkapital vermehrt.

5. Aufgabe

Lösung: 1, 1, 1, 1, 9

e) Wird auf der Habenseite eines Ertragskontos gebucht, steigt der Gewinn entsprechend dem gebuchten Betrag.

6. Aufgabe

Lösung: 1, 2, 2, 1

Bei einem Aufwand handelt es sich grundsätzlich um einen Wertverlust des Vermögens, beispielsweise die Abgabe von Waren oder die Zahlung von Dienstleistungen. Erträge sind hier die Einnahmen, die von Kundinnen und Kunden stammen.

7. Aufgabe

Lösung: 1, 3, 4

2. Bei den Aufwandskonten ergibt sich der Saldo auf der Haben-Seite. Sie stehen dementsprechend auf der Soll-Seite der Gewinn- und Verlustrechnung. Der Buchungssatz hierzu heißt: GuV an alle Aufwandskonten.
5. Wenn die Summe der Aufwendungen und Erträge immer gleich wäre, ergäbe sich weder ein Gewinn noch ein Verlust für das Unternehmen. Die Summen der aktiven und passiven Seiten der Bilanz müssen hingegen identisch sein, da nicht mehr Vermögen vorhanden sein kann, als Kapital zur Verfügung steht.

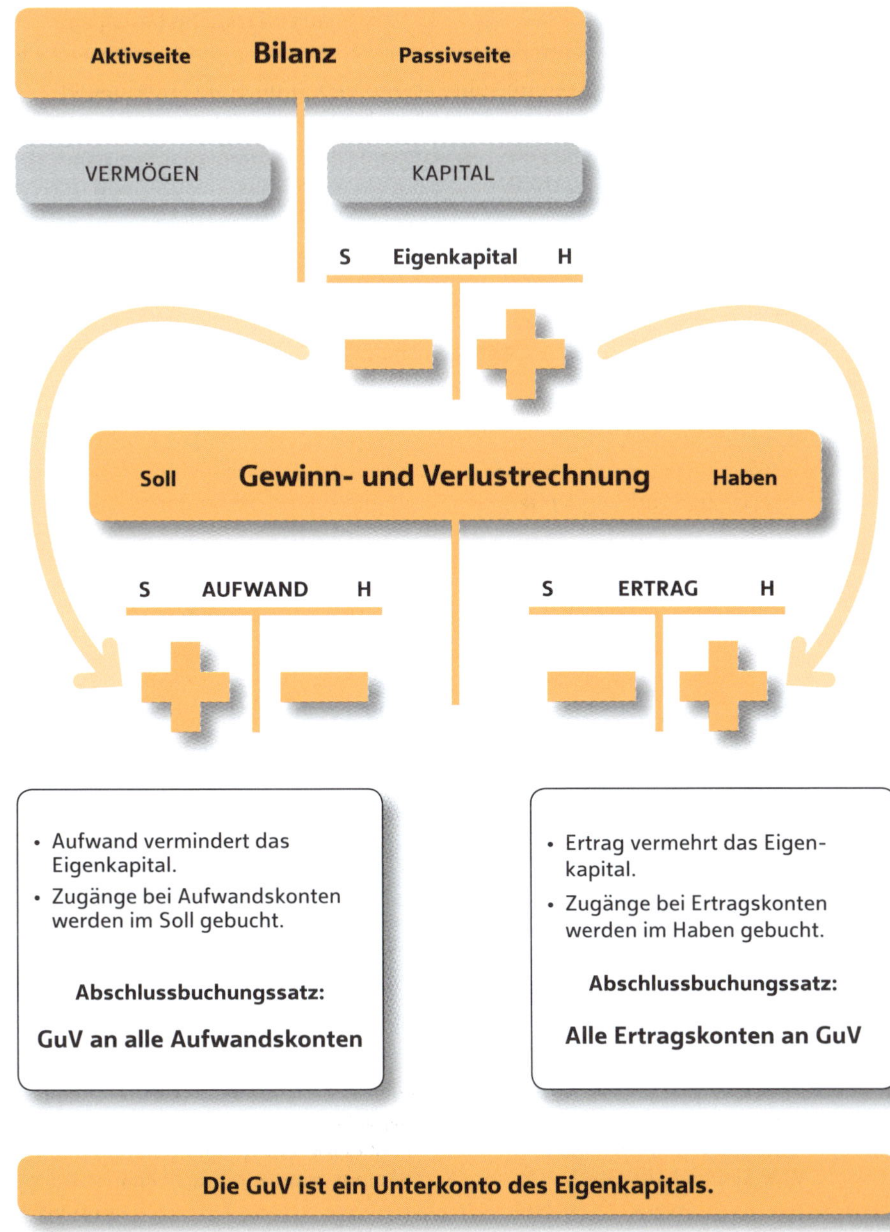

Situation
Die Autohaus Schmidt GmbH hat für den Kunden Herrn Sauer eine spezielle Dachbox zu einem Nettoeinkaufspreis von 300,00 € bestellt. Nachdem der Artikel eingetroffen ist, wird Herr Sauer benachrichtigt: Schon am nächsten Tag holt er die Dachbox ab. Den zugehörigen Bruttorechnungsbetrag in Höhe von 476,00 € will Herr Sauer in den nächsten Tagen überweisen. Sowohl beim Rechnungseingang als auch beim Rechnungsausgang ist der zurzeit gültige Steuersatz von 19 % zu berücksichtigen.

8. Aufgabe

Berechnen Sie folgende Werte und tragen Sie diese ein.

8.1 Die Vorsteuer, die beim Kauf der Dachbox angefallen ist

8.2 Den Bruttoeinkaufspreis für die Dachbox

8.3 Den Umsatzsteuerbetrag, den die Rechnung an Herrn Sauer enthält

8.4 Den Nettoverkaufspreis der Dachbox

Fortführung der Situation
Sie sind nun verantwortlich dafür, die Vorgänge im Zusammenhang mit dem Ein- und Verkauf der Dachbox buchhalterisch zu erfassen. Dafür steht Ihnen folgender Auszug aus dem Kontenplan der Autohaus Schmidt GmbH zur Verfügung.

1000 Kasse	3300 Bestand Teile
1200 Bank	3309 Bestand Teile intern
1400 Forderungen a. L. L.	7300 VAK Teile
1576 Abziehbare Vorsteuer 19 %	7309 VAK Teile intern
1600 Verbindlichkeiten a. L. L.	8300 Erlöse Teile
1776 Umsatzsteuer 19 %	8309 Erlöse Teile intern

9. Aufgabe

9.1 Buchen Sie die Erfassung der Eingangsrechnung:

SOLL			an	HABEN	
Kontonummer	Kontobezeichnung	Betrag €	Kontonummer	Kontobezeichnung	Betrag €

9.2 Buchen Sie die Erfassung der Ausgangsrechnung an Herrn Sauer:

SOLL			an	HABEN	
Kontonummer	Kontobezeichnung	Betrag €	Kontonummer	Kontobezeichnung	Betrag €

9.3 Buchen Sie die Zahlung der Rechnung des Kunden durch Banküberweisung:

SOLL			an	HABEN	
Kontonummer	Kontobezeichnung	Betrag €	Kontonummer	Kontobezeichnung	Betrag €

9.4 Wie hoch ist der Mehrwert, den die Autohaus Schmidt GmbH durch diesen Verkauf geschaffen hat?

9.5 Wie hoch ist die Umsatzsteuer, die auf den Mehrwert anfällt?

Erläuterungen und Lösungen

8. Aufgabe

8.1 Lösung: 57,00 €

Nettobetrag in €	Vorsteuer 19 % in €	Bruttobetrag in €
300,00	57,00	357,00

Rechnung: 100 % → 300,00 €
19 % → X €

$\frac{19 \cdot 300}{100} = \mathbf{57\ €}$

8.2 Lösung: 357,00 €

Rechnung: 100 % → 300,00 €
119 % → X €

$\frac{119 \cdot 300}{100} = \mathbf{357\ €}$

8.3 Lösung: 76,00 €

Nettobetrag in €	Umsatzsteuer 19 % in €	Bruttobetrag in €
400,00	76,00	476,00

Rechnung: 119 % → 476,00 €
19 % → X €

$\frac{19 \cdot 476}{119} = \mathbf{76\ €}$

8.4 Lösung: 400,00 €

Rechnung: 119 % → 476,00 €
100 % → X €

$\frac{100 \cdot 476}{119} = \mathbf{400\ €}$

9. Aufgabe

9.1

SOLL			an	HABEN	
Kontonummer	Kontobezeichnung	Betrag €	Kontonummer	Kontobezeichnung	Betrag €
3300	Bestand Teile	300,00	1600	Verbindl. a. L. L.	357,00
1576	Vorsteuer 19 %	57,00			

9.2

SOLL			an	HABEN	
Kontonummer	Kontobezeichnung	Betrag €	Kontonummer	Kontobezeichnung	Betrag €
1400	Forderungen a. L. L.	476,00	8300	Erlöse Teile	400,00
			1776	Umsatzsteuer 19 %	76,00

9.3

SOLL			an	HABEN	
Kontonummer	Kontobezeichnung	Betrag €	Kontonummer	Kontobezeichnung	Betrag €
1200	Bank	476,00	1400	Forderungen a. L. L.	476,00

9.4 Lösung: 100,00 €

Aufwand (netto)	Mehrwert	Ertrag (netto)
300,00	100,00	400,00

9.5 Lösung: 19,00 €

Mehrwert (netto)	19 % Mehrwertsteuer	Mehrwert (brutto)
100,00	19,00	119,00

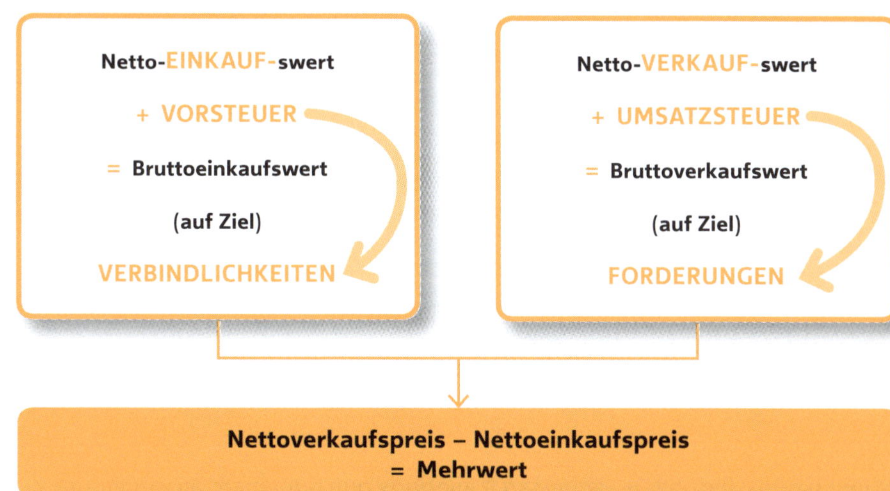

Situation
Mittlerweile sind Sie seit über einem Monat in der Buchhaltungsabteilung eingesetzt und waren hauptsächlich mit der Erfassung von Eingangs- und Ausgangsrechnungen beschäftigt. Bei fast allen Rechnungen wurde Vorsteuer oder Umsatzsteuer erfasst. Sie werden nun mit der weiteren Bearbeitung dieser Steuerkonten beauftragt.

10. Aufgabe

10.1 Wie können Sie die Umsatzsteuerzahllast, die sich aus den Geschäftsvorfällen des abgelaufenen Monats ergibt, errechnen?

10.2 Bis zu welchem Datum ist die Umsatzsteuerzahllast, unter normalen Bedingungen, an das Finanzamt abzuführen?

Fortführung der Situation
Bisher wurden in diesem Jahr bis zum Monatsende des Vormonats folgende Beträge auf dem Vorsteuer- und Umsatzsteuerkonto erfasst:

S	Vorsteuer 1576		H
Verb.(1600)	18.800	USt (1776)	12.600

S	Umsatzsteuer 1776		H
VSt (1576)	12.600	Ford.(1400)	39.900
Bank (1200)	15.300		

1200 Bank	1600 Verbindlichkeiten a. L. L.
1400 Forderungen a. L. L.	1776 Umsatzsteuer 19 %
1576 abziehbare Vorsteuer 19 %	9400 Schlussbilanzkonto
	9300 Gewinn- und Verlustrechnung

11. Aufgabe

11.1 Buchen Sie den Abschluss des Vorsteuerkontos.

SOLL			an	HABEN	
Kontonummer	Kontobezeichnung	Betrag €	Kontonummer	Kontobezeichnung	Betrag €

11.2 Ermitteln Sie die Höhe der Umsatzsteuerzahllast für den abgelaufenen Monat.

Fortführung der Situation
Es ist Ihnen aufgefallen, dass in manchen Monaten die gezahlten Vorsteuerbeträge an die Lieferanten höher sind als die erhaltenen Umsatzsteuern von den Kundinnen und Kunden.

11.3. Erläutern Sie zwei Voraussetzungen, unter denen die gezahlte monatliche Vorsteuer höher sein kann als die erhaltene Umsatzsteuer.

-
-

Erläuterungen und Lösungen

10. Aufgabe

10.1 Umsatzsteuer (eines Monats) minus Vorsteuer (eines Monats)

Die Umsatzsteuerzahllast errechnet sich, indem von der vereinnahmten Umsatzsteuer, die von den Kundinnen und Kunden im Laufe eines Kalendermonats bezahlt wurde, die Vorsteuer, die im selben Zeitraum an die Lieferanten gezahlt hat, abgezogen wird.

10.2 Die Zahllast ist bis zum 10. des Folgemonats an das Finanzamt abzuführen.

Unter bestimmten Voraussetzungen, wie z. B. einem sehr geringen Aufkommen an abzuführender Umsatzsteuer oder einer zinslosen Vorauszahlung an das Finanzamt, kann von dieser Regel abgewichen werden.

11. Aufgabe

11.1

SOLL			an HABEN		
Kontonummer	Kontobezeichnung	Betrag €	Kontonummer	Kontobezeichnung	Betrag €
1776	Umsatzsteuer 19 %	6.200	1576	Vorsteuer 19%	6.200

Grundsätzlich wird das Konto mit dem höheren Saldo über das Konto mit dem geringeren Saldo abgeschlossen. Der Buchungssatz lautet dabei immer:

Umsatzsteuer/1776 an Vorsteuer/1576

Der Unterschied liegt lediglich darin, dass entweder eine Zahllast gegenüber dem Finanzamt entsteht oder ein Vorsteuerüberhang, der vom Finanzamt erstattet wird.

Hinweis

*Die **Zahllast** ist der Saldo auf dem Konto **Umsatzsteuer**.*
*Der **Vorsteuerüberhang** ist der Saldo auf dem Konto **Vorsteuer**.*

11.2 Lösung: 5.800,00 €

S	Vorsteuer 1576		H
Verb.(1600)	18.800	USt (1776)	12.600
		USt (1776)	6.200

S	Umsatzsteuer 1776		H
VSt (1576)	12.600	Ford.(1400)	39.900
Bank (1200)	15.300		
VSt (1576)	6.200		
Zahllast	5.800		

11.3
- In Monaten, in denen größere Investitionen getätigt werden, wie z. B. die Anschaffung von Anlagevermögen, kann die gezahlte Vorsteuer in einem Monat höher sein als die erhaltene Umsatzsteuer.
- Ebenso kann dies passieren, wenn viel Ware eingekauft wurde und noch nicht in Rechnung gestellt bzw. verkauft wurde.

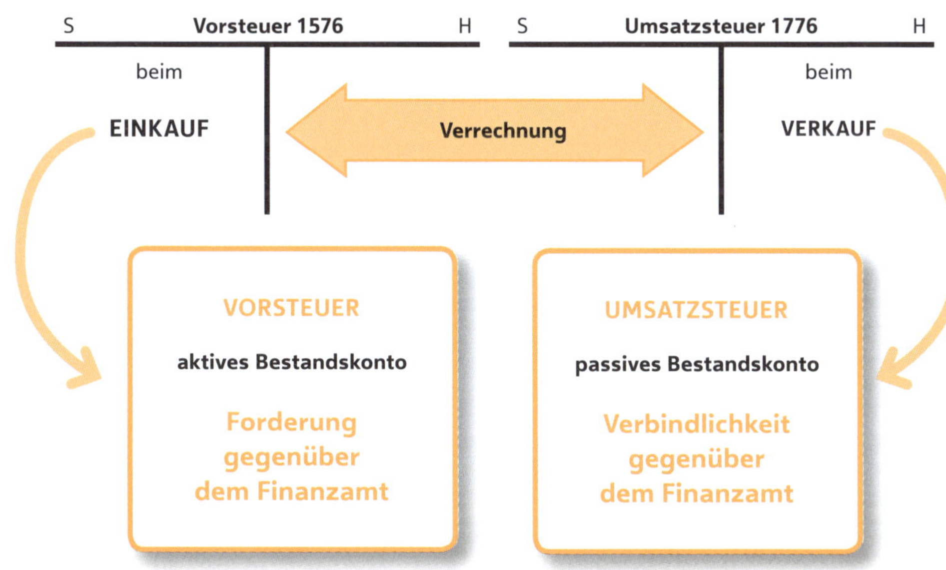

Hinweis

*Eine **Zahllast** ist am Ende des Jahres zu **passivieren**.*
*Ein **Vorsteuerüberhang** ist am Ende des Jahres zu **aktivieren**.*

Situation

Die Autohaus Schmidt GmbH hat in der letzten Woche eine Lieferung Endrohre laut der unten stehenden Rechnung erhalten. Heute sind vier dieser Endrohre gegen Barzahlung von 150,00 € netto verkauft worden.

Autoteile Anders GmbH

Autoteile Anders GmbH
Ringstraße 51
51149 Köln

Alles für das Auto

Tel.: 0211 12345-00
E-Mail: info@autoteile.anders.de
Internet: www.autoteile.anders.de

Anders GmbH – Ringstraße 51 – 51149 Köln

Autohaus Schmidt GmbH
Ettore Bugatti-Straße 6-14
50737 Köln

Rechnung

Liefer-Nr.: 727 Bestell-Nr.: 3613 Kunden-Nr.: 1003 Datum: 08.02.20XX

Vielen Dank für Ihre Bestellung. Wir lieferten Ihnen wie vereinbart folgende Waren:

Art.-Nr.	Bezeichnung	Anzahl	Einzelpreis	Gesamtpreis
8512	Romulus Endrohr – anschraubbar 2x 90 x 80 mm	50 Stück	108,00 €	5.400,00 €
	Zwischensumme 19 % MwSt.			5.400,00 € 1.026,00 €
	Gesamtbetrag			6.426,00 €

Autoteile Anders GmbH, Ringstraße 51, 51149 Köln
Volksbank Köln, BLZ: 123 4948 29, KTO: 12345672
IBAN: DE37 1234 5678 9999 9999 99, BIC: ABCDEF
Steuer-Nr.: 215/1289/0995, Finanzamt Köln

Auszug aus dem Kontenplan:

1576 Vorsteuer 19 %	3300 Bestand Teile über Theke
1700 Verbindlichkeiten a.L.L.	7300 VAK* Teile über Theke
1776 Umsatzsteuer 19 %	8300 Erlöse Teile über Theke

* *VAK = verrechnete Anschaffungskosten*

12. Aufgabe

12.1 Bilden Sie den Buchungssatz zur Erfassung der Eingangsrechnung.

SOLL			an	HABEN	
Kontonummer	Kontobezeichnung	Betrag €	Kontonummer	Kontobezeichnung	Betrag €

12.2 Wie lautet der Buchungssatz zur Erfassung der Lagerentnahme der vier Endrohre?

SOLL			an	HABEN	
Kontonummer	Kontobezeichnung	Betrag €	Kontonummer	Kontobezeichnung	Betrag €

Erläuterungen und Lösungen

12. Aufgabe

12.1

SOLL			an HABEN		
Kontonummer	Kontobezeichnung	Betrag €	Kontonummer	Kontobezeichnung	Betrag €
3300	Bestand TüT*	5.400,00	1700	Verbindl. a.L.L.	6.426,00
1575	Vorsteuer 19 %	1.026,00			

** TüT = Teile über Theke*

Grundsätzlich werden drei Arten von Warenkonten unterschieden. Zunächst wird eingekaufte Ware auf einem der Warenbestandskonten (Kontenklasse 3) erfasst, die das Lager darstellen, also die momentan verfügbare Menge. Sie gehören zu den aktiven Bestandskonten.

Nach dem Verkauf wird die Entnahme aus dem Lager buchhalterisch auf einem Aufwandskonto, den verrechneten Anschaffungskosten (VAK), erfasst (Kontenklasse 7). Damit wird dokumentiert, welcher Warenwert zur Erzielung des Umsatzes eingesetzt wurde.

Letztendlich wird der Umsatzerlös der Ware noch auf einem Erlöskonto erfasst (Kontenklasse 8). Durch die direkte Gegenüberstellung von Aufwand (VAK) und Ertrag (Erlös) kann sofort der Rohgewinn ermittelt werden, der mit dem Verkauf erzielt wurde.

12.2

SOLL			an HABEN		
Kontonummer	Kontobezeichnung	Betrag €	Kontonummer	Kontobezeichnung	Betrag €
7300	VAK* TüT	432,00	3300	Bestand TüT	432,00

** VAK = verrechnete Anschaffungskosten*

Die buchhalterische Erfassung der Lagerentnahme muss den Umstand berücksichtigen, dass der Bestand an Waren reduziert wurde und der Aufwand dementsprechend zugenommen hat. Daher muss das entsprechende Bestandskonto an Wert abnehmen und das zugehörige Aufwandskonto (VAK) um denselben Wert zunehmen.

Aufwandskonten nehmen im Soll zu und Warenbestandskonten im Haben ab.

Da im Warenbestand ein Endrohr 108,00 € Wert ist, muss der Bestand um 4 · 108,00 € = 432,00 € verringert werden. Der Aufwand steigt entsprechend.

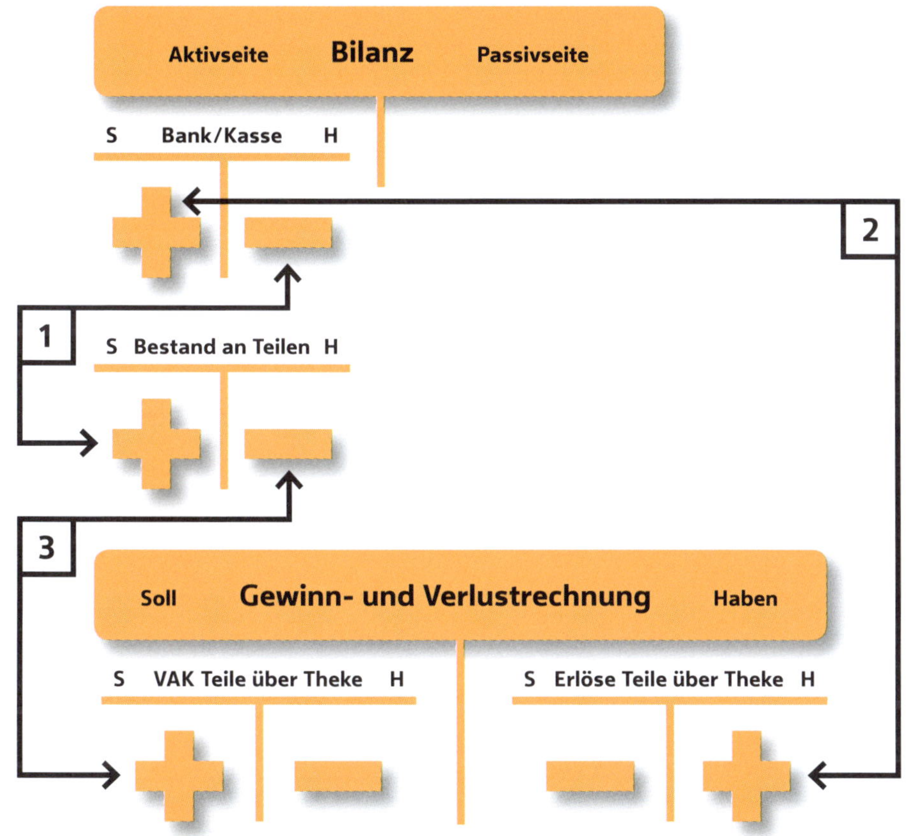

1 Werden Teile und Zubehör eingekauft, wird dieser Zugang zunächst auf der Sollseite des Bestandskontos erfasst. Gegenkonto für diese Buchung sind bei Sofortzahlung die Konten Bank oder Kasse.
(Beachte: Bei Zahlung auf Rechnung das Konto Verbindlichkeiten)
Die Bestandskonten stehen für den aktuellen Lagerbestand.

2 Werden Teile und Zubehör verkauft, erfolgt eine Zunahme der Erlöse und bei Sofortzahlung ein Zugang auf den Konten Bank oder Kasse.
(Beachte: Bei Zahlung auf Rechnung das Konto Forderungen)

3 Nach dem Verkauf wird die Lagerentnahme gebucht, indem der Einstandspreis als Aufwand bei der VAK berücksichtigt wird und der Wert des Bestandskontos in gleicher Höhe reduziert wird.
Erst durch die Buchung der VAK wird die Ausgabe zu Aufwand.

Situation
In das sechs Jahre alte Auto unseres Stammkunden Herrn Kunze wurde eine fachgerecht aufbereitete Lichtmaschine eingebaut. Für die Aus- und Einbaukosten wurde ein Festpreis von 300,00 € (netto) vereinbart. Die Lichtmaschine kostet im Austausch 900,00 € (netto). Der Mehrwertsteueranteil wird dabei in Höhe von 10 % des Werts des Austauschteils erhoben.

13. Aufgabe

13.1 Berechnen Sie die Umsatzsteuer, die dem Kunden für den Altteilewert (das Austauschteil) in Rechnung zu stellen ist (allgemeiner Steuersatz 19 %).

13.2 Erläutern Sie den Grund, warum der Kunde Umsatzsteuern für das Altteil (Austauschteil) bezahlen muss.

13.3 Tragen Sie in der Rechnung die fehlenden Beträge in den grau hinterlegten Feldern ein. Berücksichtigen Sie den zurzeit gültigen Steuersatz von 19 %.

Autohaus Schmidt

Ihr Partner in Sachen Auto!

Schmidt GmbH
Ettore-Bugatti-Straße 6–14
50737 Köln

Tel.: 0211 12345 67
E-Mail: info@autohausschmidt.de
Internet: www.autoschmidt.de

Schmidt GmbH – Ettore-Bugatti-Str. 6-14 – 50737 Köln

Rainer Kunze
Rudolph Straße 45a
52374 Halden

Rechnung

Rechnung-Nr. 20XX-10-0025 Kunden-Nr.: 1637 Datum: 07.10.20XY

Pos.	Leistung	MwSt.	Einzel-preis €	Anz.	Gesamt-preis €
1					
2					
			Zwischensumme		
			+19 % MwSt.		
			+19 % MwSt. auf Altteil		
			= Gesamtbetrag		

Autohaus Schmidt GmbH
Ettore-Bugatti-Straße 6–14
50737 Köln

Tel.: 0211 12345 67
E-Mail: info@autohausschmift.de
Internet: www.autoschmidt.de

Commerzbank Köln
IBAN DE21 1111 2004 1234 0542
BIC COBADEFFXXX

Erläuterungen und Lösungen

13. Aufgabe

13.1 Die Lichtmaschine wird dem Kunden zu einem Preis von 900,00 € verkauft. Von 10 % des Verkaufspreises wird die Umsatzsteuer für das Altteil berechnet.

Rechnung: 10 % von 900,00 € = 90,00 €

100 % → 90,00 €
19 % → X €

$$\frac{19\,\% \cdot 90{,}00\,€}{100\,\%} = \mathbf{17{,}10\,€}$$

13.2 Austauschteile von Kfz-Teilen sind nach einem bestimmten Verfahren generalüberholte, instandgesetzte Altteile. Austauschteile sind demnach ehemals defekte Teile wie Lichtmaschine, Motor, Getriebe oder Kupplung, die wieder aufbereitet und wieder eingebaut werden. Der Kostenvorteil des Kunden liegt bei ca. 40 % gegenüber dem Kauf eines Neuteils.

In unserem Fall überlässt der Kunde sein Altteil dem Reparaturbetrieb, der das Teil an einen Wiederaufbereitungsbetrieb weiterleitet. Der Kunde „verkauft" also gewissermaßen sein Altteil und spart dadurch Reparaturkosten, die eigentlich umsatzsteuerpflichtig wären. Laut Umsatzsteuergesetz handelt es sich hier um eine Tauschlieferung. Da Privatkundinnen und -kunden keine Umsatzsteuer an das Finanzamt abführen, wird der Reparaturbetrieb dazu verpflichtet.
Aus Vereinfachungs-gründen wird ein Wert von 10 % des in Rechnung gestellten Austauschteils als Grundlage für die Berechnung der Umsatzsteuer angesetzt.

Das heißt, dass der Kunde für das Austauschteil nicht nur 19 % Umsatzsteuer, sondern zusätzlich noch 19 % von 10 % des Werts, also 1,9 % Umsatzsteuer, zahlen muss. Das sind insgesamt 20,9 % Umsatzsteuer.

13.3 siehe nebenstehende Rechnung

Autohaus Schmidt

Ihr Partner in Sachen Auto!

Schmidt GmbH
Ettore-Bugatti-Straße 6–14
50737 Köln

Schmidt GmbH – Ettore-Bugatti-Str. 6-14 – 50737 Köln

Tel.: 0211 12345 67
E-Mail: info@autohausschmidt.de
Internet: www.autoschmidt.de

Rainer Kunze
Rudolph Straße 45a
52374 Halden

Rechnung

Rechnung-Nr. 20XX-10-0025 Kunden-Nr.: 1637 Datum: 07.10.20XY

Pos.	Leistung	MwSt.	Einzelpreis €	Anz.	Gesamtpreis €
1	Aus- und Einbau Lichtmaschine (Festpreis)	19	300,00	1	300,00
2	Lichtmaschine im Austausch	19	900,00	1	900,00
			Zwischensumme		1.200,00
			+19 % MwSt.		228,00
			+19 % MwSt. auf Altteil		17,10
			= Gesamtbetrag		1.445,10

Autohaus Schmidt GmbH
Ettore-Bugatti-Straße 6–14
50737 Köln

Tel.: 0211 12345 67
E-Mail: info@autohausschmift.de
Internet: www.autoschmidt.de

Commerzbank Köln
IBAN DE21 1111 2004 1234 0542
BIC COBADEFFXXX

Situation
In der Buchhaltungsabteilung werden Sie beauftragt, die Buchungen im Zusammenhang mit dem Neuwagenverkauf an Frau Strauch zu erfassen. Der Listenpreis des Fahrzeugs beträgt 40.000,00 € (brutto). Frau Strauch konnte einen Rabatt von 10 % aushandeln. Der Bezugspreis der Autohaus Schmidt GmbH beträgt 26.000 €. Überführungs- und Zulassungskosten werden gesondert in Rechnung gestellt.

Für die Aufgaben 14 bis 18 steht Ihnen nachstehender Auszug aus dem Kontenplan zur Verfügung:

1200 Bank	7000 VAK Verkauf Neuwagen
1400 Forderungen a.L.L.	7030 VAK Überführung
1600 Verbindlichkeiten a.L.L.	7200 VAK Zulassungspauschale
1576 Vorsteuer 19 %	7300 VAK Teile über Theke
1776 Umsatzsteuer 19 %	7309 VAK Teile und Zubehör intern
3000 Bestand Neuwagen	8000 Erlöse Verkauf Neuwagen
3030 Bestand Überführung	8030 Erlöse Überführung
3100 Bestand Gebrauchtwagen	8200 Erlöse Zulassungspauschale
3110 Bestand GW differenzbesteuert	8300 Erlöse Verkauf Teile über Theke
3200 Bestand Zulassungspauschale	8309 Erlöse Teile und Zubehör intern
3300 Bestand Teile	8409 Erlöse Lohn intern

14. Aufgabe

14.1 Berechnen Sie den Nettoumsatz aus dem Verkauf des Fahrzeugs.

14.2 Buchen Sie die Erfassung der Ausgangsrechnung an Frau Strauch.

SOLL			an HABEN		
Kontonummer	Kontobezeichnung	Betrag €	Kontonummer	Kontobezeichnung	Betrag €

14.3 Buchen Sie die Lagerentnahme dieses Neuwagenverkaufs.

SOLL			an HABEN		
Kontonummer	Kontobezeichnung	Betrag €	Kontonummer	Kontobezeichnung	Betrag €

Fortführung der Situation
Für die Überführung werden der Autohaus Schmidt GmbH vom Hersteller 320,00 € (netto) in Rechnung gestellt. Die Überführung ist eine Dienstleistung, die die Autohaus Schmidt GmbH einkauft und an die Kundinnen und Kunden weiterverkauft. Frau Strauch werden für die Überführung 476,00 € (brutto) in Rechnung gestellt.

15. Aufgabe

15.1 Buchen Sie die Eingangsrechnung für die Überführungskosten.

SOLL			an HABEN		
Kontonummer	Kontobezeichnung	Betrag €	Kontonummer	Kontobezeichnung	Betrag €

15.2 Buchen Sie die Weiterbelastung der Überführungskosten an Frau Strauch.

SOLL			an HABEN		
Kontonummer	Kontobezeichnung	Betrag €	Kontonummer	Kontobezeichnung	Betrag €

15.3 Buchen Sie die Lagerentnahme der Überführungskosten.

SOLL			an HABEN		
Kontonummer	Kontobezeichnung	Betrag €	Kontonummer	Kontobezeichnung	Betrag €

Erläuterungen und Lösungen

14. Aufgabe

14.1

Listenpreis (brutto)		40.000,00 €
– 10 % Rabatt		4.000,00 €
= Brutto-Fahrzeugpreis	119 %	36.000,00 €
– Umsatzsteuer	19 %	5.747,90 €
= Netto-Verkaufspreis	100 %	30.252,10 €

Der Nettoumsatz aus dem Fahrzeuggeschäft beträgt 30.252,10 €

Merke

Bruttowert : 1,19 = Nettowert*
Nettowert · 1,19 = Bruttowert*

** bei einem Steuersatz von 19 %*

14.2

SOLL			an HABEN		
Kontonummer	Kontobezeichnung	Betrag €	Kontonummer	Kontobezeichnung	Betrag €
1400	Ford.a.L.L.	36.000,00	8000	Erlöse VK-NW	30.252,10
			1776	UmsatzSt 19 %	5.747,90

Bis zur Bezahlung der Ausgangsrechnung wird der ausstehende Betrag auf dem Konto Forderungen erfasst. Die zu buchenden Beträge ergeben sich aus Aufgabe 14.1.

14.3

SOLL			an HABEN		
Kontonummer	Kontobezeichnung	Betrag €	Kontonummer	Kontobezeichnung	Betrag €
7000	VAK VK-NW	26.000,00	3000	Bestand NW	26.000,00

Der Wert des Fahrzeugs wird hiermit buchhalterisch aus dem Lager genommen und als Aufwand erfasst.

15. Aufgabe

15.1

SOLL			an HABEN		
Kontonummer	Kontobezeichnung	Betrag €	Kontonummer	Kontobezeichnung	Betrag €
3030	Bestand Überführung	320,00	1600	Verbindlichkeiten a. L. L.	380,80
1576	Vorsteuer 19 %	60,80			

Die Überführungskosten sind Nebenkosten, die anfallen, um das Fahrzeug am Bestimmungsort übergeben zu können. Sie werden daher, wie das Fahrzeug, im Bestand erfasst.

15.2

SOLL			an HABEN		
Kontonummer	Kontobezeichnung	Betrag €	Kontonummer	Kontobezeichnung	Betrag €
1400	Ford.a.L.L.	476,00	8030	Erlöse Überführung	400,00
			1776	Umsatzsteuer 19%	76,00

Die Überführungskosten und die damit verbundenen Aufwendungen stellen für die Autohaus Schmidt GmbH eine Dienstleitung dar, die sie mit dem Fahrzeug verkaufen.

15.3

SOLL			an HABEN		
Kontonummer	Kontobezeichnung	Betrag €	Kontonummer	Kontobezeichnung	Betrag €
7030	VAK Überführung	320,00	3030	Bestand Überführung	320,00

Genauso wie das Fahrzeug müssen auch die Überführungskosten beim Weiterverkauf aus dem Lager genommen werden und als Aufwand erscheinen.

Fortführung der Situation
Das Fahrzeug für Frau Strauch wird von einem Zulassungsdienst, den die Autohaus Schmidt GmbH beauftragt hat, beim zuständigen Straßenverkehrsamt zugelassen. Die Kosten für die Erstzulassung des Fahrzeugs betragen 43,00 € und sind nicht umsatzsteuerpflichtig, da es sich um Gebühren einer öffentlich-rechtlichen Behörde handelt. Die notwendigen Kennzeichen werden auch vom Zulassungsdienst beschafft. Insgesamt wird der Autohaus Schmidt GmbH eine Zulassungspauschale von 100,00 € netto in Rechnung gestellt.

16. Aufgabe

16.1 Berechnen Sie die Umsatzsteuer, die der Autohaus Schmidt GmbH für die Zulassungspauschale in Rechnung gestellt werden.

16.2 Buchen Sie die Erfassung der Eingangsrechnung des Zulassungsdienstes unter Berücksichtigung Ihrer in Aufgabe 16.1 ermittelten Werte.

SOLL			an	HABEN	
Kontonummer	Kontobezeichnung	Betrag €	Kontonummer	Kontobezeichnung	Betrag €

Fortführung der Situation
Frau Strauch erhält für die Zulassungskosten eine separate Rechnung.
Die Autohaus Schmidt GmbH berechnet 143,00 € (brutto) als Zulassungspauschale.

17. Aufgabe

17.1 Buchen Sie die Ausgangsrechnung für die Zulassungspauschale.

SOLL			an	HABEN	
Kontonummer	Kontobezeichnung	Betrag €	Kontonummer	Kontobezeichnung	Betrag €

17.2 Buchen Sie die Bestandsentnahme der Zulassungspauschale.

SOLL			an	HABEN	
Kontonummer	Kontobezeichnung	Betrag €	Kontonummer	Kontobezeichnung	Betrag €

Fortführung der Situation
Frau Strauch gibt zur Begleichung ihrer Rechnungen ihren Gebrauchtwagen für 7.000,00 € in Zahlung.

18. Aufgabe

18.1 Buchen Sie die Inzahlungnahme des Gebrauchtwagens von Frau Strauch.

SOLL			an	HABEN	
Kontonummer	Kontobezeichnung	Betrag €	Kontonummer	Kontobezeichnung	Betrag €

18.2 Berechnen Sie den Betrag, den Frau Strauch auf das Geschäftskonto der Autohaus Schmidt GmbH überweisen muss, bevor ihr das Fahrzeug übergeben wird.

Erläuterungen und Lösungen

16. Aufgabe

16.1

Zulassungspauschale gesamt (netto)		**100,00 €**
– Zulassungsgebühren (steuerfrei)		43,00 €
= zu versteuernde Zulassungspauschale	100 %	57,00 €
+ Umsatzsteuer	19 %	**10,83 €**
= Zwischensumme		67,83 €
+ Zulassungsgebühren (steuerfrei)		43,00 €
= Brutto-Rechnungssumme Zulassungspauschale		**110,83 €**

Die in Rechnung gestellte Umsatzsteuer beträgt 10,83 €.

Um die anfallenden Umsatzsteuern zu berechnen, muss der gesamte Nettobetrag zunächst um die steuerfreien Zulassungsgebühren gekürzt werden.

Der so errechnete Betrag ist Grundlage zur Berechnung der Umsatzsteuer.

Nettobetrag + Umsatzsteuer ergibt den Bruttorechnungsbetrag.

Merke

Zulassungsgebühren schulden die Fahrzeughalterinnen und -halter, auch wenn jemand anderes diese zahlt.

Die Zulassungsgebühr muss in allen Rechnungen offen ausgewiesen werden und ist ein durchlaufender Posten im Betrieb.

16.2

SOLL			an HABEN		
Kontonummer	Kontobezeichnung	Betrag €	Kontonummer	Kontobezeichnung	Betrag €
3200	Bestand Zulassungspauschale	100,00	1600	Verbindlichkeiten a. L. L.	110,83
1576	Vorsteuer 19%	10,83			

Die Zulassungspauschale ist, wie die Überführung, eine Dienstleistung, die in den Bestand eingeht und mit dem Fahrzeug gemeinsam verkauft wird.

Die zu buchenden Beträge ergeben sich aus Aufgabe 16.1.

17. Aufgabe

17.1

SOLL			an HABEN		
Kontonummer	Kontobezeichnung	Betrag €	Kontonummer	Kontobezeichnung	Betrag €
1400	Forderungen a. L. L.	143,00	8200	Erlöse Zulassungspauschale	127,03
			1776	Umsatzsteuer 19 %	15,97

Der Umsatzsteuerbetrag ergibt sich hier analog zu Aufgabe 2.1.

Von den 143,00 € werden 43,00 € nicht mit Umsatzsteuern belastet. Die in 100,00 € (143,00 € – 43,00 €) enthaltenen 19 % betragen 15,97 € (19 % · 100 €/119 %), sodass sich ein Gesamterlös von 127,03 € (143,00 € – 15,97 €) ergibt.

17.2

SOLL			an HABEN		
Kontonummer	Kontobezeichnung	Betrag €	Kontonummer	Kontobezeichnung	Betrag €
7200	VAK Zulassungspauschale	100,00	3200	Bestand Zulassungspauschale	100,00

Ebenso wie das Fahrzeug und die Überführungsgebühren wird die Zulassungspauschale als Aufwand beim Weiterverkauf bestandsmindernd erfasst.

18. Aufgabe

18.1

SOLL			an HABEN		
Kontonummer	Kontobezeichnung	Betrag €	Kontonummer	Kontobezeichnung	Betrag €
3110	Bestand GW differenzbesteuert	7.000,00	1400	Ford. a. L. L.	7.000,00

Durch die Inzahlungnahme verringern sich die Forderungen, die durch das Neuwagengeschäft entstanden sind. Gleichzeitig wird der Bestand an Gebrauchtwagen erhöht

18.2

Aufgabe 14.1:		36.000,00 €	Fahrzeugpreis
Aufgabe 15:	+	476,00 €	Überführungskosten
Aufgabe 17:	+	143,00 €	Zulassungspauschale
Aufgabe 18:	–	7.000,00 €	Inzahlungnahme Gebrauchtwagen
	=	**29.619,00 €**	Überweisungsbetrag

Situation

In den letzten Wochen waren Sie in der Gebrauchtwagenabteilung der Autohaus Schmidt GmbH eingesetzt. In diesem Zusammenhang haben Sie den Unterschied zwischen der Regel- und Differenzbesteuerung beim Gebrauchtwagenverkauf kennengelernt. Die Differenzbesteuerung ist immer dann möglich, wenn das Fahrzeug ohne die Möglichkeit eines Vorsteuerabzugs im Inland erworben wurde. Dieser Umstand betrifft in der Regel alle Fahrzeugkäufe oder -Inzahlungnahmen von Privatkundinnen und Privatkunden. Ein Gebrauchtwagen, der vor 14 Tagen von einer privaten Kundin für 7.000,00 € in Zahlung genommen wurde, wird an Herrn Meyer zu einem Bruttoverkaufspreis von 9.000,00 € für den privaten Gebrauch weiterverkauft. Der zurzeit gültige Umsatzsteuersatz liegt bei 19 %.

19. Aufgabe

19.1 Berechnen Sie die Umsatzsteuer, den die Autohaus Schmidt GmbH aus diesem Geschäft bei Regelbesteuerung an das Finanzamt abführen muss.

19.2 Berechnen Sie, unter Berücksichtigung der Voraussetzungen aus Aufgabe 19.1, den Erfolg aus dem Verkauf des Gebrauchtwagens.

19.3 Gehen Sie nun davon aus, dass das Fahrzeug der Differenzbesteuerung unterliegt, und berechnen Sie die anfallende Umsatzsteuer.

Fortführung der Situation

In der Buchhaltungsabteilung ist der Krankenstand momentan sehr hoch. Da Sie diese Abteilung während Ihrer Ausbildung bereits kennengelernt haben, bittet Sie Ihr Ausbilder bzw. Ihre Ausbilderin, dort vorübergehend einzuspringen. Ihre erste Aufgabe besteht in der Erfassung der Rechnungen im Zusammenhang mit dem Ein- und Weiterverkauf des Gebrauchtwagens.

Für die folgenden Aufgaben steht Ihnen nachstehender Auszug aus dem Kontenplan zur Verfügung:

1200 Bank	7100 VAK GW regelbesteuert
1400 Forderungen a.L.L.	7110 VAK GW differenzbesteuert
1600 Verbindlichkeiten a.L.L.	7120 VAK Instandsetzungsarbeiten
1576 Vorsteuer 19 %	8000 Erlöse Neuwagen
1776 Umsatzsteuer 19 %	8100 Erlöse GW regelbesteuert
3100 Bestand Gebrauchtwagen	8110 Erlöse GW differenzbesteuert
3110 Bestand GW differenzbesteuert	8111 Mehrerlös Differenzbesteuerung

20. Aufgabe

20.1 Buchen Sie die Erfassung der Ausgangsrechnung an Herrn Meyer.

SOLL			an	HABEN	
Kontonummer	Kontobezeichnung	Betrag €	Kontonummer	Kontobezeichnung	Betrag €

20.2 Buchen Sie die Lagerentnahme des Gebrauchtwagens.

SOLL			an	HABEN	
Kontonummer	Kontobezeichnung	Betrag €	Kontonummer	Kontobezeichnung	Betrag €

Erläuterungen und Lösungen

19. Aufgabe

19.1 Nach der Regelbesteuerung sind die im Bruttoumsatz von 9.000,00 € enthaltenen Umsatzsteuern abzuführen.

Rechnung: 119 % → 9.000,00 €
19 % → X €

$\frac{19 \cdot 9.000,00}{119} = \mathbf{1.436,97}$ **€**

Bruttobetrag in €	Umsatzsteuer 19 % in €	Nettobetrag in €
9.000,00	1.436,97	7.563,03

19.2 Der Erfolg ergibt sich durch die Differenz zwischen Nettoverkaufspreis und Bezugspreis. Der Bezugspreis enthält keine Steuern.

Nettoverkaufspreis in – Bezugspreis in € = Erfolg in €
7.563,03 € – 7.000,00 € = 563,03 €

Obwohl die Differenz beim Verkauf des Fahrzeugs 2.000,00 € (9.000,00 € – 7.000,00 €) beträgt, bleibt dem Unternehmen nur ein Rohgewinn von 563,03 €.

19.3 Bei der Differenzbesteuerung ist nur der im Bruttoertrag (Verkaufspreis – Einkaufspreis) enthaltene Umsatzsteuerbetrag abzuführen.

Verkaufspreis in € – Einkaufspreis in € = Bruttoertrag in €
9.000,00 € – 7.000,00 € = 2.000,00 €

Rechnung: 119 % → 2.000,00 €
19 % → X €

$\frac{19 \cdot 2.000,00}{119} = \mathbf{319,33}$ **€**

***Voraussetzungen** für die Differenzbesteuerung eines **Gebrauchtwagens**:*

- *Das Fahrzeug ist für den gewerblichen Weiterverkauf bestimmt.*
- *Das Fahrzeug wurde im Gemeinschaftsgebiet erworben. (Inland der europäischen Gemeinschaft)*
- *Bei Kauf des Fahrzeugs war ein Vorsteuerabzug nicht möglich.*
- *Beim Verkauf des Fahrzeugs wird keine Umsatzsteuer ausgewiesen.*

Merke

Die Differenzbesteuerung darf nicht bei der innergemeinschaftlichen Lieferung neuer Fahrzeuge angewendet werden.

20. Aufgabe

20.1

SOLL			an HABEN		
Kontonummer	Kontobezeichnung	Betrag €	Kontonummer	Kontobezeichnung	Betrag €
1400	Ford a. L. L.	9.000,00	8110	Erlöse GW dif.best.	7.000,00
			8111	Mehrerlöse Differenzbesteuerung	1.680,67
			1776	Umsatzsteuer 19 %	319,33

Aus dem Bruttomehrerlös (Rohgewinn) ist die enthaltene Umsatzsteuer zu berechnen (siehe 19.3) und entsprechend zu buchen.

20.2

SOLL			an HABEN		
Kontonummer	Kontobezeichnung	Betrag €	Kontonummer	Kontobezeichnung	Betrag €
7110	VAK GW dif.best.	7.000,00	3110	Bestand GW dif.best.	7.000,00

Der Wert des Fahrzeugs wird hiermit buchhalterisch aus dem Lager genommen und als Aufwand erfasst.

Anwendung der Regel- und Differenzbesteuerung

Einkauf von ...	Verkauf an ...	Besteuerungsart
gewerblich	gewerblich	Regelbesteuerung
gewerblich	privat	Regelbesteuerung
privat	privat	Differenzbesteuerung
privat	gewerblich	Regelbesteuerung oder Differenzbesteuerung

Situation
Im Gebrauchtwagenbestand der Autohaus Schmidt GmbH befindet sich ein von einem privaten Anbieter für 9.000,00 € gekauftes Fahrzeug. Der Werkstattmeister hat dieses Fahrzeug geprüft und keine Mängel festgestellt. Der erwartete Nettorohgewinn liegt bei diesem Fahrzeug bei 1.000,00 €. (Umsatzsteuersatz 19 %)

21. Aufgabe

21.1 Errechnen Sie mithilfe der folgenden Tabelle, zu welchem Bruttopreis das Fahrzeug bei Differenzbesteuerung und bei Regelbesteuerung jeweils angeboten werden müsste, um den erwarteten Gewinn zu realisieren.

	Differenzbesteuerung	Regelbesteuerung
Einkaufspreis		
+ Gewinn		
= Nettoverkaufspreis		
+ Umsatzsteuer 19%		
= Bruttopreis		

21.2 Begründen Sie, warum Reparaturkosten an Gebrauchtwagen, die beim Weiterverkauf der Differenzbesteuerung unterliegen, bei der Berechnung der abzuführenden Umsatzsteuer nicht berücksichtigt werden dürfen.

Situation
Um ein ausreichendes Angebot an Gebrauchtwagen sicherzustellen, kauft die Autohaus Schmidt GmbH bei anderen Händlern Fahrzeuge zu. Vor zwei Wochen wurde unter anderem ein drei Jahre alter Panther XJ für 17.850,00 € (brutto) gekauft. Für das Fahrzeug wird eine Gebrauchtwagengarantie für ein Jahr abgeschlossen. Diese kostet 250,00 € und wird einer Käuferin zum Selbstkostenpreis in Rechnung gestellt. Die Käuferin überweist einen Betrag von 19.250,00 €.

Für die folgenden Aufgaben stehen Ihnen die Konten auf Seite 131 , sowie folgende Konten zur Verfügung:

3210 Bestand Fahrzeuggarantie	7220 VAK GW Nachrüstungen
3220 Bestand Nachrüstungen	8210 Erlöse Fahrzeuggarantie
7210 VAK Fahrzeuggarantie (NW/GW)	8220 Erlöse Nachrüstungen

22. Aufgabe

22.1 Buchen Sie die Ausgangsrechnung für den Gebrauchtwagenverkauf.

SOLL			an	HABEN	
Kontonummer	Kontobezeichnung	Betrag €	Kontonummer	Kontobezeichnung	Betrag €

22.2 Buchen Sie die Lagerentnahme des Gebrauchtwagens.

SOLL			an	HABEN	
Kontonummer	Kontobezeichnung	Betrag €	Kontonummer	Kontobezeichnung	Betrag €

22.3 Buchen Sie die Lagerentnahme der Garantieversicherung.

SOLL			an	HABEN	
Kontonummer	Kontobezeichnung	Betrag €	Kontonummer	Kontobezeichnung	Betrag €

Erläuterungen und Lösungen

21. Aufgabe

21.1

	Differenzbesteuerung	Regelbesteuerung
Einkaufspreis	9.000,00 €	9.000,00 €
+ Gewinn	1.000,00 €	1.000,00 €
= Nettoverkaufspreis	10.000,00 €	10.000,00 €
+ Umsatzsteuer 19%	190,00 €	1.900,00 €
= Bruttopreis	10.190,00 €	11.900,00 €

Der Bruttoverkaufspreis wäre bei der Regelbesteuerung deutlich höher als bei Differenzbesteuerung. Trotzdem würde ein Gewerbetreibender beim Kauf die Regelbesteuerung bevorzugen, da er dann die in der Rechnung ausgewiesene Umsatzsteuer als Vorsteuer geltend machen könnte. Das Fahrzeug ist dadurch 190,00 € günstiger für kaufende Unternehmerinnen und Unternehmer. Bei der Differenzbesteuerung wird die anfallende Umsatzsteuer auf der Rechnung nicht ausgewiesen und kann daher auch nicht als Vorsteuer angesetzt werden.

21.2 Reparaturkosten bei einem differenzbesteuerten Fahrzeug haben keinen Einfluss auf die Bemessungsgrundlage der abzuführenden Umsatzsteuer, da es andernfalls möglich wäre, die Differenz zwischen Verkaufspreis und Einkaufspreis zu verkleinern oder zu vermeiden. Dies hätte zur Folge, dass die anfallende Umsatzsteuer unverhältnismäßig minimiert oder sogar vermieden werden könnte.

Im obigen Fall wäre es beispielsweise vorstellbar, dass interne Reparaturkosten in Höhe von 1.000,00 € angesetzt werden und dadurch bei einem Weiterverkauf keine Umsatzsteuer anfallen würde. Die Differenz zwischen Verkaufspreis und Einkaufspreis + Reparaturkosten wäre dann = 0.

22. Aufgabe

22.1

SOLL			an HABEN		
Kontonummer	Kontobezeichnung	Betrag €	Kontonummer	Kontobezeichnung	Betrag €
1400	Forderungen a. L. L.	19.250,00	8100	Erlöse GW regelbest.	15.966,39
			8210	Erlöse Garantie	250,00
			1776	Umsatzsteuer 19 %	3.033,61

Versicherungsbeiträge unterliegen nicht der Umsatzsteuer. Daraus ergeben sich 19.000,00 € (19.250,00 € – 250,00 €), aus denen die Umsatzsteuer berechnet wird.

Bruttobetrag in €	Umsatzsteuer 19 % in €	Nettobetrag in €
19.000,00	3.033,61	15.966,39

22.2

SOLL			an HABEN		
Kontonummer	Kontobezeichnung	Betrag €	Kontonummer	Kontobezeichnung	Betrag €
7100	VAK GW regelbesteuert	15.000,00	3100	Bestand GW regelbesteuert	15.000,00

Das Fahrzeug wurde zu einem Bruttopreis von 17.850,00 € eingekauft. Das entspricht einem Nettobetrag von 15.000,00 € (17.850,00 € : 1,19).

Dieser Betrag wurde beim Bezug des Fahrzeugs auf dem Bestandkonto erfasst und muss nun als Aufwand gebucht werden.

22.3

SOLL			an HABEN		
Kontonummer	Kontobezeichnung	Betrag €	Kontonummer	Kontobezeichnung	Betrag €
7210	VAK Fahrzeuggarantie	250,00	3210	Bestand Fahrzeuggarantie	250,00

Die Garantieversicherung wurde der Kundin zum Anschaffungspreis verkauft. Es handelt sich hier um einen durchlaufenden Posten.

Situation
In der Abteilung Buchhaltung sollen Sie nun Buchungen des Werkstattgeschäfts erfassen. Dabei fällt Ihnen auf, dass es unterschiedliche Arten von Aufträgen gibt. Grundsätzlich lassen sich interne Aufträge, Gewährleistungs- und Garantieaufträge und Kundenaufträge unterscheiden. Für die unterschiedlichen Auftragsarten gibt es jeweils unterschiedliche Stundenverrechnungssätze.

Preise für 1 AW (10 AW pro Stunde)	Interner Verrechnungssatz	Garantie/ arbeiten	Kundenverrechnungssatz
Mechatroniker	3,00 €	6,00 €	9,00 €
Fahrzeuglackierer	6,00 €	7,00 €	11,00 €

Für die Aufgaben 23 bis 25 steht Ihnen der folgende Auszug aus dem Kontenplan zur Verfügung:

1400 Forderungen a.L.L.	7300 VAK Teile über Theke
1407 Ford. aus Garantieleistungen	7309 VAK Teile intern
1576 Vorsteuer 19 %	7310 VAK Teile durch die Werkstatt
1776 Umsatzsteuer 19 %	7311 VAK Teile Garantieleistung
3000 Bestand Neuwagen	8300 Erlöse Verkauf Teile über Theke
3100 Bestand Gebrauchtwagen	8309 Erlöse Verkauf Teile intern
3300 Bestand Teile	8310 Erlöse VK Teile durch Werkstatt
5004 Übergabedurchsicht	8311 Erlöse VK Teile Garantieleistung
5701 interne Erlöse	8409 Erlöse Lohn intern
5801 interne Erlösschmälerungen	8410 Erlöse Lohn
7000 VAK Verkauf Neuwagen	8411 Erlöse Lohn Garantieleistung

23. Aufgabe

23.1 In einen Neuwagen ist vor der Auslieferung ein Navigationssystem im Einkaufswert von 250,00 € eingebaut worden. Für den Einbau brauchte ein Mitarbeiter eine Stunde.

Buchen Sie den Vorgang.

SOLL			an	HABEN	
Kontonnummer	Kontobezeichnung	Betrag €	Kontonummer	Kontobezeichnung	Betrag €

23.2 Bevor der Neuwagen ausgeliefert wird, wird noch eine Übergabedurchsicht durchgeführt, die 1,5 Stunden in Anspruch nimmt.
Buchen Sie die interne Verrechnung.

SOLL			an	HABEN	
Kontonnummer	Kontobezeichnung	Betrag €	Kontonummer	Kontobezeichnung	Betrag €

Fortführung der Situation
An dem Neuwagen von Frau Strauch funktioniert ein Schalter der Klimaanlage nicht. Er muss ausgetauscht werden. Der Schalter kostet 25,00 € (Bezugspreis), der Einbau dauert 20 Minuten. Der Hersteller gibt 3 AW vor.

24. Aufgabe

Buchen Sie die Ausgangsrechnung an den Hersteller.

SOLL			an	HABEN	
Kontonnummer	Kontobezeichnung	Betrag €	Kontonummer	Kontobezeichnung	Betrag €

Fortführung der Situation
Im Rahmen des Werkstattaufenthalts werden am Fahrzeug von Frau Strauch die Reifen gewechselt. Dafür werden 2,5 AW in Rechnung gestellt.

25. Aufgabe

Buchen Sie die Ausgangsrechnung an Frau Strauch.

SOLL			an	HABEN	
Kontonnummer	Kontobezeichnung	Betrag €	Kontonummer	Kontobezeichnung	Betrag €

Erläuterungen und Lösungen

23. Aufgabe

23.1

SOLL			HABEN		
Kontonummer	Kontobezeichnung	Betrag €	Kontonummer	Kontobezeichnung	Betrag €
3000	Bestand Neuwagen	280,00	8309	Erlöse Teile intern	250,00
			8409	Erlöse Lohn intern	30,00

Bei internen Aufträgen fällt keine Umsatzsteuer an, da kein Umsatz erzielt wird. Für den Mechatroniker fallen 10 AW zu 3,00 € an = 30,00 €.

Der Wert des Neuwagens wird durch den Einbau erhöht.

Der Lohnaufwand wird in der Lohnbuchhaltung über das Konto 4110 Löhne gebucht.

23.2

SOLL			HABEN		
Kontonummer	Kontobezeichnung	Betrag €	Kontonummer	Kontobezeichnung	Betrag €
5004	Übergabedurchsicht	45,00	5701	Interne Erlöse	45,00

Der Lohnaufwand wird über das Konto 4110 Löhne gebucht.

24. Aufgabe

SOLL			HABEN		
Kontonummer	Kontobezeichnung	Betrag €	Kontonummer	Kontobezeichnung	Betrag €
1407	Forderungen aus Garantieleistungen	43,00	8311	Erlöse VK Teile aus Garantieleistung	25,00
			8411	Erlöse Lohn Garantieleistungen	18,00

Hierbei handelt es sich um eine steuerfreie Leistung, da kein Umsatz erzielt wird, sondern lediglich eine Instandsetzung im Rahmen der Garantie bzw. Gewährleistung durchgeführt wird.

25. Aufgabe

SOLL			HABEN		
Kontonummer	Kontobezeichnung	Betrag €	Kontonummer	Kontobezeichnung	Betrag €
1400	Forderungen a. L. L.	26,78	8410	Erlöse Lohn	22,50
			1776	Umsatzsteuer 19 %	4,28

2,5 AW · 9,00 € je AW = 22,50 €. Die Leistung ist umsatzsteuerpflichtig.

Merke

Bei internen Aufträgen wird keine Umsatzsteuer berücksichtigt.

Werkstattleistungen

Interne Aufträge: (beispielsweise)
- Ein-/Ausbauten an NW/GW
- Übergabeinspektion
- Fahrzeugaufbereitung
- Kulanz

Konten:
8309 Erlöse Verkauf Teile intern
8409 Erlöse Lohn intern
5004 Übergabedurchsicht
5701 interne Erlöse

Garantie- und Gewährleistungsaufträge:
- Reparaturen in der Gewährleistungs-/
- Garantiefrist an NW/GW

Konten: (z. B.)
8311 Erlöse Verkauf Teile Garantieleistung
8411 Erlöse Lohn Garantieleistungen

Kundenaufträge: (beispielsweise)
- Inspektionen
- Reparaturen
- Radwechsel

Konten: (z. B.)
8310 Erlöse Teile durch Werkstatt
8410 Erlöse Lohn

Situation zur 1. und 2. Aufgabe

Die Autohaus Schmidt GmbH gewährt ihren gewerblichen Kunden ein Zahlungsziel von 30 Tagen. Erfolgt der Ausgleich der Rechnung innerhalb der ersten zehn Tage nach Rechnungsstellung, kann der Rechnungsbetrag um 2 % Skonto gekürzt werden. Ähnliche Konditionen hat auch die Autohaus Schmidt GmbH bei einigen Lieferanten. Ihnen liegt der unten abgebildete Kontoauszug vor (Umsatzsteuersatz 19 %).

Auszug vom 09.07.20XX		Nr. 208	Blatt 1
Commerzbank	IBAN	BIC	
	DE21 1111 2004 1234 0542	COBADEFFXXX	
Wert	Buchungstext	Umsätze Soll	Umsätze Haben
07.07.	GUTSCHRIFT Fa. Brückstahl e. K. RE 807041 D 02.07. abzgl. 2 % Sk.		1.225,00
07.07.	ÜBERWEISUNG Fa. Autoteile Anders GmbH ReNr. 18/727 vom 1.7. abzgl. 3 % Skonto	4.462,00	
Autohaus Schmidt GmbH			

1. Aufgabe

1.1 Ermitteln Sie den ursprünglichen Betrag der Rechnung an die Firma Brückstahl.

1.2 Ermitteln Sie den Bruttoskontobetrag, den die Fa. Brückstahl abgezogen hat.

1.3 Ermitteln Sie den ursprünglichen Rechnungsbetrag der Firma Autoteile Anders.

1.4 Ermitteln Sie den Nettoskontobetrag, den die Autohaus Schmidt GmbH abgezogen hat.

Fortführung der Situation

Im Folgenden sollen Sie die Buchungssätze zur Erfassung des Kontoauszugs bilden. Gehen Sie dabei davon aus, dass die zu den Umsätzen gehörigen Rechnungen über den Verkauf von Teilen bereits erfasst wurden. Es steht Ihnen folgender Auszug aus dem Kontenplan der Autohaus Schmidt GmbH zur Verfügung.

1000 Kasse	
1200 Bank	
1400 Forderungen a. L. L.	3300 Bestand Teile
1576 Abziehbare Vorsteuer 19 %	3301 Wertberichtigung Teile
1600 Verbindlichkeiten a. L. L.	8300 Erlöse Teile
1776 Umsatzsteuer 19 %	8309 Erlöse Teile intern

2. Aufgabe

2.1 Buchen Sie die Erfassung der Gutschrift der Firma Brückstahl e. K.

SOLL			an HABEN		
Kontonummer	Kontobezeichnung	Betrag €	Kontonummer	Kontobezeichnung	Betrag €

2.2 Buchen Sie die Erfassung der Überweisung an die Autoteile Anders GmbH.

SOLL			an HABEN		
Kontonummer	Kontobezeichnung	Betrag €	Kontonummer	Kontobezeichnung	Betrag €

Erläuterungen und Lösungen

1. Aufgabe

1.1 Lösung: 1.250,00 €

Der Überweisungsbetrag entspricht 98 % des ursprünglichen Rechnungsbetrags, da dieser die Grundlage (100 %) für den Abzug des Skontos (2 %) ist.

Rechnung: 98 % → 1.225,00 €; 100 % → X € ⟶ $\frac{1.225,00 \cdot 100}{98} = \mathbf{1.250,00\ €}$

1.2 Lösung: 25,00 €

Der Bruttoskonto ist die Differenz zwischen dem Rechnungsbetrag und dem Überweisungsbetrag. Es gibt verschiedene Möglichkeiten der Berechnung. Entweder ausgehend vom Rechnungsbetrag (1) oder vom Überweisungsbetrag (2).

Rechnung (1) 100 % → 1.250,00 €; 2 % → X € ⟶ $\frac{1.250,00 \cdot 2}{100} = \mathbf{25,00\ €}$

oder

Rechnung (2) 98 % → 1.225,00 €; 2 % → X € ⟶ $\frac{1.225,00 \cdot 2}{98} = \mathbf{25,00\ €}$

1.3 Lösung: 4.600,00 €

Der Überweisungsbetrag entspricht 97 % des ursprünglichen Rechnungsbetrags.

Rechnung: 97 % → 4.462,00 €; 100 % → X € ⟶ $\frac{4.462,00 \cdot 100}{97} = \mathbf{4.600,00\ €}$

1.4 Lösung: 115,97 €

Zunächst muss der Bruttoskontobetrag errechnet werden (1). Dieser muss um die enthaltene Vorsteuer gekürzt werden, um den Nettoskonto zu erhalten (2).

Rechnung (1) 100 % → 4.600,00 €; 3 % → X € ⟶ $\frac{4.600,00 \cdot 3}{100} = \mathbf{138,00\ €}$

und

Rechnung (2) 119 % → 138,00 €; 100 % → X € ⟶ $\frac{138,00 \cdot 100}{119} = \mathbf{115,97\ €}$

2. Aufgabe

2.1

SOLL			an HABEN		
Kontonummer	Kontobezeichnung	Betrag €	Kontonummer	Kontobezeichnung	Betrag €
1200	Bank	1.225,00	1400	Forderungen a. L. L.	1.250,00
8300	Erlöse Teile	21,01			
1776	Umsatzsteuer 19 %	3,99			

Vom Bruttoskontobetrag in Höhe von 25,00 € = 119 % muss der Nettoskonto 21,01 = 100 % und die Umsatzsteuer in Höhe von 3,99 = 19 % berechnet werden.

2.2

SOLL			an HABEN		
Kontonummer	Kontobezeichnung	Betrag €	Kontonummer	Kontobezeichnung	Betrag €
1600	Verbindlichkeiten a. L. L.	4.600,00	1200	Bank	4.462,00
			3300	Bestand Teile	115,97
			1576	Vorsteuer	22,03

Skonto =

Abzug vom Rechnungsbetrag, der Kundinnen und Kunden angeboten wird, wenn sie ein gewährtes Zahlungsziel (z. B. 30 Tage) nicht ausnutzen, sondern innerhalb einer kürzeren Zeit (z. B. zehn Tage) bezahlen.

Beispiel:

Warenwert 100,00 € — Umsatzsteuer 19 % — Skonto 2 %

Nettorechnungsbetrag	100,00 €	➡	2 % = 2,00 €
+ Umsatzsteuer	19,00 €	➡	2 % = 0,38 €
= Bruttorechnungsbetrag	119,00 €		100 %
– 2% Skonto	2,38 €	–	2 %
= Überweisungsbetrag	116,62 €	=	98 %

Merke

Wird von einem Bruttorechnungsbetrag 2 % Skonto abgezogen, werden sowohl vom Warenwert als auch der Umsatzsteuer 2 % abgezogen. Die Umsatzsteuer muss dementsprechend korrigiert werden.

Situation
Diese Woche sind Sie für die Führung des Rechnungsausgangsbuchs und der Überwachung der Zahlungseingänge verantwortlich. In dem Buchhaltungsprogramm können Sie sich eine OPOS-Liste aufrufen, in der alle Ausgangsrechnungen erscheinen, die noch nicht bezahlt sind. Die Zahlungskondition im Autohaus Schmidt GmbH lautet grundsätzlich sofort netto Kasse. Sie sollen allen Kundinnen und Kunden, deren Rechnungen seit mehr als 30 Tagen nach dem Rechnungsdatum noch offen sind, eine Zahlungserinnerung schicken.

3. Aufgabe

3.1 Erläutern Sie zwei Voraussetzungen für den Zahlungsverzug des Schuldners.

- ______
- ______

3.2 Nennen Sie drei Rechte, die dem Gläubiger bei Nicht-rechtzeitig-Zahlung durch den Schuldner zustehen.

- ______
- ______
- ______

Fortführung der Situation
Trotz mehrmaliger Mahnungen mit Fristsetzung weigern sich manche Kundinnen und Kunden, ihre offenen Rechnungsbeträge auszugleichen. Die Autohaus Schmidt GmbH beauftragt in solchen Fällen ein Inkassounternehmen, welches das gerichtliche Mahnverfahren einleitet.

4. Aufgabe

Worin besteht der Unterschied zwischen dem kaufmännischen und dem gerichtlichen Mahnverfahren? Womit wird das gerichtliche Mahnverfahren eingeleitet?

______

______

Situation
Vor einigen Tagen haben Sie an der Information Herrn Müller getroffen. Bei der Durchsicht der OPOS-Liste war Ihnen am Vortag aufgefallen, dass die letzte Rechnung von Herrn Müller noch nicht bezahlt wurde. Nachdem Sie den Stammkunden darauf hingewiesen haben, liegt Ihnen heute folgender Kontoauszug vor.

Auszug vom 23.11.2009		Nr. 168	Blatt 2
Commerzbank	BIC COBADEHXXX	Konto-Nr. BE23 1111 2014 5065 0995	
Wert	Buchungstext	Umsätze Soll	Umsätze Haben
10.06.	GUTSCHRIFT		1.124,80
	Gerd Müller Rechnung 804035 vom 06.04.20XX		
Autohaus Schmidt GmbH			

Auszug aus dem Kontenplan:

1400 Forderungen aus L. u. L.	3100 Bestand Gebrauchtwagen
1600 Verbindlichkeiten aus L. u. L.	1200 Kreditinstitute
3300 Bestand Teile und Zubehör	1000 Kasse

5. Aufgabe

Buchen Sie den Zahlungseingang von Herrn Müller.

SOLL			an HABEN		
Kontonummer	Kontobezeichnung	Betrag €	Kontonummer	Kontobezeichnung	Betrag €

Hinweis

Zu den Störungen des Kaufvertrags siehe auch Seite 178.

Erläuterungen und Lösungen

3. Aufgabe

3.1
- Es wurde bis zum kalendermäßig bestimmbaren Zahlungstermin nicht gezahlt.
  Ist die Fälligkeit der Rechnung kalendermäßig eindeutig bestimmbar (z. B. fällig am 10. Mai. 20XX, fällig bis Ende Mai 20XX), gerät der Schuldner mit Ablauf des Datums ohne Mahnung in Verzug.
- Der in der Mahnung festgesetzte Termin für die Zahlung ist verstrichen.
  Ist der Termin nicht kalendermäßig bestimmbar (z. B. zahlbar 14 Tage nach Rechnungserhalt, zehn Tage Zahlungsziel), gerät der Schuldner erst durch eine Mahnung mit Fristsetzung in Verzug.
- 30 Tage nach Fälligkeit und Zugang der Rechnung kommt der Schuldner automatisch in Verzug.
  Ausnahme: *Gesetz zur Beschleunigung fälliger Zahlungen*
  Ist die Leistung einer Rechnung vollständig erbracht, kommt der Schuldner nach Ablauf von 30 Tagen nach Zugang und Fälligkeit einer Rechnung automatisch in Verzug und es können ohne vorherige Mahnung Verzugsschäden geltend gemacht werden. (Beim Verbrauchsgüterkauf müssen Kundinnen und Kunden ausdrücklich darauf hingewiesen werden.)
- Der Schuldner verweigert die Zahlung

3.2
- Zahlung + evtl. Schadenersatz wegen Verzögerung der Zahlung (Zinsen)
- Rücktritt vom Vertrag (Ware geht zurück an Verkäufer/-in.)
- Ersatz vergeblicher Aufwendungen (Kreditzinsen, Porto, Mahngebühren)

4. Aufgabe

Das kaufmännische Mahnverfahren unterliegt keinen zwingenden Vorschriften, sondern liegt im Ermessen des Lieferers. Im Gegensatz dazu ist das gerichtliche Mahnverfahren ein gesetzlichen Vorschriften unterliegendes Verfahren, das mit dem Mahnbescheid (Zahlungsaufforderung an den Schuldner) beginnt.

5. Aufgabe

1200 Kreditinstitute an 1400 Forderungen aus L. u. L. 1.124,80 €

Es handelt sich bei der Buchung lediglich um einen Aktivtausch, da der Kunde eine bereits in der Vergangenheit erhaltene (gebuchte) Rechnung ausgleicht.

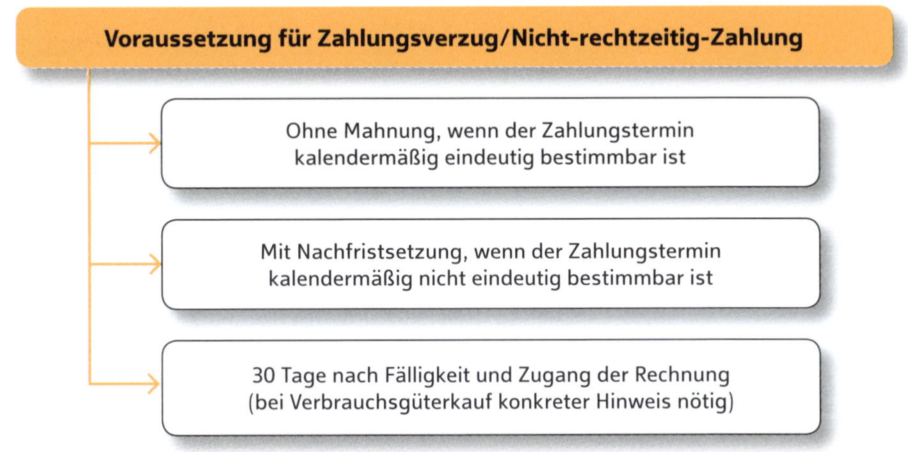

Situation zur 1. und 2. Aufgabe
Das erste Geschäftsjahr während Ihrer Ausbildungszeit neigt sich dem Ende. Die Unternehmensleitung überlegt, zu welchem Zeitpunkt die Inventur am besten durchzuführen ist. Bisher wurde eine zeitnahe Stichtagsinventur durchgeführt. Diese schränkt den Betriebsablauf massiv ein. Daher überlegt die Autohaus Schmidt GmbH, die Inventurart zu wechseln.

1. Aufgabe

Nennen und erläutern Sie die zwei weiteren Arten der Inventur.

•

•

2. Aufgabe

Bei der Durchführung der Inventur gibt es zwei verschiedene Möglichkeiten bei der Bestandsaufnahme.
Beschreiben Sie diese und geben Sie jeweils ein Beispiel.

•

•

Situation
Im letzten Jahr wurde die Inventur zehn Tage nach dem Stichtag durchgeführt. Für den Ölfilter des Herstellers Rosch, Artikelnummer 451, wurde ein Bestand von 36 Stück ermittelt. Der Bezugspreis beträgt 4,79 € pro Stück. Während der zehn Tage nach dem Bilanzstichtag ging eine Lieferung von 30 Ölfiltern ein und es wurden fünf Ölfilter im selben Zeitraum verkauft.

3. Aufgabe

3.1 Bestimmen Sie den Inventurwert der Ölfilter zum Bilanzstichtag.

Fortführung der Situation
Bei der Bewertung der Vermögensgegenstände ist das Niederstwertprinzip zu beachten.

3.2 Entscheiden Sie, mit welchem Wert die Ölfilter zu berücksichtigen gewesen wären, wenn sich der Bezugspreis für künftige Bestellungen geändert hätte. Begründen Sie Ihre Entscheidung.

3.2.1 Der Lieferant kündigt eine Preiserhöhung auf 4,99 € pro Stück an.

3.2.2 Der Lieferant kündigt eine Preissenkung auf 4,59 € pro Stück an.

Erläuterungen und Lösungen

1. Aufgabe

- **Verlegte Inventur**
  Die Inventur findet höchstens drei Monate vor oder zwei Monate nach dem Bilanzstichtag statt. Es findet eine mengen-/wertmäßige Vor- oder Rückschreibung auf den Bilanzstichtag statt.

- **Permanente Inventur**
  Zu- und Abgänge an Beständen werden ständig erfasst. Die körperliche Bestandsaufnahme muss einmal jährlich (Datum beliebig) erfolgen.

2. Aufgabe

- **Körperliche Inventur**
  Die körperliche Bestandsaufnahme der Vermögensgegenstände erfolgt durch Zählen, Messen oder Wiegen. In Ausnahmenfällen, in denen die Zählung einem unangemessen hohen Arbeitsaufwand gegenübersteht, ist auch die ***Stichprobeninventur*** erlaubt. So kann z. B. bei Kleinteilen (wie Schrauben) eine kleine Menge gezählt werden und aufgrund des Gewichts auf die Gesamtmenge hochgerechnet werden.

- **Buchinventur**
  Bei der Buchinventur erfolgt die Bewertung aufgrund von Aufzeichnungen (z. B. Anlagendateien), Belegen (z. B. Kontoauszügen) oder Dokumenten (z. B. Eingangs- und Ausgangsrechnungen). Durch die Wertfortschreibung und Aufzeichnungen kann der Buchwert zum Bilanzstichtag ermittelt werden.

3. Aufgabe

3.1	Bestand zehn Tage nach dem Bilanzstichtag	36 Ölfilter · 4,79 €	= 172,44 €
	abzüglich: Wareneingang der letzten zehn Tage	– 30 Ölfilter · 4,79 €	= 143,70 €
	zuzüglich: Warenausgang der letzten zehn Tage	+ 5 Ölfilter · 4,79 €	= 23,95 €
	entspricht der Anzahl am Bilanzstichtag	= 11 Ölfilter · 4,79 €	= **52,69 €**

3.2.1 52,69 € Ansatz: 11 · 4,79 €
Die Ölfilter dürfen höchstens zum Anschaffungswert aktiviert werden.

3.2.2 50,49 € Ansatz: 11 · 4,59 €
Der Ölfilter muss mit dem niedrigeren Marktpreis bewertet werden.
Der Ölfilter hat nur noch einen aktuellen Wert von 4,59 € pro Stück.

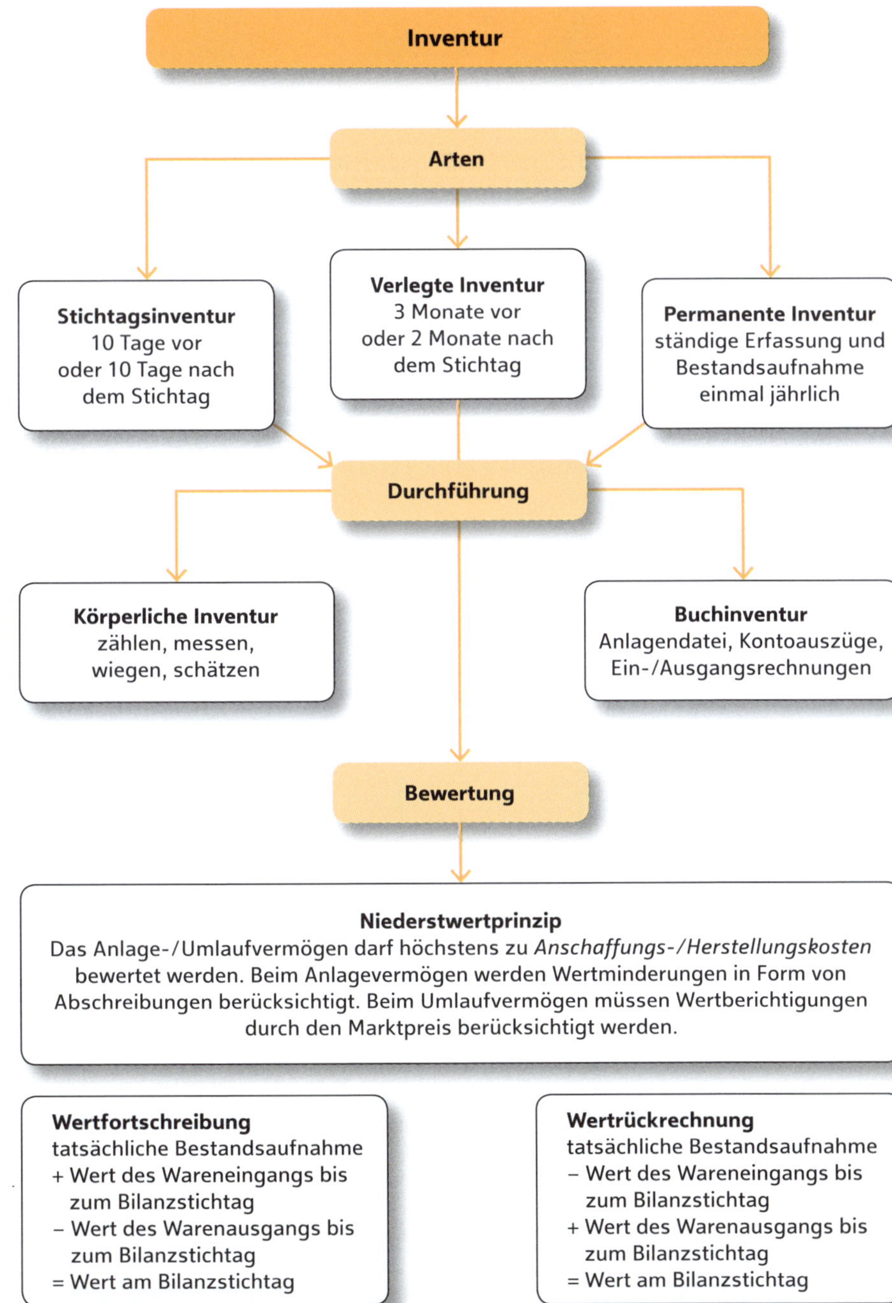

Situation
Nachdem Sie inzwischen an der ersten Inventur Ihrer Ausbildungszeit mitgewirkt haben, sind Sie nun dabei behilflich, das Inventar aufzustellen. Im Anschluss daran soll die Bilanz des Geschäftsjahrs erstellt werden.

4. Aufgabe

Erläutern Sie einen Unterschied zwischen dem Inventar und der Bilanz.

____

____

____

Fortführung der Situation
Nachdem das Inventar erstellt wurde, haben Sie folgende Posten zusammengefasst. Leider sind Ihnen Ihre Notizen etwas durcheinandergeraten. Zunächst müssen Sie die einzelnen Posten wieder sortieren.

5. Aufgabe

Tragen Sie folgende Werte in die Bilanz ein und ermitteln Sie das Eigenkapital zum Ende des Geschäftsjahrs.

Posten	in T€
Guthaben bei Kreditinstituten	67
Hypothekendarlehen (Restlaufzeit < zehn Jahre)	886
Forderungen aus Lieferungen und Leistungen	48
Maschinen und Anlagen	95
Fuhrpark (inklusive Vorführwagen)	213
Neuwagen	249

Posten	in T€
Verbindlichkeiten aus Lieferungen und Leistungen	82
Grundstücke und Gebäude	946
Betriebs- und Geschäftsausstattung	203
Werkzeug und Kleingeräte	43
Teile und Zubehör	553
Darlehen (Restlaufzeit > fünf Jahre)	449

Tipp

Achten Sie auf die richtige Zuordnung der Konten zu den entsprechenden Bilanzpositionen bei der Übertragung.

Schlussbilanz in T€

Aktiva		Passiva	
A. Anlagevermögen		**A. Eigenkapital**	
		B. Fremdkapital	
B. Umlaufvermögen			

Fortführung der Situation
Für das notwendige Controlling im Unternehmen sind die Bilanzkennzahlen unerlässlich. Unter anderem die Entwicklung und der Vergleich der Kapitalstruktur und des Vermögensaufbaus eines Unternehmens liefern wichtige Daten für künftige unternehmerische Entscheidungen.

6. Aufgabe

Ermitteln Sie die Eigenkapitalquote des Unternehmens.

Erläuterungen und Lösungen

4. Aufgabe

Das Inventar wird in Staffelform aufgestellt, währenddessen die Bilanz in Kontenform aufgestellt wird. Das Inventar ist ein ausführliches Bestandsverzeichnis, wohingegen die Bilanz eine kurze Zusammenfassung des Inventars ist.

5. Aufgabe

Schlussbilanz in T€

Aktiva		Passiva	
A. Anlagevermögen		**A. Eigenkapital**	**1.000**
1. Grundstücke/Gebäude	946		
2. Maschinen/Anlagen	95	**B. Fremdkapital**	
3. Werkzeuge/Kleingeräte	43		
4. BGA	203	1. Hypothekendarlehen	886
5. Fuhrpark	213	2. Darlehen	449
		3. Verbindlichkeiten a. L. L.	82
B. Umlaufvermögen			
1. Neuwagen	249		
2. Teile/Zubehör	553		
3. Forderungen a. L. L.	48		
4. Kreditinstitute	67		
	2.417		**2.417**

Das Eigenkapital ergibt sich, wenn vom Gesamtvermögen das Fremdkapital abgezogen wird: 2.417.000 € – 1.417.000€ = 1.000.000 €.

6. Aufgabe

Gesamtkapital ➡ 100 %
Eigenkapital ➡ X %

$$\text{Eigenkapitalquote} = \frac{1.000.000\text{ €} \cdot 100\ \%}{2.417.000\text{ €}} = 41{,}37\ \%$$

Die Eigenkapitalquote sagt aus, wie hoch die Eigenfinanzierung am Gesamtvermögen bzw. Gesamtkapital ist. Je höher die Eigenkapitalquote ist, desto kreditwürdiger und unabhängiger ist das Unternehmen.

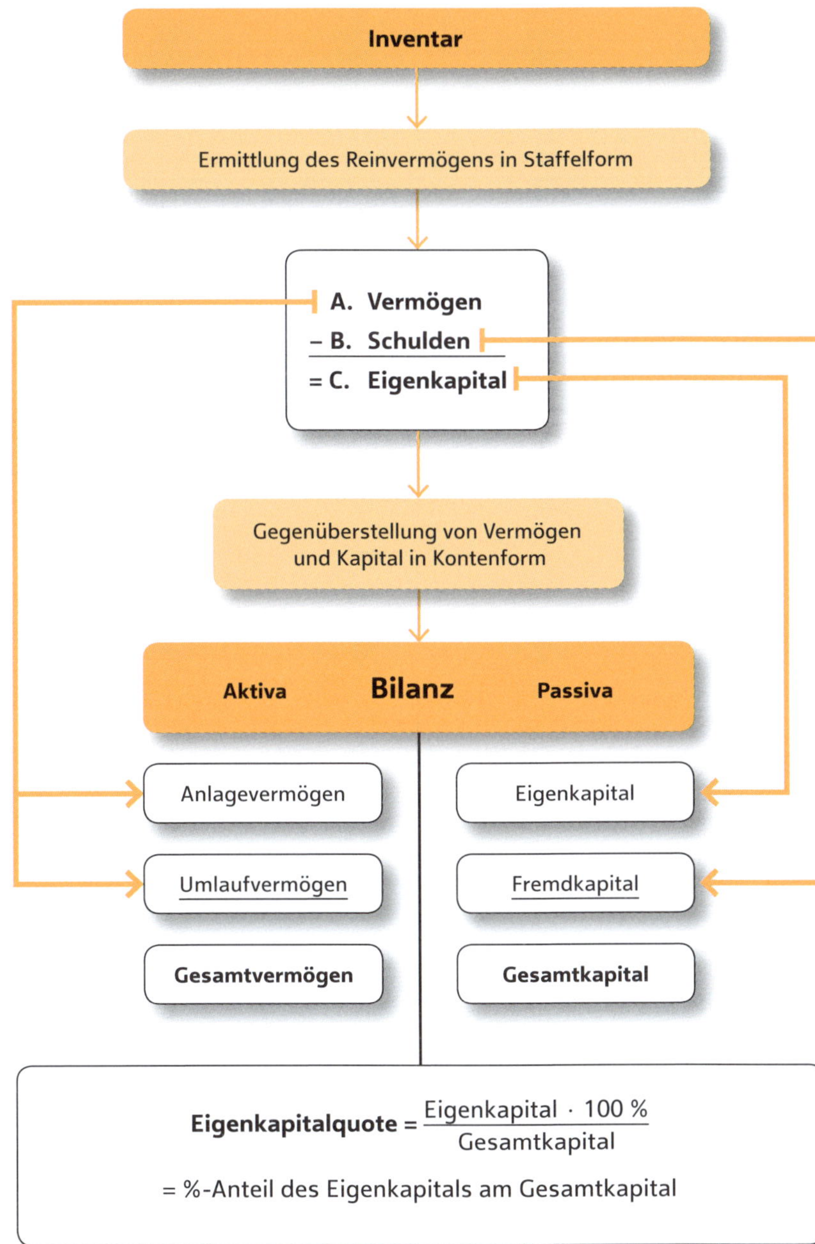

Situation
Am Ende des Geschäftsjahrs wird der Erfolg des Unternehmens durch Gegenüberstellung von Aufwendungen und Erträgen im Gewinn- und Verlustkonto ermittelt. Der Unternehmenserfolg des Jahres ergibt sich aus dem Betriebsergebnis und dem neutralen Ergebnis.

1. Aufgabe

Welche Aufwendungen und Erträge enthält das Betriebsergebniskonto im Gegensatz zu dem neutralen Ergebniskonto?

Fortführung der Situation
Sie sollen die Ergebnisse der letzten beiden Jahre miteinander vergleichen. Dazu werden Ihnen die folgenden Ergebniskonten zur Verfügung gestellt.

S	**Neutrales Ergebnis X1**		H
		Miete	4.200

S	**Betriebsergebnis X1**		H
VAK	30.000	Erlöse	80.000
Löhne	15.000		

S	**Neutrales Ergebnis X2**		H
Forderungsausfall	5.000	Miete	4.200

S	**Betriebsergebnis X2**		H
VAK	30.000	Erlöse	70.000
Löhne	20.000		

2. Aufgabe

2.1 Ermitteln Sie aus den Abschlusskonten den Gesamterfolg des Unternehmens für das Jahr X1.

2.2 Ermitteln Sie aus den Abschlusskonten den Gesamterfolg des Unternehmens für das Jahr X2.

2.3 Ermitteln Sie aus den Abschlusskonten die Veränderung des Gesamterfolgs von X1 auf X2.

2.4 Über welches Konto wird das Gewinn- und Verlustkonto am Jahresende abgeschlossen?

Erläuterungen und Lösungen

1. Aufgabe

Das Betriebsergebniskonto enthält alle Aufwendungen und Erträge, die in direktem Zusammenhang mit dem eigentlichen Betriebszweck stehen. Im Gegensatz hierzu werden im neutralen Ergebniskonto die Aufwendungen und Erträge erfasst, die nicht betrieblich verursacht werden, wie z. B. Mieterträge oder außerplanmäßige Abschreibungen, die zu den außergewöhnlichen Aufwendungen zählen.

2. Aufgabe

S Neutrales Ergebnis X1 H

S		H	
GuV	4.200	Miete	4.200

S Betriebsergebnis X1 H

S		H	
VAK	30.000	Erlöse	80.000
Löhne	15.000		
GuV	35.000		

S Neutrales Ergebnis X2 H

S		H	
Forderungs-ausfall	5.000	Miete	4.200
		GuV	800

S Betriebsergebnis X2 H

S		H	
VAK	30.000	Erlöse	70.000
Löhne	20.000		
GuV	20.000		

2.1 Rechnung: 4.200,00 € + 35.000,00 € = **39.200,00 €**
Der Erfolg im Jahr X1 ergibt sich aus der Addition der Salden der beiden Konten.

2.2 Rechnung: – 800 € + 20.000,00 € = **19.200,00 €**
Der Erfolg im Jahr X2 ergibt sich aus der Addition der Salden der beiden Konten.

2.3 Rechnung: 39.200,00 € – 19.200,00 € = **20.000,00 €**

2.4 Der Saldo wir über das Konto Eigenkapital abgeschlossen.

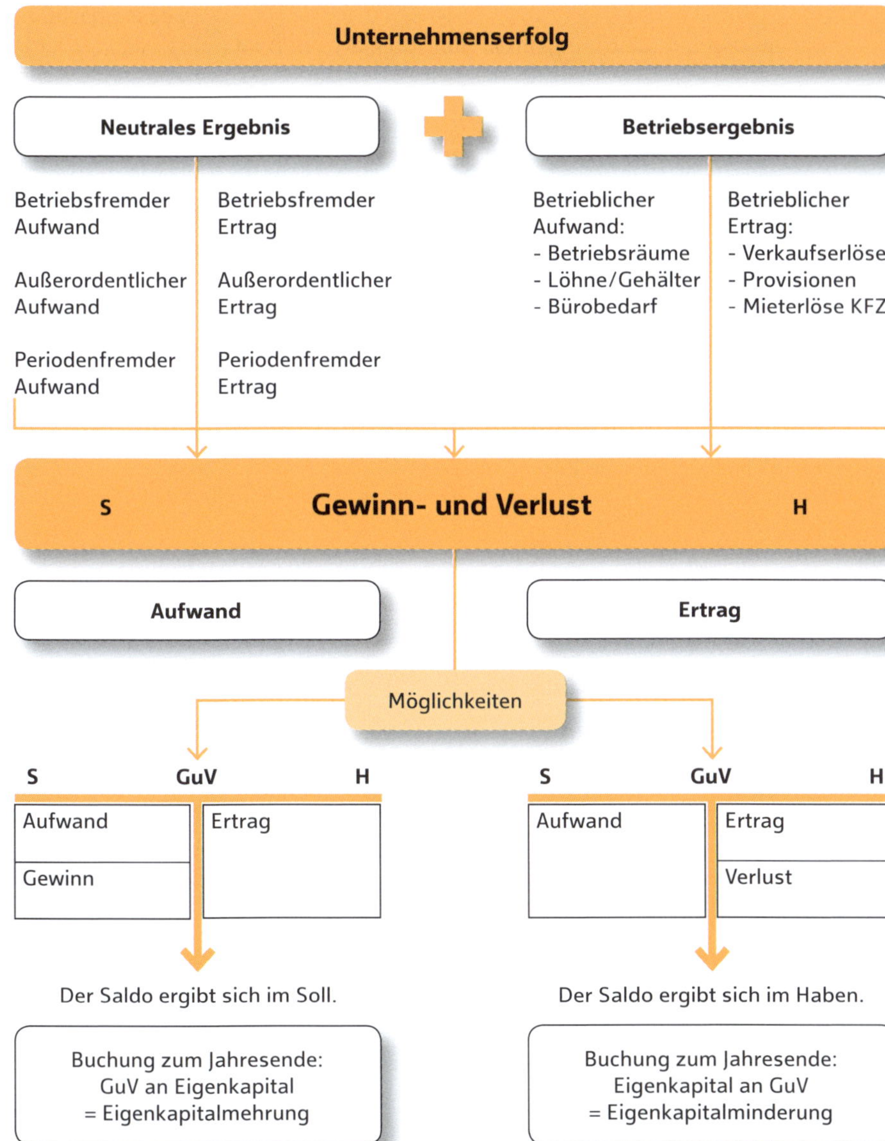

Situation
Die Hebebühnen in der Werkstatt gelten als abnutzbares Wirtschaftsgut im Anlagevermögen. Die Nutzungsdauer beträgt 15 Jahre. Im April des Geschäftsjahrs musste eine Hebebühne, die irreparabel war, ersetzt werden. Die Entscheidung fiel auf das Modell TM250W zu einem Bruttoanschaffungspreis von 2.046,80 €. Die Versandkosten betrugen 180,00 € (netto) und die Einbaukosten 350,00 € (netto). Alle Leistungen wurden bei der Lutz-Hebebühnen GmbH bezogen. (Umsatzsteuersatz 19 %)

4. Aufgabe

4.1 Ermitteln Sie den Anschaffungswert der Hebebühne.

4.2 Ermitteln Sie den Abschreibungsprozentsatz pro Jahr.

4.3 Ermitteln Sie den Abschreibungsbetrag im Anschaffungsjahr in €.

4.4 Ermitteln Sie den Buchwert am Ende des ersten Jahres.

Fortführung der Situation
Ihnen steht folgender Auszug aus dem Kontenplan zur Verfügung. Bilden Sie die nachstehenden Buchungssätze unter Berücksichtigung eines geltenden Steuersatzes von 19 %. Gehen Sie davon aus, dass wir nur eine Rechnung vom Lieferanten erhalten.

0200 technische Anlagen und Maschinen	1776 Umsatzsteuer 19 %
0300 Betriebs- und Geschäftsausstattung	3400 Bestand Werkstatt
1000 Kasse	4550 Frachtkosten
1400 Forderungen a. L. L.	4620 Abschreibung auf Sachanklagen
1576 abziehbare Vorsteuer 19 %	4640 Sofortabschreibungen
1600 Verbindlichkeiten a. L. L.	7340 VAK Werkstatt

5. Aufgabe

5.1 Bilden Sie den Buchungssatz zur Erfassung der Eingangsrechnung der Lutz-Hebebühnen GmbH (Zahlungsbedingungen: 30 Tage netto Kasse).

SOLL			an	HABEN	
Kontonummer	Kontobezeichnung	Betrag €	Kontonummer	Kontobezeichnung	Betrag €

5.2 Buchen Sie die Abschreibung der Hebebühne im Anschaffungsjahr.

SOLL			an	HABEN	
Kontonummer	Kontobezeichnung	Betrag €	Kontonummer	Kontobezeichnung	Betrag €

Fortführung der Situation
Für jedes Anlagegut wird eine Abschreibungstabelle geführt, in der neben dem Anschaffungswert der jährliche Abschreibungswert und der Buchwert erfasst werden.

6. Aufgabe

Füllen Sie die nachstehende Abschreibungstabelle der neuen Hebebühne für die ersten drei Jahre nach der Anschaffung aus.

Jahr	Buchwert/Anschaffungswert zu Beginn des Geschäftsjahrs	Abschreibung	Buchwert am Ende des Geschäftsjahrs
0			
1			
2			
3			

Erläuterungen und Lösungen

4. Aufgabe

4.1 Das Anschaffungswertprinzip laut HGB besagt, dass alle Kosten, die aufgewendet werden müssen, um einen Vermögensgegenstand zu erwerben und ihn in einen betriebsbereiten Zustand zu versetzen, zu den Anschaffungskosten zählen. Die Gesamtkosten sind Grundlage zur Berechnung der Abschreibung. Dazu zählen auch Anschaffungsnebenkosten wie Transport- und Montagekosten, bei einem Kfz z. B. auch Überführungs- und Zulassungskosten. Da die Umsatzsteuer ein durchlaufender Posten ist, wird sie nicht berücksichtigt.

Berechnung des Anschaffungswerts:

(brutto) 2.046,80 €/1,19 = 1.720,00 € (netto)
1.720,00 € + 180,00 € + 350,00 € = Anschaffungswert **2.250,00 €**

4.2 Rechnung: $\frac{100\,\%}{15 \text{ Jahre Nutzungsdauer}} = \mathbf{6{,}67\,\%}$

4.3 Die Abschreibung darf im ersten Jahr nur anteilig erfolgen.

Berechnung des Abschreibungsbetrags für neun Monate (April bis Dezember)

$\frac{2.250{,}00\text{ €}}{15} = 150{,}00\text{ € pro Jahr}$ $\frac{150{,}00\text{ €}}{12} = 12{,}50\text{ € pro Monat}$

12,50 € · 9 = **112,50 €**

4.4 Anschaffungswert 2.250,00 € – Abschreibung 112,50 € = **Buchwert 2.137,50 €**

Anschaffungswert = alle Kosten, die anfallen, um einen Gegenstand betrieblich nutzen zu können (Kaufpreis + Anschaffungsnebenkosten)

↓

Anschaffungsnebenkosten = alle Kosten, die notwendig sind, um einen Gegenstand in einen betriebsbereiten Zustand zu versetzen

Merke

Kauf eines Anlageguts = Ausgabe
Abschreibung eines Anlageguts = Aufwand

Abschreibung = buchhalterische Berücksichtigung der technischen und wirtschaftlichen Wertminderung von abnutzbaren Gegenständen des Anlagevermögens

↓

Abschreibung im Jahr der Anschaffung: Der Wertverlust darf nur ab dem Monat der Anschaffung berücksichtigt werden.

5. Aufgabe

5.1

SOLL			an	HABEN	
Kontonummer	Kontobezeichnung	Betrag €	Kontonummer	Kontobezeichnung	Betrag €
0200	TA und Maschinen	2.250,00	1600	Verbindl. a. L. L.	2.677,50
1776	Umsatzsteuer 19 %	427,50			

5.2

SOLL			an	HABEN	
Kontonummer	Kontobezeichnung	Betrag €	Kontonummer	Kontobezeichnung	Betrag €
4620	Abschreibung a. S.	112,50	0200	TA u. Maschinen	112,50

6. Aufgabe

Jahr	Buchwert/Anschaffungswert zu Beginn des Geschäftsjahrs	Abschreibung	Buchwert am Ende des Geschäftsjahrs
0	2.250,00 €	112,50 €	2.137,50 €
1	2.137,50 €	150,00 €	1.987,50 €
2	1.987,50 €	150,00 €	1.837,50 €
3	1.837,50 €	150,00 €	1.687,50 €

Situation

Die Autohaus Schmidt GmbH hat bei der KCB-Versicherung eine Gebäudeversicherung abgeschlossen, die jährlich gezahlt wird und jeweils zum 1.10. des Jahres fällig ist. Ihnen liegt nun der Kontoauszug mit dem Abbuchungsbetrag in Höhe von 1.728,00 € für die Versicherung vor. (Hinweis: Zu dem Geschäftsfall wurde in diesem Jahr noch keine Buchung erfasst.)

Auszug aus dem Kontenplan:

0980 aktive Rechnungsabgrenzung	1600 Verbindlichkeiten a. L. L.
0990 passive Rechnungsabgrenzung	1776 Umsatzsteuer 19 %
1000 Kasse	2100 Zinsen und ähnliche Aufwendungen
1200 Bank	2180 Kundenskonti
1400 Forderungen a. L. L.	2750 Mieterträge
1576 abziehbare Vorsteuer 19 %	4630 Versicherungen

7. Aufgabe

7.1 Buchen Sie die Abbuchung des Versicherungsbetrags vom Bankkonto der Autohaus Schmidt GmbH.

SOLL			an HABEN		
Kontonummer	Kontobezeichnung	Betrag €	Kontonummer	Kontobezeichnung	Betrag €

7.2 Welcher Betrag in Euro muss zum Ende des Jahres abgegrenzt werden?

7.3 Um welche Art der Abgrenzung handelt es sich in diesem Fall?

7.4 Buchen Sie die Abgrenzung, die zum Ende des Jahres zu erfassen ist.

SOLL			an HABEN		
Kontonummer	Kontobezeichnung	Betrag €	Kontonummer	Kontobezeichnung	Betrag €

7.5 Welchen Einfluss hat die Buchung aus Aufgabe 7.4 auf die Gewinn- und Verlustrechnung bzw. deren Konten am Ende des Jahres?

Situation

Die Autohaus Schmidt GmbH hat eine momentan nicht benötigte Halle auf dem Betriebsgrundstück an einen kooperierenden Reifenhändler vermietet.
Die Miete in Höhe von 250,00 € monatlich wird jeweils für drei Monate im Voraus gezahlt und ist zuletzt am 02.11., für die Monate November bis Januar, auf dem Bankkonto eingegangen.

8. Aufgabe

8.1 Buchen Sie die Abgrenzung, die zum 31.12. erfasst werden muss.

SOLL			an HABEN		
Kontonummer	Kontobezeichnung	Betrag €	Kontonummer	Kontobezeichnung	Betrag €

8.2 Um welche Art der Abgrenzung handelt es sich in diesem Fall?

Erläuterungen und Lösungen

7. Aufgabe

7.1

SOLL			an HABEN		
Kontonummer	Kontobezeichnung	Betrag €	Kontonummer	Kontobezeichnung	Betrag €
4630	Versicherungen	1.728,00	1200	Bank	1.728,00

Da bisher noch keine Buchung zu diesem Geschäftsfall erfolgt ist, ist der entsprechende Aufwand (hier: Versicherung) erstmalig zu erfassen. Es ist bei gleichbleibenden, regelmäßigen Forderungen oft üblich, nur bei der ersten Abbuchung einen Beleg (Rechnung) zu erstellen. Die Beiträge zu Versicherungen unterliegen in Deutschland zwar einer Versicherungssteuer von 19 %, allerdings keiner Umsatzsteuer, sodass hier dementsprechend keine Vorsteuer zu berücksichtigen ist.

7.2 Rechnung: 1.724,00 € : 12 · 9 = **1.293,00 €**

Der abzugrenzende Betrag richtet sich nach dem Geschäftsjahresende, hier der 31.12.. Alle Beträge, die bis zu diesem Termin zu zahlen gewesen wären, sind korrekt erfasst. Die Beträge, die erst im nächsten Jahr zu zahlen wären, müssen abgegrenzt werden. Für drei Monate wären die Beiträge bis zum 31.12. demnach zu zahlen gewesen, für neun Monate erst im nächsten Geschäftsjahr.

7.3 Es handelt sich in diesem Fall um eine aktive Rechnungsabgrenzung, da zum Jahresende bereits liquide Mittel geflossen sind.

Da diese von uns geleistet wurden, haben wir zum Jahresende letztlich noch eine Forderung gegenüber dem Leistenden, die wir ins Folgejahr übertragen.

7.4

SOLL			an HABEN		
Kontonummer	Kontobezeichnung	Betrag €	Kontonummer	Kontobezeichnung	Betrag €
0980	aktive RAP*	1.293,00	4630	Versicherungen	1.293,00

* *RAP = Rechnungsabgrenzungsposten*

7.5 Da der Aufwand (für Versicherungen) im laufenden Geschäftsjahr durch die Buchung gemindert wird, erhöht sich automatisch der Gewinn um den entsprechenden Betrag.

8. Aufgabe

8.1

SOLL			an HABEN		
Kontonummer	Kontobezeichnung	Betrag €	Kontonummer	Kontobezeichnung	Betrag €
2650	Mieterträge	250,00	0990	passive RAP	250,00

8.2 Es handelt sich um eine passive Rechnungsabgrenzung, das Gegenstück zur aktiven Rechnungsabgrenzung.

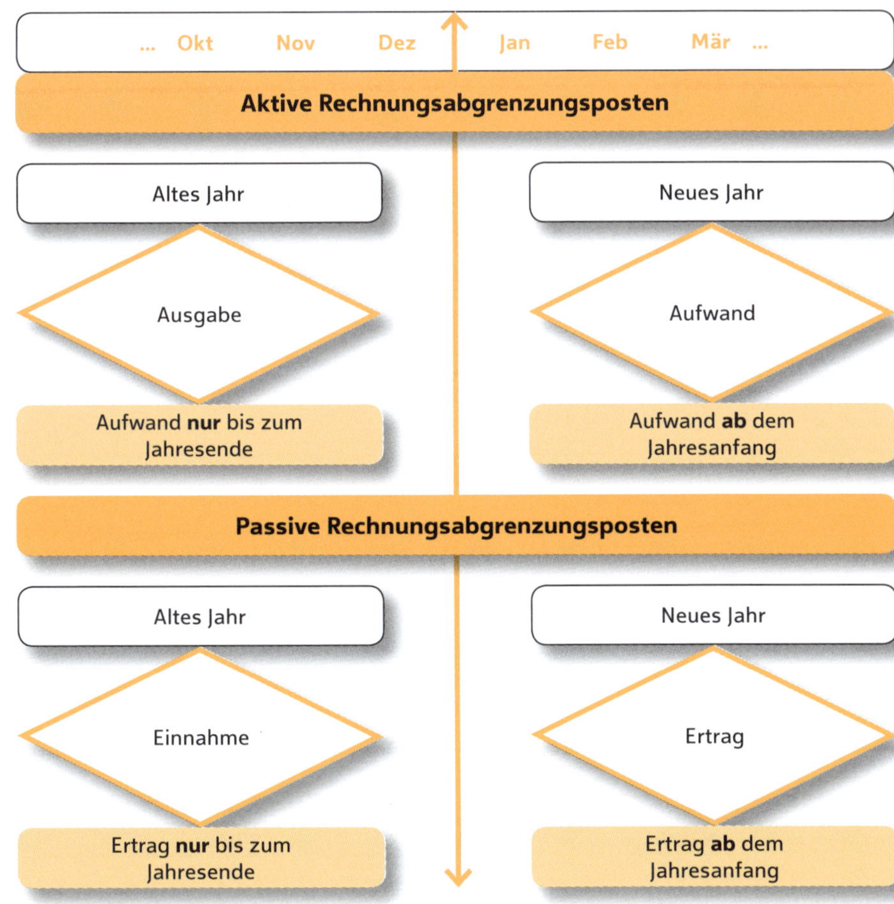

Situation
Die Autohaus Schmidt GmbH bezieht von einem lokalen Anbieter Strom für die Geschäftsräume. Die Abschlagszahlung für die Monate Dezember, Januar und Februar in Höhe von 1.606,50 € (inkl. 19 % Umsatzsteuer) wird nachträglich im Februar des folgenden Jahres per Lastschrift eingezogen.

9. Aufgabe

9.1 Berechnen Sie den Nettoaufwand für den gesamten Stromabschlag.

9.2 Welcher Betrag muss zum Ende des Jahres erfasst werden?

9.3 Um welche Art der Abgrenzung handelt es sich?

9.4 Bilden Sie den Buchungssatz zur Erfassung der Abgrenzung.

Auszug aus dem Kontenplan:

1000 Kasse	1700 sonstige Verbindlichkeiten
1200 Bank	1776 Umsatzsteuer 19 %
1400 Forderungen a. L. L.	4410 Energiekosten
1491 sonstige Forderungen	4921 Verkäuferprovision Neuwagen
1500 sonstige Vermögensgegenstände	8800 Provisionserträge
1600 Verbindlichkeiten a. L. L.	8919 Erlössammelkonto
1576 abziehbare Vorsteuer 19 %	8985 Vermittlungsprovision Kundenfahrzeuge

SOLL			an	HABEN	
Kontonummer	Kontobezeichnung	Betrag €	Kontonummer	Kontobezeichnung	Betrag €

Situation
Im abgelaufenen Jahr verkaufte die Autohaus Schmidt GmbH neuartige Autolackpflegemittel auf Kommissionsbasis. Die Absatzprovision betrug 8,5 % vom Nettoumsatz. Im Dezember wurde Ware im Wert von 350,00 € (netto) verkauft. Die Rechnung geht dem Kommittenten der Autohaus Schmidt GmbH erst im Januar zu. (Umsatzsteuersatz 19 %)

10. Aufgabe

10.1 Berechnen Sie den Rechnungsbetrag für die Absatzprovision.

10.2 Um welche Art der Abgrenzung handelt es sich?

10.3 Bilden Sie den Buchungssatz für die Erfassung der Buchung zum Ende des laufenden Jahres. Nutzen Sie hierfür den nebenstehenden Auszug aus dem Kontenplan.

SOLL			an	HABEN	
Kontonummer	Kontobezeichnung	Betrag €	Kontonummer	Kontobezeichnung	Betrag €

10.4 Welchen Einfluss hat die Buchung der Abgrenzung auf den Gewinn des laufenden Geschäftsjahrs?

Erläuterungen und Lösungen

9. Aufgabe

9.1 Rechnung: 1.606,50 € : 1,19 = **1.350,00 €**

9.2 Rechnung: 1.350,00 € : 3 = **450,00 €**

Da bis zum Ende des Jahres nur 450,00 € für Dezember gezahlt werden müssten, muss auch nur dieser Betrag als Aufwand erfasst werden.

9.3 Es handelt sich um eine sonstige Verbindlichkeit.

Die Autohaus Schmidt GmbH hat im „alten" Jahr eine Leistung erhalten, für die sie erst im „neuen" Jahr zahlt. Zum Jahresende ist kein Geld geflossen.

9.4

SOLL			an HABEN		
Kontonummer	Kontobezeichnung	Betrag €	Kontonummer	Kontobezeichnung	Betrag €
4410	Energiekosten	450,00	1700	Sonstige Verbindlichkeiten	450,00

Die Vorsteuer darf erst bei Vorlage des Kontoauszugs gebucht werden, da erst dann ein Beleg (die Rechnung) vorliegt.

10. Aufgabe

10.1 Rechnung:

8,5 % von 350,00 € = 29,75 €
19 % von 29,75 € = 5,65 €
29,75 € + 5,65 € = **35,40 €**

Die Nettoprovision beträgt 8,5 % von 350,00 €. Der Rechnungsbetrag ergibt sich dann durch die Addition von 19% Umsatzsteuer.

10.2 Es handelt sich um eine sonstige Forderung.

Die Autohaus Schmidt GmbH hat im „alten" Jahr eine Leistung erbracht, für die sie erst im „neuen" Jahr eine Zahlung erhält.

10.3

SOLL			an HABEN		
Kontonummer	Kontobezeichnung	Betrag €	Kontonummer	Kontobezeichnung	Betrag €
1491	Sonstige Forderungen	29,75	8800	Provisionserträge	29,75

Die Umsatzsteuer wird erst bei Vorlage der Rechnung gebucht.

10.4 Der Gewinn wird durch die Buchung der sonstigen Forderung erhöht, da ein Ertrag erfasst wird, obwohl die entsprechende Zahlung noch nicht eingegangen ist.

Im Gegensatz hierzu mindert eine sonstige Verbindlichkeit den Gewinn, da ein Aufwand gebucht wird, für den die Zahlung bis zum Jahresende noch nicht erfolgt ist.

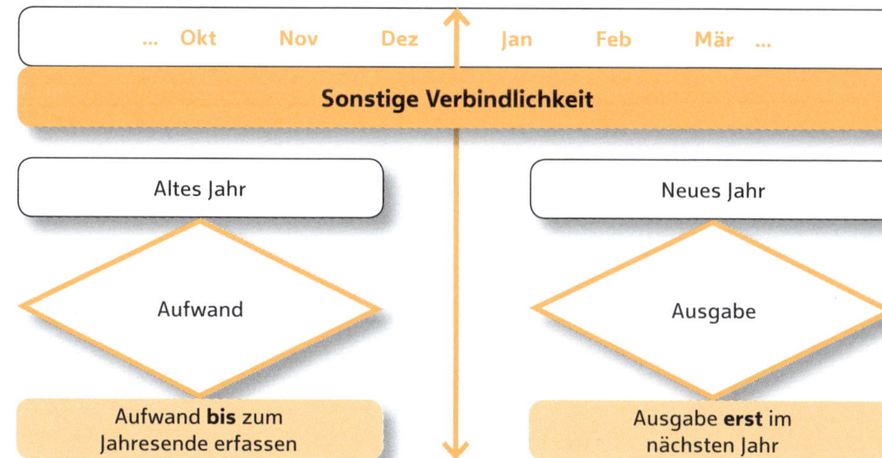

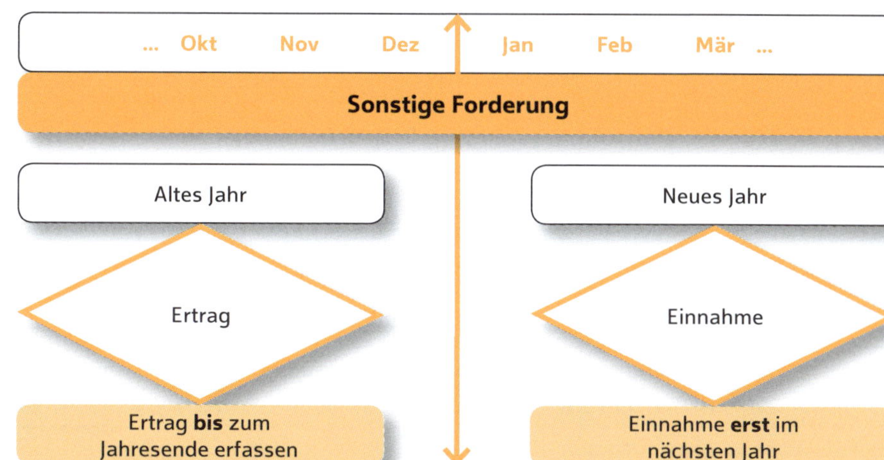

Situation zur 11. bis 13. Aufgabe

Der Jahresabschluss der Autohaus Schmidt GmbH ist fertiggestellt worden. Der Erfolg des abgelaufenen Geschäftsjahrs soll nun mithilfe der Rentabilitätskennziffern bewertet werden. Sie werden damit beauftragt, diese Kennziffern zu ermitteln und sie mit den Daten aus dem Vorjahr zu vergleichen. Dazu werden Ihnen folgende Angaben bereitgestellt:

Eigenkapital (AB*)	3.200.000,00 €
Fremdkapital (AB*)	4.000.000,00 €
Umsatzerlöse	10.240.000,00 €
Jahresüberschuss	256.000,00 €
Fremdkapitalzinsen	104.000,00 €

Daten aus dem letzten Geschäftsjahr	
Eigenkapitalrentabilität	7,5 %
Gesamtkapitalrentabilität	4,0 %
Umsatzrentabilität	2,0 %

* *AB = Bestand zu Beginn des Geschäftsjahrs*

11. Aufgabe

Erläutern Sie den Begriff Eigenkapitalrentabilität. Geben Sie ein Beispiel.

Fortführung der Situation

Ermitteln Sie mithilfe der oben angeführten Werte die folgenden Kennziffern für das abgelaufene Geschäftsjahr:

12. Aufgabe

12.1 Eigenkapitalrentabilität

12.2 Gesamtkapitalrentabilität

12.3 Umsatzrentabilität

13. Aufgabe

Bewerten Sie die von Ihnen ermittelten Werte, indem Sie diese mit den Daten aus dem Vorjahr vergleichen.

14. Aufgabe

Erläutern Sie den Unterschied zwischen den Begriffen Unternehmerrentabilität und Unternehmungsrentabilität.

Erläuterungen und Lösungen

11. Aufgabe

Die Eigenkapitalrentabilität drückt aus, wie sich das Eigenkapital im Laufe des Jahres verzinst hat. Eine Eigenkapitalrentabilität von z. B. 5 % sagt aus, dass mit dem eingesetzten Eigenkapital von z. B. 100.000,00 € ein Jahresüberschuss (Gewinn) von 5.000,00 € erwirtschaftet wurde.

12. Aufgabe

12.1 Die **Eigenkapitalrentabilität** geht davon aus, dass das Eigenkapital 100 % beträgt, und berechnet den Gewinn ausgedrückt in % des Eigenkapitals.

Rechnung: 3.200.000,00 € → 100 %
256.000.00 € → X %

$$\frac{256.000,00 \cdot 100\,\%}{3.200.000,00} = \mathbf{8\,\%}$$

12.2 Die **Gesamtkapitalrentabilität** geht davon aus, dass das Gesamtkapital (= Eigenkapital + Fremdkapital) 100 % beträgt. Da die Fremdkapitalzinsen sozusagen der Gewinn des Fremdkapitals sind, werden sie zum Jahresüberschuss addiert und es ergibt sich der Gesamtgewinn (256.000,00 € + 104.000,00 € = 360.000,00 €).

Nun wird der Gesamtgewinn ausgedrückt in Prozent des Gesamtkapitals berechnet. Die Gesamtkapitalrentabilität sagt also aus, wie sich das gesamte Kapital der Unternehmung in einem Jahr verzinst hat.

Rechnung: 7.200.000,00 € → 100 %
360.000.00 € → X %

$$\frac{360.000,00 \cdot 100\,\%}{7.200.000,00} = \mathbf{5\,\%}$$

12.3 Die **Umsatzrentabilität** geht davon aus, dass der Umsatz 100 % beträgt und berechnet den Jahresüberschuss (Gewinn) ausgedrückt in Prozent vom Umsatz.

Die Umsatzrentabilität sagt also aus, wie hoch der prozentuale Anteil des Gewinns am Umsatz ist.

Rechnung: 10.240.000,00 € → 100 %
256.000.00 € → X %

$$\frac{256.000,00 \cdot 100\,\%}{10.240.000,00} = \mathbf{2,5\,\%}$$

13. Aufgabe

Sowohl die Eigenkapitalrentabilität (von 7,5 % auf 8 %) als auch die Gesamtkapitalrentabilität (von 4 % auf 5 %) sowie die Umsatzrentabilität (von 2 % auf 2,5 %) konnten verbessert werden. Das spricht für eine positive Entwicklung des Unternehmens.

14. Aufgabe

Die *Unternehmer*rentabilität ist ein anderer Begriff für die *Eigenkapital*rentabilität, da hier nur der erwirtschaftete Jahresüberschuss im Verhältnis zum Eigenkapital gesehen wird. Bei der *Unternehmungs*rentabilität oder *Gesamtkapital*rentabilität wird das gesamte zur Verfügung stehende Kapital im Verhältnis zum Jahresüberschuss und den Fremdkapitalzinsen gesehen.

Rentabilität

Eigenkapitalrentabilität

Formel:
Eigenkapital → 100 %
Gewinn → X %

$$\frac{\text{Gewinn} \cdot 100\,\%}{\text{Eigenkapital}}$$

Gesamtkapitalrentabilität

Formel:
Eigenkapital + Fremdkapital → 100 %
Gewinn + Fremdkapitalzinsen → X %

$$\frac{(\text{Gewinn} + \text{FK-Zinsen}) \cdot 100\,\%}{\text{Eigenkapital} + \text{Fremdkapital}}$$

Umsatzrentabilität

Formel:
Umsatz → 100 %
Gewinn → X %

$$\frac{\text{Gewinn} \cdot 100\,\%}{\text{Umsatz}}$$

Situation zur 15. und 16. Aufgabe

Nachdem Sie bereits einige Rentabilitätskennziffern errechnet und ausgewertet haben, sollen Sie nun diverse Bilanzkennziffern ermitteln.
Man unterscheidet die vertikale und die horizontale Bilanzanalyse. Während bei der vertikalen Analyse Werte der Aktiv- oder Passivseite zueinander in Beziehung gesetzt werden, wird bei der horizontalen Analyse Posten der Aktiv- und Passivseite der Bilanz miteinander in Beziehung gesetzt.

Ihnen steht für die Auswertungen folgende stark verkürzte Bilanz zur Verfügung:

Schlussbilanz in T€

Aktiva		Passiva	
C. Anlagevermögen		**A. Eigenkapital**	**1.300**
6. Grundstücke/Gebäude	846		
7. Maschinen/Anlagen	95	**B. Fremdkapital**	
8. Werkzeuge/Kleingeräte	43		
9. BGA	203	1. Hypothek*	669
10. Vorführwagen	213	2. Darlehen*	449
		3. Verbindlichkeiten a. L. L.	72
D. Umlaufvermögen		4. Verbindl. aus Steuern	10
5. Neuwagen	432		
6. Teile/Zubehör	553		
7. Forderungen a. L. L.	68		
8. Kreditinstitute	47		
9. Kasse	10		
	2.500		**2.500**

* *Die Laufzeiten der Hypothek und der Darlehen betragen jeweils länger als fünf Jahre.*

15. Aufgabe

15.1 Berechnen Sie die Anlagenintensität der Autohaus Schmidt GmbH.

15.2 Berechnen Sie die Fremdkapitalquote.

Fortführung der Situation

Die horizontalen Bilanzkennzahlen geben unter anderem Auskunft über die Fähigkeit des Unternehmens, seine kurzfristigen Schulden zeitnah zu zahlen, oder darüber, wie viel Anlagevermögen mit Eigenkapital finanziert wird.

16. Aufgabe

16.1 Berechnen Sie die Anlagendeckung I (Deckungsgrad I) der Autohaus Schmidt GmbH.

16.2 Berechnen Sie die Liquidität 1. Grades (Barliquidität).

16.3 Berechnen Sie die Liquidität 2. Grades.

Erläuterungen und Lösungen

15. Aufgabe

15.1 Bei der Anlagenintensität wird der prozentuale Anteil des Anlagevermögens am Gesamtvermögen ermittelt.

Gesamtvermögen ➡ 100 %
Anlagevermögen ➡ X %

Anlagenintensität $= \frac{\text{Anlagevermögen} \cdot 100\,\%}{\text{Gesamtvermögen}}$

Rechnung: 1.400 T€ · 100 % : 2.500 T€ = **56 %**

15.2 Die Fremdkapitalquote ist das Gegenstück zur Eigenkapitalquote (siehe Seite 144).Zusammen ergeben Sie 100 % bzw. das Gesamtkapital. Die Fremdkapitalquote ist der prozentuale Anteil des Fremdkapitals am Gesamtkapital.

Gesamtkapital ➡ 100 %
Fremdkapital ➡ X %

Fremdkapitalquote $= \frac{\text{Fremdkapital} \cdot 100\,\%}{\text{Gesamtkapital}}$

Rechnung: 1.200 T€ · 100 % : 2.500 T€ = **48 %**

Merke

Rücklagen** zählen zum **Eigenkapital** und **Rückstellungen** zum **Fremdkapital.

16. Aufgabe

16.1 Die Anlagendeckung I (Deckungsgrad I) sagt aus, welcher Prozentsatz des Anlagevermögens mit Eigenkapital finanziert wird.

Anlagevermögen ➡ 100 %
Eigenkapital ➡ X %

Anlagendeckung $= \frac{\text{Eigenkapital} \cdot 100\,\%}{\text{Anlagevermögen}}$

Rechnung: 1.300 T€ · 100 % : 1.400 T€ = **92,86 %**

Der Anlagengrad II (Deckungsgrad II) berücksichtigt bei der Ermittlung außer dem Eigenkapital auch noch die langfristigen Schulden (> fünf Jahre Restlaufzeit).

16.2 Die Liquidität 1. Grades oder Barliquidität sagt aus, inwieweit die Autohaus Schmidt GmbH in der Lage ist, ihre kurzfristigen Schulden (Verbindlichkeiten) sofort zu bezahlen. Als kurzfristig gelten alle Verbindlichkeiten mit einer Restlaufzeit von weniger als einem Jahr. Als liquide (sofort zur Verfügung stehende) Mittel gelten lediglich die Bankguthaben und der Kassenbestand.

Kurzfristige Schulden ➡ 100 %
Liquide Mittel ➡ X %

Barliquidität $= \frac{\text{Liquide Mittel} \cdot 100\,\%}{\text{kurzfristige Schulden}}$

Rechnung: 57 T€ · 100 % : 82 T€ = **69,51 %**

16.3 Die Aussagekraft der Liquidität 2. Grades ist höher, da hierbei zu den liquiden Mitteln die kurzfristigen Forderungen zur Deckung der kurzfristigen Schulden herangezogen werden.

Kurzfristige Schulden ➡ 100 %
Liquide Mittel + Forderungen a. L. L. ➡ X %

Liquidität 2. Grades $= \frac{(\text{Liquide Mittel} + \text{Ford. a. L. L.}) \cdot 100\,\%}{\text{kurzfristige Schulden}}$

Rechnung: (57 T€ + 68 T€) · 100 % : 82 T€ = **152,44 %**

Bei der Liquidität 3. Grades wird das gesamte Umlaufvermögen hinzugezogen.

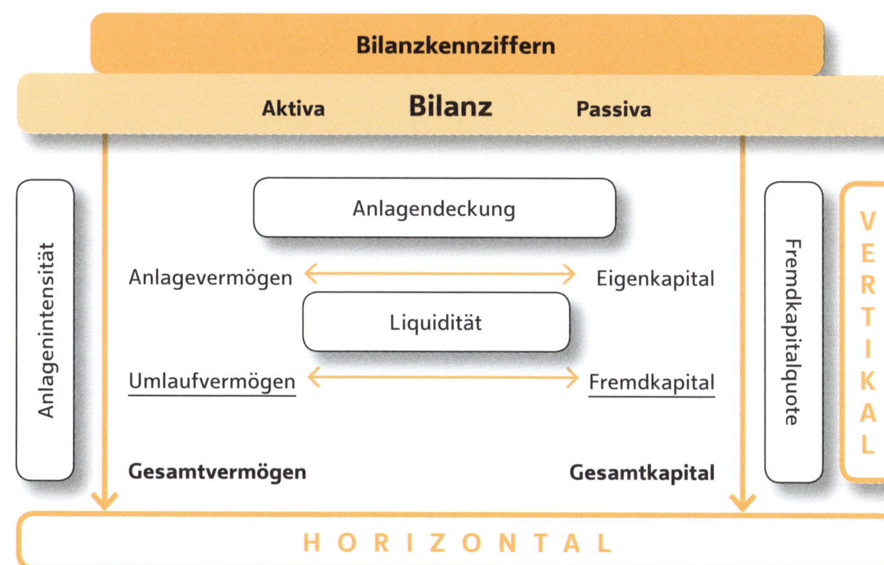

Situation zur 1. bis 3. Aufgabe
Sie sind zurzeit in Ihrem Autohaus zuständig für die Kalkulation der Verkaufspreise im Bereich Teile und Zubehör. Die verrechneten Anschaffungskosten (VAK) beliefen sich im letzten Jahr in dieser Sparte des Unternehmens auf 240.000,00 €, die Summe der Gemeinkosten betrug im selben Zeitraum 80.000,00 €.

1. Aufgabe

Erläutern Sie den Unterschied zwischen Einzelkosten und Gemeinkosten.

2. Aufgabe

Nennen Sie für die unten angeführten vier Arten von Gemeinkosten jeweils einen passenden Verteilungsschlüssel.

Gemeinkostenart	Verteilungsschlüssel
Stromrechnung	
Abschreibung Personal Computer	
Heizkosten	
Gehälter von Angestellten	

3. Aufgabe

Ermitteln Sie die Höhe des Gemeinkostenzuschlags (GKZ), der im Bereich Teile und Zubehör zu berücksichtigen ist.

Fortführung der Situation
Der Bezugspreis für eine neu in das Sortiment aufgenommene Felge beträgt 89,00 €.

4. Aufgabe

Ermitteln Sie den Selbstkostenpreis für eine Felge unter Berücksichtigung des von Ihnen ermittelten Gemeinkostenzuschlags (GKZ).

Situation
Die Kosten für Miete sollen entsprechend der Raumgrößen auf die Kostenstellen umgelegt werden. Für alle Bereiche der Autohaus Schmidt GmbH fallen insgesamt monatliche Mietkosten in Höhe von 15.300,00 € an.

Die einzelnen Bereiche des Autohauses beanspruchen folgende Quadratmeter:

Werkstatt:	500 m^2
Neuwagenverkauf:	450 m^2
Gebrauchtwagenverkauf:	350 m^2
Teile und Zubehör:	300 m^2
Verwaltung:	200 m^2

5. Aufgabe

Berechnen Sie die anteiligen Mietkosten der Abteilung Werkstatt.

Erläuterungen und Lösungen

1. Aufgabe

Während Einzelkosten einem Produkt oder einem Auftrag mengen- und wertmäßig direkt zugerechnet werden können, sind alle anderen Kosten Gemeinkosten. Die Einzelkosten entfallen, wenn der Kostenträger (Produkt oder Auftrag) aus dem Sortiment genommen wird. Die Gemeinkosten fallen für mehrere Kostenträger an und werden auf die Kostenstellen (Abteilungen) verteilt.

Einzelkosten z. B.:

- Können einem Produkt oder einem Auftrag direkt zugerechnet werden.
- Der Aufwand steht in direktem Zusammenhang mit dem Ertrag.

→ Verrechnete Anschaffungskosten
→ Verkaufsprovisionen
→ Produktive Löhne

+

Gemeinkosten z. B.:

- Sind nicht direkt einem Produkt oder einem Auftrag zurechenbar.
- Der Aufwand steht nicht in direktem Zusammenhang mit dem Ertrag.

→ Miete, Energie
→ Verwaltungskosten
→ Vertriebskosten

=

Selbstkosten

2. Aufgabe

Gemeinkostenart	Verteilungsschlüssel
Stromrechnung	Stromzähler, Raumvolumen, m^2
Abschreibung Personal Computer	Standorte, Abteilungen
Heizkosten	Raumvolumen, m^2
Gehälter von Angestellten	Abteilungen, Arbeitsstunden

Kostenarten

Beispiel
Ausgaben:
- Verrechnete Anschaffungskosten
- Personalkosten
- Miete
- Abschreibung

Kostenstellen

Beispiel
Abteilung:
- Neuwagen
- Gebrauchtwagen
- Werkstatt
- Teile und Zubehör

Kostenträger

Beispiel
Artikel/Leistung:
- Neufahrzeug
- Ersatzteil
- Auftrag

3. Aufgabe

240.000,00 € → 100 %
80.000,00 € → X %

$$\frac{80.000,00\ € \cdot 100\ \%}{240.000,00\ €} = \mathbf{33,33\ \%}$$

$$\textbf{Gemeinkostenzuschlag in \% } = \frac{\textbf{Gemeinkosten} \cdot \textbf{100 \%}}{\textbf{Einzelkosten}}$$

4. Aufgabe

100 % → 89,00 €
33,33 % → X €

$$\frac{33,33\ \% \cdot 89,00\ €}{100\ \%} = 29,66\ €$$

89,00 €
+ 29,66 €
118,66 €

Selbstkosten in € = Einzelkosten in € + Gemeinkostenzuschlag in €

5. Aufgabe

1.800 m^2 → 15.300,00 €
500 m^2 → X €

$$\frac{500\ m^2 \cdot 15.300,00\ €}{1.800\ m^2} = \mathbf{4.250,00\ €}$$

Situation

Zurzeit sind Sie in der Abteilung Controlling des Unternehmens eingesetzt. Die Ihnen vorgesetzte Person möchte Ihnen die Kostensituation der Autohaus Schmidt GmbH erläutern. Dazu legt sie Ihnen den folgenden Betriebsabrechnungsbogen (BAB) vor. Während die Einzelkosten den Kostenträgern direkt zugerechnet werden können, werden die Gemeinkosten über den BAB auf die verschiedenen Kostenstellen aufgeteilt. Dabei soll die Verteilung möglichst nach dem Verursacherprinzip erfolgen. Abschließend werden die Gemeinkostenzuschlagssätze der einzelnen Hauptkostenstellen ermittelt.

Autohaus Schmidt GmbH – Betriebsabrechnungsbogen Juli 20XY							
Aufwand Betriebsergebnisrechnung			Hilfskostenstelle	Hauptkostenstellen			
	Kostenart	€	Verwaltung	NW*	GW*	TuZ*	Werkstatt
1	Hilfslöhne	5.600					5.600
2	Gehälter	48.700	23.300	8.900	2.420	4.100	9.980
3	Soziale Aufwendungen	31.558	6.210	2.375	630	1.095	21.248
4	Miete	23.218	1.300	4.630	795	5.263	11.230
5	Heizung	5.073	440	1.540	214	984	1.895
6	Raumkosten	2.946	450	853	120	810	713
7	Werbekosten	8.034	0	3.987	1.874	298	1.875
17	Beratungskosten	3.450	589	630	334	180	1.717
18	Kalkulatorische Zinsen	8.200	800	2.325	1.215	1.600	2.260
19	**Summe Gemeinkosten I**	180.430	33.275	21.660	2.968	15.904	120.823
20	Umlage Verwaltung			10.203	1.654	8.956	12.462
21	**Summe Gemeinkosten II**	180.430	↳	31.863	4.622	24.860	133.285
22	Produktive Löhne	69.900					69.900
23	VAK*	405.960		212.280	119.531	74.149	
24	**Gemeinkostenzuschlag %**						

** NW = Neuwagen*
** GW = Gebrauchtwagen*
** TuZ = Teile und Zubehör*

6. Aufgabe

6.1 Ermitteln Sie die Gemeinkostenzuschläge in Prozent für folgende Kostenstellen. (Runden Sie auf zwei Nachkommastellen.)

Neuwagen	Gebrauchtwagen	Teile und Zubehör	Werkstatt

6.2 Worin unterscheidet sich eine Hilfskostenstelle von einer Hauptkostenstelle?

6.3 Bei den kalkulatorischen Kosten werden verschiedene Kostenarten unterschieden. Nennen Sie jeweils ein Beispiel.

Anderskosten	
Zusatzkosten	

6.4 Bestimmen Sie den Verteilungsschlüssel in Prozent, der bei der Umlage der Verwaltungskosten auf die Hauptkostenstelle Neuwagen angesetzt wurde.

Erläuterungen und Lösungen

6. Aufgabe

6.1

Neuwagen	Gebrauchtwagen	Teile und Zubehör	Werkstatt
15,01 %	3,90 %	33,53 %	190,68 %

Für die Kostenstellen Neuwagen, Gebrauchtwagen und Teile/Zubehör sind die verrechneten Anschaffungskosten Grundlage (100 %) zur Berechnung des Gemeinkostenzuschlags. Für die Werkstatt sind die produktiven Löhne 100 %.

NW: 212.280,00 € → 100 %; 31.863.00 € → X %

$$\frac{31.863,00 \cdot 100\,\%}{212.280,00} = \mathbf{15,01\,\%}$$

GW: 119.531,00 € → 100 %; 4.622,00 € → X %

$$\frac{4.662,00 \cdot 100\,\%}{119.531,00} = \mathbf{3,90\,\%}$$

TuZ: 74.149,00 € → 100 %; 24.860,00 € → X %

$$\frac{24.860,00 \cdot 100\,\%}{74.149,00} = \mathbf{33,53\,\%}$$

Werkstatt: 69.900,00 € → 100 %; 133.285,00 € → X %

$$\frac{133.285,00 \cdot 100\,\%}{69.900,00} = \mathbf{190,68\,\%}$$

6.2 Eine Hilfskostenstelle erbringt unterstützende Leistungen für die Hauptkostenstellen. Sie erbringt keine Leistung gegenüber Endkundinnen und Endkunden und wird auf die Hauptkostenstellen umgelegt.

6.3

Anderskosten	Kalkulatorische Abschreibungen oder kalkulatorische Zinsen
Zusatzkosten	Kalkulatorischer Unternehmerlohn oder kalkulatorische Miete

Den Anderskosten stehen Werte aus der Finanzbuchhaltung gegenüber. Sie werden nur anders bewertet. Zusatzkosten werden angesetzt, obwohl ihnen in der Finanzbuchhaltung keine Werte entsprechen, z. B. Miete, obwohl die Geschäftsgebäude sich im Eigentum befinden.

6.4 Die Summe der Gemeinkosten I ist Grundlage (100 %) zur Berechnung der Verteilung der Verwaltungskosten für die Kostenstelle Neuwagen.

21.660,00 € → 100 %; 10.203,00 € → X %

$$\frac{10.203,00 \cdot 100\,\%}{21.660,00} = \mathbf{47.11\,\%}$$

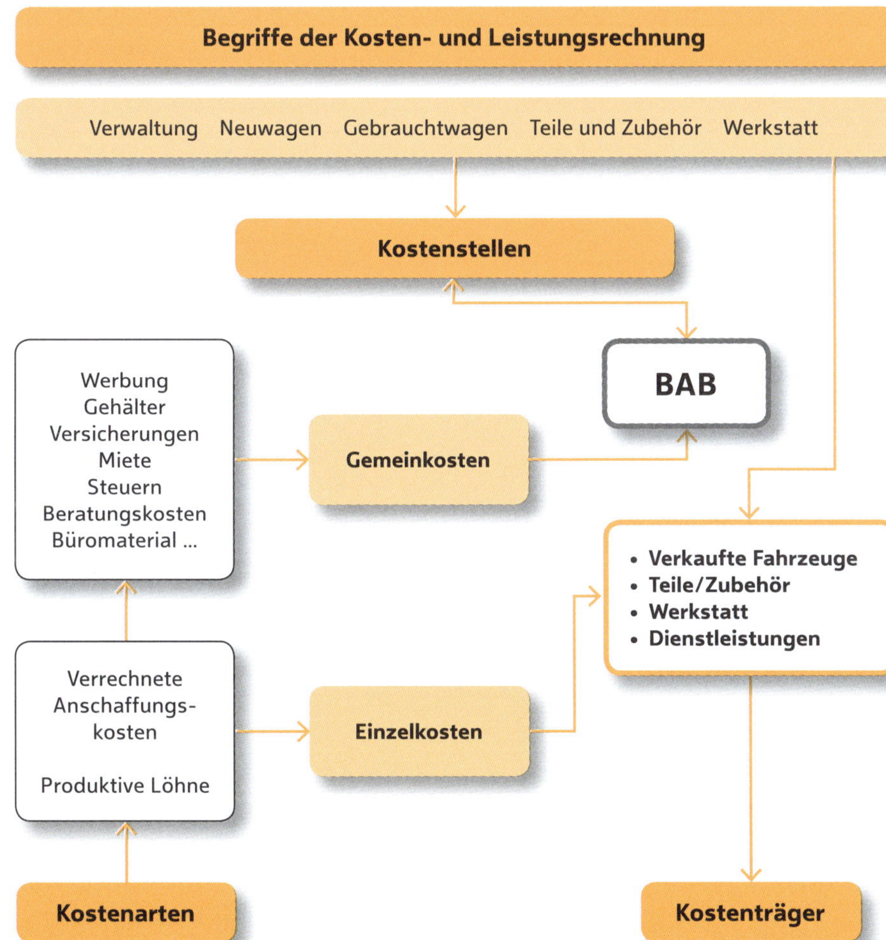

Situation
Im Rahmen einer Sortimentserweiterung wird beabsichtigt, in Zukunft eine hochwertige Dachbox eines angesehenen Herstellers anzubieten.
Der Listeneinkaufspreis einer Dachbox liegt bei 314,00 €. Der Nettoverkaufspreis liegt aus Konkurrenzgründen bei 500,00 €. Die Autohaus Schmidt GmbH kalkuliert mit einem Gemeinkostenzuschlag von 30 %. Der Stammkundschaft wird ein Rabatt von 5 % und 2 % Skonto gewährt. Der Lieferant der Dachbox gewährt einen Rabatt von 10 % sowie 3 % Skonto. Die Bezugskosten je Dachbox betragen 10,00 €.

1. Aufgabe

1.1 Ermitteln Sie im folgenden Schema den Gewinn in Euro, den die Autohaus Schmidt GmbH mit dem Verkauf der Dachbox erzielen würde. (Runden Sie die Zwischenergebnisse auf zwei Stellen nach dem Komma.)

Kalkulationsschema	%	Betrag (€)
Listeneinkaufspreis		
=		
=		
=		
= + Gewinn		
=		
=		
= Nettoverkaufspreis		

1.2 Ermitteln Sie den Gewinnzuschlagssatz in %.

Fortführung der Situation
Die Geschäftsführung bittet Sie, aus Ihren Ergebnissen der Berechnungen für die Dachbox einige Kennziffern der Kalkulationsvereinfachung für künftige Kalkulationen zu ermitteln.

2. Aufgabe

2.1 Ermitteln Sie den Kalkulationszuschlag.

2.2 Ermitteln Sie den Kalkulationsfaktor.

2.3 Ermitteln Sie die Handelsspanne.

Verweis
Dieses Thema wurde bereits ausführlicher im Teil 1 der Prüfungsvorbereitung auf den Seiten 23 ff. behandelt.

Erläuterungen und Lösungen

1. Aufgabe

1.1

Kalkulationsschema	Berechnung in €		
Listeneinkaufspreis	314,00 = 100 %		
– Lieferantenrabatt	31,40 – 10 %		
= Zieleinkaufspreis	282,60 = 90 %	= 100 %	
– Lieferantenskonto	8,48	– 3 %	
= Bareinkaufspreis	274,12	= 97%	
+ Bezugskosten	10,00		
= Bezugspreis	284,12	= 100 %	
+ Gemeinkosten	85,24	+ 30 %	
= Selbstkostenpreis	369,36 = 100 %	= 130 %	
+ Gewinn	96,14 = 26,03 %		
= Barverkaufspreis	465,50	= 98 %	
– Kundenskonto	9,50	– 2 %	
= Zielverkaufspreis	475,00 = 95 %	= 100 %	
– Kundenrabatt	25,00 – 5 %		
= Nettoverkaufspreis	500,00 = 100 %		

Differenzkalkulation

Der Gewinn ergibt sich aus der Differenz zwischen dem Barverkaufspreis und dem Selbstkostenpreis:
465,50 € – 369,36 € = **96,14 €**

1.2 Bei der Berechnung des Zuschlags wird davon ausgegangen, dass die Selbstkosten die Grundlage, also 100 %, bilden. Der Gewinn, ausgedrückt in Prozent des Selbstkostenpreises, ist der Gewinnzuschlagsatz.

hier: 369,36 € → 100 %
96,14 € → X % X = 26,03 %

2. Aufgabe

Der Bruttoverkaufspreis der Dachbox liegt bei 595,00 € (500,00 € + 19 % Umsatzsteuer).

2.1

$$\textbf{Kalkulationszuschlag} = \frac{\textbf{(Bruttoverkaufspreis – Bezugspreis) · 100 \%}}{\textbf{Bezugspreis}}$$

Hier: $\frac{(595{,}00\ € - 284{,}12\ €) \cdot 100\ \%}{284{,}12\ €} \rightarrow \mathbf{109{,}42\ \%}$

2.2

$$\textbf{Kalkulationsfaktor} = \frac{\textbf{Bruttoverkaufspreis}}{\textbf{Bezugspreis}}$$

Hier: $\frac{595{,}00\ €}{284{,}12\ €} = \mathbf{2{,}09}$

2.3

$$\textbf{Handelsspanne} = \frac{\textbf{(Nettoverkaufspreis – Bezugspreis) · 100 \%}}{\textbf{Nettoverkaufspreis}}$$

Hier: $\frac{(500{,}00\ € - 284{,}12\ €) \cdot 100\ \%}{500{,}00\ €} \rightarrow \mathbf{43{,}18\ \%}$

Vereinfachung der Verkaufskalkulation

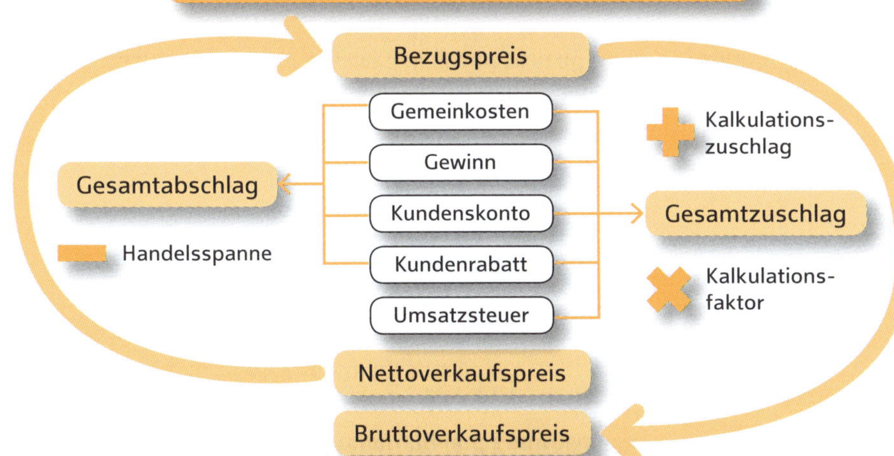

Situation
Bisher erfolgt die Verkaufspreiskalkulation in der Autohaus Schmidt GmbH auf Vollkostenbasis. Hierbei werden sämtliche anfallende Kosten auf die Kostenträger verteilt. Es wird überlegt, die Kalkulation in Zukunft auf Teilkostenbasis durchzuführen.

1. Aufgabe

1.1 Erläutern Sie den Unterschied zwischen fixen Kosten und variablen Kosten.

1.2 Nennen Sie jeweils drei Beispiele für:

Fixe Kosten	Variable Kosten

Situation zur 2. und 3. Aufgabe
Momentan werden im Zubehörbereich zwei Dachträgerboxen angeboten. Um den Erfolg dieser Warengruppe und der einzelnen Artikel besser beurteilen zu können, bittet Sie die Ihnen vorgesetzte Person, einige Berechnungen durchzuführen. Dafür werden Ihnen folgende Daten zur Verfügung gestellt:

	Dachbox universal	Dachbox comfort
Verkaufspreis in € (netto)	130,00	200,00
Bezugspreis in €	84,00	115,00
variable Handlungskosten in €	6,00	15,00
Absatzmenge in Stück	110	30

2. Aufgabe

Erklären Sie die Vorgehensweise bei der Deckungsbeitragsrechnung.

3. Aufgabe

3.1 Berechnen Sie die Stückdeckungsbeiträge der beiden Dachboxen.

3.2 Berechnen Sie den Gesamtdeckungsbeitrag der Warengruppe Dachboxen.

Fortführung der Situation
Der Stammkunde Herr Meier interessiert sich für die Dachbox comfort, ist aber nicht bereit, unseren Verkaufspreis zu akzeptieren. Die Verkaufsleitung möchte den Kunden nicht verlieren und ihm preislich entgegenkommen, ist aber unsicher, welchen Preis sie mindestens verlangen muss, um keinen Verlust zu verzeichnen.

3.3 Wie hoch ist die kurzfristige Preisuntergrenze für die Dachbox comfort?

Erläuterungen und Lösungen

1. Aufgabe

1.1 Fixe Kosten sind Kosten, die unabhängig von der Verkaufs- oder Beschäftigungsmenge entstehen, d. h., es sind feste Kosten, die kurzfristig nicht veränderbar sind. Variable Kosten sind einem Produkt oder einer Leistung direkt zurechenbar, d. h., sie sind in der Höhe kurzfristig veränderbar. Sie steigen bei steigendem Absatz und sinken bei rückläufigem Absatz.

1.2.

Fixe Kosten	Variable Kosten
Gehalt der Geschäftsführung	Bezugspreis
Gebäudeversicherung	Verkäuferprovisionen
Miete für Geschäftsräume	Zulassungskosten

2. Aufgabe

Bei der Deckungsbeitragsrechnung wird davon ausgegangen, dass ein Artikel oder eine Leistung zunächst nur die Kosten erwirtschaften muss, die diese/r verursacht hat (variable Kosten). Der zusätzlich erzielte Umsatz (= Deckungsbeitrag) dient zunächst zur Deckung des Fixkostenblocks. Darüber hinaus ist der Deckungsbeitrag der erzielte Reingewinn des Unternehmens.

3. Aufgabe

3.1 Deckungsbeitrag: Verkaufspreis – variable Kosten

Dachbox universal Deckungsbeitrag: 130,00 € – 84,00 € – 6,00 € = **40,00 €**

Dachbox comfort Deckungsbeitrag: 200,00 € – 115,00 € – 15,00 € = **70,00 €**

Der Deckungsbeitrag ergibt sich, vom Verkaufspreis (Umsatz) die dem Artikel direkt zurechenbaren Kosten (variable Kosten) abgezogen werden. Dies ist in erster Linie der Bezugspreis des Artikels und evtl. weitere Kosten, die nur aufgrund dieses Artikels entstehen (z. B. Lagerkosten).

3.2 Gesamtdeckungsbeitrag = Summe aller erzielten Deckungsbeiträge
= Stückdeckungsbeitrag · verkaufte Stückzahl

Dachbox universal Gesamtdeckungsbeitrag:	40,00 €	· 110 Stück	= 4.400,00 €
Dachbox comfort Gesamtdeckungsbeitrag:	70,00 €*	· 30 Stück	= 2.100,00 €
Warengruppe Dachboxen Gesamtdeckungsbeitrag:			**6.500,00 €**

3.3 Die kurzfristige Preisuntergrenze liegt dort, wo der Deckungsbeitrag = 0 ist, also da, wo der Umsatzerlös des Artikels die von ihm verursachten variablen Kosten abdeckt.

Dachbox comfort variable Kosten: 115,00 € + 15,00 € = **130,00 €**

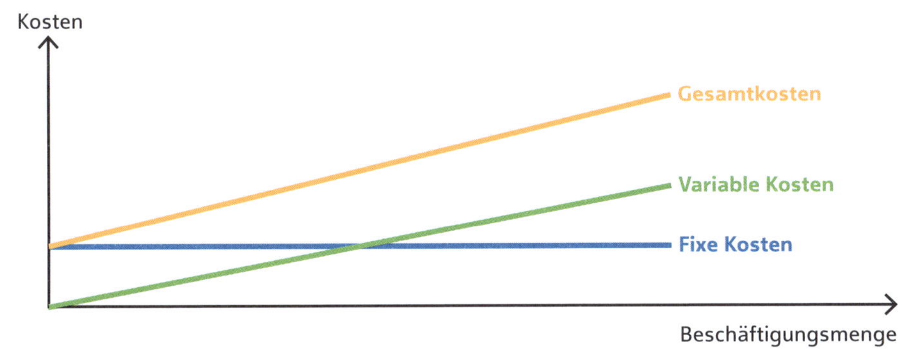

Merke

Gesamtkosten = variable Kosten + fixe Kosten

Deckungsbeitrag = Verkaufspreis – variable Kosten

Preisuntergrenzen

Kurzfristige Preisuntergrenze*
= Umsatz – variable Kosten = 0
→ Durch den Umsatz werden nur die variablen Kosten gedeckt.
→ Der Deckungsbeitrag ist = 0

Langfristige Preisuntergrenze
= Umsatz – Gesamtkosten = 0
→ Durch den Umsatz werden sämtliche Kosten gedeckt.
→ Es wird kein Gewinn erwirtschaftet.

* *auch absolute Preisuntergrenze*

Situation
Die Deckungsbeitragsrechnung und die Break-even-Analyse stehen in einem engen Zusammenhang. Ab dem Break-even-Point, der sogenannten „Gewinnschwelle", erzielt das das Unternehmen Gewinn.
Ein befreundeter Unternehmer, Herr Meier, der mit Neu- und Gebrauchtwagen handelt, bittet Sie, ihm bei der Ermittlung seines Betriebsergebnisses zu helfen.
Für den letzten Monat stehen Ihnen folgende Daten zur Verfügung:

	Neuwagen	Gebrauchtwagen
Verkaufspreis netto (VKP)	155.000,00 €	132.000,00 €
VAK* durchschnittlich	90 % des VKP	85 % des VKP

** VAK = verrechnete Anschaffungskosten*

- Miete für die Geschäftsräume (Verwaltung): 2.000,00 €
- Miete für den Neuwagenbereich: 3.000,00 €
- Miete für den Gebrauchtwagenbereich: 1.000,00 €
- Fixe Personalkosten: 3.000,00 €
- Sonstige fixe Kosten: 9.000,00 €

Da Herr Meier kein Verkaufspersonal beschäftigt, entfallen entsprechende Provisionen.

4. Aufgabe

4.1 Vervollständigen Sie aufgrund der oben stehenden Daten die folgende Tabelle.

	Neuwagen	Gebrauchtwagen
Deckungsbeitrag I		
– bereichsbezogene Fixkosten		
= Deckungsbeitrag II		
– unternehmensbezogene Fixkosten		
Deckungsbeitrag III = Betriebsergebnis		

4.2 Erläutern Sie den Unterschied zwischen bereichsbezogenen und unternehmensbezogenen Kosten.

4.3 Ermitteln Sie rechnerisch die Höhe des Gesamtdeckungsbeitrags, bei dem der Break-even-Point erreicht wird.

Fortführung der Situation
Herr Meier überlegt, sich demnächst ganz auf das Gebrauchtwagengeschäft zu konzentrieren.

5. Aufgabe

Wie hoch müssten die Erlöse aus dem Gebrauchtwagenverkauf sein, um den Break-even-Point zu erreichen? (Hinweis: Die Miete für den Neuwagenbereich entfällt.)

Erläuterungen und Lösungen

4. Aufgabe

4.1

	Neuwagen	Gebrauchtwagen
Deckungsbeitrag I	10 % von 155.000,00 € = 15.500,00 €	15 % von 132.000,00 € = 19.800,00 €
– bereichsbezogene Fixkosten	– 3.000,00 €	– 1.000,00 €
= Deckungsbeitrag II	= 12.500,00 €	= 18.800,00 €
– unternehmensbezogene Fixkosten	= 2.000,00 € + 3.000,00 € + 9.000,00 € = 14.000,00 €	
Deckungsbeitrag III = Betriebsergebnis	= (12.500,00 € + 18.800,00 €) – 14.000,00 € = 17.300,00 €	

Beachte: *Bereichsbezogene Kosten sind hier nur die Mieten für Neu- und Gebrauchtfahrzeuge. Alle anderen Kosten sind unternehmensbezogen, da sie für beide/alle Bereiche anfallen.*

4.2 Der Unterschied der beiden Fixkostenarten besteht darin, dass die bereichsbezogenen fixen Kosten für einen bestimmten Unternehmensbereich, wie z. B. Neuwagen-, Gebrauchtwagenverkauf, Werkstatt oder Ersatzteilverkauf, anfallen.

Die unternehmensbezogenen Fixkosten hingegen fallen für alle Bereiche an, wie das Geschäftsführergehalt oder die allgemeinen Verwaltungskosten.

Bei der mehrstufigen Deckungsbeitragsrechnung werden die Fixkosten in verschiedene Gruppen unterteilt. Dadurch ergeben sich detailliertere Kenntnisse über die Kostenverursachung im bestehenden Sortiment. Diese Erkenntnisse können entscheidend für zukünftige Entscheidungen sein.

Die Anzahl der Deckungsbeitragsarten ist hierbei abhängig von der Breite und Tiefe des angebotenen Sortiments. Da wir im vorliegenden Fall nur zwei Produktgruppen haben, beschränken wir uns auf drei Deckungsbeitragsarten.

Denkbar sind aber auch fünf oder sechs Arten, je nachdem wie viele Produktarten und Dienstleistungen angeboten werden.

Eine Differenzierung könnte folgendermaßen aussehen:

Gruppe	Kostenart und Beispiele
Produkt	**Produktfixe Kosten:** Alle fixen Kosten, die einem Produkt direkt zugeordnet werden können, aber unabhängig vom Umsatz sind *Beispiel:* Abschreibung für Spezialwerkzeug, welches nur für ein bestimmtes Modell zu gebrauchen ist
Produktgruppe-/ Bereich	**Bereichsfixe-/Produktgruppenfixe Kosten:** Alle fixen Kosten, die einer bestimmten Produktgruppe/einem Unternehmensbereich zuzurechnen sind *Beispiel:* Miete für die Ausstellungshalle, in der nur mehrere, verschiedene Neufahrzeuge präsentiert werden
Unternehmen	**Unternehmensfixe Kosten:** Alle fixen Kosten, die keinem der oben genannten Bereiche zuzuordnen sind und für die alle Bereiche verantwortlich sind *Beispiel:* Geschäftsführungskosten, allgem. Verwaltungskosten

4.3 Summe aller Fixkosten = **18.000,00 €** (2 T€ + 3 T€ + 1 T€ + 3 T€ + 9 T€)

Da die variablen Kosten bereits bei der Berechnung des Deckungsbeitrags berücksichtigt werden, muss der Gesamtdeckungsbeitrag nur noch die Fixkosten decken, um den Break-even-Point zu erreichen.

5. Aufgabe

Die Fixkosten betragen, ohne die Miete für den Neuwagenbereich, 15.000,00 €. Die VAK betragen 85 % vom Verkaufspreis. Der Deckungsbeitrag daher 15 %. Es muss also ein Gesamtdeckungsbeitrag von 15.000,00 € erzielt werden.

15 % → 15.000,00 €
100 % → 100.000,00 €

Bei einem Umsatz von **100.000,00 €** würde der Break-even-Point erreicht.

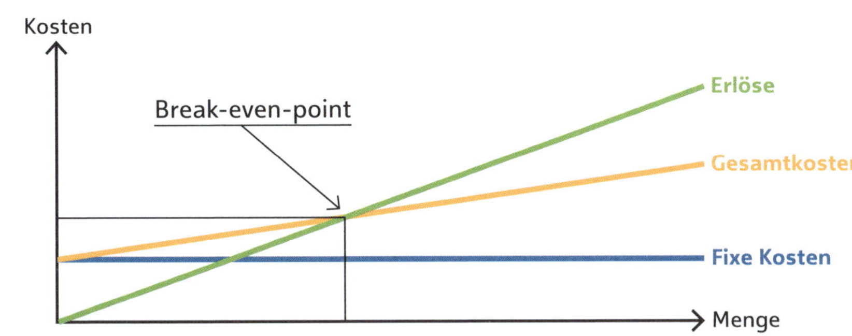

Firma	Mindener Haushaltsgeräte GmbH ***MiHaG GmbH***
Geschäftszweck	Herstellung und Vertrieb von Haushaltsgeräten • Entwicklung und Installation vernetzter Haushaltsgeräte • Planung und Montage von Großküchen im Bereich betrieblicher Werkskantinen sowie der Gastronomie
Geschäftsphilosophie	Das Unternehmen akzentuiert in besonderer Weise ein nachhaltiges Wirtschaften; dies zeigt sich u. a. in der Produktion langlebiger Haushaltsgeräte, dem sparsamen Umgang mit Ressourcen und dem Einsatz erneuerbarer Energien.
Innovatives Produktsortiment	*mihag-smart@home:* Handy- und Monitorsteuerung der intelligenten und vernetzten Haushaltsgeräte
Soziales Engagement	Beim Kauf eines intelligenten Haushaltsgeräts der Produktreihe *mihag-smart@home* werden 10,00 € der von ihr gegründeten Stiftung „Trinkwassergewinnung für die Trockengebiete Nordafrikas" zugeführt.
Geschäftssitz	Industriestraße 124 in 32423 Minden
Bilanzsumme	35.000.000 €
Umsatz	120.000.000 €
Registergericht	Amtsgericht Minden HRB 36005 Steuernummer 216/430/5671 USt.-ID.-Nummer: DE 45636897824
Gesellschafterinnen/ Geschäftsanteile	Gerda Müller/80.000,00 € Hatice Öschdemir/60.000,00 € Tamara Tagellowsk/20.000,00 € Alle Geschäftsanteile sind vollständig eingezahlt.
Geschäftsführung	Tamara Tagellowsk, gleichzeitig: Gesellschafterin Cem Gül Beide haben Einzelvertretungsbefugnis.
Prokuristinnen/ Prokuristen	Gesamtprokura: Ruth Mallik und Maria Weber Einzelprokura: Karl Strauch
Mitarbeiterinnen/ Mitarbeiter	134 Beschäftigte, dazu 16 Auszubildende sowie 2 Industriemeister/-innen Metall, 2 Elektromeister/-innen, 3 Ingenieurinnen/Ingenieure sowie 3 Netzwerkadministratoren/-administratorinnen

Mitbestimmung	Betriebsrat und Jugend- und Auszubildendenvertretung sind vorhanden; Betriebsvereinbarungen i. d. F. einer Arbeitsordnung und eines Betriebsurlaubs liegen vor.
Tarifzugehörigkeit	Die Mindener Haushaltsgeräte GmbH ist Mitglied im Arbeitgeberverband. Der entsprechende Tarifvertrag der Metall- und Elektrobranche NRW wird angewandt.
Absatzprogramm	*Eigene Erzeugnisse* • Backöfen • Dampfgarer • Mikrowellengeräte • Autarke Kochfelder • Gaskochfelder • Dunstabzugshauben • Kaffeevollautomaten • Kühl- und Gefriergeräte • Weinschränke • Geschirrspüler • Waschmaschinen • Trockner *Handelswaren* • Zubehör: Herde • Zubehör: Dampfgarer • Reinigungsprodukte • Zubehör: Geschirrspüler • Pflegeprodukte • Zubehör: Mikrowellengeräte • Monitore zur Gerätesteuerung *Dienstleistungen* • Planung, Lieferung und Montage von Großküchen • Vernetzung der Haushaltsgeräte • Wartung und Kundendienst • Entsorgung der Altgeräte
Fertigungsart	Einzel- und Serienfertigung
Internet	www.mihag.de
Kontakt	info@mihag.de

Situation
Als innovatives und verantwortungsbewusstes Unternehmen mit „ökologischem Gewissen" achtet die MiHaG GmbH auf umweltgerechtes Verhalten und nachhaltiges Wirtschaften sowohl bei der Produktion, der Güterdistribution als auch bei der innerbetrieblichen Gestaltung der Arbeitsabläufe.

1. Aufgabe

Die MiHaG GmbH möchte einen Beitrag zum Umweltschutz leisten. Prüfen Sie, wie sie das erreichen kann.

1 In ihrer Werkskantine nutzt sie nur noch Getränke in Einwegverpackungen.
2 Für die Produktion von Küchen im Landhausstil werden tropische Edelhölzer verwendet, um Schwellenländer wirtschaftlich zu fördern.
3 Für Beschäftigte im Außendienst werden PS-starke SUV angeschafft, damit Kundinnen und Kunden schneller erreicht werden können und dadurch der CO_2-Ausstoß deutlich verringert wird.
4 Für die Versiegelung ihrer Arbeitsplatten nutzt die MiHaG GmbH einen alkoholbasierten und lösemittelarmen Lack.

Fortführung der Situation
Mehrfach wurden die Mitarbeiterinnen und Mitarbeiter der MiHaG GmbH per Rundschreiben aufgefordert, sich auch am Arbeitsplatz umweltbewusst zu verhalten. Hierbei wurde auch auf sorgfältige Abfalltrennung hingewiesen. Die Auszubildende Elena Costello stellt die Frage, in welchem Behälter verbrauchte Batterien entsorgt werden müssen.

2. Aufgabe

Welchen Behälter empfehlen Sie ihr?

1	Glascontainer	4	Gelbe Tonne
2	Papiertonne	5	Biotonne
3	Restmüllbehälter	6	Sondermüllbehälter

Fortführung der Situation
Die MiHaG GmbH möchte für den Versand der Erzeugnisse stärker die Bahn anstelle der bisherigen Spediteure nutzen. Sie erhofft sich dadurch einen aktiven Beitrag zum Umweltschutz.

3. Aufgabe

Wie begründet die MiHaG GmbH ihre neue Distributionsstrategie?

1 Die Bahn trägt in keinem Fall zu einem vermehrten CO_2-Ausstoß oder zur Erwärmung der Erdatmosphäre bei.
2 Bahntransporte zeichnen sich durch zeitnahe Flexibilität und kundenorientierte Individualität bei der Anlieferung aus.
3 Die Bahn fährt ausschließlich mit umweltfreundlicher Energie.
4 Transporte mit der Bahn verursachen einen geringeren Schadstoffausstoß als der Gütertransport mit Lastkraftwagen.

Fortführung der Situation
Bei der Wahl eines neuen geplanten Produktionsstandorts möchte die MiHaG GmbH neben ökonomischen auch ökologische Gesichtspunkte berücksichtigen.

4. Aufgabe

Welcher gehört hierzu?

1 Forderungen nach einem vierspurigen Ausbau der Bundesautobahnen
2 Vertiefung von Schifffahrtswegen und Kanalisierung von Flüssen
3 Modernisierung schienengebundener Verkehrswege
4 Steuerliche Erleichterungen für das Speditions- und Transportgewerbe
5 Export von Industrieabfällen in das Ausland

Fortführung der Situation
Dampfgarer und Backöfen bestehen aus Edelstahlblechen. Beim Zuschneiden der erforderlichen Bleche fallen Reste an, die die MiHaG GmbH sammelt und an ein Edelstahlwerk liefert. Dort werden diese eingeschmolzen und im Walzwerk zu neuen Edelstahlblechen (Coils) verarbeitet.

5. Aufgabe

Wie werden diese ökologische Form der Rohstoffeinsparung bezeichnet?

1	Rohstoffnutzung im Dualen System	4	Abfallverminderung
2	Energieeffizienz	5	Müllverwertung
3	Recycling	6	Abfallverwertung

Erläuterungen und Lösungen

1. Aufgabe

Lösung: 4

Nutzt die MiHaG GmbH für die Versiegelung ihrer Arbeitsplatten einen lösemittelarmen Lack statt eines Chemie-Cocktails, leistet sie damit aktiv einen Beitrag zum Umweltschutz.

Der lösemittelarme Lack lässt sich auch mit einem Umweltsiegel auszeichnen. Ein Umweltsiegel dient Unternehmen als Marketinginstrument sowie Verbraucherinnen und Verbrauchern als Entscheidungshilfe für umweltverträgliche Produkte.

2. Aufgabe

Lösung: 6

Batterien enthalten giftige Schwermetalle; sie gehören daher in den Sondermüllbehälter.

3. Aufgabe

Lösung: 4

Der Elektroantrieb der Bahn verursacht einen geringen Schadstoffausstoß. Allerdings erfolgt die Produktion der Energie derzeit nicht ausschließlich aus erneuerbaren Energien, sondern auch durch die Nutzung fossiler Energieträger.

Damit fährt die Bahn zwar nicht ausschließlich mit umweltfreundlicher Energie, hat aber gegenüber anderen Verkehrsmitteln eine deutlich bessere Umweltbilanz.

4. Aufgabe

Lösung: 3

Transporte über schienengebundene Verkehrswege verursachen einen geringeren CO_2-Ausstoß als Lkw-Transporte. Berücksichtigt die MiHaG GmbH bereits bei der Standortwahl einen möglichen Gleisanschluss sowie schienengebundene Transportmöglichkeiten, verringert sie damit Schadstoffemissionen und leistet somit einen aktiven Umweltbeitrag.

5. Aufgabe

Lösung: 3

Als Recycling wird eine Wiederverwertung oder auch Wiederaufbereitung von Stoffen, wie z. B. hier Metalle bezeichnet. Metalle zeichnen sich durch eine hohe Quote bei der Wiederverwertung aus.

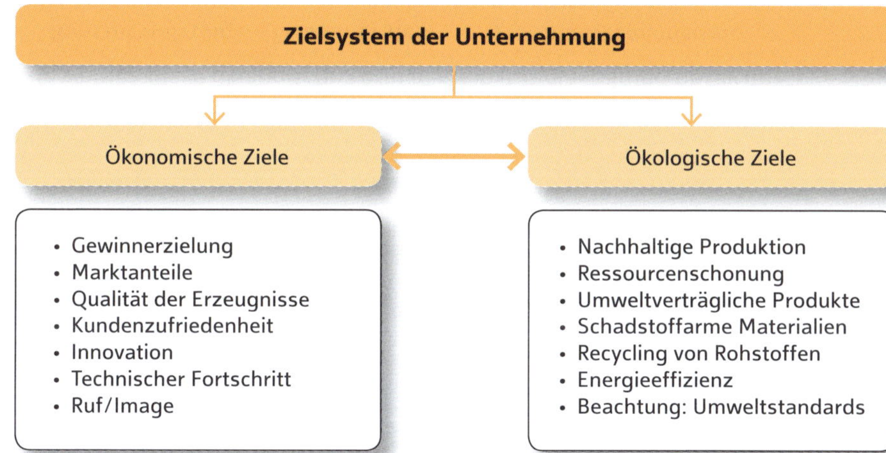

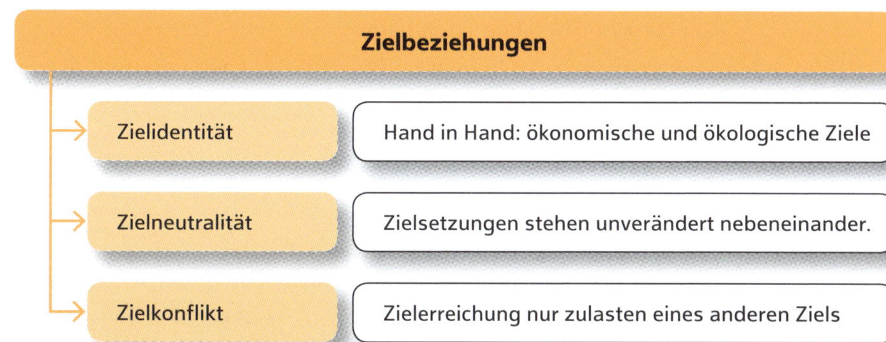

Situation zur 1. bis 3. Aufgabe
Die angehenden Kaufleute für Büromanagement der MiHaG GmbH lernen im Berufsschulunterricht rechtliche Grundbegriffe kennen und bitten Sie bei den folgenden Aufgaben um Hilfe.

1. Aufgabe

Ordnen Sie den Sachverhalten die zugehörigen Begriffe zu.

Sachverhalt		Begriff
a) Rechtliche Verfügungsgewalt über eine Sache	☐	1 Rechtsfähigkeit
b) Fähigkeit einer Person, Träger von Rechten und Pflichten zu sein	☐	2 Juristische Person
c) Personenvereinigung/Vermögensmasse mit eigener Rechtspersönlichkeit	☐	3 Geschäftsfähigkeit
d) Fähigkeit, Rechtsgeschäfte wirksam abschließen zu konnen	☐	4 Eigentum

2. Aufgabe

Kennzeichnen Sie die natürlichen Personen mit der Ziffer 1 und die juristischen Personen mit der Ziffer 2.

		Begriff
a) Stadt Minden	☐	1 Natürliche Person
b) Rechtsanwälte Dr. Ede & Stark	☐	2 Juristische Person
c) Gerichtsvollzieherin Gerlinde Preuss	☐	
d) Mindener Edelstahlwerke GmbH	☐	
e) Stahl- und Walzbetriebe Gute Hoffnung AG	☐	

3. Aufgabe

Prüfen Sie, in welchem Fall ein rechtswirksamer Vertrag zustande gekommen ist: ☐

1 Der 17-jährige Mehmet Kutlu schließt schriftlich mit dem Ausbildungsbetrieb einen Ausbildungsvertrag ab.
2 Ein Unternehmen erhält ein schriftliches Angebot mit dem Zusatz „freibleibend“ und bestellt unverzüglich am gleichen Tag.
3 Lieferanten schicken ihren Kundinnen und Kunden unaufgefordert Waren.
4 Es werden versehentlich 400 Jahreskalender statt der in der Bedarfsmeldung angeforderten 40 bestellt.
5 Auf ein verbindliches telefonisches Angebot erfolgt die Bestellung am nächsten Tag mit dem schnellen Medium „elektronische Post“.

Situation
Bei einem wöchentlich einmal stattfindenden Direktverkauf der MiHaG GmbH hat die 14-jährige Paula Classdorf einen Grill für ihre Geburtstagsparty im Wert von 800,00 € erworben. Die Hälfte des Kaufpreises zahlt sie aus ihren Ersparnissen, den Rest monatlich aus ihrem künftigen Taschengeld.

4. Aufgabe

Bewerten Sie den Kaufvertrag und tragen Sie die zutreffende Ziffer in das Lösungskästchen ein. Der Vertrag ist ... ☐

1 unwirksam, weil die Eltern nicht vorher zugestimmt haben.
2 schwebend unwirksam, weil Paula beschränkt geschäftsfähig ist.
3 nichtig, weil Paula nicht geschäftsfähig ist.
4 rechtsgültig, weil Paula mit dem Taschengeld bezahlt hat.

Situation
Vertragspartnerin der MiHaG GmbH ist auch die Stahlwerke Salzgitter AG. Nachdem die MiHaG GmbH Monat für Monat von ihrer Vertragspartnerin Edelstahlbleche bezogen hat, liefert diese ihr auch unaufgefordert im April 2 t Edelstahlbleche zu einem besonders günstigen Preis.

5. Aufgabe

Kommt unter diesen Bedingungen rechtswirksam ein Vertrag zustande? Welche Aussage richtig? ☐

1 Die MiHaG GmbH müsste dem Vertrag ausdrücklich zustimmen.
2 Stillschweigen unter Kaufleuten mit bestehender Geschäftsverbindung bedeutet Zustimmung zum Antrag der Stahlwerke Salzgitter AG, hier also zum Abschluss eines gültigen Vertrags.
3 Die Zusendung unbestellter Ware gilt nur als Angebot, was aber hier nicht angenommen wurde.
4 Unternimmt die MiHaG GmbH nichts, so kann von einer Ablehnung des Angebots ausgegangen werden.

Erläuterungen und Lösungen

1. Aufgabe

Lösung: 4, 1, 2, 3

Die Rechtsfähigkeit eines Menschen beginnt mit Vollendung der Geburt. Sie ist die Fähigkeit, Träger von Rechten und Pflichten zu sein.
Juristische Personen (AG oder GmbH) zeichnen sich durch eine eigene Rechtspersönlichkeit aus und eigenem Vermögen. Sie erlangen Rechtsfähigkeit durch Eintragung in das Handelsregister.
Geschäftsfähigkeit ist die Fähigkeit, Rechtsgeschäfte (z. B. Verträge) wirksam abzuschließen. Nur die Eigentümerin oder der Eigentümer einer Sache kann darüber verfügen und andere von der Nutzung ausschließen.

2. Aufgabe

Lösung: 2, 1, 1, 2, 2

Juristische Personen des privaten Rechts sind die GmbH und die AG. Die Stadt Minden ist wie andere Kommunen eine juristische Person des öffentlichen Rechts.

3. Aufgabe

Lösung: 4

Werden von der MiHaG GmbH 400 Kalender bestellt statt der gewünschten 40, ist der Kaufvertrag zunächst wirksam zustande gekommen. Er kann aber angefochten werden, weil eine Willenserklärung mit dem Inhalt „400 Stück“ gar nicht abgegeben werden sollte (Erklärungsirrtum).

4. Aufgabe

Lösung: 2

Die Willenserklärung beschränkt Geschäftsfähiger ist zunächst „schwebend unwirksam“, d. h., hier muss die gesetzliche Vertretung (z. B. Eltern) das Rechtsgeschäft genehmigen, damit es zustande kommt, oder dem Rechtsgeschäft widersprechen. Ratenkäufe beschränkt Geschäftsfähiger, die aus dem künftigen Taschengeld finanziert werden, sind durch den sog. „Taschengeldparagraph“ nicht abgedeckt.

5. Aufgabe

Lösung: 2

Im Geschäftsleben bedeutet Stillschweigen grundsätzlich Ablehnung und nur bei Kaufleuten mit bestehender Geschäftsverbindung Zustimmung. In diesem Fall muss die MiHaG GmbH ausdrücklich das Angebot ablehnen, sonst würde ein Vertrag zustande kommen.

Rechtssubjekte

- Natürliche Personen
- Juristische Personen

Rechtsfähigkeit

= Fähigkeit, Träger von Rechten und Pflichten zu sein.

Beginn

- Natürliche Personen: mit Vollendung der Geburt
- Juristische Personen (AG oder GmbH): Eintragung ins Handelsregister

Geschäftsfähigkeit

= Fähigkeit, Rechtsgeschäfte wirksam abzuschließen

3 Stufen der Geschäftsfähigkeit

- Stufe 1: Geschäftsunfähigkeit
- Stufe 2: Beschränkte Geschäftsfähigkeit
- Stufe 3: Unbeschränkte Geschäftsfähigkeit

Geschäftsunfähigkeit → Rechtsgeschäfte sind nichtig.	• Alle Personen unter 7 Jahren • Personen mit dauerhaftem Zustand einer krankhaften Störung der Geistestätigkeit
Beschränkte Geschäftsfähigkeit → Schwebend unwirksames Geschäft	Personen von 7 bis 17 Jahren
Unbeschränkte Geschäftsfähigkeit → Rechtsgeschäfte sind wirksam.	Personen ab 18 Jahren

Situation zur 6. bis 10. Aufgabe
Marleen Mondis, Einkaufs-Sachbearbeiterin in der Abteilung „Einkauf IV – Materialwirtschaft" – schließt regelmäßig mit Lieferunternehmen und weiteren Geschäftsfreunden Verträge ab unter Beachtung rechtlicher Rahmenbedingungen.

6. Aufgabe

Was muss sie zur Rechtswirksamkeit von Willenserklärungen beim Abschluss der Verträge beachten? ☐

1 Nur wenn das Erfüllungs- und Verpflichtungsgeschäft zusammenfallen, also sofort die Zahlung erfolgt, sind auch mündlich abgeschlossene Verträge wirksam.
2 Es gilt die Vertragsfreiheit (Formfreiheit): Alle Verträge – und damit auch Kaufverträge – können grundsätzlich formfrei abgeschlossen werden.
3 Telefonisch abgeschlossene Kaufverträge bedürfen immer der Schriftform.
4 Kaufverträge über große Beträge – ab einem Wert von 10.000,00 € und mehr – müssen allein schon aus Beweisgründen immer schriftlich abgeschlossen werden.

7. Aufgabe

Zur Feststellung der Liefermöglichkeit und des aktuellen Preises erstellt Frau Mondis Anfragen. Welche Aussage dazu ist richtig? ☐

1 Erfolgt auf eine Anfrage ein verbindliches Angebot, kommt durch zwei übereinstimmende Willenserklärungen der Kaufvertrag zustande.
2 Durch die Anfrage verpflichtet sich die MiHaG GmbH, die angefragten Artikel auch wirklich abzunehmen und zu bezahlen.
3 Durch eine Anfrage ist die MiHaG GmbH rechtlich nicht gebunden.
4 Nur wenn innerhalb der verkehrsüblichen Annahmefrist bestellt wird, kommt der Kaufvertrag wirksam zustande.

8. Aufgabe

In welchem Fall ist die Mitarbeiterin der MiHaG GmbH, Rita Simmel, sowohl Besitzerin als auch Eigentümerin der Sache? ☐

1 Rita Simmel kauft für die MiHaG GmbH Tonerkartuschen.
2 Sie least einen Pkw für einen Tagesausflug.
3 Sie leiht sich von ihrer Nachbarin sechs Eier zum Kuchenbacken.
4 Rita Simmel mietet eine Wohnung.
5 Sie leiht sich in einer Videothek eine Musik-DVD aus

9. Aufgabe

Ihnen wird morgens telefonisch von der „Stahlhandel Braunschweig AG" ein besonders günstiges Angebot über eine Containerlieferung Edelstahlbleche (Coils) unterbreitet.
Wie lange ist die Stahlhandel Braunschweig AG an dieses Angebot gebunden? ☐

1 14 Tage
2 Verkehrsübliche Beförderungs- und Bearbeitungsdauer eines Briefs
3 Ein ganzer Tag bei Übersendung der Bestellung durch die MiHaG GmbH mit einem schnellen Medium (Fax, E-Mail)
4 24 Stunden ab Zugang des Antrags
5 Nur solange das Telefonat dauert

10. Aufgabe

Eine erste Willenserklärung wird juristisch als „Antrag", die Zustimmung hierzu als „Annahme" bezeichnet. Ordnen Sie den Sachverhalten die entsprechenden Begriffe zu:

Sachverhalt		Begriff
a) Die MiHaG GmbH erhält nach erfolgtem verbindlichem Angebot eine Bestellung über 250 Backöfen.	☐	1 Antrag
b) Die MiHaG GmbH erhält per Postwurfsendung ein Angebot über Laminiergeräte.	☐	2 Annahme
c) Die MiHaG GmbH bittet bei ihrem der Edelstahlwerke Krefeld AG um ein Angebot über 4 t Edelstahlbleche.	☐	3 Weder Antrag noch Annahme
d) Der MiHaG GmbH werden für einen gebrauchten Firmenwagen mündlich 16.000 € geboten.		
e) Sie erhalten ein verbindliches Angebot über Küchenleuchten zum Einführungspreis von 22,50 € bei Abnahme von 250 Stück. Sie bestellen daraufhin 50 Stück zum vorteilhaften Einführungspreis.		

Erläuterungen und Lösungen

6. Aufgabe

Lösung: 2

Im Rahmen der sog. „Privatautonomie“ gilt die Vertragsfreiheit. Hierzu zählen die Abschluss-, Inhalts- und Formfreiheit. Letztere gilt für den Abschluss von Verträgen. Willenserklärungen, die zu Verträgen führen, können grundsätzlich in jeder beliebigen Form abgegeben werden. Für bestimmte Rechtsgeschäfte gilt allerdings Formzwang, z. B. beim Kauf eines Grundstücks oder bei der Kündigung eines Arbeitsvertrags.

7. Aufgabe

Lösung: 3

Die Anfrage dient der Informationsbeschaffung (Liefermöglichkeit, Lieferungs- und Zahlungskonditionen). Sie hat für die anfragende MiHaG GmbH keine rechtliche Wirkung.

8. Aufgabe

Lösung: 3

Rita Simmel hält die „geborgten“ Eier in den Händen und ist damit Besitzerin.
Sie kann mit den Eiern auch nach Belieben verfahren und ist damit Eigentümerin.
Weil sie hier einen sog. „Sachdarlehensvertrag“ abgeschlossen hat, ist sie allerdings verpflichtet, Eier in der gleichen Güte zurückzugeben.
In den anderen Fällen wird Rita Simmel nur Besitzerin, d. h., sie hat nur die tatsächliche Herrschaft über die Sache, nicht aber die rechtliche.

9. Aufgabe

Lösung: 5

Willenserklärungen/Anträge unter Anwesenden müssen während der Dauer des Gesprächs angenommen werden, sonst erlischt die Bindung an den Antrag. Anwesende sind auch Vertragspartnerinnen und -partner, die ein Telefon zur Kommunikation nutzen.

10. Aufgabe

Lösung: 2, 3, 3, 1, 1

a) Erfolgt auf ein verbindliches Angebot die Bestellung, handelt es sich um eine Annahme des Antrags, die zu einem Vertrag führt.
b) Postwurfsendungen sind Anpreisungen an die Allgemeinheit, die zu einem ersten Schritt – einem Antrag – führen sollen.
c) Die Bitte um ein Angebot ist eine Anfrage ohne jede rechtliche Bedeutung.
d) Das mündliche Angebot stellt einen ersten Schritt, einen Antrag zum Abschluss eines Vertrags dar.
e) Die Änderung eines Angebots gilt als Ablehnung, verbunden mit einem neuen Antrag.

Situation
Zu Ihrem Aufgabengebiet im Einkauf gehört auch das Erstellen von Anfragen.
Am 15.09.20XX erstellen Sie eine Anfrage über die Lieferung von 100 Granit-Arbeitsplatten an einen neuen Lieferanten, die „Natursteinhandel Willingen GmbH".
Am 20.09.20XX trifft bei Ihnen das verbindliche Angebot des Unternehmens ein.

11. Aufgabe

Bewerten Sie die rechtliche Bedeutung der Anfrage.
Welche Aussage ist zutreffend? ☐

1 Eine Anfrage wird rechtlich auch als „Antrag" bezeichnet.
2 Durch Ihre Anfrage beschaffen Sie sich lediglich Informationen. Rechtlich gebunden sind Sie dadurch nicht.
3 Eine Anfrage ist immer die 1. Willenserklärung zum Abschluss eines Kaufvertrags.
4 Liefert die Natursteinhandel Willingen GmbH auf eine Anfrage der MiHaG GmbH innerhalb der verkehrsüblichen Bindungsfrist, kommt dadurch ein wirksamer Kaufvertrag zustande.

Fortführung der Situation
Nachdem Sie das Angebot eingehend geprüft haben, bestellen Sie am 24.09.20XX die von Ihnen angefragten Granit-Arbeitsplatten zum 15.10.20XX mit dem Zusatz „fix". Am 26.09.20XX erhalten Sie die Auftragsbestätigung per E-Mail von Ihrem neuen Lieferanten, der die Bestellung morgens mit der Morgenpost erhalten hat. Allerdings erhalten Sie am 15.10.20XX nicht die zugesagte Lieferung.

12. Aufgabe

Wann kam der Kaufvertrag zwischen der MiHaG GmbH und der Natursteinhandel Willingen GmbH rechtswirksam zustande?

☐☐.☐☐.☐☐XX

Fortführung der Situation
Eine telefonische Rückfrage bei anderen Natursteinherstellern ergab, dass Sie die benötigten Granit-Arbeitsplatten dort sofort und auch preiswerter erhalten können. Sie schildern den Sachverhalt dem für Kaufvertragsstörungen zuständigen Juristen Karl Moll aus der Stabsabteilung „Recht", der daraufhin eine Empfehlung ausspricht.

13. Aufgabe

Was unternehmen Sie nun nach seiner Empfehlung? ☐

1 Sie mahnen zunächst die Natursteinhandel Willingen GmbH an, weil Sie erst nach Ablauf einer Nachfrist Rechte aus dem Lieferungsverzug geltend machen können.
2 Sie treten sofort vom Kaufvertrag zurück.
3 Sie machen von Ihrem Recht auf Preisminderung Gebrauch.
4 Sie verlangen Schadensersatz und Lieferung der Granit-Arbeitsplatten.
5 Sie müssen sich zwischen Schadensersatz und Lieferung entscheiden. Beide Rechte zusammen können Sie nicht geltend machen.

14. Aufgabe

Bewerten Sie die Aussagen zum Erfüllungsgeschäft, indem Sie richtigen Aussagen die Ziffer 1, falschen Aussagen die Ziffer 2 zuordnen.

Aussage	Zuordnung
a) Warenschulden werden auch als „Schickschulden" bezeichnet, weil die Waren immer per Paketdienst oder Spedition zugeschickt werden müssen.	☐
b) Gesetzlicher Erfüllungsort ist immer der Wohn- oder Geschäftssitz der Schuldnerin/des Schuldners.	☐
c) Ist kein Termin für eine Lieferung vereinbart, kann kann sofortige Lieferung verlangt werden oder auch sofort geliefert werden.	☐
d) Der Erfüllungsort für die Warenlieferung ist gleichzeitig auch der Erfüllungsort für die Zahlung.	☐

Situation
Die Auszubildende Valerie Ferchant fragt Sie nach dem Begriff „Zweiseitiger Handelskauf'" und bittet um ein Beispiel.

15. Aufgabe

Was sagen Sie ihr? ☐

1 Die MiHaG GmbH erwirbt beim Computerhändler Karl Osten e.Kfm. 30 Personalcomputer.
2 Die Gesellschafterin Tamara Tagellowsk kauft im Telefonladen für ihre Tochter ein Blackberry.
3 Die Mitarbeiterin Gerlinde Roth kauft im Betrieb einen Geschirrspüler.
4 Die Auszubildende Mathilde Reichert kauft von ihrer Nachbarin ein gebrauchtes E-Bike.

Erläuterungen und Lösungen

11. Aufgabe

Lösung: 2

Die Anfrage dient der Informationsbeschaffung: Hierbei sollen Preis, Liefer- und Zahlungsbedingungen und Verfügbarkeit von Waren ermittelt werden.

12. Aufgabe

Lösung: 26.09.20XX

Nach einer Änderung des bestehenden Angebots – die MiHaG GmbH bestellte mit dem Zusatz „fix“ am 24.09.20XX – erfolgte die Annahme der Bestellung am 26.09.20XX durch die E-Mail der Natursteinhandel Willingen GmbH.
Diese erreichte die MiHaG GmbH an diesem Tag.

13. Aufgabe

Lösung: 2

Bei dem bestehenden Fixgeschäft kann die MiHaG GmbH ihre Rechte aus dem Lieferungsverzug direkt geltend machen, ohne dass sie ihren Lieferanten in Verzug setzen müsste.
Der sofortige Rücktritt ist hier die sinnvolle Entscheidung, weil die MiHaG GmbH die benötigten Waren sofort anderweitig und ohne Mehrkosten erhalten kann.

14. Aufgabe

Lösung: 2, 1, 1, 2

a) Warenschulden sind „Holschulden“. Waren aus einem abgeschlossenen Kaufvertrag werden zur Abholung bereitgestellt.

b) und d) Am Erfüllungs- oder Leistungsort muss die vertragliche Leistung erbracht werden.
Somit ergeben sich zwei Erfüllungsorte: Der Erfüllungsort für die Zahlung ist der Wohn- oder Gewerbesitz der Käuferin/des Käufers, für die Warenlieferung ist es der Sitz der Verkäuferin/des Verkäufers.

c) Bei fehlender Bestimmung des Liefertermins gilt: Die Lieferung kann sofort verlangt werden; es kann auch sofort geliefert werden.

15. Aufgabe

Lösung: 1

Ein zweiseitiger Handelskauf liegt immer dann vor, wenn zwei Kaufleute einen Kaufvertrag abschließen über Waren im Rahmen ihres Geschäftsbetriebs.

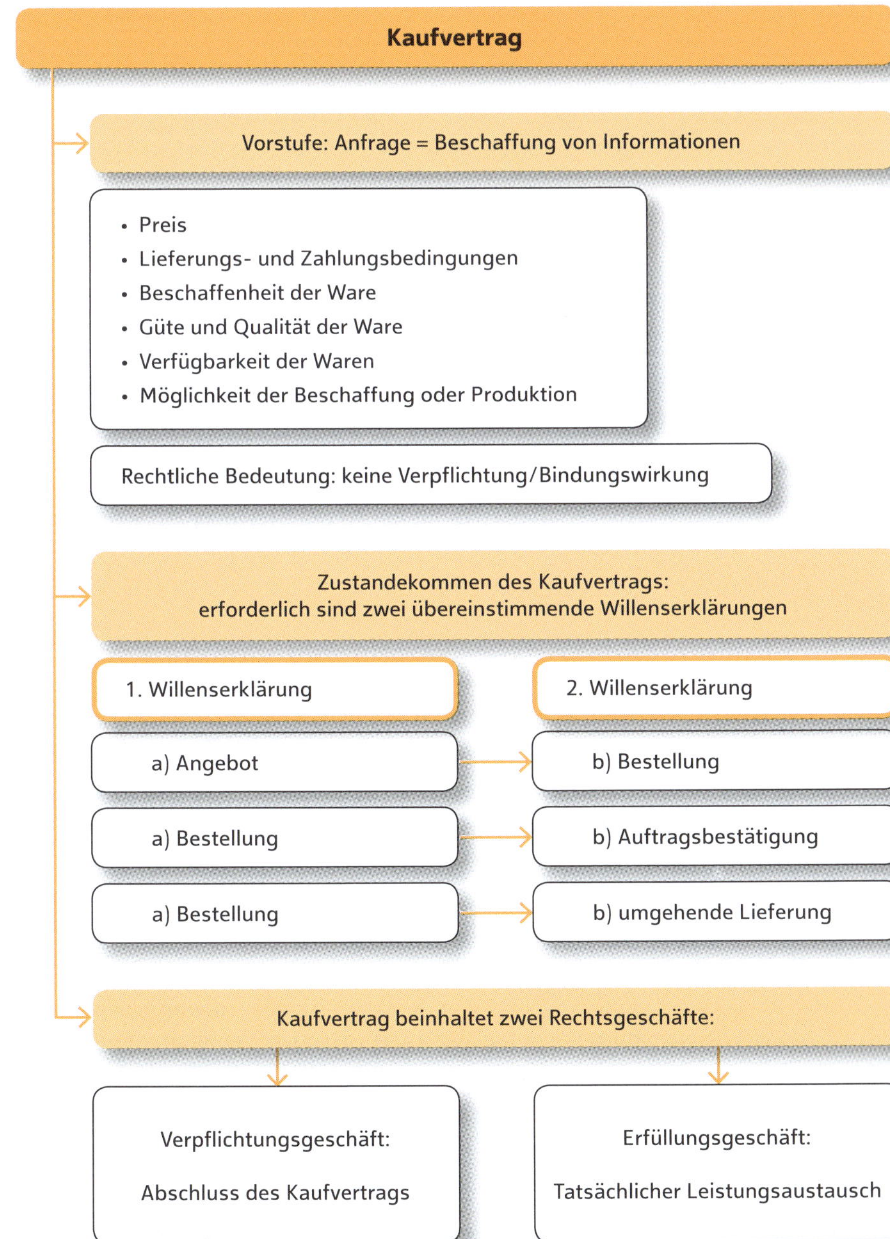

Situation
Im Rahmen Ihrer Tätigkeit in der Abteilung „Einkauf Rohstoffe, Frachten und Versicherung" kontrollieren Sie die Bestellabwicklung bis zum Eintreffen der Waren. Gelegentlich kommt es aber bei der Erfüllung von Verträgen zu Vertragsstörungen.

16. Aufgabe

Ein Kaufvertrag besteht aus dem Verpflichtungs- und dem Erfüllungsgeschäft. Bei der Erfüllung eines Kaufvertrags kann es zu Leistungsstörungen kommen.
Ordnen Sie den folgenden Rechten die Leistungsstörungen zu.

Rechte		Leistungsstörungen
a) Nachbesserung oder Neulieferung fordern	☐	1 Lieferungsverzug
b) Deckungskauf durchführen	☐	2 Annahmeverzug
c) Verkauf der Ware als Selbsthilfe	☐	3 Mangelhafte Lieferung

Situation
Die MiHaG GmbH hat eine neue Metall-Stanzmaschine erworben, deren zugesicherte Leistung im Dauereinsatz bei 160 Stück pro Stunde liegt. Ein wiederholter Praxistest unter realistischen Bedingungen ergab aber, dass nicht einmal die Hälfte der nach Kaufvertrag zugesagten Leistung erreicht wird.

17. Aufgabe

Welche zwei Rechte stehen der MiHaG GmbH nach BGB zu? ☐ ☐

1 Lieferung einer mangelfreien Metall-Stanzmaschine
2 Sofortiger Rücktritt vom Kaufvertrag
3 Schadensersatz statt Leistung
4 Beseitigung des Mangels

Situation
Die Carlos Breuer OHG, ein Geschäfskunde der MiHaG GmbH, gerät in Zahlungsverzug. Entsprechend den Allgemeinen Geschäftsbedingungen erfolgte die Lieferung der Waren durch die MiHaG GmbH unter „Eigentumsvorbehalt".

18. Aufgabe

Welches Recht hat die MiHaG GmbH aus dem vereinbarten Eigentumsvorbehalt? Sie kann ... ☐

1 eine Zwangsvollstreckung in das Vermögen der Gesellschafter der OHG veranlassen.
2 Verzugszinsen von höchstens 5 % über dem Basiszinssatz verlangen.
3 bei bereits erfolgter Veräußerung der gelieferten Gegenstände den Rechnungsbetrag einfordern.
4 nach Ablauf von 20 Tagen einen Verzugsschaden geltend machen.
5 eine Nachfrist einräumen und nach deren Ablauf vom Kaufvertrag zurücktreten und die Ware zurückverlangen.

Situation
Die MiHaG GmbH hatte 200 integrierte LED-Küchenleuchten „Luminex 2020" zum 15.11.20XX fix bestellt, die aber zu diesem Termin nicht eingetroffen sind. Eine telefonische Nachfrage bei zwei weiteren Lieferanten ergab, dass diese die Kuchenleuchten sofort und auch zu einem günstigeren Preis liefern können.

19. Aufgabe

Von welchem Recht wird die MiHaG GmbH daraufhin Gebrauch machen? ☐

1 Sie kann eine angemessene Konventionalstrafe verlangen.
2 Sie wird sofort vom Kaufvertrag zurücktreten.
3 Das Recht auf Nachlieferung steht ihr bei einem Fixkauf nicht zu.
4 Sie kann erst vom Vertrag zurücktreten, nachdem sie eine Nachfrist gesetzt hat.

Situation
Die MiHaG GmbH hat zur Produktion ihrer Küchenschränke selbstschmierende Scharniere bezogen. Erst bei der Fertigung stellt sich heraus, dass sie aufgrund von Mängeln in der Verarbeitung unbrauchbar sind.

20. Aufgabe

Wann verjähren Ansprüche aus der Gewährleistung spätestens? ☐

1 Nach 30 Jahren
2 Nach fünf Jahren
3 Gemäß der regelmäßigen Verjährungsfrist nach drei Jahren
4 Nach zwei Jahren
5 Hier bereits nach erfolgter Lieferung, weil nicht unverzüglich geprüft wurde.

Erläuterungen und Lösungen

16. Aufgabe

Lösung: 3, 1, 2

Wird bestellte Ware nicht rechtzeitig geliefert, kann – nach Setzung und Ablauf einer Nachfrist – die Ware auch anderweitig beschafft werden.
Wird ordnungsgemäß gelieferte Ware nicht abgenommen, kann diese versteigert werden oder über einen Selbsthilfeverkauf veräußert werden.

17. Aufgabe

Lösung: 1 und 4

Bei einer mangelhaften Lieferung sieht das BGB vorrangig das Recht auf „Nacherfüllung“ vor. Dies bedeutet entweder die Beseitigung des Mangels oder die Lieferung einer mangelfreien Sache.

18. Aufgabe

Lösung: 5

Bei einem Zahlungsverzug, muss die MiHaG GmbH zunächst eine angemessene Nachfrist setzen und kann dann nach Ablauf dieser Nachfrist vom Kaufvertrag zurücktreten, sofern auch dann noch nicht gezahlt wurde. Weil in diesem Fall der Eigentumsvorbehalt vereinbart wurde, kann die MiHaG GmbH die Waren zurückfordern.

19. Aufgabe

Lösung: 2

Bei einem Fixkauf steht und fällt der Vertrag mit der Einhaltung des fest vereinbarten Liefertermins, der einen wesentlichen Bestandteil beim Fixkauf darstellt. Wird zum vereinbarten Fixtermin nicht geliefert, entfällt häufig das Interesse an einer (verspäteten) Lieferung. Das Recht hierzu besteht aber nach wie vor. Neben dem Rücktritt vom Vertrag kann auch Schadenersatz verlangt werden. Die beim Verzug sonst übliche Nachfrist ist hier nicht erforderlich.

20. Aufgabe

Lösung: 4

Ansprüche aus Gewährleistung verjähren zwar erst nach zwei Jahren. Für Kaufleute wie die MiHaG GmbH aber gilt darüber hinaus: Sie müssen Warensendungen unverzüglich prüfen und bei Entdecken offener Mängel auch unverzüglich rügen.

Störungen des Kaufvertrags

Lieferungsverzug	Lieferung erfolgt nicht rechtzeitig/gar nicht. Deckungskauf nach Nachfrist: Schadenersatz
Annahmeverzug	Bestellte Ware wird nicht abgenommen. Freihändiger Verkauf Versteigerung der Ware
Zahlungsverzug	Gelieferte Ware wird nicht bezahlt. Verzugszinsen (9 bzw. 5 % über Basiszinssatz) und Mahnkosten
Mangelhafte Lieferung	Gelieferte Ware weist Mängel auf. Vorrangiges Recht: Nacherfüllung Wahl zwischen Neulieferung oder Reparatur

Verzugsarten

Gläubigerverzug	Schuldnerverzug
• Annahmeverzug	• Lieferungsverzug • Zahlungsverzug
Voraussetzungen	*Voraussetzungen*
• Fälligkeit der Leistung • Tatsächliches Angebot der Leistung • Gläubiger nimmt Leistung nicht an. • Kein Verschulden erforderlich	• Fälligkeit der Leistung • Verschulden • Mahnung (entbehrlich bei einem Kalender- oder Fixgeschäft)

Situation
Zwar gilt für den Abschluss von Verträgen die Privatautonomie, viele Verträge sind aber nicht durch die Vertragsfreiheit, sondern durch die Einbeziehung Allgemeiner Geschäftsbedingungen (AGB) gekennzeichnet. Verträge kommen oft nur dann zustande, wenn Vertragspartnerinnen und -partner die vom Verwender genutzten AGB akzeptieren.

21. Aufgabe

AGB werden häufig als „Selbstgeschaffenes Recht der Wirtschaft" bezeichnet. Welche Aussage ist hierzu richtig? ☐

1 Sollten in AGB nichtige Regelungen enthalten sein, wird auch der gesamte Vertrag nichtig, weil: Teilnichtigkeit führt zur Gesamtnichtigkeit.
2 AGB werden dann Vertragsbestandteil, wenn es sich um höherwertige Güter handelt oder diese – wie z. B. bei Banken – branchenüblich sind.
3 AGB werden nur dann wirksam, wenn auf sie deutlich hingewiesen wurde und Vertragsparteien damit einverstanden sind.
4 Die AGB gelten ausschließlich bei einem zweiseitigen Handelskauf.

Situation
Beim Bezug von Scharnieren wurde Ihnen mündlich eine 3-jährige Gewährleistung zugesagt. In den von Ihnen akzeptierten AGB des Unternehmens findet sich aber der Hinweis: „Mündliche Vereinbarungen bedürfen zu ihrer Wirksamkeit der Schriftform."

22. Aufgabe

Es sollen Aussagen zur Gültigkeit individueller und mündlicher Abreden geprüft werden. Welche davon ist richtig? ☐

1 Weil Sie im Kaufvertrag die AGB akzeptiert haben, scheidet eine 3-jährige Gewährleistung aus.
2 Eine AGB-Klausel, die die Schriftform vorsieht, ist grundsätzlich nach BGB unzulässig. Die sog. „Inhaltskontrolle" verbietet diese.
3 Individuelle Vereinbarungen zwischen den Vertragsparteien haben Vorrang vor den AGB. Die 3-jährige Gewährleistung gilt damit.
4 Nur dann, wenn die mündliche Zusage auch schriftlich bestätigt wurde, haben Sie einen Anspruch auf die dreijährige Gewährleistung.
5 Weil Verträge grundsätzlich schriftlich abgeschlossen werden müssen, gilt das auch für einzelne Bestandteile wie hier die Garantiebedingungen.

Situation
Die MiHaG GmbH prüft, ob es sinnvoll ist, die vorhandenen Allgemeinen Geschäftsbedingungen (AGB) zu überarbeiten und ggf. den aktuellen gesetzlichen Bestimmungen anzupassen.

23. Aufgabe

Welche **zwei** Aussagen zu den AGB sind richtig? ☐ ☐

1 Die gesetzlichen Regelungen finden sich im „Gesetz über die Allgemeinen Geschäftsbedingungen".
2 Ein Hinweis auf vorhandene AGB kann dann entfallen, wenn üblicherweise damit gerechnet werden muss, z. B. bei Versicherungen und Banken.
3 Die AGB dienen dem Schutz der MiHaG GmbH gegen jegliche Ansprüche der Kundinnen und Kunden.
4 Verstoßen einzelne Bestimmungen gegen das Gesetz, gelten die Regelungen des BGB.
5 Die gesetzlichen Regelungen zu den AGB finden sich im BGB.

Situation
Als Verkäuferin verwendet die MiHaG GmbH ihre eigenen AGB; tritt sie als Käuferin auf, stößt sie auf die AGB ihrer Lieferanten. Allgemeine Geschäftsbedingungen sind aus dem täglichen Geschäftsleben nicht mehr wegzudenken.

24. Aufgabe

Warum verwenden viele Marktteilnehmer AGB?
Welche **zwei** Aussagen zur Wirksamkeit der AGB sind richtig? ☐ ☐

1 Risiken werden in den AGB oft einseitig zulasten schwächerer Vertragsparteien verteilt.
2 Sie dienen unmittelbar dem Verbraucherschutz, es können Rechte und Pflichten aus dem beabsichtigten Vertrag genau erkannt werden.
3 Sie sollen Ansprüche auf Schadensersatz verhindern.
4 Einmal aufgestellte AGB bringen Rationalisierungsvorteile zugunsten beider Vertragsteile, weil eine individuelle Vertragsgestaltung bei jeglichem Güterkauf zeit- und kostenintensiv wäre.

Erläuterungen und Lösungen

21. Aufgabe

Lösung: 3

Damit AGB wirksam werden, müssen Kundinnen und Kunden in zumutbarer Weise davon Kenntnis erlangen können. Sie müssen mit der Einbeziehung der AGB in den abzuschließenden Vertrag einverstanden sein.

22. Aufgabe

Lösung: 3

Es bleibt den Beteiligten eines Vertrages überlassen, unabhängig von den AGB individuelle Abreden zu treffen (§ 305 BGB, „Vorrang der Individualabrede“). Für die Abgabe von Willenserklärungen gilt aber grundsätzlich die Formfreiheit.

23. Aufgabe

Lösung: 4 und 5

Verwendet die MiHaG GmbH AGB, die gegen gesetzliche (Schutz-)Bestimmungen verstoßen, gelten die Bestimmungen des BGB.

Das Recht der Allgemeinen Geschäftsbedingungen findet sich im allgemeinen Teil des Bürgerlichen Gesetzbuche (§§ 305 – 310 BGB).

24. Aufgabe

Lösung: 1 und 4

Leistungsanbieter am Markt, wie etwa Produzierende, Banken und Versicherungen, verwenden vorformulierte Vertragsbedingungen für eine Vielzahl von künftigen Verträgen. Würde jeder Vertrag individuell ausgehandelt, würde das zeit- und kostenaufwendig sein. Einmal aufgestellte AGB schaffen hier einen kostensenkenden Rationalisierungseffekt, der beiden Vertragsparteien zugutekommt.

Das Recht, individuelle Abreden zu treffen, bleibt den Vertragsparteien unbenommen. Es gilt per Gesetz der „Vorrang der Individualabrede“.

AGB haben aber neben dem Rationalisierungseffekt auch noch das Ziel einer Risikoabwälzung auf die Vertragsparteien. Eine komplette Risikoabwälzung auf diese ist aber nicht möglich, weil das Recht der AGB (§§ 305 – 310 BGB) die Verbraucherinnen und Verbraucher davor schützt..

AGB: Allgemeine Geschäftsbedingungen

= vorformulierte Vertragsbedingungen, die für eine Vielzahl von Verträgen aufgestellt wurden

→ Gründe für die Anwendung der AGB

Rationalisierungseffekt:	Kostenersparnis bei den Verwendern
Risikoabwälzung:	Oft einseitig zulasten der Vertragsparteien
Standardisierung:	Bei Massenverträgen

→ AGB werden nur dann Vertragsbestandteil, wenn ...

... Verwender die andere Partei darauf ausdrücklich hinweisen;
... die andere Partei Gelegenheit hat, vom Inhalt Kenntnis zu nehmen;
... die andere Partei mit ihrer Geltung einverstanden ist.

→ Gesetzliche Grundlage: §§ 305 – 310 BGB
Ziel: Schutz der wirtschaftlich Schwächeren

Unzulässige Klauseln:
- Kurzfristige Preiserhöhungen (binnen vier Monaten)
- Überraschungsklauseln, mit denen nicht gerechnet werden kann
- Pauschalierung von Schadensersatzansprüchen
- Allgemein: Verstoß gegen Treu und Glauben

→ Zu beachten: Vorrang der Individualabrede

Es gilt der Grundsatz der Vertragsfreiheit: Unabhängig von bestehenden AGB können Verkäufer und Käufer im Rahmen der Gesetze ihre Verträge völlig frei gestalten. Die von ihnen abgeschlossenen Verträge können dabei durchaus in Widerspruch zu den AGB stehen.

Situation zur 1. bis 4. Aufgabe
Ihre Auszubildende Ivanka Jasrembovic möchte sich nach bestandener Abschlussprüfung zur Industriekauffrau selbständig machen. Von der EDV während ihrer Ausbildung begeistert, plant sie Service- und Dienstleistungen rund um die EDV, also:

- Cloud-Computing & mehr
- Installation und Reparatur von Rechnern gleich welcher Art
- Mietservice für PC und Notebook
- Einrichtung einer Firewall
- Installation und Betreuung von Netzwerken
- Beratung in Sicherheitsfragen

Zwar geht sie in der Gründungsphase ihres neuen Start-up-Unternehmens nicht davon aus, einen kaufmännisch eingerichteten Gewerbebetrieb in vollem Umfang zu betreiben, möchte sich aber in das Handelsregister eintragen lassen. Beachten Sie zur Beantwortung der folgenden Fragen den abgedruckten Gesetzestext:

Handelsgesetzbuch (Auszug)

§ 1 [Istkaufmann] (1) Kaufmann im Sinne dieses Gesetzes ist, wer ein Handelsgewerbe betreibt.

(2) Handelsgewerbe ist jeder Gewerbebetrieb, es sei denn, dass das Unternehmen nach Art und Umfang einen in kaufmännischer Weise eingerichteten Geschäftsbetrieb nicht erfordert.

§ 2 [Kannkaufmann] Ein gewerbliches Unternehmen, dessen Gewerbebetrieb nicht schon nach § 1 Abs. 2 Handelsgewerbe ist, gilt als Handelsgewerbe im Sinne dieses Gesetzbuches, wenn die Firma des Unternehmens in das Handelsregister eingetragen ist.

1. Aufgabe

Ist für Ivanka Jasrembovic eine Eintragung in das Handelsregister überhaupt möglich? Wählen Sie **zwei** richtige Antworten aus:

1 Eine Eintragung in das Handelsregister setzt immer eine ausreichende kaufmännische Kapitalbasis voraus. Diese liegt hier nicht vor.

2 Eine Eintragung in das amtliche Verzeichnis der Kaufleute am Ort scheidet aus, weil sie einen kaufmännisch eingerichteten Gewerbebetrieb mit Gewinnerzielung voraussetzt.

3 Ivanka Jasrembovic kann sich in das Handelsregister, Abteilung A eintragen lassen. Nach § 2 HGB hat sie die Eigenschaft eines Kannkaufmanns.

4 Für den Fall einer Eintragung in das Handelsregister gelten für die künftige Jungunternehmerin die engeren Vorschriften des Handelsgesetzbuchs und nicht die des Bürgerlichen Gesetzbuchs.

2. Aufgabe

Ivanka Jasrembovic steht vor der schwierigen Aufgabe, eine aussagefähige und werbewirksame Firmenbezeichnung zu wählen.
Welche Firmenbezeichnung kann die Start-up-Unternehmensgründerin führen?

1 Ivanka Jasrembovic, Computer & Mehr

2 Ivanka Jasrembovic e. K., Computergroßhandlung und Computerservice

3 Computer & Mehr, Ivanka Jasrembovic e. Kffr.

4 Netz- & Cloud-Computing, EDV-Beratung Ivanka Jasrembovic

3. Aufgabe

Für die beabsichtige Namensgebung müssen handelsrechtliche Vorschriften (Firmengrundsätze) beachtet werden.
Was gilt für den Grundsatz der „Firmenausschließlichkeit"?

1 Die Rechtsform der Firma ist nicht zwingend erforderlich, wenn erkennbar ist, dass es sich um einen gewinnorientierten Gewerbebetrieb handelt.

2 Ivanka Jasrembovic darf ausschließlich nur an einem Ort ihre Handelsgeschäfte tätigen, also keine Filialen gründen.

3 Nur solange Ivanka Jasrembovic selber die Geschäfte der Firma führt, kann sie den gewählten Firmennamen mit ihrem Hausnamen beibehalten.

4 Die Firma muss wahr und klar sein.

5 Die Firma darf nicht veräußert werden.

6 Der gewählte Firmenname muss sich eindeutig von anderen Firmen am gleichen Ort unterscheiden.

Erläuterungen und Lösungen

1. Aufgabe

Lösung: 3 und 4

Gewerbliche Handelsunternehmen (Kleinbetriebe) können sich nach § 2 HGB (Kannkaufmann) in das Handelsregister eintragen lassen. Aufgrund ihrer Kaufmannseigenschaft gelten dann die schärferen Bestimmungen des Handelsrechts.

So müssen Kaufleute beispielsweise erhaltene Waren unverzüglich prüfen und bei erkannten Mängeln auch unverzüglich rügen.

Kaufleute können sich auch mündlich verbürgen, wobei ihre Bürgschaft immer eine selbstschuldnerische Bürgschaft ist.

Auch land- und forstwirtschaftliche Betriebe haben die Möglichkeit, sich als Kaufleute in das Handelsregister eintragen zu lassen. Auch hier handelt es sich um Kannkaufleute.

2. Aufgabe

Lösung: 3

Die Rechtsform, z. B. „e. Kffr.“, muss in jedem Fall Bestandteil der Firmenbezeichnung sein. Weitere Rechtsformzusätze sind AG, GmbH, OHG und KG.

Ansonsten kann die Firmenbezeichnung frei gewählt werden.

Der Firmenname darf damit aus Sachinformationen, Personennamen oder Fantasiebezeichnungen gewählt werden. Es darf allerdings durch die Firmenbezeichnung kein falscher Eindruck, z. B. über die Größe des Unternehmens, erweckt werden (Grundsatz der Wahrheit).

3. Aufgabe

Lösung: 6

Die Firmenbezeichnung muss einzigartig sein, d. h., sie muss sich von anderen Kaufleuten am gleichen Ort unterscheiden. Haben zwei Kaufleute am gleichen Ort den gleichen Namen, müssen sie sich durch einen aussagefähigen Firmenzusatz voneinander unterscheiden.

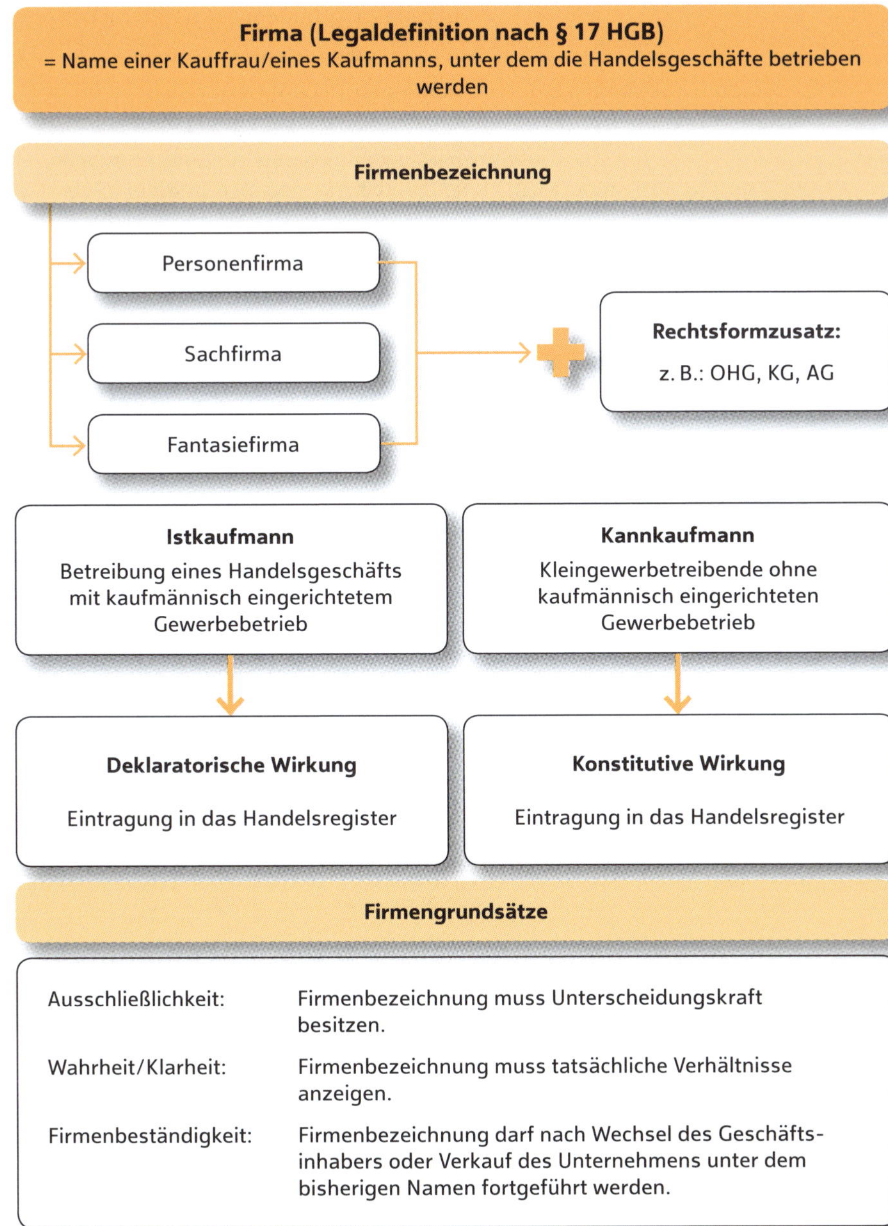

4. Aufgabe

Eintragungen in das Handelsregister erzeugen unterschiedliche Wirkungen. Ordnen Sie den einzelnen Sachverhalten die Wirkung zu, die durch Eintragung in das Handelsregister erzielt wird.

Sachverhalt		Wirkung
a) Ivanka Jasrembovic mit einem geringen Geschäftsumfang lässt sich in das Handelsregister eintragen.	☐	1 konstitutiv (rechtsbegründend)
b) Carla Orloff, bisher Leiterin der Buchhaltung, hat mit sofortiger Wirkung Prokura erhalten.	☐	2 deklaratorisch (rechtsbekundend)
c) Ivanka Jasrembovic erteilt ihrem neuen Abteilungsleiter allgemeine Handlungsvollmacht.	☐	3 entfällt, da Eintragung nicht möglich

Situation zur 5. bis 7. Aufgabe
Marlies Neureuther und Karl Astendorf gestalten in ihrer Werbeagentur Firmenprospekte sowie professionelle Internet-Auftritte für Unternehmen, u. a. auch für die MiHaG GmbH. Sie beschäftigen derzeit 28 Mitarbeiterinnen und Mitarbeiter. Karl Astendorf hat eine Kapitaleinlage von 220.000,00 € in die Gesellschaft eingebracht, arbeitet aber nicht im Unternehmen. Marlies Neureuther hat die Geschäftsführung sowie persönliche Haftung für die Werbeagentur übernommen.

5. Aufgabe

Um welche Rechtsformen handelt es sich hierbei? ☐

1 GmbH
2 AG
3 KG
4 OHG
5 GmbH & Co. KG

6. Aufgabe

Die Werbeagentur ist nach dem geschilderten Sachverhalt ... ☐

1 Kannkaufmann
2 Istkaufmann
3 Scheinkaufmann
4 Formkaufmann
5 weder Ist- noch Kann- noch Formkaufmann

7. Aufgabe

Beachten Sie zur Lösung dieser Aufgabe den folgenden Gesetzestext:

> **Handelsgesetzbuch (Auszug)**
>
> § 17 [Begriff] (1) Die Firma ist der Name eines Kaufmanns, unter dem er seine Geschäfte betreibt und die Unterschrift abgibt.
>
> (2) Ein Kaufmann kann unter seiner Firma klagen und verklagt werden.
>
> § 18 [Firma des Kaufmanns] (1) Die Firma muss zur Kennzeichnung des Kaufmanns geeignet sein und Unterscheidungskraft besitzen.
>
> (2) Die Firma darf keine Angaben enthalten, die geeignet sind, über geschäftliche Verhältnisse, die für die angesprochenen Verkehrskreise wesentlich sind, irrezuführen.

Umgangssprachlich wird mit dem Begriff „Firma" oft ein Unternehmen verbunden. Was versteht das Handelsgesetzbuch unter dem Begriff „Firma"? ☐

1 Einen eingerichteten kaufmännischen Betrieb mit umfangreicher Organisation, einer Gliederung des Betriebs in Abteilungen sowie einer eingerichteten Geschäftsbuchhaltung und einer Abteilung Kostenrechnung
2 Ein Grundhandelsgewerbe nach § 1 HGB
3 Den Geschäftsnamen des Kaufmanns, unter dem er sein Handelsgewerbe betreibt
4 Einen Betrieb, der nachhaltig auf Gewinnerzielung ausgerichtet ist und eine Auf- und Ablauforganisation zwingend erforderlich macht

Erläuterungen und Lösungen

4. Aufgabe

Lösung: 1, 2, 3

Kleingewerbetreibende erwerben erst mit ihrer Eintragung in das Handelsregister die Kaufmannseigenschaft. Die Eintragung hat damit konstitutive Wirkung.

Die Erteilung der Prokura erfolgt durch ausdrückliche Erklärung der Geschäftsleitung. Sie muss zwar in das Handelsregister eingetragen werden, hat aber nur deklaratorische Bedeutung.

Eine erteilte Handlungsvollmacht wird, anders als etwa die Prokura, nicht in das Handelsregister eingetragen.

5. Aufgabe

Lösung: 3

Kennzeichen einer Kommanditgesellschaft sind zwei unterschiedliche Gesellschaftertypen: Neben einem oder mehreren Vollhaftern (Komplementäre) gibt es noch mindesten einen oder mehrere Teilhafter (Kommanditisten).

Nur die Kapitaleinlagen der Teilhafter einer KG werden in das Handelsregister eingetragen, die Kapitalanteile der Vollhafter dagegen nicht.

6. Aufgabe

Lösung: 2

Die Zahl von 28 Mitarbeiterinnen und Mitarbeitern lässt auf einen Istkaufmann schließen.

7. Aufgabe

Lösung: 3

Die Gesetzesdefinition (Legaldefinition) des § 17 HGB besagt, dass die Firma der Name einer Kauffrau oder eines Kaufmanns ist, unter dem er oder sie Geschäfte betreibt und die Unterschrift abgibt.

Die Kauffrau oder der Kaufmann kann unter der eigenen Firma klagen und verklagt werden.

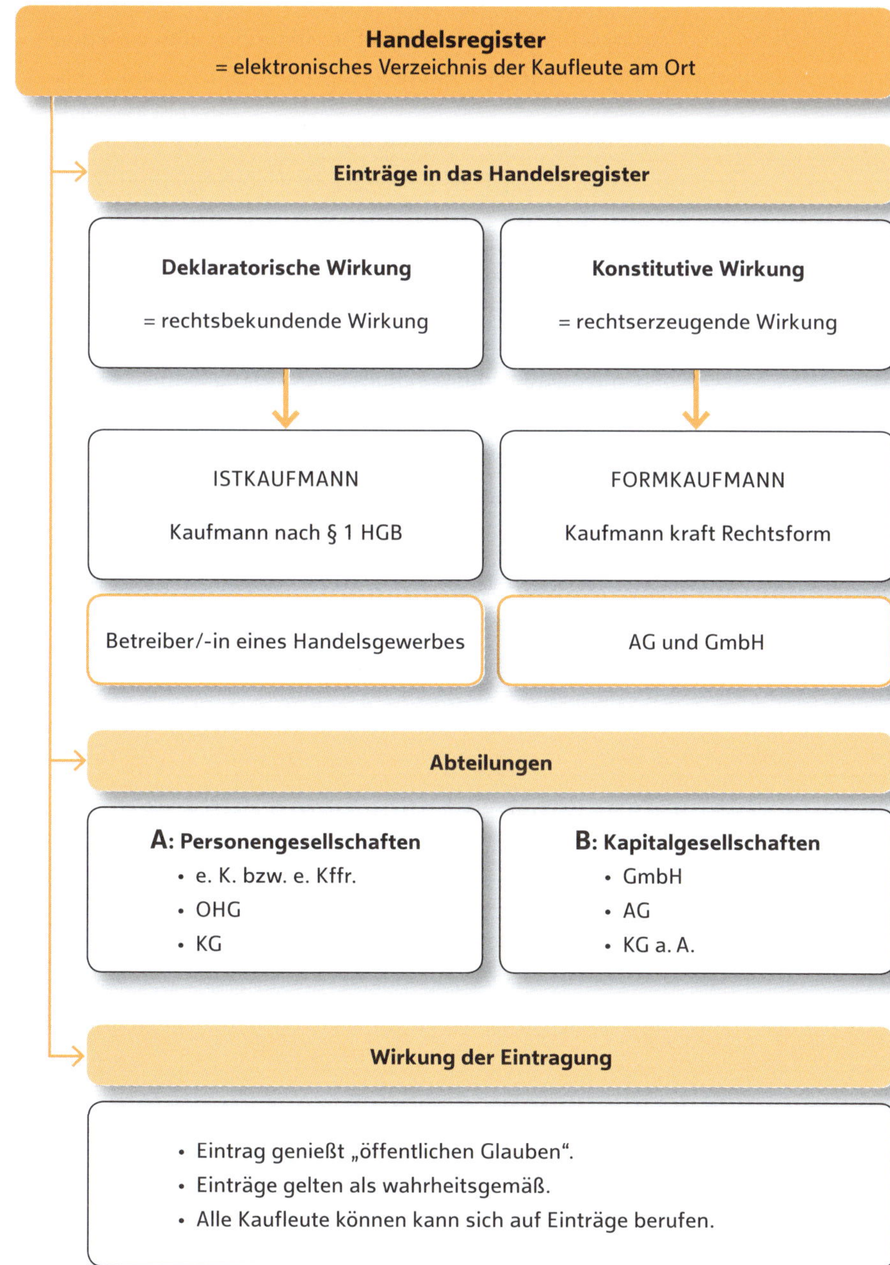

Situation zur 8. und 9. Aufgabe
Für den Vertrieb ihrer intelligenten und vernetzten Haushaltsgeräte aus ihrem innovativen Programm *mihag-smart@home* hat die Geschäftsleitung beschlossen, ein Filialunternehmen zu gründen. Marga Brunner ist als Assistentin der Geschäftsleitung aufgerufen, Informationen über mögliche Rechtsformen zur Entscheidungsvorbereitung zusammenzustellen.

8. Aufgabe

Eine mögliche Rechtsform des neuen Unternehmens könnte die KG sein. Marga Brunner möchte sich mit den rechtlichen Voraussetzungen dieser Rechtsform vertraut machen. Wo schaut sie nach?

1 GmbH-Gesetz
2 Gesetz gegen den unlauteren Wettbewerb
3 Handelsgesetzbuch
4 Bürgerliches Gesetzbuch
5 Umsatzsteuergesetz

9. Aufgabe

Welche zwei Aussagen zur KG sind richtig?

1 Alle Gesellschafterinnen und Gesellschafter der KG sind sowohl zur Geschäftsführung als auch zur Vertretung berechtigt, gleichzeitig aber auch verpflichtet.
2 Vollhafter der KG haften mit ihrem Gesamtvermögen, Teilhafter nur mit ihrer Kapitaleinlage.
3 Das Eigenkapital aller Gesellschafter wird in das Handelsregister eingetragen.
4 Nur die Kapitalanteile der Kommanditisten werden in das Handelsregister eingetragen.

Fortführung der Situation
Marga Brunner verschafft sich einen Überblick über die Gewinnverteilung unterschiedlicher Gesellschaftsformen. So hat die Küchenwelt Dortmund KG, eine Geschäftspartnerin der MiHaG GmbH, einen Gewinn in Höhe von 320.000,00 € erzielt. Nach dem Gesellschaftsvertrag des Unternehmens erhalten alle Gesellschafterinnen und Gesellschafter zunächst 8 % Vorabverzinsung auf ihre Kapitaleinlagen, der Rest ist wie folgt zu verteilen:
Die Komplementärin Gerda Immenhof erhält 6 Anteile, der Kommanditist Klaus Junker 3 Anteile und die Kommanditistin Greta Gärtner 1 Anteil.

10. Aufgabe

Ermitteln Sie den Gesamtgewinn der drei Gesellschafterinnen und Gesellschafter:

Gesellschafter/-in	Eigenkapital	Gesamtgewinn
Gerda Immenhof	80.000,00 €	
Klaus Junker	40.000,00 €	
Greta Gärtner	20.000,00 €	

Fortführung der Situation
Vertragspartner in der MiHaG GmbH ist auch die Küchenstudio Carla Winkler OHG. Die Gesellschafterinnen und Gesellschafter dieser Firma haben vereinbart, dass die Firmengründerin und Gesellschafterin Carla Winkler im Falle einer Insolvenz nicht mit ihrem Privatvermögen haften muss.

11. Aufgabe

Welche Wirkung hat diese Vereinbarung?

1 Wegen der Vertragsfreiheit gilt: Carla Winkler ist von privater Haftung befreit.
2 Sie haftet nur subsidiär, nämlich dann, wenn das Geschäftsvermögen nicht zur Deckung der Verbindlichkeiten ausreicht.
3 Wird die zwischen den Gesellschaftern getroffene Vereinbarung in das Handelsregister eingetragen, gilt diese. Schließlich genießen Einträge in das Handelsregister öffentlichen Glauben.
4 Carla Winkler haftet als Gesellschafterin der OHG unbeschränkt.

Fortführung der Situation
Das geplante Filialunternehmen könnte auch in der Rechtsform einer GmbH gegründet werden.

12. Aufgabe

Prüfen Sie, zu welchem Zeitpunkt eine GmbH rechtsfähig im Sinne von wirksam entstanden ist.

1 Erst mit der Einzahlung aller Stammeinlagen
2 Mit der Aufnahme der wirtschaftlichen Geschäftstätigkeit
3 Mit der notariellen Beurkundung der Firmengründung
4 Mit der Eintragung der GmbH in das Handelsregister
5 Nach Zugang eines Rundschreibens an die Geschäftspartnerinnen und -partner

Erläuterungen und Lösungen

8. Aufgabe

Lösung: 3

Gesetzliche Regelungen zur Einzelunternehmung und zu den Personengesellschaften wie OHG und KG finden sich im Handelsgesetzbuch.

9. Aufgabe

Lösung: 2 und 4

Nur die Vollhafter (Komplementäre) sind zur Geschäftsführung und Vertretung berechtigt, nicht dagegen die Kommanditisten, die auch nur mit ihrer Kapitaleinlage haften. Die Kapitaleinlagen der Kommanditisten werden in das Handelsregister eingetragen.

10. Aufgabe

Gesellschafter/-in	EK	8 %	Anteile	Restgewinn	Gesamtgewinn
Immenhof	80.000,00 €	6.400,00 €	6	185.280,00 €	191.680,00 €
Junker	40.000,00 €	3.200,00 €	3	92.640,00 €	95.840,00 €
Gärtner	20.000,00 €	1.600,00 €	1	30.880,00 €	32.480,00 €
		11.200,00 €	10	308.800,00 €	320.000,00 €

11. Aufgabe

Lösung: 4

Vollhafter (Komplementäre) einer OHG haften nach Gesetz (HGB) in jedem Fall unmittelbar, unbeschränkt und solidarisch. Die im Gesetz genannte persönliche Haftung kann nicht durch Gesellschafterbeschluss ausgeschlossen werden.

12. Aufgabe

Lösung: 4

Die GmbH entsteht als sog. „Formkaufmann“ erst mit ihrer Eintragung in das Handelsregister, Abteilung „B“.

Personengesellschaften

→ **Einzelunternehmung (e. K. bzw. e. Kffr.)**

Betreiber/-in eines Handelsgewerbes nach § 1 HGB
Eine Person – Kauffrau oder Kaufmann entscheidet alleine.

→ **Offene Handelsgesellschaft (OHG)**

Zusammenschluss von Personen
Ziel: Betreibung eines gemeinschaftlichen Handelsgewerbes

Rechte aller Gesellschafter/-innen:	• Geschäftsführung • Vertretung • Privatentnahmen
Haftung der Gesellschafter/-innen:	• Unmittelbar • Unbeschränkt • Solidarisch
Gewinnverteilung:	• 4 % des Eigenkapitals • Rest nach Köpfen

→ **Kommanditgesellschaft (KG)**

Besonderheit: Zwei Gesellschafter-Typen
Kommanditisten haften nur mit ihren Einlagen, Komplementäre darüber hinaus auch noch mit ihrem Privatvermögen.

Vollhafter (Komplementäre) • Rechte: wie die Gesellschafter/-innen einer OHG • Pflichten: wie die Gesellschafter/-innen einer OHG	**Teilhafter** (Kommanditisten) • Recht auf Gewinnbeteiligung • Recht auf Bilanzeinsicht • Widerspruchsrecht bei riskanten Geschäften

Situation
Zur Mitte des Jahres werden in der MiHaG GmbH für die geplanten Investitionen des kommenden Jahres verschiedene Finanzierungsformen analysiert.
Für die Herstellung ihrer Trockner benötigt die MiHaG GmbH drei Stanzmaschinen im Gesamtwert von 264.000,00 €. Die Gesellschafterin Tamara Jagellowsk bespricht mit den beiden Prokuristinnen Ruth Mallik und Maria Weber Finanzierungsarten und deren Folgen.

1. Aufgabe

Die MiHaG GmbH hat bereits einen hohen Fremdkapitalanteil.
Welche Finanzierungsart würde diesen bereits hohen Anteil an Fremdkapital in der Bilanz weiter erhöhen? ☐

1 Darlehen
2 Selbstfinanzierung
3 Leasing
4 Factoring

Fortführung der Situation
Die zuvor genannten Stanzmaschinen ließen sich auch per Leasing finanzieren. Geschäftsführung und Prokuristinnen wägen auch hier die Vor- und Nachteile gegeneinander ab.

2. Aufgabe

Welchen Vorteil hat das Unternehmen, wenn es sich anstelle eines Kaufs für Leasing entscheidet? ☐

1 Einmalige Anschaffungskosten
2 Unmittelbarer Erwerb von Besitz und Eigentum
3 Erhöhung der Bilanzsumme
4 Schonung der Liquidität

Fortführung der Situation
Gerda Müller, Gesellschafterin der MiHaG GmbH, bietet an, eine der benötigten Stanzmaschinen zu finanzieren.

3. Aufgabe

Welchen Weg der Finanzierung würde das Unternehmen hierbei gehen? ☐

1 Finanzierung aus Rückstellungen
2 Finanzierung mittels des Lohmann-Ruchti-Effekts
3 Selbstfinanzierung
4 Finanzierung aus „Stillen Reserven“
5 Beteiligungsfinanzierung

Situation
Die MiHaG GmbH stellt ihren Fuhrpark um auf umweltfreundliche Elektrofahrzeuge, die fremdfinanziert werden. Ihre Hausbank ist bereit, die Fahrzeuge zu finanzieren, verlangt aber die Zulassungsbescheinigung Teil II (Fahrzeugbrief).

4. Aufgabe

Welche Form der Finanzierung/der Kreditsicherung liegt hier vor? ☐

1 Kurzfristiger Liefererkredit
2 Lombardkredit
3 Hypothekendarlehen
4 Sicherungsübereignungskredit
5 Kontokorrentkredit

Situation
Zur Anschaffung einer neuen vollautomatischen Lackierstation möchte die MiHaG GmbH den Weg der Selbstfinanzierung gehen.

5. Aufgabe

Welche Maßnahme muss sie hierzu ergreifen? ☐

1 Die Einlagen der Kommanditisten werden erhöht.
2 Die Maschine wird zunächst geleast mit späterer Kaufoption.
3 Ein Teil des Gewinns wird nicht ausgeschüttet („thesauriert“).
4 Die Sparkasse Minden gewährt ein Investitionsdarlehen.

Situation
Für eine neue Fertigungsstraße kann die MiHaG GmbH auf unterschiedliche Finanzierungsformen zurückgreifen.

6. Aufgabe

Ordnen Sie den folgenden Finanzierungsbeispielen die zugehörige Finanzierungsart zu.

Finanzierungsbeispiel		Finanzierungsart
a) Gewinnthesaurierung: Ein Teil des erzielten Jahresüberschusses verbleibt im Unternehmen.	☐	1 Selbstfinanzierung
b) Mit der Hausbank der MiHaG GmbH wird ein Darlehensvertrag abgeschlossen.	☐	2 Beteiligungs-/Einlagenfinanzierung
		3 Fremdfinanzierung

Erläuterungen und Lösungen

1. Aufgabe

Lösung: 1

Ein Darlehen stellt langfristiges Fremdkapital dar und wird auf der rechten Seite der Bilanz auch als Fremdkapital ausgewiesen.

2. Aufgabe

Lösung: 4

Bei der Finanzierungsform „Leasing“ entfällt die sofortige Bezahlung des Kaufpreises, weil der Gegenstand praktisch „nur“ gemietet wird. Gezahlt wird eine monatliche Leasingrate, die dazu im Rahmen der Betriebsausgaben steuerlich absetzbar ist. Je nach Art des Leasingvertrags gibt es regelmäßig auch die sog. „Kaufoption“, d. h., den Gegenstand zum Ende der Nutzung zu erwerben.

3. Aufgabe

Lösung: 5

Stellen die Gesellschafterinnen und Gesellschafter eines Unternehmens Eigenkapital zur Verfügung, wird von „Beteiligungsfinanzierung“. Die Beteiligungsfinanzierung ist eine Form der Eigenfinanzierung gesprochen. Hierbei wird entweder das Eigenkapital erhöht oder es werden neue Gesellschafter aufgenommen. Bei der Aktiengesellschaft erfolgt die Erhöhung des Eigenkapitals durch die Ausgabe neuer Aktien.

4. Aufgabe

Lösung: 4

Die MiHaG GmbH kann im Falle der Sicherungsübereignung die Fahrzeuge weiterhin nutzen, sie ist Besitzerin. Ihre Hausbank wird „bedingte Eigentümerin“. Zur Absicherung eines Sicherungsübereignungskredits werden häufig Maschinen, Kraftfahrzeuge und Warenlager übereignet. Werden Kraftfahrzeuge übereignet, verlangt der Kreditgeber oft die Vollkaskoversicherung .

5. Aufgabe

Lösung: 3

Wird der Gewinn oder werden Teile des Gewinns nicht ausgeschüttet, verbleiben flüssige Mittel im Unternehmen, die zu Investitionszwecken genutzt werden können. Hierbei wird von einer offenen Selbstfinanzierung gesprochen. Wird der tatsächliche Gewinn dagegen verdeckt durch Unterbewertung des Vermögens oder Überbewertung der Rückstellungen, liegt eine verdeckte Selbstfinanzierung vor.

6. Aufgabe

Lösung: 1, 3

Nicht ausgeschüttete Gewinne sind Beispiele für eine offene Selbstfinanzierung. Ein in der Bilanz auf der rechten Seite auszuweisendes Darlehen ist ein Beispiel für eine Fremdfinanzierung.

Finanzierung
Ziel: Ausstattung des Unternehmens mit finanziellen Ressourcen

Eigene Mittel	Fremdmittel
Eigenfinanzierung	**Fremdfinanzierung**
• Kapitaleinlage durch Gesellschafter • Aufnahme neuer Gesellschafter • Ausgabe neuer Aktien (AG)	• Aufnahme eines Bankkredits • Kurzfristiger Kontokorrentkredit • Lieferantenkredit

WOHER kommt das Kapital?

Innenfinanzierung	**Außenfinanzierung**
• Kapital kommt aus dem Unternehmen. • Es wird dort erwirtschaftet.	• Kapitalzufluss von außen • Neuer Gesellschafter • Bankkredit

Leasing = Mietkauf

Leasingnehmer:	Erhalten und besitzen Gegenstände zur Nutzung gegen Entgelt
Kosten:	Nur monatliche Leasingrate
Kaufoption:	Bei Vertragsende ist der Erwerb möglich

Vorteile für Leasingnehmer	Nachteile für Leasingnehmer
• Keine Sicherheiten erforderlich • Leasinggeber übernehmen Wartung • Schonung der eigenen Liquidität • Leasingraten sind Betriebsausgaben. • Immer: neueste Technik	• Kein Erwerb des Eigentums • Leasing: häufig teurer als Kauf • Miet- und Pachtkosten sind hoch. • Müssen aus Umsatzerlösen rechtzeitig zurückfließen

Situation zur 7. bis 12. Aufgabe
Bei den anstehenden Investitionsplanungen werden neben den Finanzierungsaspekten und deren Kosten auch die Möglichkeiten einer Kreditsicherung besprochen. Potenzielle Kreditgeber wie Banken knüpfen an die Vergabe eines Kredits auch die Leistung von Sicherheiten durch Kreditnehmer/-innen.

7. Aufgabe

Die Stahlhandels GmbH, ein langjähriger und zuverlässiger Lieferer von Stahlblechen der MiHaG GmbH hat vorübergehende Liquiditätsprobleme. Wie kann die MiHaG GmbH bei einem Bankdarlehen helfen?

1 Im Falle eines erforderlichen Bankdarlehens kann die MiHaG GmbH eine Ausfallbürgschaft zusichern.
2 Bei einem Bankdarlehen wünscht die kreditgebende Bank regelmäßig eine selbstschuldnerische Bürgschaft, die die MiHaG GmbH übernimmt.
3 Die MiHaG GmbH kann ihrem Lieferer einen Kontokorrentkredit bei ihrer eigenen Hausbank eröffnen.
4 Zur Kreditsicherung des Lieferers kann die MiHaG GmbH eines ihrer Grundstücke verpfänden.

8. Aufgabe

Die flüssigen Mittel der MiHaG GmbH reichen nicht immer aus zur Liquiditätssicherung, so dass sie auf Kredite zurückgreift. Welche Kreditarten werden von der MiHaG GmbH bei den dargestellten Sachverhalten genutzt?

Sachverhalt		Kreditart
a) Die MiHaG GmbH übereignet ihrer Bank ein Warenlager.		1 Bürgschaftskredit
b) Die Bank verlangt den Verzicht auf die Einrede der Vorausklage.		2 Hypothekarkredit
c) Die MiHaG GmbH bietet ihr Grundstück zur Kreditsicherung an.		3 Lombardkredit
d) Zur Kreditsicherung werden bei der Bank Wertpapiere hinterlegt.		4 Sicherungsübereignungskredit

9. Aufgabe

Zur Finanzierung der Schaffung neuer Kundenparkplätze an ihrem neuen Standort möchte die MiHaG GmbH den Weg der Eigenfinanzierung gehen.

Wann liegt diese Finanzierungsform vor (zwei Antworten)?

1 Erhöhung der Einlagen der Gesellschafter/-innen
2 Aufnahme eines Bankdarlehens
3 Finanzierung durch Einbehalten eines Gewinnanteils
4 Finanzierung durch Bauträger
5 Aufnahme weiterer Gesellschafterinnen und Gesellschafter

10. Aufgabe

Bei der Abwägung alternativer Finanzierungsmodelle taucht auch die Frage nach einer möglichen Innenfinanzierung auf. Wann liegt diese vor?

1 Die Gesellschafterin Hatice Öschdemir leistet eine Privateinlage.
2 Die MiHaG GmbH zahlt eine Rechnung unter Abzug von Skonto.
3 Der MiHaG GmbH werden Rechnungsbeträge weitere 30 Tage gestundet.
4 Die MiHaG GmbH nimmt bei der Sparkasse Minden einen Kredit auf.
5 Ein Teil des Gewinns wird reserviert für künftige Investitionen.

11. Aufgabe

Welche Aussage ist richtig, wenn die MiHaG GmbH ein Darlehen durch eine Grundschuld absichert?

1 Die Vereinbarung über die Grundschuld kann mündlich erfolgen.
2 Ein schriftlicher Vertrag über die Grundschuld reicht aus.
3 Für die Grundschuld ist eine notarielle Beglaubigung erforderlich.
4 Die Grundschuld wird ins Grundbuch eingetragen.
5 Die Grundschuld ist im Handelsregister vermerkt.

12. Aufgabe

In der MiHaG GmbH gibt es Überlegungen, künftige Anlagegegenstände nur noch zu leasen. Was zeichnet diese Finanzierungsform aus?

1 Die Liquidität der MiHaG GmbH wird dadurch deutlich eingeschränkt.
2 Anlagegegenstände sind dadurch immer auf dem neuesten Stand.
3 Miet- und Pachtkosten für die „geleasten" Gegenstände sind niedrig.
4 Die MiHaG GmbH hat die uneingeschränkte Verfügungsgewalt über die Gegenstände.
5 Mit der Übergabe der „geleasten" Gegenstände wird die MiHaG GmbH sowohl Besitzerin als auch Eigentümerin.

Erläuterungen und Lösungen

7. Aufgabe

Lösung: 2

Banken verlangen regelmäßig eine sog. selbstschuldnerische Bürgschaft. Bürgen verzichten dabei auf die "Einrede der Vorausklage", was bedeutet, dass sie direkt durch die Bank in Anspruch genommen werden können.

8. Aufgabe

Lösung: 4, 1, 2, 3

a) Werden Vermögensgegenstände als Sicherheit hinterlegt, die aber noch betrieblich genutzt werden sollen (Besitzkonstitut), wird von einer Sicherungsübereignung gesprochen.

b) Wird auf die „Einrede der Vorausklage“ verzichtet, kann sich die kreditgebende Bank direkt an den Bürgen wenden. Es handelt sich dabei um eine selbstschuldnerische Bürgschaft.

c) Bei einem Hypothekarkredit tritt neben die persönliche Haftung noch die dingliche Haftung über ein Grundstück hinzu.

d) Werden vertretbare Sachen als (Faust-)Pfand hinterlegt, wird von einem Lombardkredit gesprochen.

9. Aufgabe

Lösungen: 1 und 5

Bei der Eigenfinanzierung stellen die Eigentümerinnen und Eigentümer eines Unternehmens Eigenkapital zur Verfügung. Gleiches gilt, wenn neue Gesellschafterinnen und Gesellschafter in das Unternehmen aufgenommen werden.

10. Aufgabe

Lösung: 5

Die Innenfinanzierung zeichnet sich dadurch aus, dass das Kapital aus dem Unternehmen kommt, es wird dort erwirtschaftet. Teile des Gewinns werden damit für künftige Investitionen reserviert.

11. Aufgabe

Lösung: 4

Hypothekarkredite und Grundschulden werden in das Grundbuch eingetragen.

12. Aufgabe

Lösung: 2

Leasinggüter werden immer wieder dem neuesten Stand der Technik angepasst. Die MiHaG GmbH muss eine monatliche Leasingrate zahlen, ihre Liquidität wird dadurch geschont.

Die MiHaG GmbH hat hier nur ein Nutzungsrecht. Sie wird nicht zur Eigentümerin, sondern kann als Mieterin nicht in jeder Hinsicht über die Gegenstände verfügen.

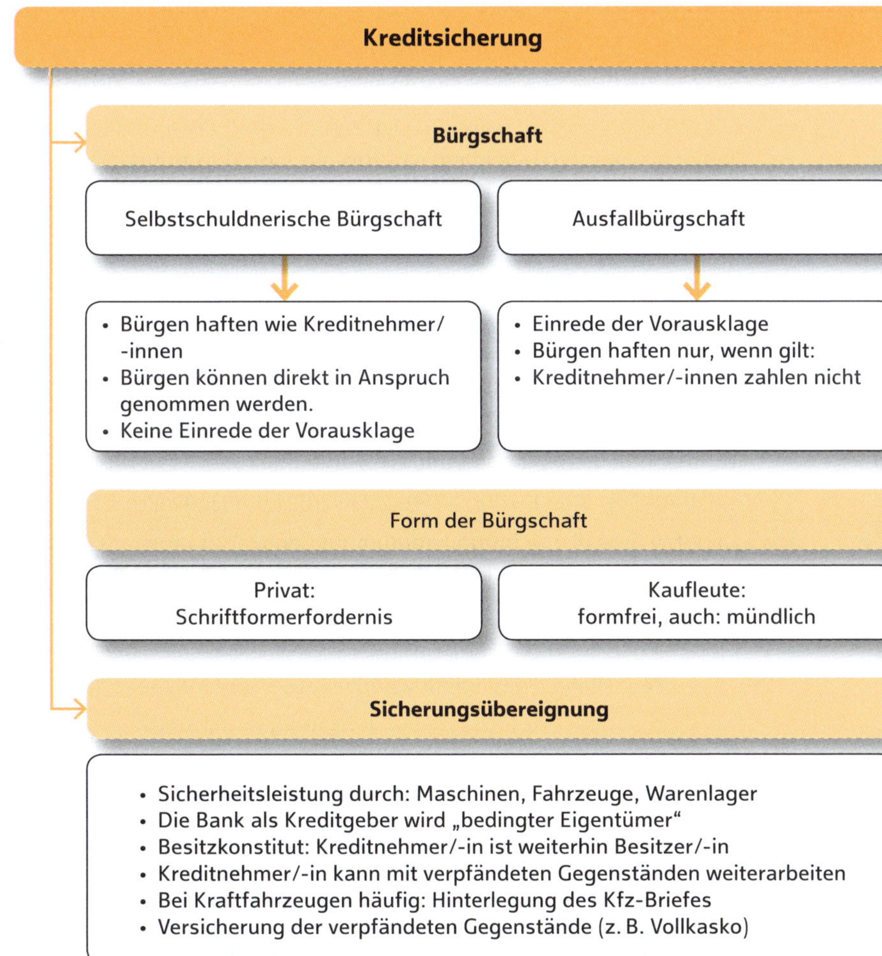

Situation zur 1. und 2. Aufgabe
Ein Unternehmen kann häufig nicht von einer Einzelperson in allen Fällen wirksam geleitet werden. Kaufleute bedienen sich zur Aufgabenerfüllung daher kaufmännischer Hilfspersonen. Diese werden mit entsprechenden Vollmachten ausgestattet. Hierbei kommen Prokura und Handlungsvollmacht in Betracht.

1. Aufgabe

Als Prokuristin der MiHaG GmbH ist Ruth Mallik im Handelsregister eingetragen. Welche Wirkung hat dieser Eintrag?

1 Die Eintragung über eine erteilte Prokura in das Handelsregister hat konstitutive Wirkung.
2 Die Eintragung über eine erteilte Prokura in das Handelsregister hat nur dann konstitutive Wirkung, wenn dies vorab auch den Geschäftsfreunden per Rundschreiben angekündigt wurde.
3 Die Eintragung über eine erteilte Prokura in das Handelsregister hat deklaratorische Wirkung.
4 Nur die Eintragung über den Widerruf einer erteilten Prokura hat deklaratorische Wirkung.

2. Aufgabe

Ute Hasselt, neue Mitarbeiterin der Abteilung Rechnungswesen der MiHaG GmbH, soll verschiedene Aufgaben erledigen.
Zu welcher Aufgabe benötigt sie eine Artvollmacht?

1 Für das bevorstehende zehnjährige Unternehmensjubiläum kauft sie Getränke ein.
2 Ute Hasselt prüft die Offene-Posten-Liste und erstellt für zahlungsunwillige Kundinnen und Kunden Mahnschreiben.
3 Vertretungsweise soll sie morgen einem Stammkunden ein funktionsfähiges Ersatzgerät zur Verfügung stellen.
4 Die Mitarbeiterin soll für das bevorstehende Betriebsjubiläum eine Firmenpräsentation ausarbeiten zum Thema: „Unser Betrieb stellt sich vor“.

Situation zur 3. und 4. Aufgabe
Karl Strauch, Prokurist der MiHaG GmbH, hat der neuen Personalchefin, Sybille Hofreither, mündlich allgemeine Handlungsvollmacht erteilt.

3. Aufgabe

Prüfen Sie, welches Rechtsgeschäft Frau Hofreither wirksam mit dieser Vertretungsvollmacht abschließen darf.

1 Zur Aufrechterhaltung der Liquidität darf sie mit der Hausbank, der Sparkasse Minden, einen Darlehensvertrag über einen Kontokorrentkredit abschließen.
2 Im Falle drohender Zahlungsunfähigkeit muss sie beim Amtsgericht Minden den Antrag auf Insolvenzeröffnung stellen.
3 Sie darf Grundstücke erwerben, nicht aber verkaufen.
4 Sie kann rechtswirksam Mitarbeiterinnen und Mitarbeiter einstellen und entlassen.
5 Sie ist berechtigt, vertrauenswürdigen Personen allgemeine Handlungsvollmacht zu erteilen.
6 Am Jahresende muss sie die Bilanz und Steuererklärung unterschreiben.

4. Aufgabe

Stellen Sie fest, ob die erteilte Handlungsvollmacht durch mündliche Erklärung des Prokuristen Karl Strauch rechtswirksam zustande gekommen ist.

1 Die Befugnisse des Prokuristen Karl Strauch reichen nicht aus, um rechtswirksam allgemeine Handlungsvollmacht zu erteilen.
2 Erst dann, wenn ein weiterer Prokurist mit Gesamtprokura der allgemeinen Handlungsvollmacht zustimmt, ist diese rechtswirksam.
3 Zur Wirksamkeit wäre eine Eintragung in das Handelsregister erforderlich gewesen, was aber hier nicht erfolgt ist.
4 Der Prokurist Karl Strauch, der alle gewöhnlichen und außergewöhnlichen Rechtsgeschäfte abschließen darf, kann auch wirksam allgemeine Handlungsvollmacht erteilen.
5 Die Erteilung der allgemeinen Handlungsvollmacht bedarf der Schriftform. Weil diese hier nur mündlich erfolgt ist, führt der Formverstoß zur Nichtigkeit der allgemeinen Handlungsvollmacht.
6 Nur die Geschäftsführerin Tamara Tagellowsk kann wirksam bestimmen, wer allgemeine Handlungsvollmacht erhält.

Erläuterungen und Lösungen

1. Aufgabe

Lösung: 3

Die Prokura entsteht bereits mit ausdrücklicher Erklärung. Zwar muss sie in das Handelsregister eingetragen werden; die Eintragung ist aber nicht Voraussetzung ihrer Wirksamkeit und hat damit nur deklaratorische Bedeutung.

2. Aufgabe

Lösung: 2

Artvollmacht setzt immer wiederkehrende, gleichartige Geschäftsfälle voraus, wie etwa die Abwicklung des Zahlungsverkehrs und die Überwachung der Außenstände. Auch Einkäuferinnen und Einkäufer, Verkäuferinnen und Verkäufer, Kassiererinnen und Kassierer sowie Handlungsreisende verfügen häufig über Artvollmacht.

3. Aufgabe

Lösung: 4

Allgemeine Handlungsvollmacht bedeutet für die neue Personalchefin, dass sie alle Rechtsgeschäfte tätigen darf, die der Handelsbetrieb gewöhnlich mit sich bringt.

Die Einstellung und Entlassung von Mitarbeiterinnen und Mitarbeitern gehört im Bereich der Personalarbeit zu den üblichen und gewöhnlichen Rechtsgeschäften eines Unternehmens.

4. Aufgabe

Lösung: 4

Der Prokurist Karl Strauch hat Einzelprokura. Die Prokura berechtigt zur Vornahme aller gerichtlichen und außergerichtlichen Rechtsgeschäfte, die ein Handelsbetrieb mit sich bringt.

Hierzu gehört auch die Erteilung eines nachrangigen Rechts, wie etwa die Handlungsvollmacht. Die Handlungsvollmacht kann mündlich, schriftlich oder durch schlüssiges Verhalten erteilt werden.

Prokura dürfte der Prokurist Karl Strauch nicht erteilen, weil dieses Recht nur Kaufleuten und ihren Stellvertretern vorbehalten ist.

Stellvertretung von Kaufleuten

Prokura	**Handlungsvollmacht**
Prokura ermächtigt zu allen Arten von *gerichtlichen und außergerichtlichen Geschäften und Rechtshandlungen*, die der Betrieb eines Handelsgewerbes mit sich bringt (§ 49 I HGB).	Handlungsvollmacht ermöglicht alle Geschäfte und Rechtshandlungen, die der Betrieb eines derartigen Handelsgewerbes *gewöhnlich* mit sich bringt (§ 54 I HGB).

Erteilung der Prokura: nur durch ausdrückliche Erklärung

Prokuraerteilung:	nur durch Kaufleute oder ihre Stellvertreter/-innen
Handelsregistereintrag:	erforderlich nach Gesetz
Wirkung der Eintragung:	deklaratorische Wirkung
Geschäftsfreunde:	Bekanntmachung durch Rundschreiben

Befugnisse der Prokuristen

Was sie dürfen:
- Grundstücke kaufen
- Kredite aufnehmen
- Prozesse führen

Was sie nicht dürfen:
- Grundstücke verkaufen
- Gesellschafter/-innen aufnehmen
- Firmenzweck ändern

Arten der Prokura

Einzelprokura:	Prokuristinnen und Prokuristen können alleine handeln. Zur Wirksamkeit von Rechtsgeschäften ist keine zweite Unterschrift erforderlich.
Gesamtprokura	Prokuristinnen und Prokuristen können nur zusammen rechtswirksam das Unternehmen vertreten.
Filialprokura:	Beschränkung auf eine Filiale oder Zweigstelle

Unterzeichnung

ppa., pp, per procura oder sonstiger, sinnvoller Zusatz

Situation
Zur Erfüllung ihrer Sachaufgaben benötigen sowohl ausführende wie auch leitende Mitarbeitende entsprechende Vollmachten. Das Spektrum reicht von der einfachen Einzelvollmacht über die Art- bis zur allgemeinen Handlungsvollmacht und zur Prokura.
Bei privaten Kundinnen und Kunden der MiHaG GmbH werden Haushaltsgeräte geliefert und installiert. Das Montage- und Auslieferungspersonal darf hierbei Geld entgegennehmen und auch den Kundinnen und Kunden die Zahlung quittieren.

5. Aufgabe

Über welche Vollmacht verfügt hierbei das Montage- und Auslieferungspersonal ☐

1 Erforderlich ist die allgemeine Handlungsvollmacht, die es ermöglicht, ein so wichtiges Rechtsgeschäft wie die Zahlung wirksam abzuschließen.
2 Es handelt sich jeweils um eine Einzelvollmacht, die es den Auslieferungsfahrerinnen und -fahrern nur einmalig ermöglicht, einen fälligen Geldbetrag entgegenzunehmen.
3 Es handelt sich um die Inkassovollmacht, eine Form der Artvollmacht.
4 Die Abwicklung des Zahlungsverkehrs schreibt die Prokura zwingend vor.

Situation
Bei einem Treffen auf Leitungsebene zu Beginn des Jahres wurde von der Geschäftsleitung festgelegt, dass das angebotene Topfsortiment nur von dem bisherigen Stammlieferanten auch weiterhin bezogen werden soll.
Die Prokuristin Ruth Mallik war von Preis, Qualität und Funktionalität des konkurrierenden Herstellers BÖSLE Metallwarenfabrik auf der Haushaltswarenmesse in Hamburg dermaßen überzeugt, dass sie mit diesem Unternehmen eine jährliche Abnahmemenge vertraglich vereinbart hatte.

6. Aufgabe

Muss die MiHaG GmbH den abgeschlossenen Vertrag erfüllen? ☐

1 Ja, weil eine Einschränkung der Prokura nicht im Außenverhältnis gilt
2 Nein, weil die Prokuristin nicht gegen ihren Dienstvertrag handeln darf
3 Ja, weil die ihr eingeräumte Prokura solche Rechtsgeschäfte abdeckt
4 Nein, weil der Umfang ihrer Prokura für den Vertragsabschluss nicht ausreicht
5 Ja, weil ihre Prokura sie befähigt, die MiHaG GmbH in allen gewöhnlichen und außergewöhnlichen Rechtsgeschäften wirksam zu vertreten

Situation
Im Rahmen ihrer differenzierten Distributionspolitik werden Produkte der MiHaG GmbH auch über Handlungsreisende vertrieben. Diese besuchen und beraten Kundinnen und Kunden und können dabei rechtswirksame Kaufverträge abschließen.

7. Aufgabe

Welche Art der Vollmacht benötigen Handlungsreisende hierzu? ☐

1 Um Rechtsgeschäfte gleicher Art wirksam abschließen zu können, benötigen Handlungsreisende eine Artvollmacht (Abschlussvollmacht).
2 Weil es sich um finanziell bedeutende Geschäfte handeln kann, die die MiHaG GmbH vertraglich binden, ist eine Gesamtprokura erforderlich.
3 Die Einzelprokura reicht zum Abschluss von Kaufverträgen bereits aus.
4 Zum Abschluss eines Kaufvertrags benötigen Handlungsreisende jeweils eine Einzelvollmacht.
5 Handlungsreisende können Kaufverträge nur vorbereiten; rechtswirksam und damit für das Unternehmen bindend werden diese aber erst durch die Unterschrift der Geschäftsführerin Tamara Tagellowsk.

Situation
Die Mitarbeiterin Carla Messerschmidt muss eine Reihe von Rechtsgeschäften durchführen und Willenserklärungen im Namen der Gesellschaft abgeben.

8. Aufgabe

Welche Vollmacht benötigt sie jeweils hierbei? Ordnen Sie zu.

Rechtsgeschäft		Vollmacht
a) Gerichtliche Vertretung des Unternehmens	☐	1 Allgemeine Handlungsvollmacht
b) Kauf eines Betriebsgrundstücks	☐	2 Prokura
c) Erteilen von allgemeiner Handlungsvollmacht	☐	3 Nicht möglich
d) Personaleinstellung und -eingruppierung	☐	
e) Unterschreiben der Bilanz	☐	
f) Verkauf eines Grundstücks	☐	

Erläuterungen und Lösungen

5. Aufgabe

Lösung: 3

Bei der Entgegennahme und Quittierung von Geldbeträgen handelt es sich um immer wiederkehrende, gleichartige Aufgaben. Hierzu ist die Artvollmacht – hier auch Inkassovollmacht genannt – erforderlich.

6. Aufgabe

Lösung: 4

Ruth Mallik hat Gesamtprokura. Das bedeutet, dass sie nur rechtswirksam die MiHaG GmbH vertreten kann, wenn sie mit einem weiteren Prokuristen/einer weiteren Prokuristin Willenserklärungen abgibt. Damit ist die MiHaG GmbH rechtlich nicht verpflichtet.

Die Gesamtprokura von Ruth Mallik wurde in das Handelsregister der Stadt Minden eingetragen und steht damit allen Kaufleuten zur Einsichtnahme zur Verfügung.

7. Aufgabe

Lösung: 1

Der rechtswirksame Abschluss von Kaufverträgen durch Handlungsreisende und Angestellte der MiHaG GmbH setzt die Artvollmacht – hier: Abschlussvollmacht – voraus.

8. Aufgabe

Lösung: 2, 2, 2, 1, 3, 3

a) und b) Die Prokura ermächtigt zu allen Arten von gerichtlichen und außergerichtlichen Geschäften und Rechtshandlungen. Hierunter fallen der Erwerb von Grundstücken – nicht aber der Verkauf – sowie die gerichtliche Vertretung des Unternehmens in einem Prozess.

c) Um Handlungsvollmacht rechtswirksam erteilen zu können, ist eine „übergeordnete“ Vollmacht erforderlich, hier die Prokura.

d) Häufig ist die Leitung der Personalabteilung mit allgemeiner Handlungsvollmacht verbunden. Diese Vollmacht berechtigt zur Einstellung und Entlassung von Mitarbeiterinnen und Mitarbeitern.

e) Die Unterschrift unter Bilanz und Jahresabschluss obliegt allerdings den Gesellschafterinnen und Gesellschaftern des Unternehmens.

f) Prokuristinnen und Prokuristen ist es untersagt, Grundstücke zu verkaufen. Mit Sondervollmacht ist es ihnen aber erlaubt.

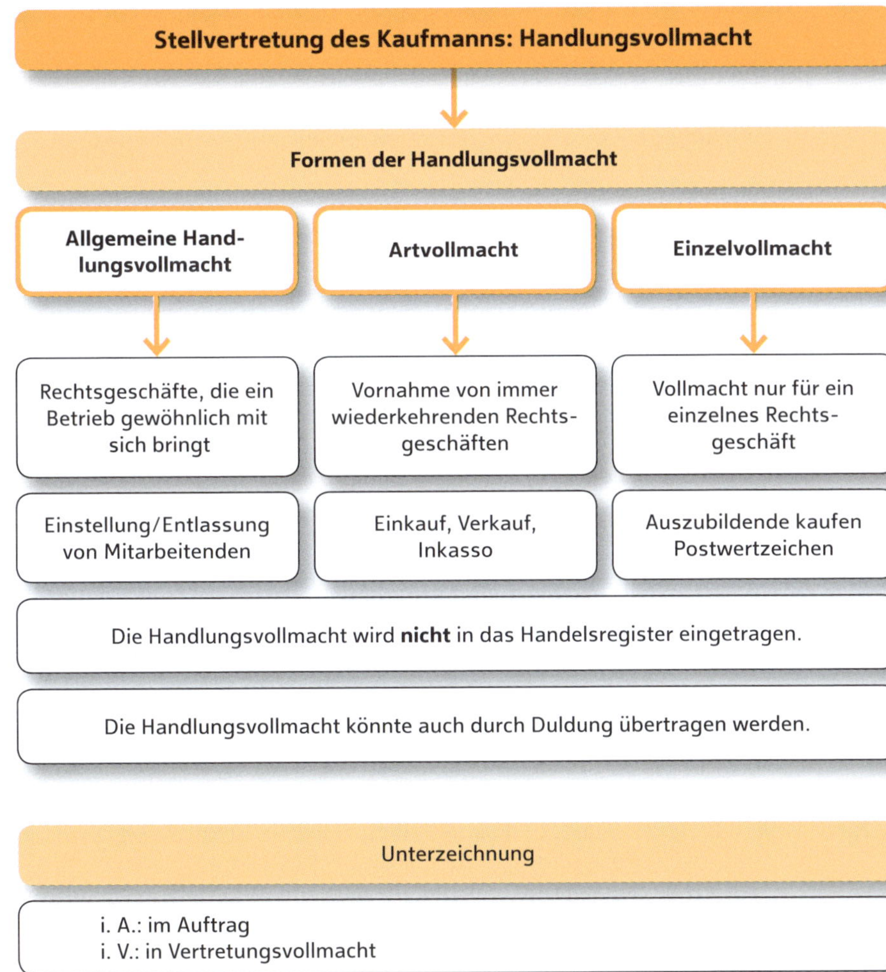

Situation zur 1. bis 5. Aufgabe
Bei Ihrer Tätigkeit in der Personalabteilung müssen Sie arbeits- und sozialrechtliche Aspekte beachten. Die Zusammenarbeit mit dem Betriebsrat erfordert gute Kenntnisse des Tarifvertrags- und des Betriebsverfassungsrechts.

1. Aufgabe

Ansprüche der Arbeitnehmerinnen und Arbeitnehmer aus ihren Arbeitsverhältnissen können in unterschiedlichen Tarifverträgen ihre Rechtsgrundlage haben. Ordnen Sie richtig zu.

Situation/Begriff		Zuordnung
a) Stundenlohn	☐	1 Manteltarifvertrag
b) Dauer des Urlaubs	☐	2 Gehaltstarifvetrag
c) Azubi-Vergütung (kfm. Ausbildung)	☐	3 Gehaltsrahmentarifvertrag
d) Voraussetzung für die Vergütung nach Gehaltsgruppe 3	☐	4 Lohntarifvertrag

2. Aufgabe

In Ihrem Unternehmen stehen Tarifverhandlungen an. Vergeben Sie für die richtige Reihenfolge die Ziffern 1 bis 8.

a) 75 % der Gewerkschaftsmitglieder stimmen für einen Streik. ☐

b) Die Gewerkschaftsmitglieder stimmen in einer weiteren Abstimmung über den Einigungsvorschlag ab. ☐

c) Fristgemäße Kündigung/Auslaufen des Tarifvertrags ☐

d) Arbeitgeber sperren Arbeitnehmende aus. ☐

e) Aufnahme der Verhandlungen durch die Tarifparteien ☐

f) Die zuständige Gewerkschaft organisiert eine Urabstimmung über Streikmaßnahmen. ☐

g) Neue Tarifverhandlungen führen zu einer Einigung. ☐

h) Die Tarifverhandlungen werden als gescheitert erklärt. ☐

3. Aufgabe

Die MiHaG GmbH ist tarifgebunden, sie gehört dem entsprechenden Arbeitgeberverband der Metall- und Elektroindustrie NRW an.
Wer kann Tarifverträge rechtswirksam abschließen? ☐ ☐

1 Betriebsrat und Geschäftsführung der MiHaG GmbH
2 Alle mit den beschäftigten Arbeitnehmerinnen und Arbeitnehmern
3 Jeweils einzelne Arbeitgeber und die Gewerkschaft
4 Gewerkschaft und Arbeitgeberverband
5 Arbeitgeber und Industrie- und Handelskammer

4. Aufgabe

Tarifverträge beeinflussen und gestalten auch das einzelne Arbeitsverhältnis. Für wen gelten die Bestimmungen des Tarifvertrags unmittelbar und zwingend? ☐

1 Für alle Arbeiterinnen und Arbeiter des Betriebs
2 Für die beiderseits Tarifgebundenen
3 Für den Betriebsrat nur während seiner Tätigkeit
4 Nur für die Auszubildenden des Betriebs
5 Für alle Arbeitnehmerinnen und Arbeitnehmer der MiHaG GmbH

5. Aufgabe

Die Gestaltung der Arbeits- und Wirtschaftsbedingungen werden den Tarifvertragsparteien, also den Arbeitgebern und den Gewerkschaften ohne staatliche Einmischung überlassen.
Wie wird dieses im Grundgesetz verankerte Prinzip der sozialen Marktwirtschaft genannt? ☐

1 Betriebliche Mitbestimmung der Arbeitnehmerinnen und Arbeitnehmer
2 Koalitionsfreiheit
3 Tariffreiheit
4 Tarifautonomie
5 Unternehmensmitbestimmung der Arbeitnehmerinnen und Arbeitnehmer
6 Betriebsverfassung

Erläuterungen und Lösungen

1. Aufgabe

Lösung: 4, 1, 2, 3

a) In einem Lohntarifvertrag wird den entsprechenden Lohngruppen die Vergütung für eine geleistete Arbeitsstunde gegenübergestellt.

b) Ein Manteltarifvertrag enthält allgemeine Arbeitsbedingungen (z. B. wöchentliche Arbeitszeit, Urlaubsdauer, Erschwerniszuschläge).

c) Der Gehaltstarifvertrag enthält für die kaufmännischen Gruppen die Monatsvergütungen, für Auszubildende die Ausbildungsvergütung.

d) Der Gehaltsrahmentarifvertrag erläutert für die jeweiligen Gehaltsgruppen die Voraussetzungen.

2. Aufgabe

Lösung: 5 – 8 – 1 – 6 – 2 – 4 – 7 – 3

Bei einem auslaufenden oder gekündigten Tarifvertrag nehmen die Tarifvertragsparteien rechtzeitig Tarifverhandlungen auf. Führen diese zu keinem Ergebnis, werden Arbeitskampfmaßnahmen eingeleitet. Nach einer Urabstimmung der gewerkschaftlich organisierten Arbeitnehmerinnen und Arbeitnehmer, bei denen 75 % dem Streik zustimmen müssen, kann gestreikt werden, was die Arbeitgeber mit einer Aussperrung beantworten können. Nach neuen Verhandlungen oder einer erfolgten Schlichtung stimmen die organisierten Arbeitnehmerinnen und Arbeitnehmer über das Ergebnis ab. Hierzu reichen 25 % aus. Damit gilt ein neuer Tarifvertrag und die sog. Friedenspflicht setzt ein.

3. Aufgabe

Lösung: 3 und 4

Grundlage bildet das Tarifvertragsgesetz. Hiernach sind Tarifvertragsparteien Gewerkschaften (Organisationen von Arbeitnehmern) sowie einzelne Arbeitgeber oder Zusammenschlüsse von Arbeitgebern (Arbeitgeberverbände).

4. Aufgabe

Lösung: 2

Auf der Ebene eines Tarifvertrags schließen Arbeitgeberverbände und Gewerkschaften Tarifverträge ab. Weil diese Tarifvertragsparteien gewissermaßen stellvertretend für ihre Mitglieder handeln, gelten die Tarifverträge nur für die Arbeitgeber, die dem Arbeitgeberverband angehören, sowie für die gewerkschaftlich organisierten Arbeitnehmerinnen und Arbeitnehmer.

5. Aufgabe

Lösung: 4

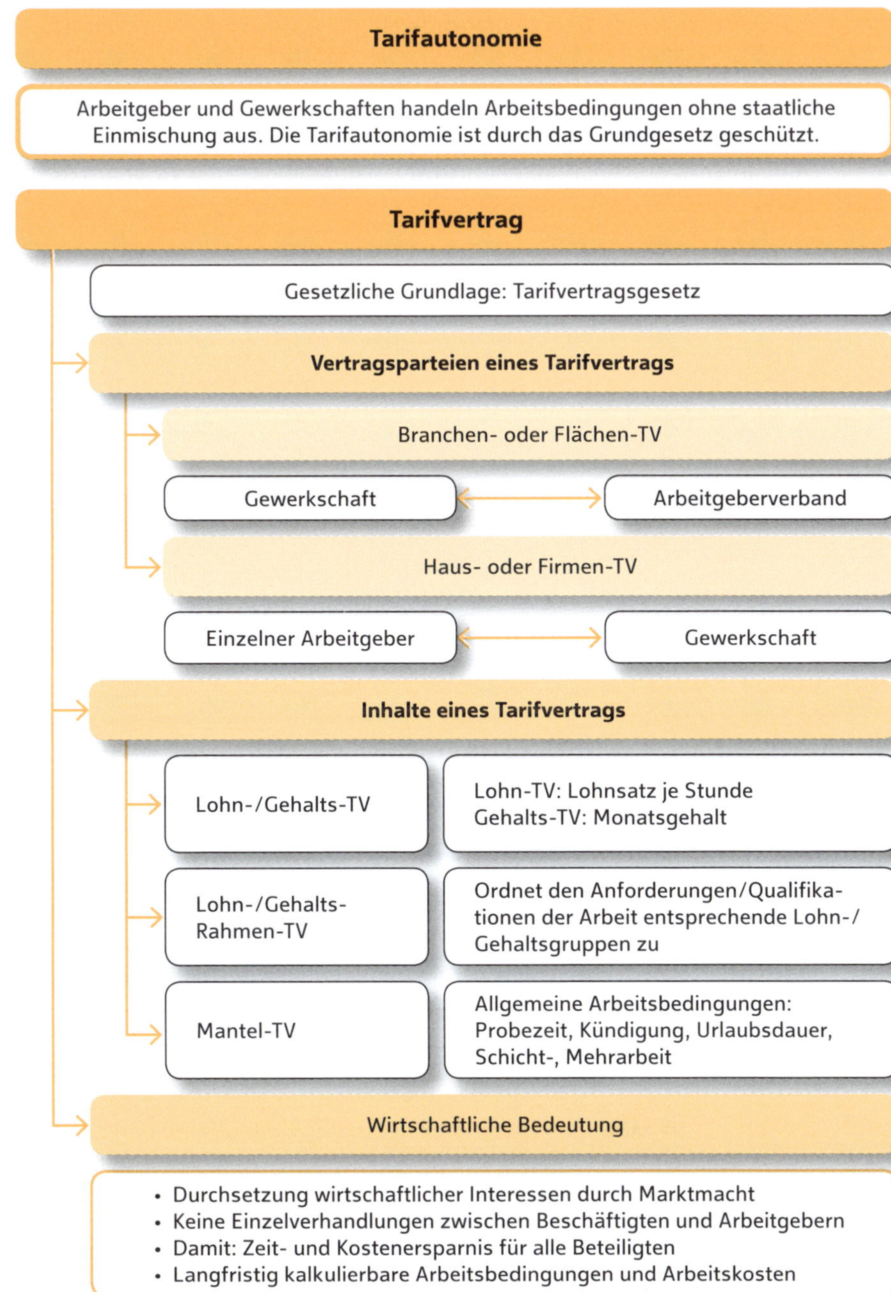

Situation
Das Arbeitsrecht ist nicht in einem einzelnen Gesetzeswerk, sondern in einer Vielzahl von (Schutz-) Gesetzen geregelt.

6. Aufgabe

Ordnen Sie die entsprechenden Ziffern der Arbeitsgesetze den Sachverhalten zu.

Sachverhalt		Arbeitsgesetze
a) Beachtung des gesetzlichen Wettbewerbsverbots	☐	1 Betriebsverfassungsgesetz
b) Maximale Höhe der täglichen Arbeitszeit	☐	2 Handelsgesetzbuch
c) Verbot der Akkordarbeit für Schwangere	☐	3 Mutterschutzgesetz
d) Mitbestimmung in sozialen Angelegenheiten	☐	4 Bürgerliches Gesetzbuch
e) Gesetzlicher Mindesturlaub	☐	5 Bundesurlaubsgesetz
f) Außerordentliche Kündigung	☐	6 Arbeitszeitgesetz
g) Personen-, verhaltens- und betriebsbedingte Kündigung	☐	7 Kündigungsschutzgesetz

Situation
Rechte und Pflichten in einem Arbeitsverhältnis können aus ganz unterschiedlichen Gestaltungsfaktoren hergeleitet werden. Diese stehen in einer Rangfolge zueinander.

7. Aufgabe

Ordnen Sie die Ziffern der folgenden Gestaltungsfaktoren nach ihrer Priorität und beginnen dabei mit dem schwächsten Gestaltungsmittel.

1 Tarifvertrag	2 Gesetz	3 Verordnung
4 Betriebsvereinbarung	5 Grundgesetz	6 Arbeitsvertrag

☐ ☐ ☐ ☐ ☐ ☐

Situation
Hauptpflichten eines Arbeitsverhältnisses sind Arbeits- und Vergütungspflicht. Diese stehen in einem unmittelbaren Austauschverhältnis zueinander. Daneben gibt es Nebenpflichten in einem Arbeitsverhältnis.

8. Aufgabe

Welche beiden Nebenpflichten gehören für Arbeitnehmerinnen und Arbeitnehmer dazu? ☐ ☐

1 Sie sind zum sorgfältigen Umgang mit den Werkzeugen und Betriebsmitteln verpflichtet. Entstandene oder drohende Schäden müssen unverzüglich gemeldet werden.
2 Alle Nebenpflichten werden unter dem Begriff „Fürsorgepflicht" zusammengefasst.
3 Arbeitnehmerinnen und Arbeitnehmer dürfen ihren Arbeitgebern auch zwei Jahre nach Beendigung des Arbeitsverhältnisses keine Konkurrenz bieten (Nachvertragliches Wettbewerbsverbot).
4 Nur während der Dauer des Beschäftigungsverhältnisses gilt das gesetzliche Wettbewerbsverbot: Hiernach dürfen Arbeitnehmerinnen und Arbeitnehmer im Geschäftsbereich ihrer Arbeitgeber kein eigenes Gewerbe ausüben.

Situation
Unbefristete Arbeitsverträge, bei der MiHaG GmbH noch anders als in der betrieblichen Praxis der Regelfall, weisen eine Probezeit von sechs Monaten auf.

9. Aufgabe

Welche **beiden** Aussagen zur Probezeit sind zutreffend? ☐ ☐

1 Eine Probezeit kann auch in der Form eines befristeten Arbeitsvertrags abgeschlossen werden.
2 Die von der MiHaG GmbH standardmäßig festgelegte Probezeit von sechs Monaten entspricht der gesetzlich maximal zulässigen Dauer.
3 Die MiHaG GmbH kann bei der von ihr festgelegten Probezeit das Arbeitsverhältnis erst nach Ablauf der Probezeit rechtsverbindlich kündigen.
4 Wird keine Probezeit vereinbart, gilt trotzdem in den ersten sechs Monaten nach Beginn des Arbeitsverhältnisses die gesetzliche Mindestkündigungsfrist von 14 Tagen.
5 Bei einem Arbeitsvertrag mit einer Probezeit von weniger als drei Monaten bedarf es keiner Zustimmung des Betriebsrats.

Erläuterungen und Lösungen

6. Aufgabe

Lösung: 2, 6, 3, 1, 5, 4, 7

a) § 60 des HGB verbietet es Angestellten, eigene Gewerbe zu betreiben sowie für eigene oder fremde Rechnung im Bereich der Arbeitgeber Geschäfte zu machen.

b) Die tägliche Arbeitszeit darf nach dem Arbeitszeitgesetz acht Stunden täglich nicht überschreiten.

c) Das Mutterschutzgesetz verbietet die Beschäftigung einer Schwangeren mit leistungsabhängigen Arbeiten.

d) § 87 des BetrVG beinhaltet die sog. „erzwingbare Mitbestimmung" in sozialen Angelegenheiten.

e) Das Bundesurlaubsgesetz nennt einen Mindesturlaub für alle Arbeitnehmerinnen und Arbeitnehmer in Höhe von 24 Werktagen.

f) Im Falle eines schwerwiegenden Dienstverstoßes ist eine außerordentliche Kündigung nach § 626 BGB möglich.

g) Das Kündigungsschutzgesetz soll vor einer sozial nicht gerechtfertigten Kündigung schützen.

7. Aufgabe

Lösung: 6 – 4 – 1 – 3 – 2 – 5

8. Aufgabe

Lösung: 1 und 4

Zu den Nebenpflichten der Arbeitnehmerinnen und Arbeitnehmer zählen neben dem sorgfältigen Umgang mit den betrieblichen Ressourcen und der Beachtung des gesetzlichen Wettbewerbsverbots auch die Pflicht zur Verschwiegenheit (kein Verrat von Betriebs- und Geschäftsgeheimnissen). Alle Nebenpflichten werden unter dem Begriff der „Treuepflicht" zusammengefasst.

9. Aufgabe

Lösung: 1 und 2

Eine vertraglich vereinbarte Probezeit dient beiden Seiten des Arbeitsvertrags dazu, Informationen zu gewinnen: Arbeitgeber möchten dabei Leistungsfähigkeit und Kompetenzen der Beschäftigten kennenlernen. Arbeitnehmerinnen und Arbeitnehmer können sich ein Bild vom Betriebsklima und eigener Aufgabenerfüllung machen.

Eine Probezeit bis zur Höchstdauer von sechs Monaten ist gesetzlich zulässig; sie muss aber nicht vereinbart werden. Innerhalb einer Probezeit kann mit einer Frist von 14 Tagen gekündigt werden. Eine Probezeit kann auch als befristeter Arbeitsvertrag vereinbart werden; hierbei endet der befristete Arbeitsvertrag mit dem festgelegten Kalenderdatum.

Gestaltungsmittel im Arbeitsrecht

Grundgesetz	Oberste Norm; z. B. Gleichbehandlung von Mann und Frau
↑ Gesetz	Vielzahl von arbeitsrechtlichen (Schutz-)Gesetzen, z. B. Kündigungs-, Jugendarbeits- und Mutterschutzgesetz
↑ Verordnung	Gesetz im materiellen, nicht aber im formellen Sinn, z. B. Ausbildungsordnung für Automobilkaufleute
↑ Tarifvertrag	Vertrag zwischen Arbeitgeberverband/einem einzelnen Arbeitgeber und der Gewerkschaft
↑ Betriebsvereinbarung	Vertrag zwischen Arbeitgeber und Betriebsrat; häufigster Anwendungsfall: Arbeitsordnung
↑ Arbeitsvertrag	Individueller Vertrag zwischen Arbeitgeber und Arbeitnehmer aufgrund der Privatautonomie

Pflichtengefüge im Arbeitsverhältnis

Hauptpflichten: Leistung von Arbeit gegen Entgelt

Arbeitgeber: Lohnzahlungspflicht ↔ Arbeitnehmer/-innen: Dienstleistungspflicht

Nebenpflichten

Arbeitgeber: Fürsorgepflicht
- Pflicht zur Beschäftigung
- Urlaubsgewährung
- Zeugnispflicht
- Arbeitsmittel und Schutzkleidung
- Einhaltung/Abführung Lohnsteuer/SV

Arbeitnehmer/-innen: Treuepflicht
- Wettbewerbsverbot
- Verschwiegenheitspflicht
- Sorgfältiger Umgang mit Ressourcen und Betriebsmitteln
- Meldung bei drohenden Schäden

Situation zur 10. bis 19. Aufgabe
Sie sind in der Abteilung "Aus- und Fortbildung" der MiHaG GmbH tätig.
Sie wenden Ihre fundierten Kenntnisse des Berufsbildungs- sowie des Jugendarbeitsschutzrechts an.

10. Aufgabe

Nach dem Berufsbildungsgesetz findet die Ausbildung im sog. Dualen System statt. Was wird darunter verstanden? ☐

1 Die Vermittlung des erforderlichen theoretischen Wissens im Rahmen der Ausbildung erfolgt an den Lernorten Schule und Betrieb.
2 An den beiden Lernorten Betrieb und Schule werden die gleichen Inhalte vermittelt.
3 Die in der Schule vermittelten Inhalte werden im Betrieb vertieft.
4 Der Lernort Schule ist für die Vermittlung fachtheoretischer, der Lernort Betrieb für die Vermittlung praktischer Inhalte zuständig.

11. Aufgabe

Für die neuen Auszubildenden erstellen Sie die Ausbildungsverträge. Wo schauen Sie nach, wenn Sie prüfen möchten, ob Ihre Ausbildungsverträge den gesetzlichen Bestimmungen entsprechen? ☐

1 Arbeitsstättenverordnung
2 Handelsgesetzbuch
3 Betriebsverfassungsgesetz
4 Berufsbildungsgesetz
5 Jugendarbeitsschutzgesetz

12. Aufgabe

Die von Ihnen erstellten Ausbildungsverträge müssen in jedem Fall einen Pflichtbestandteil enthalten. Um welchen handelt es sich dabei? ☐

1 Ausbildungsplan des Ausbildungsbetriebs
2 Rahmenlehrplan der Berufsschule
3 Fachlich gegliederter Stoffplan der Berufsschule
4 Dauer der täglichen Ruhepausen

13. Aufgabe

Es steht eine Reihe von Fragen im Rahmen der Berufsausbildung an, die Sie klären möchten. In welchen Gesetzen oder Verordnungen finden Sie Antworten bzw. welche Institutionen sind dafür zuständig?

1 Betriebsverfassungsgesetz
2 Berufsbildungsgesetz
3 Jugendarbeitsschutzgesetz
4 Bürgerliches Gesetzbuch
5 Bundesurlaubsgesetz
6 Industrie- und Handelskammer
7 Kündigungsschutzgesetz

Anstehende Fragen:

a) Bei der Auszubildenden Marga Becker steht nach drei Wochen fest, dass sie den Anforderungen ihres Ausbildungsberufs zur Automobilkauffrau nicht gerecht werden kann. Ihr soll gekündigt werden. ☐
b) Pausenzeiten der jugendlichen Auszubildenden sollen besser mit betrieblichen Abläufen harmonisiert werden. ☐
c) Denis Olschewski hat Abitur und möchte wissen, an welche Institution er sich wenden muss, wenn er seine Ausbildung verkürzen möchte. ☐
d) Die gesamte Jugend- und Auszubildendenvertretung der MiHaG GmbH möchte an der geplanten Betriebsratssitzung teilnehmen. Mehrere Tagungsordnungspunkte betreffen die Berufsausbildung. ☐

14. Aufgabe

Ein Ausbildungsvertrag weist Fehler auf. Welche **beiden** Inhalte entsprechen nicht den Voraussetzungen des Berufsbildungsgesetzes? ☐ ☐

1 Für alle drei Ausbildungsjahre ist bereits jetzt die gleich hohe Ausbildungsvergütung eingetragen.
2 Die Konfession der Eltern oder Erziehungsberechtigten fehlt.
3 Die Dauer der Ausbildung beträgt 36 Monate.
4 Die Probezeit beträgt sechs Monate.
5 Es sind nur die Kündigungsvoraussetzungen einer ordentlichen Kündigung aufgeführt, nicht aber die einer außerordentlichen Kündigung.

Erläuterungen und Lösungen

10. Aufgabe

Lösung: 4

Das Duale System sieht für die Ausbildung zwei Lernorte vor: den Lernort Betrieb und den Lernort Schule. Beide haben eigene Schwerpunkte. Der Lernort Berufsschule vermittelt das erforderliche fachtheoretische Wissen, der Lernort Betrieb steht für die Vermittlung des praktischen berufsbezogenen Wissens.

11. Aufgabe

Lösung: 4

Das Berufsbildungsgesetz enthält Regelungen, die für alle Ausbildungsverhältnisse gelten, z. B. Inhalt und Abschluss des Ausbildungsvertrags, Kündigung und Probezeit.

12. Aufgabe

Lösung: 1

Hierzu gehören u. a. die Art, die sachliche und zeitliche Gliederung der Ausbildung.

13. Aufgabe

Lösung: 2, 3, 6, 1

Unter welchen Voraussetzungen ein Ausbildungsvertrag gekündigt werden kann, ist im Berufsbildungsgesetz geregelt.

Das Jugendarbeitsschutzgesetz schützt jugendliche Auszubildende sowie jugendliche Arbeitnehmerinnen und Arbeitnehmer. Es enthält auch umfangreiche Pausenzeiten zum Schutz der Jugendlichen.

Zuständig für rechtliche Fragen im Rahmen der Berufsausbildung ist die jeweilige Industrie- und Handelskammer, für gewerbliche Auszubildende die Handwerkskammer. Darüber hinaus gibt es für manche Berufsausbildungen andere zuständige Kammern, z. B. die Ärztekammer für die Medizinischen Fachangestellten.

Das Betriebsverfassungsgesetz lässt die Teilnahme aller Jugend- und Auszubildendenvertreter an Betriebsratssitzungen dann zu, wenn Themen behandelt werden, die diese betreffen. An allen Sitzungen des Betriebsrates kann ein Mitglied der Jugend- und Auszubildendenvertretung teilnehmen.

14. Aufgabe

Lösung: 1 und 4

Eine Ausbildungsvergütung muss jährlich ansteigen; sie darf nicht für alle drei Ausbildungsjahre gleich hoch sein.

Die Probezeit eines Ausbildungsvertrags darf maximal vier Monate betragen; sie darf einen Monat nicht unterschreiten.

Berufsausbildung im Dualen System

Lernort: Betrieb
Vermittlung fachpraktischer Fertigkeiten und Fähigkeiten

\+

Lernort: Schule
Vermittlung fachtheoretischer Kenntnisse

Gesetzliche Grundlage: Berufsbildungsgesetz
Wesentliche Inhalte: Bestimmungen, die unabhängig vom jeweiligen Ausbildungsberuf für alle Ausbildungsverhältnisse gelten

Ausbildungsordnung: Basis für die Ausbildung in „anerkannten Ausbildungsberufen“

Ausbildungsvertrag

Ausbildender Betrieb ↔ Auszubildende

Ausbildungsvertrag: Keine Formvorschrift
Erforderlich: Vertragsniederschrift
Enthält: Wesentliche Inhalte des Ausbildungsvertrags

- Art, sachliche und zeitliche Gliederung der Ausbildung
- Ziel der Berufsausbildung
- Vergütung
- Probezeit
- Beginn und Dauer
- Urlaub

Probezeit – Mindestens: 1 Monat – Maximal: 4 Monate

Vergütung – Ansteigend, gestaffelt nach Ausbildungsjahren

15. Aufgabe

Das Berufsbildungsgesetz (BBiG) enthält Bestimmungen, die unabhängig von dem jeweiligen Ausbildungsberuf für sämtliche Ausbildungsverhältnisse gelten. Welche beiden Bestimmungen gehören dazu?

1 Auszubildende haben bei Beendigung ihrer Ausbildung Anspruch auf ein Zeugnis, auf ihren Wunsch hin auch auf ein qualifiziertes Zeugnis.

2 Ein Ausbildungsverhältnis ist ein befristeter Vertrag und endet immer mit dem vertraglich festgesetzten Termin der Ausbildungsdauer. Dies gilt auch dann, wenn die letzte IHK-Abschlussprüfung vorher erfolgreich bestanden wurde.

3 Während der vereinbarten Probezeit kann das Berufsausbildungsverhältnis nur mit einer Kündigungsfrist von vier Wochen gekündigt werden.

4 Aufgrund der Vertragsfreiheit (Inhalts-/Gestaltungsfreiheit) können Vereinbarungen über eine Tätigkeit nach der Ausbildungszeit bereits im Berufsausbildungsvertrag festgelegt werden.

5 Wollen Auszubildende ein Studium beginnen, können sie auch nach der Probezeit ihren Ausbildungsvertrag kündigen.

16. Aufgabe

Karl Meerbusch, Auszubildender in der MiHaG GmbH, besteht erfolgreich den letzten Teil der Abschlussprüfung am 15.11.20XX; sein Ausbildungsvertrag läuft aber bis zum 31.12.20XX. Welche Aussage trifft zu?

1 Mit der bestandenen Abschlussprüfung hat Karl Meerbusch das Recht erworben, eine Weiterbeschäftigung bei der MiHaG GmbH im Angestelltenverhältnis zu verlangen.

2 Karl Meerbusch muss bis zum 31.12.20XX weiterarbeiten.

3 Wird der Auszubildende nach der abgeschlossenen Prüfung weiterbeschäftigt, hat er Anspruch auf die volle Ausbildungsvergütung bis zum Vertragsende, also bis zum 31.12.20XX.

4 Karl Meerbusch hat Anspruch auf eine anteilige Ausbildungsvergütung für den Monat November bis zum 15.11.20XX.

17. Aufgabe

Auszubildende haben nach Abschluss ihrer Ausbildung das Recht auf ein Zeugnis. Wo finden Sie die gesetzliche Grundlage hierzu?

1 Gesetzesgrundlage für das Zeugnis eines Auszubildenden ist wie für alle anderen Arbeitnehmerinnen und Arbeitnehmer auch das BGB.

2 Für gewerbliche Azubis ist die Zeugnispflicht in der Gewerbeordnung genannt.

3 Kaufmännische Auszubildende können den Zeugnisanspruch aus dem Handelsgesetzbuch ableiten.

4 Für alle Auszubildenden, sowohl im gewerblichen wie auch im kaufmännischen Bereich, ist das Recht auf Ausstellung eines Zeugnisses im Berufsbildungsgesetz festgelegt.

18. Aufgabe

Welche **beiden** Aussagen zur Kündigung von Ausbildungsverhältnissen sind richtig?

1 Eine außerordentliche Kündigung ist bei einer Ausbildung nicht möglich.

2 Möchten Auszubildende in einem ganz anderen Beruf ausgebildet werden, kann auch nach der Probezeit noch das bestehende Ausbildungsverhältnis wirksam gekündigt werden.

3 Ist die Probezeit beendet, kann keine der Vertragsparteien ordentlich kündigen, weil das Ausbildungsverhältnis ein befristeter Vertrag ist.

4 Die Kündigung eines Ausbildungsverhältnisses ist jederzeit formfrei möglich.

5 Bei einem Studienwunsch kann das Ausbildungsverhältnis auch noch nach der Probezeit mit einer Frist von vier Wochen und Angabe des Grundes gekündigt werden.

19. Aufgabe

In Ausbildungs- wie auch in den Arbeitsverträgen der MiHaG GmbH ist immer eine Probezeit vereinbart.
Wodurch unterscheidet sich die Probezeit in einem Ausbildungsvertrag von der in einem Arbeitsvertrag?

1 Anders als Arbeitnehmerinnen und Arbeitnehmer müssen Auszubildende im Falle der Kündigung innerhalb der Probezeit immer den Grund angeben.

2 Für Ausbildungsverhältnisse beträgt die Mindest-Probezeit zwei, für Arbeitsverhältnisse vier Monate.

3 Die Höchstdauer der Probezeit beträgt bei Arbeitsverhältnissen sechs, bei einem Ausbildungsverhältnis vier Monate.

4 In einem Arbeitsverhältnis muss eine Probezeit vereinbart werden, in einem Ausbildungsverhältnis kann diese entfallen.

Erläuterungen und Lösungen

15. Aufgabe

Lösung: 1 und 5

Unter bestimmten Voraussetzungen kann ein Ausbildungsverhältnis auch nach der Probezeit gekündigt werden. Dies gilt z. B. für die Aufgabe des Ausbildungsverhältnisses, um einen ganz anderen Beruf zu erlernen oder auch um ein Studium zu beginnen.

Vereinbarungen über eine Tätigkeit nach der Ausbildung sind im Ausbildungsvertrag nicht zulässig.

16. Aufgabe

Lösung: 4

Für den Monat November hat der Auszubildende Anspruch auf eine anteilige Ausbildungsvergütung bis zum 15.11.20XX. Wird er danach weiterbeschäftigt, begründet dies einen unbefristeten Arbeitsvertrag mit entsprechendem Anspruch auf Gehalt.

17. Aufgabe

Lösung: 4

Das Berufsbildungsgesetz ist Grundlage jeder Ausbildung und regelt auch das Recht der Auszubildenden auf ein Zeugnis. Entsprechend wird der Ausbildungsbetrieb zur Erstellung eines Zeugnisses verpflichtet.

18. Aufgabe

Lösung: 2 und 5

Die Kündigung eines Ausbildungsverhältnisses muss in jedem Fall schriftlich erfolgen. Bei einem Wechsel des Ausbildungsberufs oder einem beabsichtigten Studium muss die Kündigung mit einer Frist von vier Wochen und der Angabe des Grundes erfolgen.

19. Aufgabe

Lösung: 3

Die Probezeit in einem Berufsausbildungsvertrag beträgt nach dem Berufsbildungsgesetz mindestens einen Monat und maximal vier Monate.

In einem Arbeitsverhältnis muss keine Probezeit vereinbart werden. Wird sie vereinbart, darf sie einen Zeitraum von sechs Monaten nicht überschreiten.

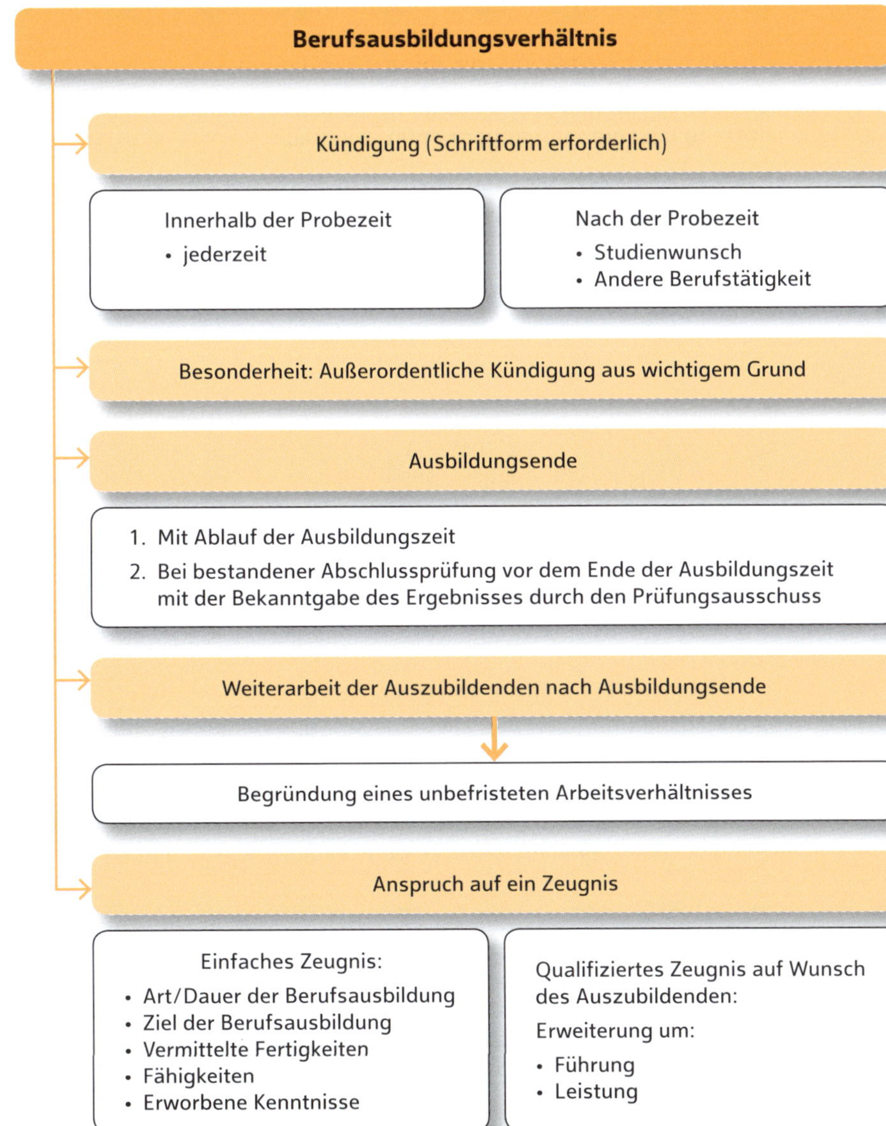

Situation
Die Soziale Marktwirtschaft zeichnet sich neben rein wirtschaftlichen Aspekten auch durch soziale aus: Hier genießt der Schutz der wirtschaftlich Schwächeren einen hohen Stellenwert, was sich auch im Arbeitsrecht als Schutzrecht für Arbeitnehmer darstellt. In einer Vielzahl von arbeitsrechtlichen Gesetzen finden wir Bestimmungen zum Schutz von Arbeitnehmerinnen und Arbeitnehmer.

1. Aufgabe

Ordnen Sie die entsprechenden Ziffern der Arbeitsgesetze den Sachverhalten zu.

Sachverhalt		Arbeitsgesetz
a) Urlaubsanspruch jugendlicher Arbeitnehmerinnen und Arbeitnehmer	☐	1 Betriebsverfassungsgesetz
b) Kündigungsschutz für Betriebsräte	☐	2 Jugendarbeitsschutzgesetz
c) Gesetzlicher Mindesturlaub	☐	3 Mutterschutzgesetz
d) Mitbestimmung in sozialen Angelegenheiten	☐	4 Bundesurlaubsgesetz
e) Personen-, verhaltens- und betriebsbedingte Kündigung	☐	5 Kündigungsschutzgesetz

Situation
Der Gesetzgeber schützt mit dem Jugendarbeitsschutzgesetz jugendliche Arbeitnehmerinnen und Arbeitnehmer und jugendliche Auszubildende.

2. Aufgabe

Welche Aussage zum Jugendarbeitsschutz trifft zu? ☐

1 Um Jugendliche am Arbeitsplatz zu schützen, müssen in allen Betrieben Jugend- und Auszubildendenvertretungen eingerichtet werden.
2 Regelungen im Ausbildungsvertrag dürfen nicht gegen das Jugendarbeitsschutzgesetz verstoßen.
3 Wahlberechtigt für die Jugend- und Auszubildendenvertretung sind alle Mitarbeiterinnen und Mitarbeiter der MiHaG GmbH.
4 Mitglieder der Jugend- und Auszubildendenvertretung unterliegen – anders als der Betriebsrat – keinem besonderen Kündigungsschutz.
5 Das Jugendarbeitsschutzgesetz findet auf alle Arbeitnehmerinnen und Arbeitnehmer des Betriebs Anwendung, sofern sie das 25. Lebensjahr noch nicht vollendet haben.

Situation
In der MiHaG GmbH werden sowohl jugendliche Arbeitnehmerinnen und Arbeitnehmer wie auch jugendliche Auszubildende beschäftigt. Das Unternehmen muss dabei die Bestimmungen des Jugendarbeitsschutzgesetzes beachten.

3. Aufgabe

Ordnen Sie zu: Bei welchem der unten genannten Sachverhalte ...

1 ... verhält sich die MiHaG GmbH gesetzestreu entsprechend den Bestimmungen des JArbSchG?
2 ... würde die MiHaG GmbH gegen die Schutzvorschriften des Jugendarbeitsschutzgesetzes verstoßen?
3 ... finden sich die gesetzlichen Regelungen nicht im JArbSchG?

a) Die Arbeitszeit am Freitag beträgt nur sechs Stunden. Von Montag bis Donnerstag arbeiten auch die Jugendlichen jeweils achteinhalb Stunden. ☐
b) Im Berufsausbildungsvertrag wird wie in den Arbeitsverträgen generell auch für Jugendliche eine Probezeit von vier Monaten vereinbart. ☐
c) Alle Auszubildenden einschl. der Jugendlichen werden regelmäßig an sechs Tagen in der Woche beschäftigt. ☐

Situation
Die MiHaG GmbH beschäftigt auch eine schwerbehinderte Auszubildende (70 % Schwerbehinderung). Diese kommt mit einigen Fragen zu Ihnen.

4. Aufgabe

Zur Beantwortung der Fragen schauen Sie in welchen Rechtsquellen nach?

Frage

a) „Kann ich meine Ausbildungszeit verkürzen?" ☐
b) „Stehen mir aufgrund meiner Behinderung mehr Urlaubstage zu? ☐

Rechtsquelle

1 Arbeitszeitgesetz
2 Betriebsverfassungsgesetz
3 Jugendarbeitsschutzgesetz
4 Bundesurlaubsgesetz
5 Sozialgesetzbuch IX (Schwerbehindertenrecht)
6 Berufsbildungsgesetz

Erläuterungen und Lösungen

1. Aufgabe

Lösung: 2, 5, 4, 1, 5

Beachten Sie: Den Kündigungsschutz für Betriebsräte finden Sie im Kündigungsschutzgesetz und nicht im Betriebsverfassungsgesetz.

2. Aufgabe

Lösung: 2

Schließt die MiHaG GmbH mit Jugendlichen einen Ausbildungsvertrag ab, muss sie die gesetzlichen Bestimmungen des Berufsbildungs- und Jugendarbeitsschutzgesetzes bei der Vertragsgestaltung beachten.

3. Aufgabe

Lösung: 1, 3, 2

a) Zwar beträgt die maximale tägliche Arbeitszeit für jugendliche Arbeitnehmer und Auszubildende acht Stunden. Eine Erhöhung um eine halbe Stunde ist aber möglich, wenn in derselben Woche noch ein zeitlicher Ausgleich erfolgt.

b) Die Probezeit beträgt bei einem Ausbildungsverhältnis mindestens einen und maximal vier Monate. Die gesetzliche Grundlage hierzu ist das Berufsbildungsgesetz.

c) Jugendliche dürfen nur an fünf Tagen in der Woche beschäftigt werden. Eine sechstägige Beschäftigung stellt einen Verstoß gegen das JArbSchG dar.

4. Aufgabe

Lösung: 6, 5

a) Das Berufsbildungsgesetz enthält Regelungen, die für alle Ausbildungsverhältnisse gelten, so auch die Voraussetzungen einer verkürzten Ausbildung. Hierüber entscheidet die Industrie- und Handelskammer im Rahmen der kaufmännischen Ausbildung sowie die Handwerkskammer im Bereich der gewerblichen Ausbildung.

b) Alle behinderten Arbeitnehmerinnen und Arbeitnehmer haben nach Sozialgesetzbuch Anspruch auf zusätzlich sechs Werktage. Zu beachten ist, dass auch der Samstag ein
Werktag ist.

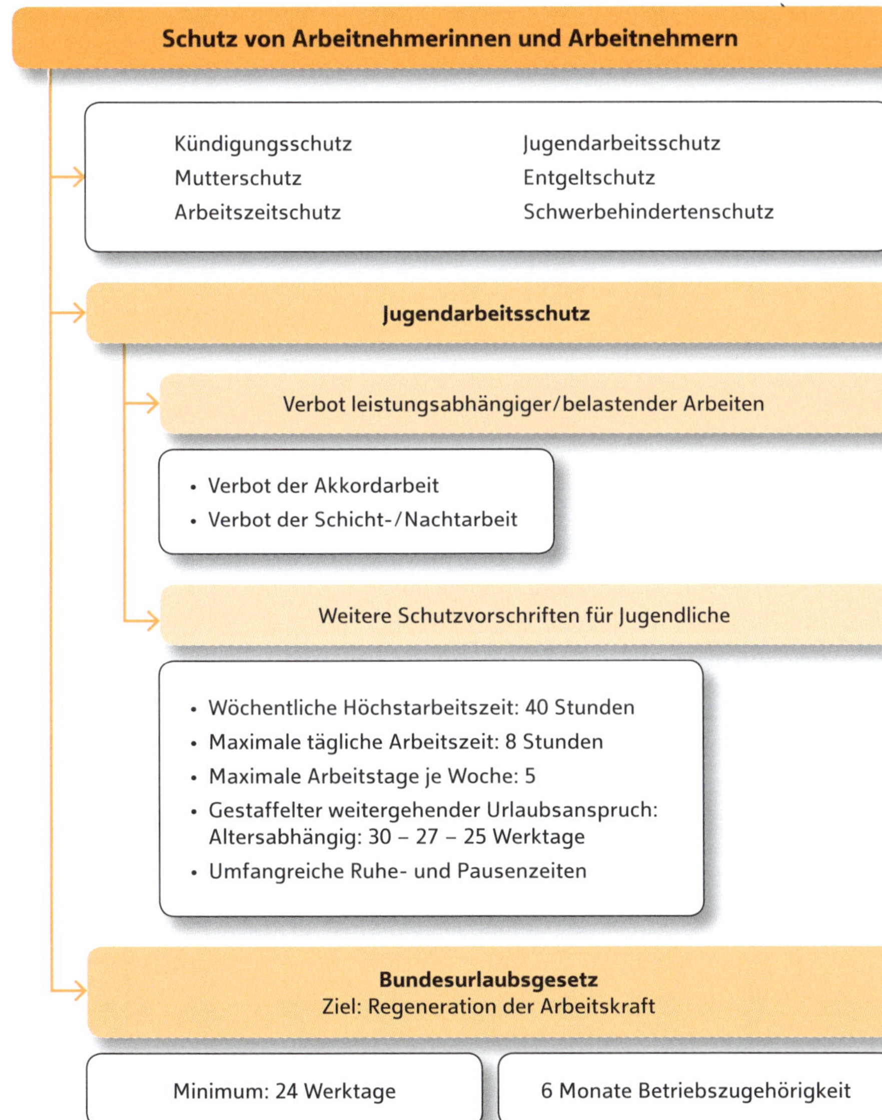

Situation
Das Kündigungsschutzgesetz soll Arbeitnehmerinnen und Arbeitnehmer vor einer sozial nicht gerechtfertigten Kündigung schützen.

5. Aufgabe

Welche **beiden** Aussagen zum Kündigungsschutzgesetz sind richtig?

1 Das Gesetz soll Arbeitnehmerinnen und Arbeitnehmer in jedem Fall vor einer Kündigung schützen, ihre Arbeitsplätze erhalten und ihre Einkommen sichern.
2 Bei Kleinbetrieben unter 25 Beschäftigten ohne die Auszubildenden findet das Gesetz keine Anwendung.
3 Das Gesetz schützt nur bei einer außerordentlichen, nicht aber bei einer ordentlichen Kündigung.
4 Alle Arbeitnehmerinnen und Arbeitnehmer stehen ab dem ersten Tag der Beschäftigung unter dem Schutz des Kündigungsschutzgesetzes.
5 Das Kündigungsschutzgesetz schützt Arbeitnehmerinnen und Arbeitnehmer nur vor sozial ungerechtfertigten Kündigungen.
6 Es gilt erst ab einer Beschäftigungsdauer von mehr als sechs Monaten.

Situation
Neben der ordentlichen Kündigung eines Arbeitsverhältnisses ist unter bestimmten Voraussetzungen auch eine außerordentliche Kündigung möglich.

6. Aufgabe

Bei welchen **beiden** Sachverhalten kann ein Arbeitsverhältnis auch außerordentlich gekündigt werden?

1 Lang andauernde oder ansteckende Krankheit
2 Wiederholte schlechte Arbeitsleistung
3 Verrat von Betriebs- und Geschäftsgeheimnissen
4 Diebstahl von betrieblichem Eigentum
5 Häufiges Zuspätkommen

Situation
Das Kündigungsschutzgesetz regelt u. a. die Zulässigkeit einer arbeitgeberseitigen Kündigung im Arbeitsverhältnis.

7. Aufgabe

Welche **beiden** Voraussetzungen müssen erfüllt sein, damit der allgemeine Kündigungsschutz zur Anwendung kommt?

1 Es muss ein Betriebsrat vorhanden sein.
2 Es müssen mehr als zehn Arbeitnehmerinnen/Arbeitnehmer beschäftigt sein.
3 Das Arbeitsverhältnis muss länger als zwölf Monate bestehen.
4 Das Arbeitsverhältnis muss länger als sechs Monate bestehen.

Situation
Im Bundesurlaubsgesetz sowie in Tarifverträgen ist die Dauer des Urlaubs festgelegt. Eine Arbeitnehmergruppe hat aber einen weiteren gesetzlichen Urlaubsanspruch.

8. Aufgabe

Um welche Gruppe von Arbeitnehmerinnen und Arbeitnehmern handelt es sich hier?

1 Werdende Mütter
2 Betriebsratsmitglieder
3 Beschäftigte über 50 Jahre
4 Schwerbehinderte
5 Beschäftigte mit Prokura

Situation
Zu Beginn eines jeden Jahres erstellen Sie im Rahmen Ihrer Personalarbeit einen Urlaubsplan. In Ihrem Betrieb gilt die Fünf-Tage-Woche (montags bis freitags).

9. Aufgabe

9.1 Der Urlaubsanspruch der Mitarbeiterinnen und Mitarbeiter beträgt laut Tarifvertrag 30 Werktage. Ermitteln Sie die Höhe des Urlaubsanspruchs in Arbeitstagen. Tage

9.2 Zum 01.05.20XX hat Herr Münch sein Arbeitsverhältnis begonnen. Ermitteln Sie den Urlaubsanspruch für das Jahr 20XX unter Berücksichtigung der u. a. Urlaubsbescheinigung sowie des Auszugs aus dem Bundesurlaubsgesetz: Tage

Urlaubsbescheinigung
Herr Karl Münch hat im Jahre 20XX 14 Arbeitstage Urlaub genommen.

§ 6 BUrlG: Ausschluss von Doppelansprüchen
(1) Der Anspruch auf Urlaub besteht nicht, soweit dem Arbeitnehmer für das laufende Kalenderjahr bereits von einem früheren Arbeitgeber Urlaub gewährt worden ist.

Erläuterungen und Lösungen

5. Aufgabe

Lösung: 5 und 6

Das Kündigungsschutzgesetz setzt eine ununterbrochene Beschäftigung im Betrieb von sechs Monaten voraus. Es soll vor einer nicht sozial gerechtfertigten Kündigung – einer willkürlichen Kündigung – schützen.

Sozial gerechtfertigte Kündigungen sind Gründe in der Person oder dem Verhalten von Arbeitnehmerinnen und Arbeitnehmern sowie dringenden betrieblichen Erfordernissen.

6. Aufgabe

Lösung: 3 und 4

Nur bei schwerwiegenden Gründen kann ein Arbeitsverhältnis außerordentlich gekündigt werden. Beispiele dazu sind der Verrat von Betriebs- und Geschäftsgeheimnissen sowie der Diebstahl betrieblichen Eigentums oder der Diebstahl bei Arbeitskolleginnen und -kollegen.

Auf die Geltendmachung eines schwerwiegenden Grundes können sich der Arbeitgeber aber nur 14 Tage berufen.

7. Aufgabe

Lösung: 2 und 4

Der allgemeine Kündigungsschutz setzt nicht sofort mit der Aufnahme der Beschäftigung ein. Er ist an folgende Voraussetzungen gebunden:

- Mindestens 6-monatige Betriebszugehörigkeit
- Betriebsgröße mit mehr als zehn Beschäftigten

8. Aufgabe

Lösung: 4

Schwerbehinderte haben nach dem Sozialgesetzbuch Anspruch auf sechs zusätzliche Werktage. Es ist dabei zu beachten, dass der Samstag ein Werktag ist.

9. Aufgabe

9.1 Lösung: 25 Arbeitstage

Rechnung: 30 : 6 · 5 = 25

9.2 Lösung: 11 Arbeitstage

Rechnung: Es verbleiben damit 25–14 = 11 Arbeitstage

Kündigung eines Arbeitsverhältnisses

= einseitige, empfangsbedürftige Willenserklärung

Formzwang: → Schriftform erforderlich; NICHT möglich: Elektronische Form

Arten der Kündigung

Ordentliche Kündigung (mit Frist)	**Außerordentliche** Kündigung
4 Wochen zum 15. eines Monats 4 Wochen zum Ende eines Monats Probezeit: 14 Tage	Voraussetzung: Wichtiger Grund Frist: 14 Tage nach Kenntnisnahme auch: fristlose Kündigung

Kündigungsschutz nach Kündigungsschutzgesetz

= Schutz vor willkürlicher, d. h. sozial nicht gerechtfertigter Kündigung

Mögliche Gründe einer arbeitgeberseitigen Kündigung

- Betrieb → Umsatzrückgang; Betriebsschließung
- Person → Entzug der Fahrerlaubnis; Fehlende Arbeitserlaubnis
- Verhalten → Häufiges Zuspätkommen; Arbeitsbummelei
  - → Verhaltensbedingte Kündigung → Abmahnung erforderlich

Situation
Zu Ihrem personalwirtschaftlichen Aufgabengebiet gehört auch der Arbeitsschutz sowie die Sicherheit am Arbeitsplatz. In regelmäßigen Abständen informieren Sie Arbeitnehmerinnen und Arbeitnehmer sowie Auszubildende über mögliche Gefahren am Arbeitsplatz und deren Vermeidung. Für die Sicherheit am Arbeitsplatz gibt es unterschiedliche Ansprechpersonen.

10. Aufgabe

Geben Sie an, wer nach den gesetzlichen Vorschriften in letzter Instanz die Verantwortung für Arbeitsschutz und Arbeitssicherheit in der MiHaG GmbH zu tragen hat. ☐

1 Die staatliche Aufsichtsbehörde für den Arbeitsplatzschutz, das Gewerbeaufsichtsamt
2 Die MiHaG GmbH als Arbeitgeberin
3 Die Berufsgenossenschaft als Träger der gesetzlichen Unfallversicherung
4 Die sicherheitsbeauftragte Person nur dann, wenn sie aufgrund der Betriebsgröße erforderlich ist.

Situation
Die Brandschutzordnung nach DIN 14096 regelt Maßnahmen zur Verhütung von Bränden und auch das richtige Verhalten im Brandfall.

11. Aufgabe

11.1 Welche Aussage zu einem effektiven Brandschutz ist falsch? ☐

1 Vorhandene Feuerlöscheinrichtungen müssen jederzeit funktionsfähig und einsatzbereit sein.
2 Nur sachkundiges Personal darf die Feuerlöscheinrichtungen überprüfen.
3 Die Überprüfung der Feuerlöscheinrichtungen ist schriftlich zu dokumentieren.
4 Die MiHaG GmbH muss über ausreichende Feuerlöscheinrichtungen verfügen.
5 Nur für den Fall, dass die MiHaG GmbH mit Gefahrenstoffen oder leicht entzündbaren Materialien arbeitet, muss sie für einen ausreichenden Brandschutz sorgen.

11.2 Wie gehen Sie im Falle eines Brandes Schritt für Schritt vor? Bringen Sie die durcheinander geratenen Schritte in die richtige Reihenfolge, indem Sie die Nummerierung von 1 bis 5 in die Kästchen eintragen

1. Gekennzeichneten Rettungswegen folgen
2. Aufzug nicht benutzen
3. Brandmelder betätigen
4. Notruf 112
5. Sammelstelle aufsuchen

☐ ☐ ☐ ☐ ☐

Situation
Als verantwortlicher Mitarbeiter für die Bereiche Arbeitsschutz und -sicherheit weisen Sie die Arbeitnehmerinnen und Arbeitnehmer auf die besonderen Gesundheitsgefahren für die Wirbelsäule hin.

12. Aufgabe

Bei welchen Tätigkeiten ist das besonders wichtig? ☐

1 Nur bei sitzenden Tätigkeiten
2 Bei der Arbeit mit einer Bürosoftware
3 Bei der Arbeit mit ätzenden und giftigen Stoffen
4 Bei der Brandbekämpfung
5 Beim manuellen Anheben von Lasten
6 Bei jeder Arbeit an einem Bildschirmarbeitsplatz

Situation
Clara Sommer, Auszubildende der MiHaG GmbH, stürzt im Wareneingang beim Einsortieren von gelieferten Waren von der Leiter und bricht sich ein Bein.

13. Aufgabe

Wem muss die entsprechende Unfallmeldung zugeleitet werden? ☐

1 Der Krankenkasse
2 Der Industrie- und Handelskammer
3 Der Betriebshaftpflichtversicherung
4 Der Berufsgenossenschaft
5 Der Personalabteilung der MiHaG GmbH

Erläuterungen und Lösungen

10. Aufgabe

Lösung: 2

Als Arbeitgeber kombiniert die MiHaG GmbH im Produktionsprozess die Produktionsfaktoren. Sie gestaltet Arbeitsabläufe und schafft damit auch potenzielle Gefahrenquellen. Ihre Fürsorgepflicht als Nebenpflicht in einem Arbeitsverhältnis besteht darin, alles zum Schutz der Gesundheit und des Lebens der beschäftigten Arbeitnehmerinnen und Arbeitnehmer zu unternehmen.

Gewerbeaufsichtsamt und Berufsgenossenschaft sind Einrichtungen, die die Einhaltung des Arbeitsschutzes und der Arbeitssicherheit am Arbeitsplatz überwachen.

11. Aufgabe

11.1 Lösung: 5

Feuerlöscheinrichtungen müssen in jedem Fall in einem Betrieb vorhanden sein, unabhängig von der Art der Produktion.

11.2 Lösung: 3 – 4 – 1 – 2 – 5

Über die Betätigung des Brandmelders informieren Sie die im Hause befindlichen Mitarbeiterinnen und Mitarbeiter über die Brandgefahr. Es folgt der Notruf über die 112. Folgen Sie dann den gekennzeichneten Rettungswegen und bringen Sie sich in Sicherheit.

Vermeiden Sie hierzu die Benutzung der Aufzüge und suchen Sie die gekennzeichnete Sammelstelle auf. Hier kann dann festgestellt werden, ob wirklich alle Personen das Gebäude verlassen haben.

12. Aufgabe

Lösung: 5

Werden schwere Lasten manuell falsch angehoben, kann das die Wirbelsäule unmittelbar schädigen. Hierauf sind Arbeitnehmerinnen und Arbeitnehmer besonders hinzuweisen.

13. Aufgabe

Lösung: 4

Träger der gesetzlichen Unfallversicherung ist die Berufsgenossenschaft. Diese erhält bei Arbeits- und Wegeunfällen die erforderliche Mitteilung darüber.

Arbeitsschutz und -sicherheit im Betrieb

Arbeitgeber: Schutz der Beschäftigten

- Gewährleistung der ersten Hilfe bei Arbeitsunfällen
- Brandbekämpfung
- Evakuierung im Brand-/Gefahrenfall
- Arbeitsmedizinische Vorsorge und Untersuchungen

Arbeitgebermaßnahmen

- Gute Beleuchtung
- Ausreichende Lüftung
- Beseitigung von Staub und Gasen
- Schutzvorrichtungen an Maschinen
- Stellung der Schutzkleidung für die Arbeitnehmerinnen und Arbeitnehmer

Berufsgenossenschaft: Träger der gesetzlichen Unfallversicherung

- Erlass von Unfallverhütungsvorschriften
- Überwachung der Einhaltung
- Beratung der Arbeitgeber
- Leistungen bei Arbeits- und Wegeunfällen (Reha)

Sicherheitsbeauftragte

- Überwachung der Einhaltung von Unfallverhütungsvorschriften

Gewerbeaufsichtsämter: Technischer Arbeitsschutz

- Überwachung der Einhaltung vorhandener Schutzbestimmungen
- Beseitigung von erkannten Missständen

Situation zur 1. und 2. Aufgabe
In der sozialen Marktwirtschaft sind Arbeitnehmerinnen und Arbeitnehmer im Fall der Krankheit, des Alters oder der Arbeitslosigkeit sozial gesichert. Hierzu sind verschiedene Träger der Sozialversicherung zuständig.

1. Aufgabe

Ordnen Sie den Zweigen der gesetzlichen Sozialversicherung die entsprechenden Träger zu.

Sozialversicherungszweig		Träger
a) Gesetzliche Krankenversicherung	☐	1 Berufsgenossenschaften
b) Gesetzliche Rentenversicherung	☐	2 Deutsche Rentenversicherung
c) Gesetzliche Pflegeversicherung	☐	3 Pflegekassen der Krankenkassen
d) Gesetzliche Unfallversicherung	☐	4 Gesetzliche und Ersatzkrankenkassen

2. Aufgabe

Welcher Zweig der Sozialversicherung erbringt welche Leistung?

Ordnen Sie zu.

Leistungen		Zweige der SV
a) Finanzielle Leistungen nach betriebsbedingtem Arbeitsplatzverlust	☐	1 Arbeitslosenversicherung
b) Reha-Maßnahmen nach Betriebsunfall	☐	2 Rentenversicherung
c) Kosten bei Vorsorgeuntersuchungen	☐	3 Krankenversicherung
d) Geldzahlung wegen Erwerbsminderung	☐	4 Pflegeversicherung
e) Übernahme von Sachleistungen bei Personen mit der Pflegestufe IV.	☐	5 Unfallversicherung

Situation
Bei einer Inventur im Hauptlagerhaus ist Ihr Mitarbeiter Klaus Wagenknecht von der Leiter gestürzt und hat sich das Bein gebrochen.

3. Aufgabe

Prüfen Sie, welcher Stelle die Unfallmeldung zugestellt werden muss, wenn die Arbeitsunfähigkeit mehr als drei Kalendertage andauert. ☐

1 Krankenkasse
2 Berufsgenossenschaft
3 Hausarzt
4 Betriebshaftpflichtversicherung
5 Rentenversicherung

Situation
Bei dem Unfall mit einem Gabelstapler hat die Mitarbeiterin Clara Hausmann einen komplizierten Oberschenkelhalsbruch erlitten, der eine lange Heilbehandlung mit anschließender Rehabilitation zur Folge hat.

4. Aufgabe

Welcher Sozialversicherungsträger übernimmt die Kosten? ☐

1 Die Krankenkasse als gesetzlicher Träger der Krankenversicherung
2 Die private Unfallversicherung der Mitarbeiterin
3 Die Haftpflichtversicherung der MiHaG GmbH
4 Die zuständige Berufsgenossenschaft der MiHaG GmbH

Situation
Die Auszubildende Yvonne Cayser hat am 15.11.20XX ihre dreijährige Ausbildung erfolgreich mit der Note „gut“ beendet, kann aber nicht in ein Dauerarbeitsverhältnis übernommen werden, weil keine Planstelle frei ist. Sie fragt bei Ihnen in der Personalabteilung nach, ob sie ein Recht auf Leistungen der Arbeitslosenversicherung hat.

5. Aufgabe

Wie begründen Sie Ihre Antwort? ☐

1 Weil die Auszubildende während der Ausbildungszeit steuer- und sozialversicherungsfrei beschäftigt war, ist noch kein Anspruch zur Arbeitslosenversicherung entstanden.
2 Bei einem befristeten Vertrag, wie hier dem Ausbildungsvertrag, gibt es keinen Anspruch auf Sozialleistungen.
3 Leistungen aus der Sozialversicherung entstehen erst nach einer Anwartschaft von 60 Kalendermonaten. Bei einer dreijährigen Ausbildung ist diese Voraussetzung nicht gegeben, so dass ein Anspruch ausscheidet.
4 Sie hat einen Anspruch, weil sie während ihrer Ausbildungszeit Beiträge zur Arbeitslosenversicherung entrichtet und damit einen Anspruch auf Leistungen begründet hat.

Erläuterungen und Lösungen

1. Aufgabe

Lösung: 4, 2, 3, 1

Siehe nebenstehende, rechte Übersicht über Träger und Leistungen der Sozialversicherung.

2. Aufgabe

Lösung: 1, 5, 3, 2, 4

3. Aufgabe

Lösung: 2

Träger der gesetzlichen Unfallversicherung ist die zuständige Berufsgenossenschaft. Diese erhält bei einem Arbeitsunfall eine entsprechende Mitteilung.

4. Aufgabe

Lösung: 4

Grundsätzlich tragen die Krankenkassen die Kosten der Heilbehandlung ihrer Versicherten. Bei einem Arbeitsunfall allerdings übernimmt die zuständige Berufsgenossenschaft die Kosten der Heilbehandlung und die der Rehabilitation.

5. Aufgabe

Lösung: 4

Auszubildende sind während ihrer Ausbildungszeit steuer- und sozialversicherungspflichtig. Sie entrichten Beiträge zur Kranken-, Renten-, Arbeitslosen- und Pflegeversicherung. Entsprechend haben sie im Leistungsfall Anspruch auf die Leistungen der Sozialversicherung.

Sozialversicherung
= gesetzliche Versicherung zum Schutz vor wirtschaftlicher Not:

im Alter – bei Arbeitslosigkeit – bei Erwerbsminderung – bei Krankheit
bei Arbeitslosigkeit – bei Pflegebedürftigkeit – bei einem Unfall

Zweige der Sozialversicherung

- Rentenversicherung
- Krankenversicherung
- Arbeitslosenversicherung
- Pflegeversicherung
- Unfallversicherung

Träger der Sozialversicherung

Rentenversicherung:	Deutsche Rentenversicherung
Krankenversicherung:	Gesetzliche und Ersatzkassen
Arbeitslosenversicherung:	Bundesanstalt für Arbeit
Pflegeversicherung:	Pflegekassen der Krankenversicherung
Unfallversicherung:	Berufsgenossenschaft

Finanzierung der Sozialversicherung

Renten-, Kranken-,Arbeitslosen- und Pflegeversicherung	Grundsätzlich ½ AG, ½ AN Pflegeversicherung: Gestaffelter AN-Beitragssatz nach Anzahl der Kinder
Unfallversicherung	Ausschließlich Arbeitgeber

Situation
Als Personalsachbearbeiter/-in müssen Sie arbeits- und sozialversicherungsrechtliche Sachverhalte bewerten und darauf reagieren.

6. Aufgabe

Welche Erläuterung im Zusammenhang mit der Sozialversicherung ist zutreffend?

1 Bei einem Arbeits- oder Wegeunfall muss die MiHaG GmbH unverzüglich die gesetzliche Krankenkasse unterrichten.
2 Beitragserhöhungen in der Sozialversicherung führen automatisch auch zu Erhöhungen der Leistungen.
3 Mit 65 haben alle Arbeitnehmerinnen und -nehmer Anspruch auf die Leistungen der gesetzlichen Rentenversicherung.
4 In der Pflegeversicherung ist der Beitragssatz nach der Anzahl der Kinder gestaffelt. Den höchsten Beitragssatz zahlen kinderlose Arbeitnehmerinnen und Arbeitnehmer.

Situation
Die künftige Mitarbeiterin Elke Brandström hat vor Abschluss ihres Arbeitsvertrags noch Fragen zu ihrer Krankenversicherung.

7. Aufgabe

Welche **beiden** Aussagen entsprechen den gesetzlichen Bestimmungen?

1 Sollte Frau Brandström versicherungsfrei sein, kann sie die Entscheidung, sich gesetzlich oder privat zu versichern, selber treffen.
2 Alle Beiträge zur Krankenversicherung werden vom gesamten Brutto-Einkommen berechnet.
3 Bei der Berechnung des Beitrags zur Krankenversicherung werden Steuerfreibeträge beitragsmindernd berücksichtigt.
4 Basis der Beitragsberechnung bildet das sozialversicherungspflichtige Einkommen.

Situation
Das Prinzip der Sozialversicherung geht zwar grundsätzlich von einer Beitragsteilung zwischen Arbeitgeber und Arbeitnehmerinnen und Arbeitnehmer aus. Hiervon gibt es eine Ausnahme.

8. Aufgabe

Welche Aussage zur Beitragsteilung in der gesetzlichen Sozialversicherung ist richtig?

1 Beiträge zur Rentenversicherung müssen Arbeitgeber nunmehr nur bis zur Höhe der Versicherungspflichtgrenze zahlen.
2 In der Pflegeversicherung ist die Beitragshöhe nach der Anzahl der Kinder gestaffelt. Kinderlose Arbeitnehmerinnen und Arbeitnehmer zahlen den höchsten Beitrag.
3 In der Krankenversicherung ist der Beitrag des Arbeitgebers festgeschrieben. Beitragserhöhungen treffen daher nur noch die Arbeitnehmerinnen und Arbeitnehmer.
4 Bei Beschäftigten mit Einkommen unter 800 € zahlt nur der Arbeitgeber die SV-Beiträge.

Situation
Grundlage der Beitragserhebung in der Sozialversicherung ist das sozialversicherungspflichtige Einkommen. Anders aber als beim steuerpflichtigen Einkommen gibt es hier Höchstbeträge.

9. Aufgabe

Welche Aussage ist richtig?

1 Bei einem Steuerfreibetrag zahlen Arbeitnehmerinnen und Arbeitnehmer dann auch geringere Sozial-versicherungsbeiträge.
2 Ein Steuerfreibetrag mindert auch in der Unfallversicherung die Beitragshöhe.
3 Die Steuerklasse III in Kombination mit mindestens einem Kind führt zur Minderung der Beiträge in der Sozialversicherung.
4 Die Beitragsbemessungsgrenze ist die maximale Einkommensgröße, von der Beiträge zur Sozialversicherung erhoben werden.

Situation
Zu den Personalkosten in Form von Lohn oder Gehalt, die der Arbeitgeber trägt, kommen noch weitere Personalnebenkosten hinzu.

10. Aufgabe

Welche Kosten gehören zu den Personalnebenkosten?

1 Arbeitgeber zahlen auch die Lohn- und Kirchensteuer der Arbeitnehmerinnen und Arbeitnehmer und führen diese an das Betriebsstättenfinanzamt ab.
2 Arbeitgeber zahlen die Hälfte der Beiträge zur Unfallversicherung.
3 Nur dann, wenn Arbeitnehmerinnen und Arbeitnehmer eine Unfallversicherung abgeschlossen haben, müssen Arbeitgeber die anteiligen Beiträge zur Unfallversicherung zahlen.
4 Beiträge zur gesetzlichen Unfallversicherung zahlen ausschließlich die Arbeitgeber.

Erläuterungen und Lösungen

6. Aufgabe

Lösung: 4

Bei Arbeits- und Wegeunfällen muss die MiHaG GmbH die Berufsgenossenschaft informieren, sofern die Arbeitsunfähigkeit länger als drei Tage dauert.
Das Renteneintrittsalter wird bis zum Jahre 2029 schrittweise angehoben.
Für Arbeitnehmerinnen und Arbeitnehmer mit dem Geburtsjahrgang 1964 ist es dann 67. Möchten Arbeitnehmerinnen und Arbeitnehmer früher Rente beziehen, müssen sie regelmäßig Abschläge bei seiner Rente in Kauf nehmen.

7. Aufgabe

Lösung: 1 und 4

Basis der Beitragsberechnung zur gesetzlichen Sozialversicherung bildet das sozialversicherungspflichtige Einkommen. Dieses Einkommen ist – anders als bei der Einkommensteuerberechnung – nicht unbegrenzt, sondern hat als Höchstgrenze die sog. „Beitragsbemessungsgrenze".

Steuerfreibeträge mindern nur die Steuerlast der Arbeitnehmerinnen und Arbeitnehmer. Bei der Berechnung der Sozialversicherungsbeiträge spielen diese keine Rolle.

8. Aufgabe

Lösung: 2

Für die Zahlung des AG-Beitrags zur Rentenversicherung gilt: Arbeitgeber wie Arbeitnehmerinnen und Arbeitnehmer zahlen die Rentenbeiträge jeweils zur Hälfte bis zur Beitragsbemessungsgrenze.

Auch bei der Krankenversicherung zahlen Arbeitgeber und Arbeitnehmerinnen und Arbeitnehmer jeweils die Hälfte der Beiträge.

9. Aufgabe

Lösung: 4

Löhne und Gehälter sind nur bis zu einer bestimmten Höhe sozialversicherungspflichtig. Es handelt sich dabei um die Beitragsbemessungsgrenze.

10. Aufgabe

Lösung: 4

Anders als sonst in der Sozialversicherung, bei der die Beiträge jeweils zur Hälfte von Arbeitgebern und Arbeitnehmerinnen und Arbeitnehmer zu leisten sind, zahlen Arbeitgeber alleine die Beiträge zur gesetzlichen Unfallversicherung.

Leistungen der Sozialversicherung

Rentenversicherung	Altersruhegeld, Rehabilitation
Krankenversicherung	Krankenbehandlung, Vorsorgeuntersuchungen
Pflegeversicherung	Häusliche und stationäre Pflege
Arbeitslosenversicherung	Arbeitslosengeld I und II, Kurzarbeitsgeld
Unfallversicherung	Heilbehandlung, Verletztengeld, Rehabilitation

Beitragsbemessungsgrenze

= maximaler Bruttobetrag, der als Basis für die Beitragshöhe dient

Beitragsbemessungsgrenzen 2024:	**West**	**Ost**
Rentenversicherung	7.550,00 €	7.450,00 €
Arbeitslosenversicherung	7.550,00 €	7.450,00 €
Kranken- und Pflegeversicherung	5.175,00 €	5.175,00 €

Gesetzliche Unfallversicherung

Beitragszahlung:	Nur Arbeitgeber alleine
Basis der Beitragsberechnung:	Gefahrenklassen und Lohnsummen

Situation zur 1. und 2. Aufgabe
Bei der MiHaG GmbH stehen demnächst Betriebsratswahlen an. Beachten Sie hierzu den folgenden Auszug aus dem Betriebsverfassungsgesetz:

§ 5 Arbeitnehmer
(1) Arbeitnehmer (Arbeitnehmerinnen und Arbeitnehmer) im Sinne dieses Gesetzes sind Arbeiter und Angestellte einschließlich der zu ihrer Berufsausbildung Beschäftigten, unabhängig davon, ob sie im Betrieb, im Außendienst oder mit Telearbeit beschäftigt werden.

§ 7 Wahlberechtigung
(1) Wahlberechtigt sind alle Arbeitnehmer des Betriebs, die das 18. Lebensjahr vollendet haben. Werden Arbeitnehmer eines anderen Arbeitgebers zur Arbeitsleistung überlassen, so sind diese wahlberechtigt, wenn sie länger als drei Monate im Betrieb eingesetzt werden.

§ 8 Wählbarkeit
Wählbar sind alle Wahlberechtigten, die sechs Monate dem Betrieb angehören oder als in Heimarbeit Beschäftigte in der Hauptsache für den Betrieb gearbeitet haben.

1. Aufgabe

Zur bevorstehenden Wahl des Betriebsrats prüft der Wahlvorstand die Wahlberechtigung. Welche Personen sind wahlberechtigt?

1 Der 17-jährige Auszubildende Theo Melter, der sich im dritten Ausbildungsjahr kurz vor der Abschlussprüfung befindet
2 Klaus Kubitschek, ein 30-jähriger Mitarbeiter eines Zeitunternehmens, der vor vier Monaten der MiHaG GmbH zur Aktualisierung der Software-Anwendungen auf unbestimmte Zeit überlassen wurde
3 Annie Belker, eine 18-jährige Schülerpraktikantin, die in ihren sechswöchigen Sommerferien in der MiHaG GmbH tätig ist
4 Die Handelsvertreterin Gerda Lüdenscheid, die seit zehn Jahren eng mit der MiHaG GmbH zusammenarbeitet
5 Clemens Brentinger, ein Mitarbeiter, der mittels Telearbeitsplatz wöchentlich zu Hause 30 Stunden für die MiHaG GmbH tätig ist

2. Aufgabe

Im nächsten Schritt geht es um die Wählbarkeit.
Wer kann für den Betriebsrat kandidieren?

1 Alle Arbeitnehmerinnen und Arbeitnehmer, die das 18. Lebensjahr vollendet haben, haben das passive Wahlrecht zum Betriebsrat.
2 Zeitarbeitnehmerinnen und -arbeitnehmer, die länger als zwei Monate in der MiHaG GmbH arbeiten, können für den Betriebsrat kandidieren.
3 Alle Arbeitnehmerinnen und Arbeitnehmer des Betriebs können zum Betriebsrat kandidieren.
4 Befristet beschäftigte Arbeitnehmerinnen und Arbeitnehmer können nicht zum Betriebsrat gewählt werden.
5 Alle wahlberechtigten Arbeitnehmerinnen und Arbeitnehmer, die in der MiHaG GmbH mindestens sechs Monate beschäftigt sind, können für den Betriebsrat kandidieren.

Situation
Eine Aktiengesellschaft kennt neben der betrieblichen Mitbestimmung auch die Unternehmensmitbestimmung. In Aktiengesellschaften ist als Kontrollorgan ein Aufsichtsrat vorgeschrieben, der sich aus Arbeitnehmer- und Arbeitgebervertretern zusammensetzt.

3. Aufgabe

Nach welchem Gesetz bei Stimmengleichheit in einer erneuten Abstimmung und haben damit praktisch zwei Stimmen?

1 Aktiengesetz
2 Montanmitbestimmungsgesetz
3 Kartellgesetz
4 Betriebsverfassungsgesetz
5 Mitbestimmungsgesetz von 1976

Situation
Nach Betriebsverfassungsgesetz hat der Betriebsrat der MiHaG GmbH unterschiedlich abgestufte Rechte.

4. Aufgabe

Welches Recht hat der Betriebsrat im Fall einer beabsichtigten Kündigung?

1 Unterrichtungsrecht
2 Anhörungsrecht
3 Mitbestimmungsrecht
4 Beratungsrecht

Erläuterungen und Lösungen

1. Aufgabe

Lösung: 2 und 5

Grundsätzlich sind alle Arbeitnehmerinnen und Arbeitnehmer eines Betriebs wahlberechtigt, sofern sie das 18. Lebensjahr vollendet haben. Hinzu kommen Mitarbeitende, die über einen Telearbeitsplatz verfügen; auch sie sind bei Betriebsratswahlen wahlberechtigt.

Werden Arbeitnehmerinnen und Arbeitnehmer eines anderen Arbeitgebers dem Betrieb überlassen, sind auch diese nach drei Monaten Betriebszugehörigkeit zu den Betriebsratswahlen wahlberechtigt.

2. Aufgabe

Lösung: 5

Das passive Wahlrecht setzt zunächst einmal das aktive Wahlrecht voraus. Hinzu kommt, dass Arbeitnehmerinnen und Arbeitnehmer mindestens sechs Monate dem Betrieb angehören müssen.

3. Aufgabe

Lösung: 5

Im Aufsichtsrat sind Kapitaleignerinnen und -eigner sowie Arbeitnehmerinnen und und Arbeitnehmer gleichermaßen vertreten. Um Pattsituationen dort zu vermeiden, verleiht das Mitbestimmungsgesetz von 1976 den Aufsichtsratsvorsitzenden praktisch zwei Stimmen in einer erneuten Abstimmung.

4. Aufgabe

Lösung: 2

Der Betriebsrat hat im Falle einer Kündigung ein Anhörungsrecht: Er muss dabei vor jeder Kündigung gehört werden (§ 102 BetrVG). Dies gilt sowohl für die ordentliche wie auch für die außerordentliche Kündigung. Eine ohne Anhörung des Betriebsrats ausgesprochene Kündigung ist unwirksam.

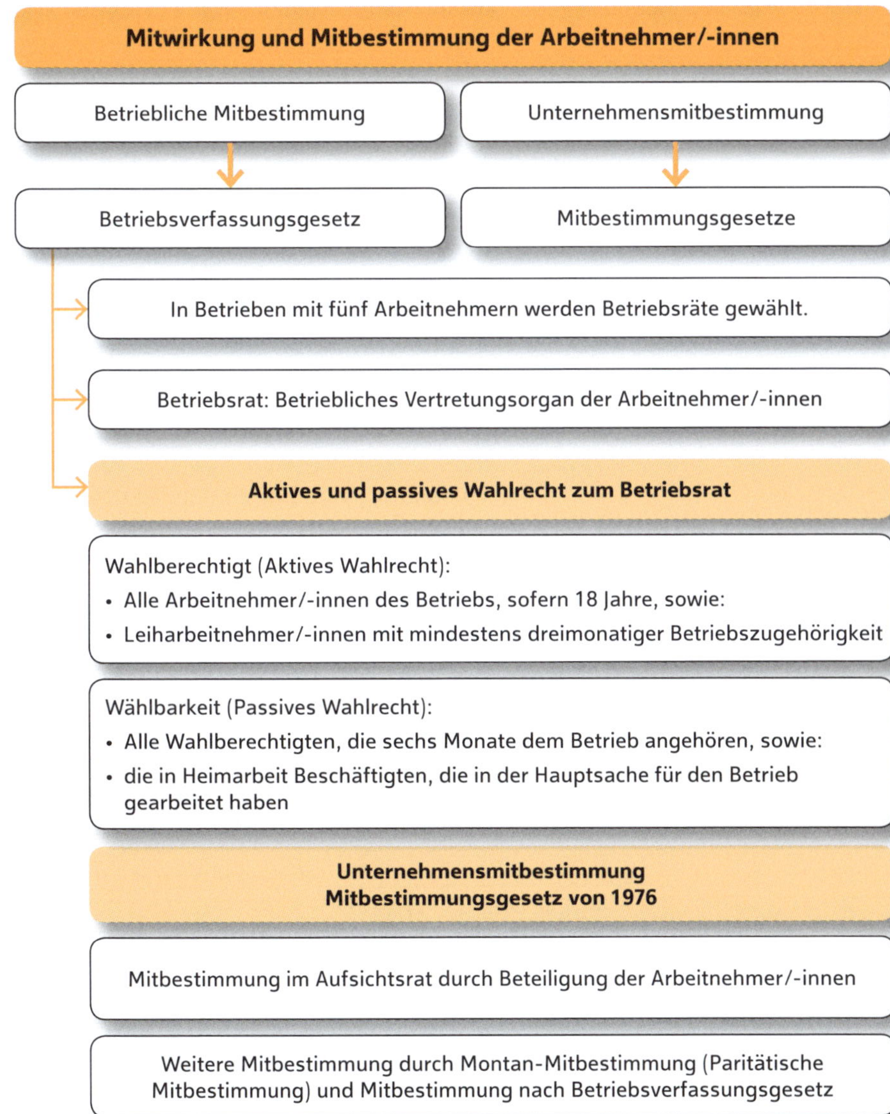

Situation zur 5. bis 6. Aufgabe
Im Zuge der vermehrten Nachfrage nach innovativen Haushaltsgeräten der *mihag-smart@home-Serie* plant die MiHaG GmbH die Einstellung mehrerer neuer Mitarbeitenden und berücksichtigt die Bestimmungen des Betriebsverfassungsgesetzes.

Beachten Sie zur Beantwortung der Fragen den nachfolgenden Gesetzestext:

§ 93 BetrVG: Ausschreibung von Arbeitsplätzen
Der Betriebsrat kann verlangen, dass Arbeitsplätze, die besetzt werden sollen, allgemein oder für bestimmte Arten von Tätigkeiten vor ihrer Besetzung innerhalb des Betriebs ausgeschrieben werden

§ 99 BetrVG: Mitbestimmung bei personellen Einzelmaßnahmen
(1) In Unternehmen mit in der Regel mehr als zwanzig wahlberechtigten Arbeitnehmern hat der Arbeitgeber den Betriebsrat vor jeder Einstellung, Eingruppierung, Umgruppierung und Versetzung zu unterrichten, ihm die erforderlichen Bewerbungsunterlagen vorzulegen und Auskunft über die Person der Beteiligten zu geben.
Er hat dem Betriebsrat unter Vorlage der erforderlichen Unterlagen Auskunft über die Auswirkungen der geplanten Maßnahme zu geben und die Zustimmung des Betriebsrats zu der geplanten Maßnahme einzuholen.

5. Aufgabe

Welche drei Vorschriften hinsichtlich der Beteiligung des Betriebsrats beim Einstellungsprozess müssen beachtet werden? ☐ ☐ ☐

1 Verlangt der Betriebsrat die interne Ausschreibung, müssen dann auch interne Bewerberinnen und Bewerber bevorzugt eingestellt werden.
2 Personellen Einzelmaßnahmen muss der Betriebsrat zur Wirksamkeit zustimmen.
3 Bei einer Eingruppierung, Umgruppierung, Versetzung und Einstellung hat der Betriebsrat die sog. „erzwingbare Mitbestimmung“. Verweigert der Betriebsrat die Zustimmung, entscheidet die Einigungsstelle.
4 Dem Betriebsrat müssen vor einer Einstellung die erforderlichen Bewerbungsunterlagen zur Verfügung gestellt werden.
5 Zwar kann der Betriebsrat die interne Stellenausschreibung verlangen; die Personaleinstellung ist letztlich aber Sache des Arbeitgebers.

6. Aufgabe

In welchem Fall hat der Betriebsrat ein bloßes Informationsrecht? ☐

1 Die MiHaG GmbH möchte dem Mitarbeiter Claus Herrmann, der gegen das Wettbewerbsverbot verstoßen hatte, fristlos kündigen.
2 Der Arbeitgeber möchte Multimoment-Kameras installieren, die die Produktion, aber auch die Leistung der Mitarbeiterinnen und Mitarbeiter überwachen können.
3 Die MiHaG GmbH beabsichtigt, für eine vorgesehene Produkterweiterung neue Maschinen anzuschaffen.
4 Im Zuge der Produkterweiterung möchte die MiHaG GmbH zehn weitere Mitarbeiterinnen und Mitarbeiter einstellen.

Situation
Die MiHaG GmbH beabsichtigt, bei der Gestaltung der Arbeitszeiten den Mitarbeiterinnen und Mitarbeitern die Möglichkeit zur Nutzung der Gleitzeit einzuräumen.

7. Aufgabe

Welches Recht hat der Betriebsrat hierbei? Beachten Sie den unten abgebildeten Auszug aus dem Betriebsverfassungsgesetz.
Der Betriebsrat muss ... ☐

1 vor Einführung dieser Änderungen den geplanten Maßnahmen zustimmen.
2 vorher lediglich angehört werden.
3 die geplanten Änderungen der Gewerbeaufsichtsbehörde melden.
4 die Geschäftsleitung vor Einführung dieser Änderungen beraten.
5 von der Geschäftsleitung vor Einführung dieser Änderungen lediglich informiert werden.

Auszug aus § 87 BetrVG Mitbestimmungsrechte

Der Betriebsrat hat, soweit eine gesetzliche oder tarifliche Regelung nicht besteht, in folgenden Angelegenheiten mitzubestimmen:

1. Fragen der Ordnung des Betriebs und des Verhaltens der Arbeitnehmer im Betrieb
2. Beginn und Ende der täglichen Arbeitszeit einschließlich der Pausen sowie Verteilung der Arbeitszeit auf die einzelnen Wochentage
3. Vorübergehende Verkürzung oder Verlängerung der betriebsüblichen Arbeitszeit ...

Erläuterungen und Lösungen

5. Aufgabe

Lösung: 2, 4 und 5

Bei der Einstellung von Mitarbeiterinnen und Mitarbeitern hat der Betriebsrat das Recht, eine interne Stellenausschreibung zu verlangen. Allerdings sind Arbeitgeber nicht verpflichtet, internen Bewerberinnen und Bewerbern vor externen den Vorzug zu geben.

Im Rahmen einer Einstellung müssen Arbeitgeber dem Betriebsrat die notwendigen Bewerbungsunterlagen zur Verfügung stellen und Auskunft über die Bewerberinnen und Bewerber erteilen.

Der Betriebsrat muss einer personellen Einzelmaßnahme (Einstellung, Versetzung) zustimmen. Für den Fall, dass der Betriebsrat die erforderliche Zustimmung nicht erteilt, haben Arbeitgeber die Möglichkeit, die fehlende Zustimmung beim Arbeitsgericht zu beantragen.

6. Aufgabe

Lösung: 3

In wirtschaftlichen Entscheidungen – hierzu gehören auch Investitionsentscheidungen – haben Arbeitgeber das Sagen. Diese müssen allerdings den Betriebsrat informieren. Das Informationsrecht stellt ein schwaches betriebsverfassungsrechtliches Recht des Betriebsrats dar.

Bei einer geplanten Aufstellung von Multimoment-Kameras hat der Betriebsrat die Möglichkeit, dieser Maßnahme zu widersprechen.

Die Einstellung von Mitarbeiterinnen und Mitarbeitern als sog. „personelle Einzelmaßnahme“ setzt zwingend die Zustimmung des Betriebsrats voraus.

7. Aufgabe

Lösung: 1

Fragen der Ordnung des Betriebs, der Ausgestaltung von Arbeitszeiten und Ruhepausen gehören zur sog. „erzwingbaren Mitbestimmung“. § 87 des Betriebsverfassungsgesetzes listet 13 Maßnahmen auf, bei denen der Betriebsrat echte Mitbestimmungsrechte hat.

Kommt bei solchen Fragen eine Einigung zwischen Arbeitgebern und Betriebsrat nicht zustande, entscheidet die Einigungsstelle. Diese ersetzt die fehlende Einigung zwischen Betriebsrat und Arbeitgebern.

Mitwirkung und Mitbestimmung des Betriebsrats
= abgestufte Rechte des Betriebsrats

→ Echte erzwingbare Mitbestimmung des Betriebsrats

Mitbestimmung in sozialen Angelegenheiten
- Ordnung des Betriebs
- Betriebsurlaub
- Einrichtung von Überstunden

Im Streitfall: Entscheidung durch die **Einigungsstelle**

→ Zustimmung bei personellen Einzelmaßnahmen

- Einstellung
- Versetzung
- Eingruppierung
- Umgruppierung

Im Streitfall: Anrufung des **Arbeitsgerichts**

→ Anhörung des Betriebsrats vor jeder Kündigung

- Ordentliche Kündigung
- Außerordentliche Kündigung

Ohne Anhörung: Unwirksame Kündigung

→ Reine Information in wirtschaftlichen Angelegenheiten

- Investitionen
- Kauf neuer Hardware
- Kauf neuer Software

Bedeutung: Schwächstes Gestaltungsmittel des Betriebsrats

Situation zur 8. bis 10. Aufgabe
Betriebsrat und Jugend- und Auszubildendenvertretung der MiHaG GmbH arbeiten vertrauensvoll im Sinne des Betriebsverfassungsgesetzes mit dem Arbeitgeber zusammen. Demnächst stehen Wahlen zur Jugend- und Auszubildendenvertretung (JAV) sowie zum Betriebsrat an. Beachten Sie den folgenden Auszug aus dem Betriebsverfassungsgesetz:

§ 60 BetrVG – Errichtung und Aufgabe
(1) In Betrieben mit in der Regel mindestens fünf Arbeitnehmern, die das 18. Lebensjahr noch nicht vollendet haben (jugendliche Arbeitnehmer) oder die zu ihrer Berufsausbildung beschäftigt sind und das 25. Lebensjahr noch nicht vollendet haben, werden Jugend- und Auszubildendenvertretungen gewählt.

§ 61 Wahlberechtigung und Wählbarkeit
(1) Wahlberechtigt sind alle in § 60 I BetrVG genannten Arbeitnehmer des Betriebs.
(2) Wählbar sind alle Arbeitnehmer des Betriebs, die das 25. Lebensjahr noch nicht vollendet haben.

8. Aufgabe

Welche beiden Aussagen zur anstehenden Betriebsratswahl sind richtig?

1 Das Betriebsverfassungsgesetz lässt nur eine einzige Amtsperiode eines Betriebsratsmitgliedes zu. Eine Wiederwahl scheidet damit aus.
2 Wegen der vertrauensvollen Zusammenarbeit zwischen Betriebsrat und Geschäftsführung muss diese der Wahl eines Betriebsrats zustimmen.
3 Gewählte Vertreterinnen und Vertreter der Jugend- und Auszubildendenvertretung können nicht gleichzeitig Mitglied des Betriebsrats sein.
4 Betriebsratsmitglieder können während ihrer Amtszeit nur außerordentlich gekündigt werden.

9. Aufgabe

Welche beiden Aussagen zur Jugend- und Auszubildendenvertretung sind richtig?

1 Die Amtszeit der Jugend- und Auszubildendenvertretung beträgt genauso wie die des Betriebsrats vier Jahre.
2 Wählbar zur Jugend- und Auszubildendenvertretung sind alle Arbeitnehmerinnen und Arbeitnehmer, die das 18. Lebensjahr noch nicht vollendet haben oder noch in der Berufsausbildung sind und das 25. Lebensjahr noch nicht vollendet haben.
3 Amtierende Betriebsratsmitglieder können ihren Erfahrungsschatz auch als Mitglieder der Jugend- und Auszubildendenvertretung nutzen und einbringen.
4 Werden bei einer Betriebsratssitzung Themen behandelt, die alle Jugendlichen betreffen, dürfen an der Betriebsratssitzung auch alle Jugend- und Auszubildendenvertreter teilnehmen.
5 Wählbar zur Jugend- und Auszubildendenvertretung sind alle Arbeitnehmerinnen und Arbeitnehmer des Betriebs, die das 25. Lebensjahr noch nicht vollendet haben.

10. Aufgabe

Der Mitarbeiterstamm der MiHaG GmbH sieht zum Zeitpunkt der Betriebsratswahl wie folgt aus:

85 Angestellte, davon 6 leitende Angestellte Alle Angestellten: volljährig	64 Arbeiter/-innen, davon 5 Arbeiter/-innen minderjährig, 38 Arbeiter/-innen volljährig	10 Auszubildende, davon 2 Azubis minderjährig, 4 Azubis volljährig unter 25 Jahre, 2 Azubis über 25 Jahre

Stellen Sie fest, wie viele Personen für die Jugend- und Auszubildendenvertretung wahlberechtigt sind. Personen

Situation
Dem Lagerarbeiter Karl Klug wurde sofort fristlos gekündigt, als er beim Aufbrechen eines Spindes ertappt wurde. Der Betriebsrat wurde nach der fristlosen Kündigung informiert und hatte ganz spontan der Kündigung zugestimmt.

11. Aufgabe

Welche Rechtsfolgen hat die erfolgte Kündigung?

1 Die Kündigung ist unwirksam.
2 Die Kündigung ist wirksam, wenn der Betriebsrat noch binnen sieben Tagen der Kündigung zustimmt.
3 Ohne jede Frage ist bei einem Straftatbestand wie Diebstahl oder bei einem schweren Vertrauensbruch die fristlose Kündigung immer wirksam.
4 Bei einer fristlosen Kündigung kann der Betriebsrat auch noch im Nachhinein der bereits erfolgten Kündigung zustimmen. Diese ist dann wirksam.

Erläuterungen und Lösungen

8. Aufgabe

Lösung: 3 und 4

Das Betriebsverfassungsgesetz lässt eine Wiederwahl eines gewählten Betriebsratsmitgliedes zu, nicht aber die gleichzeitige Mitgliedschaft als Betriebsrat und Mitglied der Jugend- und Auszubildendenvertretung.

Während seiner Amtszeit genießt der Betriebsrat Kündigungsschutz. Ordentlich kann ihm daher nicht gekündigt werden, wohl aber außerordentlich bei schweren Dienstvergehen und einem wichtigen Grund.

9. Aufgabe

Lösung: 4 und 5

Die Amtszeit der Jugend- und Auszubildendenvertretung beträgt zwei Jahre. Das passive Wahlrecht besitzen alle Arbeitnehmerinnen und Arbeitnehmer, die das 25. Lebensjahr noch nicht vollendet haben.

Das aktive Wahlrecht haben alle Arbeitnehmerinnen und Arbeitnehmer, die das 18. Lebensjahr noch nicht vollendet haben sowie alle Auszubildenden, die das 25. Lebensjahr noch nicht vollendet haben.

10. Aufgabe

Lösung: 11 Personen sind wahlberechtigt

11. Aufgabe

Lösung: 1

§ 102 BetrVG bestimmt unmissverständlich, dass der Betriebsrat **vor** einer jeden Kündigung zu hören ist. Erfolgt eine Kündigung ohne vorherige Anhörung des Betriebsrats, ist diese, wie im vorliegenden Fall, unwirksam. Die außerordentliche Kündigung ist damit hinfällig.

Der Arbeitgeber könnte im vorliegenden Fall versuchen, nach vorheriger Anhörung des Betriebsrats eine ordentliche Kündigung auszusprechen.

Jugend- und Auszubildendenvertretung

Voraussetzungen

- Arbeitnehmer/-innen unter 18 Jahren
- Auszubildende unter 25 Jahren

Voraussetzung zur Wahl einer Jugend- und Auszubildendenvertretung: Es müssen 5 Personen mit diesen Merkmalen im Betrieb vorhanden sein.

Amtszeit: 2 Jahre

Wahlberechtigung

Aktives Wahlrecht:

- Arbeitnehmer/-innen, die das 18. Lebensjahr noch nicht vollendet haben
- Auszubildende, die das 25. Lebensjahr noch nicht vollendet haben.

Passives Wahlrecht:

- Arbeitnehmer/-innen unter 25 Jahren

Teilnahme an Betriebsratssitzungen

- Entsendung eines Vertreters zur Betriebsratssitzung
- Bei Tagesordnungspunkten, die alle Jugendlichen betreffen: Teilnahme der kompletten Jugend- und Auszubildendenvertretung

Situation zur 12. bis 17. Aufgabe
Im Rahmen des Betriebsverfassungsgesetzes hat der Betriebsrat unterschiedlich abgestufte Rechte. Er kann darüber hinaus mit dem Arbeitgeber Betriebsvereinbarungen abschließen. Potenzielle Konflikte zwischen Arbeitgeber und Betriebsrat werden durch das Arbeitsgericht oder in bestimmten Fällen durch die Einigungsstelle entschieden.

12. Aufgabe

Welche arbeitsrechtlichen Inhalte können zwischen Arbeitgeber und Betriebsrat in einer Betriebsvereinbarung geregelt werden? ☐

1 Dauer der wöchentlichen Arbeitszeit
2 Formen der Entlohnung – Arbeitsentgelte
3 Höhe des Urlaubsanspruchs
4 Gleitende Arbeitszeit

13. Aufgabe

Der Sozialplan ist eine besondere Form einer Betriebsvereinbarung. Welche Beschreibung hierzu ist richtig? ☐

1 Gewerkschaft und Arbeitgeber vereinbaren einen Sozialplan.
2 Gewerkschaft und Betriebsrat sind Vertragsparteien eines Sozialplans.
3 Im Falle einer Betriebsänderung soll der Sozialplan mögliche wirtschaftliche Nachteile der Arbeitgeber mildern.
4 Bei betriebsbedingten Kündigungen können Arbeitnehmerinnen und Arbeitnehmer hierüber einen finanziellen Ausgleich für den Verlust ihres Arbeitsplatzes erhalten.

14. Aufgabe

Die MiHaG GmbH möchte Silke Brause als neue Mitarbeiterin einstellen. Der Betriebsrat widerspricht der geplanten Einstellung. Was gilt nun? ☐

1 Der Arbeitgeber muss die Ablehnung des Betriebsrats hinnehmen.
2 Es folgt jetzt automatisch das Schlichtungsverfahren nach Betriebsverfassungsgesetz.
3 Beim Arbeitsgericht kann der Arbeitgeber versuchen, die fehlende Zustimmung des Betriebsrats zu ersetzen.
4 Die Einstellung kann erfolgen, weil der Betriebsrat bei personellen Einzelmaßnahmen nur ein reines Informationsrecht hat.

15. Aufgabe

Zur Lösung von innerbetrieblichen Konflikten gibt es auch die Einigungsstelle. Wann entscheidet diese? ☐

1 Bei Konflikten zwischen Betriebsrat und Jugend- und Auszubildendenvertretung
2 Bei Meinungsverschiedenheiten zwischen Arbeitgeber und Betriebsrat
3 Bei Meinungsverschiedenheiten zwischen Arbeitgeber und den im Betrieb vertretenen Gewerkschaften
4 Bei Konflikten zwischen Arbeitgeber sowie Arbeitnehmerinnen und Arbeitnehmer

16. Aufgabe

Die Geschäftsführung will künftig Mitarbeiterinnen und Mitarbeiter für den Verkauf zunächst befristet einstellen.
Welches Recht hat der Betriebsrat der MiHaG GmbH im Fall dieser sog. „personellen Einzelmaßnahme"? ☐

1 Weil es sich hier um einen befristeten Arbeitsvertrag handelt, muss der Betriebsrat nur informiert werden.
2 Der Betriebsrat hat das Recht, interne Bewerberinnen und Bewerber durchzusetzen.
3 Bei dieser Kernkompetenz des Arbeitgebers, wie der Einstellung von Personal, muss der Arbeitgeber sich nur vom Betriebsrat beraten lassen, trifft dann aber selbstständig die Personalentscheidung.
4 Unterbleibt eine vom Betriebsrat verlangte interne Stellenausschreibung, kann der Betriebsrat die Zustimmung zur Einstellung von Bewerberinnen und Bewerbern – auch mit befristeten Arbeitsverträgen – verweigern.

17. Aufgabe

Sie werden von den Auszubildenden gefragt, wer an der geplanten Betriebsversammlung teilnehmen darf. Was antworten Sie? ☐

1 Nur Arbeitnehmerinnen und Arbeitnehmer, nicht aber Auszubildende
2 Alle Arbeitnehmerinnen und Arbeitnehmer sowie der Arbeitgeber
3 Nur Arbeitnehmerinnen und Arbeitnehmer mit unbefristetem Arbeitsvertrag
4 Nur Arbeitnehmerinnen und Arbeitnehmer, nicht aber der Arbeitgeber

Erläuterungen und Lösungen

12. Aufgabe

Lösung: 4

Betriebsvereinbarungen zwischen Arbeitgeber und Betriebsrat können die betriebliche Ordnung betreffen, haben als Zielsetzung aber auch oft die Gleitzeit oder den Betriebsurlaub in den Sommerferien.

13. Aufgabe

Lösung: 4

Bei Verlust ihres Arbeitsplatzes nach betriebsbedingten Kündigungen, einer Betriebsstilllegung oder der Einstellung der Produktion erhalten Arbeitnehmerinnen und Arbeitnehmer oft eine Ausgleichszahlung, vereinbart in einem Sozialplan. Dieser kann auch für die betroffenen Arbeitnehmerinnen und Arbeitnehmer qualifizierende Weiterbildungsmaßnahmen vorsehen.

14. Aufgabe

Lösung: 3

Bei personellen Einzelmaßnahmen ist die Zustimmung des Betriebsrats erforderlich. Der Betriebsrat kann nur aus den im Gesetz genannten Gründen seine Zustimmung verweigern, z. B. wenn der Arbeitgeber eine vom Betriebsrat verlangte interne Stellenausschreibung nicht durchführt.
Bei Widerspruch des Betriebsrats kann der Arbeitgeber versuchen, die fehlende Zustimmung beim Arbeitsgericht zu beantragen.

15. Aufgabe

Lösung: 2

In sozialen Angelegenheiten hat der Betriebsrat die sog. „erzwingbare Mitbestimmung". Das bedeutet für den Fall, dass sich Betriebsrat und Arbeitgeber nicht einigen können, dass dann ein Dritter entscheidet, die Einigungsstelle. Diese ersetzt die fehlende Einigung zwischen Betriebsrat und Arbeitgeber durch eine für beide verbindliche Entscheidung.

16. Aufgabe

Lösung: 4

Der Betriebsrat hat das Recht, eine interne Stellenausschreibung zu verlangen, nicht aber die Einstellung interner Bewerberinnen und Bewerber.
Unterlässt der Arbeitgeber aber eine vom Betriebsrat verlangte interne Stellenausschreibung, hat der Betriebsrat einen Grund, die Zustimmung zur Einstellung wirksam zu verweigern.

17. Aufgabe

Lösung: 2

Betriebsvereinbarungen

- Vertrag zwischen Arbeitgeber und Betriebsrat
- Häufige Anwendungsfälle: Arbeitsordnung, Betriebsurlaub, Sozialplan
- **NICHT:** Inhalte, die durch Tarifvertrag geregelt sind

Sozialplan

- Besondere Form einer Betriebsvereinbarung
- Vertrag zwischen Arbeitgeber und Betriebsrat
- Ziel: Ausgleich von Nachteilen bei betriebsbedingten Kündigungen
- Ausgleichszahlungen
- Möglichkeit der Weiterbildung/Qualifizierung der Arbeitnehmerinnen und Arbeitnehmer

Personelle Einzelmaßnahmen

Einstellung | Eingruppierung | Umgruppierung | Versetzung

Zustimmung des Betriebsrats:	Zwingend erforderlich
Bei Verweigerung der Zustimmung:	Arbeitgeber darf personelle Einzelmaßnahme nicht ausführen
Anrufung des Arbeitsgerichts:	Eventuell Ersetzung der Zustimmung

Betriebsversammlung

Teilnahmeberechtigt sind:

- Alle Arbeitnehmerinnen und Arbeitnehmer einschl. der Auszubildenden des Betriebs
- Arbeitgeber
- Im Betrieb vertretene Gewerkschaften

Situation
Zur Finanzierung allgemeiner Aufgaben erheben die Gebietskörperschaften Steuern. Die Einkommensteuer trifft dabei unmittelbar die Arbeitnehmerinnen und Arbeitnehmer. Das Bruttoeinkommen wird um Werbungskosten und Sonderausgaben gemindert und wird damit zum steuerpflichtigen Einkommen.

1. Aufgabe

Die folgende Aufstellung zur Ermittlung des zu versteuernden Einkommens enthält einen Fehler. In welcher Zeile befindet sich dieser?

	Bruttoarbeitslohn/-gehalt
1	./. Werbungskosten
	= Einkünfte aus nicht selbstständiger Arbeit
2	+ Einkünfte aus weiteren Einkunftsarten
	= Summe der Einkünfte
3	+ Sonderausgaben
4	./. außergewöhnliche Belastungen
	= Einkommen
5	./. Freibeträge
	= zu versteuerndes Einkommen

Situation
Sonderausgaben und Werbungskosten mindern die Steuerlast.

2. Aufgabe

2.1 Welche beiden Ausgaben sind keine Sonderausgaben?

1 Bausparbeiträge
2 Beiträge zu einer privaten Haftpflichtversicherung.
3 Unfallversicherungsbeiträge
4 Kfz-Haftpflichtversicherungsbeiträge

2.2 Welche kann als „unbeschränkt abzugsfähige Sonderausgabe“ geltend gemacht werden?

1 Aufwendungen für Fachliteratur
2 Spenden an soziale und gemeinnützige Vereine
3 Gezahlte Kirchensteuer
4 Aufwendungen für die Unterstützung naher Verwandter

Situation
Für diese Mitarbeiterinnen sollen die Steuerklassen ermittelt werden.

3. Aufgabe

Tragen Sie die Steuerklasse in das Lösungskästchen ein.

a) Camilla Hofer, verheiratet, Ehemann ist nicht berufstätig

b) Esmeralda Verdoja, ledig, keine Kinder

c) Adelheid Bongart, hauptberuflich bei einem anderen Unternehmen tätig

Situation
„Außergewöhnliche Belastungen“ wirken steuermindernd für Steuerpflichtige.

4. Aufgabe

Welcher Beitrag/welche Aufwendung gehört zu den „außergewöhnlichen Belastungen“?

1 Beiträge zu Lebensversicherungen
2 Beiträge zu einem Bausparvertrag
3 Beiträge zur Unfallversicherung
4 Regelmäßige Aufwendungen für die bedürftige Mutter

Situation
Carlos Trujellas, Auszubildender der MiHaG GmbH hat im Berufsschulunterricht erfahren, dass ein Arbeitnehmer einen Lohnsteuerfreibetrag beim Finanzamt beantragt hat.

5. Aufgabe

Welche beiden Aussagen sind richtig?

1 Steuerpflichtige können einen Steuerfreibetrag beantragen, wenn ihre Werbungskosten höher als 5.000,00 € jährlich sind.
2 Nur Verheiratete mit Kindern haben das Recht auf einen Steuerfreibetrag.
3 Arbeitgeber berücksichtigen den Lohnsteuerfreibetrag bei der monatlichen Lohnabrechnung.
4 Der Lohnsteuerfreibetrag mindert das Bruttoeinkommen, sodass nur von diesem verminderten Betrag Lohnsteuer und Sozialversicherung erhoben wird.
5 Ein Lohnsteuerfreibetrag wird nach Antrag der Steuerpflichtigen und Prüfung durch das Finanzamt gewährt.

Erläuterungen und Lösungen

1. Aufgabe

Lösung: Zeile 3

Sonderausgaben werden dem Bruttoeinkommen nicht hinzugerechnet, sondern abgezogen.

2. Aufgabe

2.1 Lösung: 2 und 4

Eine private Unfallversicherung sowie eine Kfz-Haftpflichtversicherung stellen „Kosten der privaten Lebensführung“ dar. Sie können steuerlich nicht geltend gemacht werden.

2.2 Lösung: 3

Die gezahlte Kirchensteuer, vermindert um die erstattete Kirchensteuer, ist als Sonderausgabe unbegrenzt abzugsfähig

3. Aufgabe

Lösung: 3, 1, 6

Verheiratete Arbeitnehmerinnen und Arbeitnehmer, bei denen nur ein Ehegatte arbeitet, wählen die Steuerklassenkombination 3/5.

Ledige ohne Kinder sind in der Steuerklasse 1.

Die Steuerklasse 6 gilt für ein weiteres Beschäftigungsverhältnis.

4. Aufgabe

Lösung: 4

Regelmäßige Aufwendungen für die Unterstützung naher Angehöriger sind außergewöhnliche Belastungen, also Aufwendungen, die einem Steuerpflichtigen in höherem Maße erwachsen als anderen Steuerpflichtigen.

5. Aufgabe

Lösung: 3 und 5

Ein Lohnsteuerfreibetrag mindert nur das zu versteuernde Einkommen.
Das sozialversicherungspflichtige Entgelt wird dadurch nicht gemindert.
Dies würde im Falle der Rentenversicherung zu einer geringeren Rente führen.

Unbegrenzte Steuerpflicht
für Inländer mit ihrem Wohnsitz im Inland und inländischen Einkünften

Basis der Besteuerung → Steuerpflichtiges Bruttoeinkommen

Ermittlung des steuerpflichtigen Einkommens

Abzug von: Werbungskosten – Sonderausgaben – Außergewöhnlichen Belastungen

Vom Bruttoeinkommen zum zu versteuernden Einkommen:
Bruttoeinkommen = Summe aller Einkünfte

./. Werbungskosten	Aufwendungen, die erforderlich sind, um Einkünfte zu erzielen oder zu erhalten *Beispiele:* Fahrtkosten zwischen Wohnung und Arbeitsstätte, Fachliteratur, Kosten der Weiterbildung
./. Sonderausgaben	Kosten der Lebensführung ohne Zusammenhang mit den Einkunftsarten; sie werden sozialpolitisch begünstigt *Beispiele:* Beiträge zur Krankenversicherung, gezahlte Kirchensteuer
./. Außergewöhnliche Belastungen	Aufwendungen, die einzelnen Steuerpflichtigen in höherem Maße erwachsen als anderen Steuerpflichtigen *Beispiele:* Kosten bei Krankheit, Körperbehinderung

= zu versteuerndes Einkommen

Situation
Im Wirtschaftssystem der Bundesrepublik Deutschland spielt der Markt eine entscheidende Rolle. Eine Vielzahl von Verbraucherinnen und Verbrauchern und Unternehmerinnen und Unternehmern entscheiden täglich über Produktion und Verteilung der Güter. Die MiHaG GmbH ist Marktteilnehmerin auf ganz unterschiedlichen Märkten.

1. Aufgabe

Prüfen Sie, welche Feststellung über den vollkommenen Markt richtig ist.

1 Kundinnen Kunden und Unternehmen orientieren sich am Grundsatz der Nutzenmaximierung.
2 Anbieterrinnen und Anbieter der gleichen Branche bilden Interessengemeinschaften.
3 Güter auf diesem Markt unterscheiden sich nur durch Ausstattung, Design und Service der Anbieterinnen und Anbieter.
4 Kundinnen und Kunden sowie Anbieterinnen und Anbieter reagieren sofort auf Preisänderungen.

Situation
Die MiHaG GmbH ist Anbieterin sowohl auf vollkommenen als auch auf unvollkommenen Märkten.

2. Aufgabe

Inwieweit profitier die MiHaG GmbH dabei von einem unvollkommenen Markt?

1 Alle Marktteilnehmerinnen und -teilnehmer haben dabei vollständige Markttransparenz.
2 Sachliche Präferenzen bestehen nicht.
3 Kundinnen und Kunden vertrauen dem guten Namen der MiHaG GmbH und sind auch bereit, für Produkte des Unternehmens mehr zu bezahlen, verbinden sie doch damit eine besonders hohe Qualität.
4 Es bestehen keinerlei persönliche Präferenzen.
5 Kundinnen und Kunden haben keinerlei räumliche Präferenzen.

Situation
Bei einer Reihe von Haushaltsartikeln steht die MiHaG GmbH bei ihren wirtschaftlichen Aktivitäten mit einer Vielzahl von Konkurrenzunternehmen mit kleinen Angebots- und Nachfragemengen in einem Wettbewerbsprozess.

3. Aufgabe

Welche Aussage beschreibt die hier vorhandene Marktform des Polypols richtig?

1 Das Angebot steigt bei sinkenden Preisen.
2 Angebot und Nachfrage steigen bei sinkenden Preisen.
3 Die Nachfrage steigt bei sinkenden Preisen.
4 Das Angebot sinkt bei steigenden Preisen.

Situation
Mit ihrer vernetzten Gerätetechnik *mihag-smart@home* hat die MiHaG GmbH vor drei Jahren Neuland betreten.

4. Aufgabe

Welche Marktform entspricht der beschriebenen Marktsituation?

1 Nachfragemonopol 3 Angebotsmonopol 5 Polypol
2 Nachfrageoligopol 4 Angebotsoligopol

Situation
Die MiHaG GmbH vertreibt in ihrer Produktpalette Echtholz-Küchen im Landhausstil. Auf dem inländischen Markt ist sie damit eins von fünf Unternehmen mit anspruchsvollen Küchenmöbeln.

5. Aufgabe

Welche Marktform liegt hier vor?

1 Nachfrageoligopol 3 Angebotsoligopol 2 Angebotsmonopol 4 Polypol

Situation
Neben einem Gleichgewicht am Markt gibt es auch unterschiedliche Formen eines Ungleichgewichts. Bei einem Käufermarkt stimmen Angebots- und Nachfragemenge nicht überein.

6. Aufgabe

Wann liegt dieses Marktungleichgewicht vor?

1 Staatliche Stellen legen Höchstpreise fest.
2 Nur bei einem allgemeinen Lohn- und Preisstopp gibt es einen Käufermarkt.
3 Die Nachfrage übersteigt das Angebot.
4 Hierbei muss das Angebot größer sein als die vorhandene Nachfrage.

Erläuterungen und Lösungen

1. Aufgabe

Lösung: 4

Kennzeichen des vollkommenen Markts ist die – unendlich – große Reaktionsgeschwindigkeit der Marktteilnehmer. Hinzu kommen vollständige Markttransparenz sowie keinerlei Präferenzen.

2. Aufgabe

Lösung: 3

Kundinnen und Kunden haben persönliche Präferenzen, wenn sie dem guten Namen eines Unternehmens vertrauen.

Das Marktmodell des vollkommenen Markts geht davon aus, dass keinerlei persönliche, räumliche und zeitliche Präferenzen bei den Kundinnen und Kunden vorliegen.

3. Aufgabe

Lösung: 3

Im Modell der vollständigen Konkurrenz steigt die Nachfrage bei sinkenden Preisen; dem entspricht ein zunehmendes Angebot bei steigenden Preisen.

4. Aufgabe

Lösung: 3

Die MiHaG GmbH ist aufgrund ihrer Produktinnovation ohne Konkurrenz am Markt. In diesem Fall wird von einem Angebotsmonopol gesprochen.

5. Aufgabe

Lösung: 3

Sofern es am Markt eine überschaubare Gruppe von wenigen Anbietern oder auch Nachfragern gibt, wird von einem Oligopol gesprochen.

6. Aufgabe

Lösung: 4

Trifft die Angebotsmenge auf eine kleine Nachfragemenge, trifft das ein, was auf dem Wochenmarkt zum Ende der Marktzeit festgestellt werden kann: Händler vermindern die Preise, um ihre Waren noch absetzen zu können. In ähnlicher Weise reduzieren auch Anbieter allgemein am Markt ihre Preise, bevor sie auf den Waren sitzen bleiben, sehr zum Wohl der Käuferinnen und Käufer, die davon profitieren.

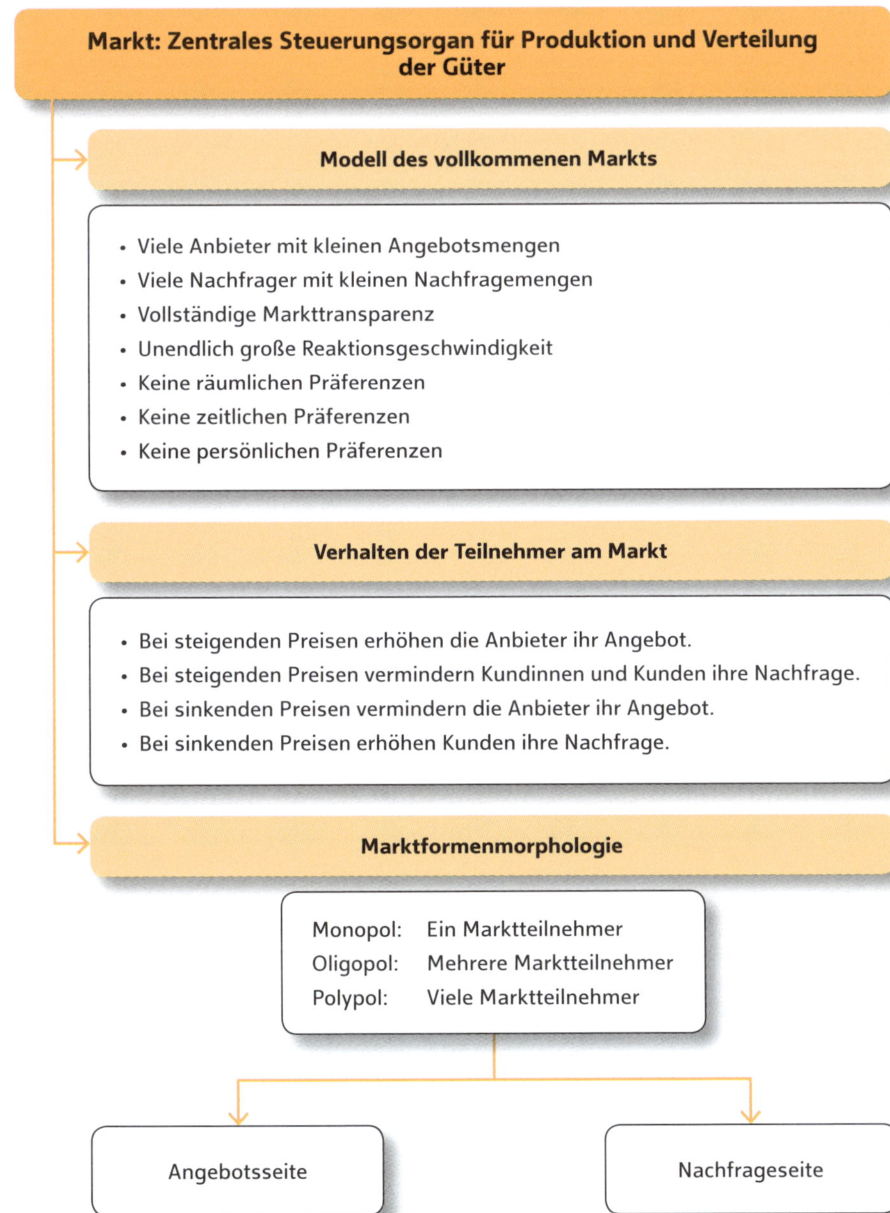

Situation
In marktwirtschaftlichen Systemen kommt dem Preis eine ganz besondere Funktion zu.

7. Aufgabe

Ordnen Sie den folgenden Sachverhalten die zutreffende Funktion des Preises zu.

Sachverhalt		Preisfunktion
a) Das Angebot wird zielgerichtet auf dem Markt platziert, an dem der höchste Preis erzielbar ist.	☐	1 Lenkungsfunktion
b) Nachfrager, deren Preisvorstellung unterhalb des Gleichgewichtspreises liegt, werden vom Markt ausgeschlossen.	☐	2 Ausschaltungsfunktion
c) Veränderungen des Gleichgewichtspreises zwingen die Anbieter, ihr Verhalten anzupassen.	☐	3 Ausgleichsfunktion
d) Der Gleichgewichtspreis räumt den Markt, d. h., Angebots- und Nachfragemenge entsprechen einander.	☐	4 Signalfunktion

Situation
Das nachfolgend skizzierte Marktmodell geht von einem bestimmten Verhalten der Marktteilnehmer am Markt aus.

8. Aufgabe

Welche beiden Aussagen sind richtig? ☐ ☐

1 Preiserhöhungen bedingen einen Rückgang der Angebotsmenge.
2 Bei steigenden Preisen erhöhen die Anbieter ihre Angebotsmengen.
3 Steigende Preise gehen Hand in Hand mit einer erhöhten Nachfragemenge.
4 Die Nachfrage steigt bei sinkenden Preisen.

Situation
Die MiHaG GmbH plant, in Zukunft eine neue Landhaus-Küchenmöbel-Serie in Echtholz zu fertigen. Sie hat aufgrund von Marktanalysen die folgende Angebots-Nachfragesituation am Markt festgestellt:

Die *Nachfragesituation* ist wie folgt gekennzeichnet:

Preis (€)	24.000	23.500	23.000	22.500	22.000	21.500	21.000	20.500
Menge (Stück)	500	1 000	1 500	2 000	2 500	3 000	3 500	4 000

Für die *Angebotssituation* am Markt gilt:

Preis (€)	20.500	21.000	21.500	22.000	22.500	23.000	23.500	24.000
Menge (Stück)	1 000	1 500	2 000	2 500	3 000	3 500	4 000	4 500

9. Aufgabe

9.1 Ermitteln Sie mithilfe der Tabelle:

a) den Gleichgewichtspreis ☐☐.☐☐☐,☐☐ €

b) den zu erwartenden mengenmäßigen Absatz bei einem Preis von 23.500,00 €. ☐.☐☐☐ Stück

9.2 Welche Marktsituation kennzeichnet einen Preis von 21.000,00 €? ☐

1 Angebotslücke
2 Marktgleichgewicht
3 Angebotsüberhang
4 Käufermarkt

Erläuterungen und Lösungen

7. Aufgabe

Lösung: 1, 2, 4, 3

Der Gleichgewichtspreis sorgt am Markt für ein Gleichgewicht und den größtmöglichen Umsatz.

Jeder andere Preis ist mit einem Ungleichgewicht verbunden, also: entweder übersteigt dann das Angebot die Nachfrage oder die Nachfrage stößt auf ein vermindertes Angebot.

8. Aufgabe

Lösung: 2 und 4

Das Marktmodell geht von folgenden Voraussetzungen aus:

- Steigen die Preise, können Unternehmen auch ihre Gewinne erhöhen. Konsequenterweise bieten sie bei steigenden Preisen mehr Waren am Markt an.
- Auf der Nachfrageseite sieht es anders aus: Sinkende Preise führen zu einer Erhöhung, steigende Preise zu einer Verringerung der Nachfrage.

9. Aufgabe

9.1 a) 22.000,00 €

Bei diesem Preis ist die Angebotsmenge mit 2 500 Stück genauso hoch wie die Nachfragemenge. Der Gleichgewichtspreis garantiert den höchsten Umsatz am Markt und erfüllt damit seine Ausgleichsfunktion.

b) 1 000 Stück

Bei diesem Preis trifft ein Angebot von 4 000 Stück nur auf eine verminderte Nachfrage von 1000 Stück.

9.2 Lösung: 1

Einer Nachfrage von 3 500 Stück steht ein weitaus geringeres Angebot von nur 1 500 Stück gegenüber. Die Angebotslücke i. H. v. 2000 Stück führt zu einem Verkäufermarkt.

Angebot-Nachfrage-Funktion

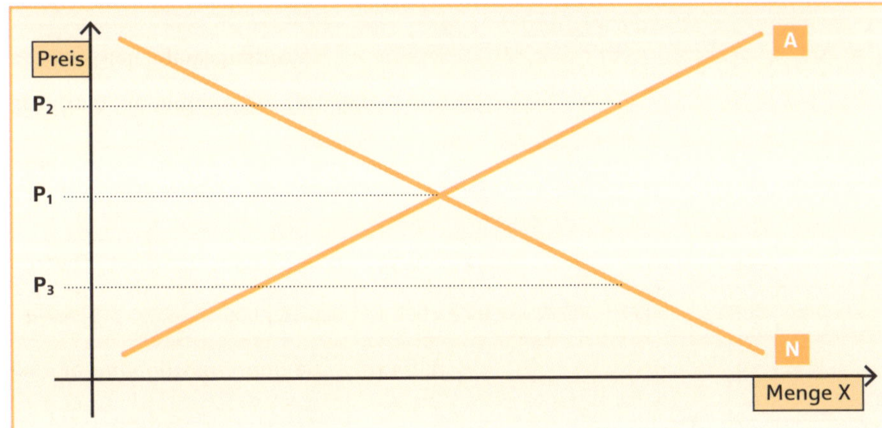

P1:	Gleichgewicht am Markt	Angebot = Nachfrage
P2:	Ungleichgewicht: Angebot > Nachfrage	Käufermarkt
P3:	Ungleichgewicht: Nachfrage > Angebot	Verkäufermarkt

Funktionen des Gleichgewichtspreises

Lenkungsfunktion:	Produktion und Konsum werden durch den Gleichgewichtspreis gesteuert.
Ausschaltungsfunktion:	Marktteilnehmer, die den Gleichgewichtspreis nicht zahlen, werden ausgeschlossen.
Signalfunktion:	Marktteilnehmer orientieren sich am Gleichgewichtspreis.
Ausgleichsfunktion:	Beim Gleichgewichtspreis entspricht die Angebots- der Nachfragemenge; der Markt ist dadurch ausgeglichen.

Situation zur 1. bis 3. Aufgabe
Zwar stehen Unternehmen ständig im Wettbewerb untereinander, schließen sich aber oft wirtschaftlich oder rechtlich zusammen. Die unterschiedlichen Kooperationsformen der Unternehmen haben neben den positiven Aspekten für die beteiligten Unternehmen aber auch Auswirkungen auf Arbeitnehmerinnen und Arbeitnehmer, Verbraucherinnen und Verbraucher und das Marktgeschehen.

1. Aufgabe

Ordnen Sie den beschriebenen Kooperationen die Kooperationsform zu.

Kooperation		Kooperationsform
a) Unternehmen tauschen gegenseitig Aktien aus und werden unter einheitlicher Leitung geführt.	☐	1 Konzern
b) Im Rahmen eines Brainstormings vereinbaren die beteiligten Mineralölfirmen, von der kommenden Woche an die Benzinpreise um 5 % anzuheben.	☐	2 Trust
c) Zwei bundesweit tätige Kaufhäuser verschmelzen zu einem einzigen Kaufhaus.	☐	3 Sonstige Form
d) Dachdeckereien gründen eine Einkaufsgenossenschaft, um aufgrund größerer Bestellmengen günstig die benötigten Materialien zu erwerben.	☐	

2. Aufgabe

Welche Formen der Kooperation und Konzentration sind zulässig? ☐ ☐

1 Automobilhäuser vereinbaren einheitliche Liefer- und Zahlungsbedingungen.
2 Stahlhersteller der Bundesrepublik vereinbaren verbindliche Produktionsquoten.
3 Produzenten von Schienen vereinbaren einheitliche Kalkulationsgrundsätze.
4 Hersteller von Sanitärartikeln vereinbaren einheitliche Gewindegrößen für Siphons.

3. Aufgabe

Welche Aussagen zu den Auswirkungen der Zusammenschlüsse von Unternehmen auf das Marktgeschehen und den Wettbewerb sind richtig? ☐ ☐

1 Es gilt: Kostendegression durch Massenproduktion. Großunternehmen können tendenziell kostengünstiger und effizienter produzieren.
2 Durch Unternehmenszusammenschlüsse können Betriebe zu „Global Playern“ werden und damit weltweit an Bedeutung gewinnen.
3 Durch den Zusammenschluss von Unternehmen entstehen dem Wettbewerb keinerlei Nachteile, sondern nur Vorteile durch Rationalisierung.
4 Der Zusammenschluss von Unternehmen unterliegt der Vertragsfreiheit und kann damit nicht staatlich kontrolliert werden.

Situation
Wegen der zunehmenden Konkurrenz aus Fernost schließen sich fünf von sieben Reifenherstellern zu einer Interessengemeinschaft zusammen. Sie vereinbaren kostendeckende Mindestpreise für die von ihnen gefertigten Lkw-Reifen und wollen damit auch die Arbeitsplätze ihrer Mitarbeiterinnen und Mitarbeiter schützen.

4. Aufgabe

Bewerten Sie die rechtliche Zulässigkeit der betrieblichen Zusammenarbeit. ☐

1 Es handelt sich um eine zulässige Form der Kooperation: Der Zusammenschluss zu dieser Interessengemeinschaft ist wegen der unternehmerischen Entscheidungsfreiheit zulässig.
2 Diese Form der Konzentration ist rechtlich zulässig, weil Verbraucherinnen und Verbraucher durch die Interessengemeinschaft nicht betroffen sind.
3 Rechtlich handelt es sich um ein Preiskartell, was nicht zulässig ist.
4 Die beteiligten Unternehmen wollen auch ihre Arbeitnehmerinnen und Arbeitnehmer schützen. Weil dies auch dem sozialen Engagement der Arbeitgeber entspricht und damit im Interesse der Arbeitnehmer ist, handelt es sich hier um eine rechtlich zulässige Kooperationsform.

Situation
Die MiHaG GmbH möchte sich mit der Arnsberger Elektro-GmbH zu einem Konzern zusammenschließen.

5. Aufgabe

Welche Aussage zur wirtschaftlichen oder rechtlichen Selbstständigkeit stimmt? ☐

1 Beide Unternehmen behalten nur ihre wirtschaftliche Selbstständigkeit.
2 Beide Unternehmen behalten ihre wirtschaftliche Selbstständigkeit, verschmelzen aber rechtlich zu einem neuen Unternehmen.
3 Beide Unternehmen geben ihre wirtschaftliche Selbstständigkeit auf, behalten aber ihre rechtliche.
4 Bei dem beabsichtigten Zusammenschluss bleibt es beiden Unternehmen vorbehalten, wie sie sich wirtschaftlich entscheiden.

Erläuterungen und Lösungen

1. Aufgabe

Lösung: 1 – 3 – 2 – 3

Kennzeichen eines Konzerns ist die Aufgabe der wirtschaftlichen Selbstständigkeit bei Erhaltung der rechtlichen Selbstständigkeit.

Preisabsprachen zwischen den beteiligten Unternehmen stellen eine verbotene Kartellform dar.

Die Verschmelzung von Unternehmen bei Aufgabe der wirtschaftlichen und rechtlichen Selbstständigkeit wird als „Trust" bezeichnet.

Die Gründung einer Einkaufsgenossenschaft ist eine rechtlich zulässige Form einer Kooperation und fällt nicht unter die Begriffe „Konzern" oder „Trust".

2. Aufgabe

Lösung: 1 und 4

Erlaubt sind Normen-, Typen- und Rationalisierungskartelle. Hierzu gehören die Anwendung einheitlicher Liefer- und Zahlungsbedingungen und die Normung/Typisierung von Artikeln.

Die Festlegung von Produktionsquoten dagegen beeinträchtigt den Wettbewerb, weil die Angebotsmenge auch den Preis bestimmt (siehe OPEC).

Auch die Vereinbarung einheitlicher Kalkulationsgrundsätze beeinträchtigt den Wettbewerb, ist doch die Kalkulation die Vorstufe zur Preisgestaltung.

3. Aufgabe

Lösung: 1 und 2

Schließen sich Unternehmen zusammen, können sie regelmäßig kostengünstiger produzieren („Economies of Scale"). Sie werden darüber hinaus am Markt stärker wahrgenommen und spielen dadurch im internationalen Wettbewerb mit („Global Player").

Andererseits führt die Bildung großer Unternehmenseinheiten aber auch zu einer Verminderung des Wettbewerbs und damit zu Nachteilen für die Konsumentinnen und Konsumenten.

4. Aufgabe

Lösung: 3

Nach Kartellrecht sind Kartelle verboten, die den Wettbewerb einschränken oder behindern. Typischerweise gehören hier Preisabsprachen von Unternehmen dazu. Der Nachteil der zunehmenden Konzentration der Unternehmen besteht in der Einschränkung des Wettbewerbs.

5. Aufgabe

Lösung: 3

Bei einem Konzern werden die angeschlossenen Unternehmen unter einer einheitlichen wirtschaftlichen Leitung geführt. Sie behalten aber allesamt ihre rechtliche Selbstständigkeit.

Formen betrieblicher Zusammenarbeit: Kooperation und Konzentration

Kennzeichen der Kooperation

- Rechtliche Selbstständigkeit
- Wirtschaftliche Selbstständigkeit
- Zusammenarbeit durch vertragliche Verpflichtung

Beispiele zur Kooperation

- Arbeitsgemeinschaft zur Grundlagenforschung
- Bildung einer Einkaufsgenossenschaft von Handwerksbetrieben
- Bildung eines rechtlich zulässigen Kartells

Kennzeichen der Konzentration

- Weitestgehend rechtliche Selbstständigkeit (Ausnahme: Trust)
- Wirtschaftliche Selbstständigkeit wird aufgegeben
- Einheitliche Leitung der beteiligten Unternehmen

Beispiele zur Konzentration

• Konzern	Konzentration durch: Aufgabe der wirtschaftlichen Selbstständigkeit Beibehaltung der rechtlichen Selbstständigkeit
• Trust	Besonders enge Form der Konzentration durch Verschmelzung bei Aufgabe der wirtschaftlichen und auch der rechtlichen Selbstständigkeit

Situation zur 1. bis 4. Aufgabe
Die Wirtschaftsverfassung der Bundesrepublik Deutschland wird als „soziale Marktwirtschaft" bezeichnet. Die Wirtschaftspolitik der sozialen Marktwirtschaft betont primär das „freie Spiel" der Kräfte am Markt, gestaltet aber auch das Marktgeschehen im Sinne eines funktionsfähigen Wettbewerbs. Staatliche Aufgabe ist darüber hinaus die soziale Sicherung wirtschaftlich schwacher Gruppen.

1. Aufgabe

Nennen Sie zwei Merkmale der sozialen Marktwirtschaft.

1 Es gilt: „So viel Markt wie möglich, so wenig staatliche Regelung wie nötig."
2 Aufgabe des Staates ist es, für einen funktionsfähigen Wettbewerb und für den Schutz der sozial Schwächeren zu sorgen.
3 Zum Schutz einkommensschwacher Schichten kann die Bundesregierung Höchstpreise festlegen.
4 Einen langanhaltenden Streik kann die Bundesregierung durch eine Zwangsschlichtung beenden.

2. Aufgabe

Welche Institution dient der Überwachung des Wettbewerbs?

1 Bundeswirtschaftsministerium
2 Gewerbeaufsichtsamt
3 Bundeskartellamt
4 Ordnungsamt
5 Handelskammern

3. Aufgabe

Wichtige staatliche Aufgabe in der sozialen Marktwirtschaft ist die Korrektur der durch den Markt gegebenen Einkommensverteilung. Durch sog. „Transferleistungen" erfolgt eine Einkommensumverteilung. Welche Maßnahme ist keine staatliche Transferleistung?

1 Sparzulagen für vermögenswirksame Leistungen
2 Entgeltfortzahlung im Krankheitsfall
3 Kindergeldzahlungen
4 Zahlung von Wohngeld

4. Aufgabe

Im Rahmen der sozialen Marktwirtschaft hat der Verbraucherschutz einen besonderen Stellenwert.
Welche staatliche Maßnahme dient dem Verbraucherschutz?

1 Im Falle unverschuldeter Krankheit haben Arbeitnehmerinnen und Arbeitnehmer Anspruch auf Entgeltfortzahlung.
2 Die Verwendung von Allgemeinen Geschäftsbedingungen ist zum Schutz der Verbraucherinnen und Verbraucher gesetzlich geregelt.
3 Arbeitnehmerinnen und Arbeitnehmer erhalten finanzielle Hilfen bei Arbeitslosigkeit.
4 Familien mit Kindern können ein „Baukindergeld" erhalten.

Situation zur 5. und 6. Aufgabe
Unternehmen schließen sich oft zu größeren Einheiten zusammen, um kostengünstig produzieren zu können. Das Bundeskartellamt kann allerdings einen geplanten Zusammenschluss verbieten.

5. Aufgabe

Aus welchem Grund überwacht das Bundeskartellamt den Zusammenschluss von Unternehmen?

1 Ein Zusammenschluss von Unternehmen würde die Steuereinnahmen mindern.
2 Schließen sich Unternehmen zusammen, werden oft Arbeitskräfte freigesetzt.
3 Eine Minderung des Marktangebots geht oft einher mit einer Einschränkung des Wettbewerbs.
4 Der Zusammenschluss von Unternehmen behindert den technischen Fortschritt.

6. Aufgabe

Welche Möglichkeit hat das Bundeskartellamt zur Sicherung des Wettbewerbs?

1 Festlegung von Höchstpreisen bei Lieferungen innerhalb eines Konzerns
2 Fusionskontrolle bei Unternehmen, die sich zusammenschließen wollen
3 Überprüfung von Allgemeinen Geschäftsbedingungen der Unternehmen
4 Verhängung von Ausfuhrverboten für Waffenlieferungen in Krisenherde
5 Überprüfung von Kalkulation und Kostenrechnung

Erläuterungen und Lösungen

1. Aufgabe

Lösung: 1 und 2

Die Produktion und Verteilung von Gütern sind in der sozialen Marktwirtschaft dem freien Spiel der Kräfte am Markt vorbehalten. Hier sorgt der Staat für einen funktionsfähigen Wettbewerb. Gleichzeitig wird aber auch der sozial Schwächere geschützt, z. B. durch einen umfassenden Verbraucherschutz und eine Einkommensumverteilung.

2. Aufgabe

Lösung: 3

Das Bundeskartellamt überwacht den Wettbewerb. Es kann Zusammenschlüsse von Unternehmen verbieten, prüft das aufeinander abgestimmte Marktverhalten von Unternehmen sowie das Entstehen einer marktbeherrschenden Stellung.

3. Aufgabe

Lösung: 2

Die Entgeltfortzahlung im Krankheitsfall wird von Arbeitgebern im Falle der unverschuldeten Krankheit längstens für die Dauer von sechs Wochen gezahlt.

4. Aufgabe

Lösung: 2

Die von vielen Anbietern verwendeten AGB dürfen nicht einseitig Verbraucherinnen und Verbraucher benachteiligen. AGB unterliegen der sog. „Inhaltskontrolle".

5. Aufgabe

Lösung: 3

Bereits das theoretische Marktmodell der „vollständigen Konkurrenz" geht von einer Vielzahl von Anbietern und Nachfragern mit kleinen Angebots- und Nachfragemengen aus.

Tendenziell gilt: Wird die Anzahl der Marktteilnehmer verringert, so geht das zulasten des Wettbewerbs.

6. Aufgabe

Lösung: 2

Im Fall der Fusion/Verschmelzung von Unternehmen prüft das Bundeskartellamt, ob dadurch eine marktbeherrschende Stellung entsteht, die den Wettbewerb einschränkt. Ist das der Fall, kann eine geplante Fusion vom Kartellamt verboten werden.

Soziale Marktwirtschaft
= Arbeitsteilung zwischen Markt und Staat

Aufgaben des Marktes
- Produktion der Güter
- Verteilung der Güter

Aufgaben des Staates
- Funktionierender Wettbewerb
- Einkommensumverteilung

Bundeskartellamt

Überwachung des Wettbewerbs durch:
- Fusionskontrolle
- Prüfung auf verbotene Preisabsprachen/Kartelle
- Prüfung auf missbräuchliche Nutzung einer marktbeherrschenden Stellung

Maßnahmen des Bundeskartellamts:
- Verbot geplanter Unternehmenszusammenschlüsse
- Abschöpfung des Gewinns bei Kartellabsprachen
- Verhängung von Bußgeldern bei Wettbewerbsverstößen

Ministererlaubnis

Die/Der Bundeswirtschaftsminister/-in kann einen durch das Bundeskartellamt untersagten Unternehmenszusammenschluss aus übergeordneten Aspekten genehmigen.

Verbraucherschutz
= Schutz der wirtschaftlich Schwächeren

- Gewährleistung
- Recht der Allgemeinen Geschäftsbedingungen
- Bankgeschäfte der Verbraucher/-innen
- Reiserecht

Situation zur 1. bis 4. Aufgabe
Das Statistische Bundesamt veröffentlicht jährlich Zahlen u. a. zur wirtschaftlichen Entwicklung der Bundesrepublik Deutschland. Eine wichtige Rechengröße hierbei ist das Bruttoinlandsprodukt als Summe aller Güter und Dienstleistungen.

1. Aufgabe

Das Bruttoinlandsprodukt (BIP) kann auf verschiedene Art und Weise berechnet werden. werden:

1 Beiträge des produzierenden Gewerbes, des Handels und des Verkehrs, des Dienstleistungsgewerbes und weiterer Branchen zum BIP
2 Erfassung der privaten und der staatlichen Konsumausgaben
3 Zusammensetzung des BIP aus den Arbeitnehmerentgelten (den Löhnen sowie den Gehältern) und den Gewinneinkünften der Unternehmen

Ordnen Sie den folgenden drei Begriffen die jeweils korrekte Berechnungsart zu.

a) Verwendungsrechnung ☐

b) Verteilungsrechnung ☐

c) Entstehungsrechnung ☐

2. Aufgabe

Die Lohn- oder Gewinnquote entnehmen Sie der ... ☐

1 volkswirtschaftlichen Gesamtrechnung
2 Verteilungsrechnung
3 Verwendungsrechnung
4 Entstehungsrechnung
5 Handelsbilanz

3. Aufgabe

Angenommen, das Volkseinkommen beträgt 2.532,1 Mrd. € und setzt sich dabei aus Arbeitnehmerentgelten in Höhe von 1.746,5 Mrd. € sowie Unternehmenseinkommen in Höhe von 785,6 Mrd. € zusammen.
Runden Sie kaufmännisch auf eine Nachkommastelle, wenn Sie daraus berechnen:

a) die Lohnquote ☐☐,☐ b) die Gewinnquote ☐☐,☐ %

4. Aufgabe

Sie erhalten die folgenden Zahlen der volkswirtschaftlichen Gesamtrechnung:

Konsum		Investitionen	Außenhandel	
privat	1.800 Mrd. €	710 Mrd. €	Exporte	1.420 Mrd. €
staatlich	640 Mrd. €		Importe	1.180 Mrd. €

Errechnen Sie aus dem Zahlenmaterial das Bruttoinlandsprodukt: ☐.☐☐☐ Mrd. €

Situation
Die wirtschaftliche Leistung eines Landes wird mit dem „Bruttoinlandsprodukt" jährlich ermittelt. Hierbei wird das nominale vom realen Bruttoinlandsprodukt (BIP) unterschieden.

5. Aufgabe

Welche Aussage zum realen Bruttoinlandsprodukt ist richtig? ☐

1 Es ist in jedem Fall größer als das nominale Bruttoinlandsprodukt.
2 Hier sind die Preissteigerungen des Vorjahrs berücksichtigt.
3 Es handelt sich um das Bruttonationaleinkommen.
4 Es ist das preisbereinigte nominale Bruttoinlandsprodukt.

Erläuterungen und Lösungen

1. Aufgabe

Lösung: 2, 3, 1

Entstehungsrechnung:	Beitrag der Wirtschaftssektoren zum BIP
Verwendungsrechnung:	Privater und staatl. Konsum, Investitionen und Außenbeitrag (Exporte-Importe)
Verteilungsrechnung	Lohn- und Gewinneinkünfte

2. Aufgabe

Lösung: 2

Die Verteilungsrechnung gibt Auskunft über die Entlohnung der Produktionsfaktoren Arbeit (Lohneinkünfte) und Kapital (Gewinneinkünfte).

3. Aufgabe

	2.532,1 Mrd. €	
1.746,5 Mrd. €	a) 69,0 %	Lohnquote
785,6 Mrd. €	b) 31,0 %	Gewinnquote

4. Aufgabe

Lösung: 3.390 Mrd. €

Berechnung:

Privater Konsum	1.800 Mrd. €
+ staatlicher Konsum	640 Mrd. €
=	2.440 Mrd. €
+ Investitionen	710 Mrd. €
=	3.150 Mrd. €
+ Exporte	1.420 Mrd. €
– Importe	1.180 Mrd. €
=	3.390 Mrd. €

Die Differenz zwischen Export und Import (hier: 240 Mrd. €) wird als Außenbeitrag bezeichnet.

5. Aufgabe

Lösung: 4

Werden nur die Güter und Dienstleistungen eines Jahres addiert und diese mit dem Vorjahr verglichen, sind darin auch Preissteigerungen erfasst. Werden diese korrigiert, so wurde die echte volkswirtschaftliche Leistung ermittelt.

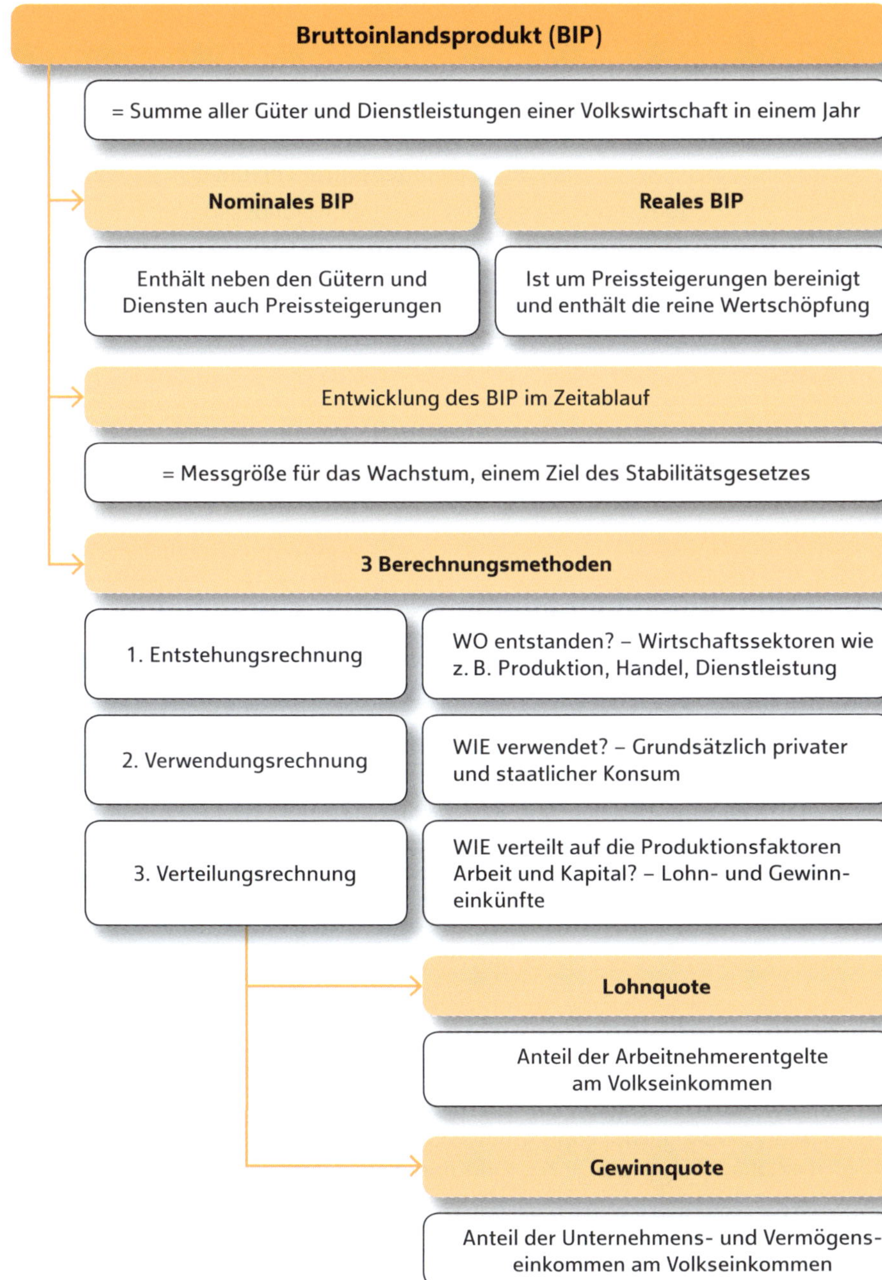

Situation
Im „Gesetz zur Förderung der Stabilität und des Wachstums der Wirtschaft“ – kurz: „Stabilitätsgesetz“ – sind die wirtschaftlichen Ziele der Bundesrepublik Deutschland definiert. Alle Ziele gleichzeitig zu erreichen ist schwierig, wenn nicht unmöglich, weshalb von „Zielkonflikten“ und einem „Magischen Viereck“ gesprochen wird.

1. Aufgabe

Welche vier Ziele sind im Stabilitätsgesetz genannt? ☐ ☐ ☐ ☐

1 Gerechte Einkommensverteilung
2 Angemessenes Wirtschaftswachstum
3 Erhaltung der natürlichen Ressourcen
4 Betriebliche Mitbestimmung
5 Außenwirtschaftliches Gleichgewicht
6 Preisniveaustabilität
7 Hoher Beschäftigungsgrad
8 Soziale Wohlfahrt für alle

Situation zur 2. und 3. Aufgabe
Um die vier Ziele des Stabilitätsgesetzes zu erreichen, verfügt die Bundesregierung über einen umfangreichen Maßnahmenkatalog und Instrumente im Rahmen der Einnahmen- und Ausgabenpolitik.

2. Aufgabe

Welches Mittel zur Erreichung des angestrebten Ziels eines „gesamtwirtschaftlichen Gleichgewichts“ wird aber nicht von der Bundesregierung, sondern von einer unabhängigen europäischen Institution eingesetzt? ☐

1 Fiskalpolitik
2 Außenwirtschaftspolitik
3 Beschäftigungspolitik
4 Geldpolitik
5 Regionalpolitik
6 Strukturpolitik

3. Aufgabe

Mit welchen beiden Maßnahmen kann die Bundesregierung das Ziel einer Konjunkturbelebung erreichen? ☐ ☐

1 Die EZB erhöht den Leitzins.
2 Nach Stabilitätsgesetz wird ein Zuschlag zur Einkommensteuer erhoben.
3 Es erfolgt eine Einstellung in die Konjunkturausgleichsrücklage.
4 Investitionen der Gebietskörperschaften werden verstärkt.
5 Sonderabschreibungen werden gekürzt.
6 Unternehmen erhalten eine Investitionszulage.

Situation
Die MiHaG GmbH rechnet mit einer Änderung der gesamtwirtschaftlichen Konjunkturlage. Volkswirtschaftliche Messgrößen können hierzu Hilfestellung leisten. Hierbei wird in Früh- und Spätindikatoren unterschieden.

4. Aufgabe

Welchen Frühindikator kann das Unternehmen nutzen, damit es sich rechtzeitig auf die sich ändernden Marktbedingungen einstellen kann? ☐

1 Entwicklung der Lohnquote
2 Entwicklung des Bruttoinlandprodukts
3 Zahl der Auftragseingänge
4 Gewinnerwartungen der Unternehmen
5 Entwicklung der Verbraucherpreise
6 Höhe des Exportüberschusses

Situation
In der Fachzeitschrift „Hausgeräte – aktuell“ lesen Sie, dass der Sachverständigenrat zur Begutachtung der wirtschaftlichen Entwicklung empfiehlt, angesichts der Konjunkturschwäche die Binnennachfrage so anzuregen, dass diese schneller steigt als das noch reichlich vorhandene Angebot.

5. Aufgabe

Der Vorschlag zur Konjunkturbelebung könnte zu einem Zielkonflikt führen. Welches wirtschaftspolitische Ziel könnte damit gefährdet werden? ☐

1 Außenwirtschaftliches Gleichgewicht
2 Hoher Beschäftigungsstand
3 Stabilität des Preisniveaus
4 Angemessenes und stetiges Wirtschaftswachstum
5 Gerechte Einkommens- und Vermögensverteilung
6 Schonung der natürlichen Ressourcen

Erläuterungen und Lösungen

1. Aufgabe

Lösung: 2, 5, 6 und 7

Im sog. „Stabilitätsgesetz" finden wir die folgende Zielsetzung:

- Stetiges und angemessenes Wirtschaftswachstum
- Hoher Beschäftigungsstand
- Außenwirtschaftliches Gleichgewicht
- Stabilität des Preisniveaus

Die Ziele konkurrieren teilweise miteinander, so dass bei der Zielerreichung von einem „Magischen Viereck" gesprochen wird.

2. Aufgabe

Lösung: 4

Träger der Geldpolitik im Euro-Raum ist die „Europäische Zentralbank". Die nationalen Zentralbanken – in Deutschland die Bundesbank – unterstützen diese im Rahmen der Geldpolitik.

3. Aufgabe

Lösung: 4 und 6

Im Rahmen der Ausgabenpolitik können Gebietskörperschaften verstärkt Investitionen tätigen, wobei die hierzu erforderlichen Ausgaben zu Einnahmen an anderer Stelle führen und damit weitere konjunkturbelebende Wirkungen nach sich ziehen. Ähnlich konjunkturbelebend wirken Investitionszulagen, führen diese doch dazu, dass Unternehmen aktuell dann Investitionen vorziehen.

4. Aufgabe

Lösung: 3

Die Auftragseingänge von heute bilden die Beschäftigung und Produktion von morgen ab. Zunehmende Auftragseingänge zeigen ein optimistisches Bild des Wirtschaftsgeschehens. Entsprechend weisen abnehmende Auftragseingänge auf einen wirtschaftlichen Rückgang hin.

5. Aufgabe

Lösung: 3

Es handelt sich um einen Zielkonflikt: Zwar wird die Konjunkturschwäche durch verstärkte Nachfrage beseitigt, die Nachfrage, die das vorhandene Angebot übersteigt, kann aber zur Inflation führen.

Die letzten beiden Ziele „Gerechte Einkommens- und Vermögensverteilung" sowie die „Schonung der natürlichen Ressourcen" sind keine Ziele des Stabilitätsgesetzes, werden in der wirtschaftspolitischen Diskussion aber häufig genannt.

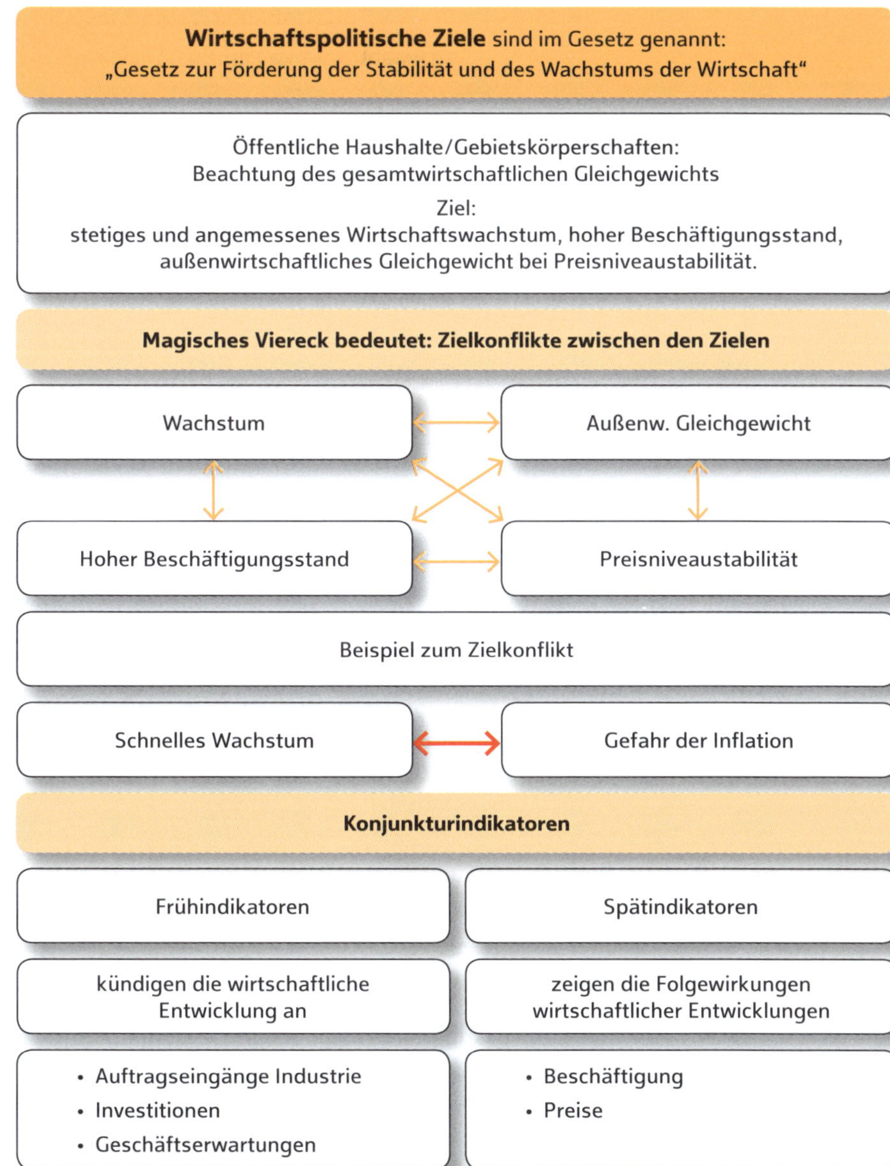

Situation zur 1. und 2. Aufgabe
Die wirtschaftliche Entwicklung verläuft in Wellenbewegungen, sog. „Konjunkturphasen". Hierbei folgen die Konjunkturphasen Expansion (Aufschwung) – Boom (Hochkonjunktur) – Rezession (Abschwung) – Depression (Tiefstand) hintereinander.

1. Aufgabe

Ordnen Sie die Konjunkturphasen ihrem Merkmal zu.

Merkmal		Konjunkturphase
a) Vollbeschäftigung, die Hand in Hand geht mit einer sehr hohen Auslastung der Kapazitäten und steigenden Preisen	☐	1 Aufschwung
b) Massenarbeitslosigkeit mit sehr geringer Auslastung der Kapazitäten, stabilen bis sinkenden Preisen	☐	2 Abschwung
c) Rückgang der Arbeitslosigkeit, vermehrt offene Stellen, steigende Auslastung der Kapazitäten bei stabilen Preisen	☐	3 Hochkonjunktur
d) Kurzarbeit in Kombination mit dem Abbau von Überstunden, sinkender Kapazitätsauslastung und einer Verringerung der Preissteigerungen	☐	4 Tiefstand

2. Aufgabe

Welche **zwei** Maßnahmen sind wirtschaftspolitisch im Rahmen der sozialen Marktwirtschaft geeignet, einer „Rezession" entgegenzuwirken? ☐ ☐

1 Förderung von Start-up-Unternehmen
2 Kürzung staatlicher Subventionen
3 Senkung der Einkommenssteuersätze
4 Eingrenzung von Abschreibungsmöglichkeiten

Situation
Nach dem „Gesetz zur Förderung und Stabilität der Wirtschaft" – kurz: Stabilitätsgesetz – prognostiziert die Bundesregierung unter Federführung des Bundesministeriums für Wirtschaft und Energie dreimal im Jahr die gesamtwirtschaftliche Entwicklung für Deutschland. Berücksichtigen Sie zur Bewertung der Konjunktursituation das folgende fiktive Zahlenmaterial:

	Wirtschaftliche Entwicklung der BRD		
Kalenderjahr	**Vorjahr**	**Aktuelles Jahr**	**Prognose**
Wirtschaftswachstum	1,4 %	2,2 %	2,8 %
Arbeitslosenquote	9,8 %	9,2 %	8,4 %
Inflationsrate	1,4 %	1,6 %	1,9 %

3. Aufgabe

Beachten Sie zur Bewertung der wirtschaftlichen Situation besonders die Prognose. Welche Konjunkturphase erwartet die Bundesregierung? ☐

1 Boom oder Höchststand
2 Stagnation oder Stillstand
3 Depression oder Tiefstand
4 Rezession oder Abschwung
5 Expansion oder Aufschwung

Situation
Eine Inflation (Geldwertschwund) kann unterschiedliche Ursachen haben.

4. Aufgabe

Welche zwei Ursachen können zu einer Inflation führen? ☐ ☐

1 Die Preise für fossile Energieträger wie z. B. für Erdöl/-gas steigen stark an.
2 Die amerikanische Regierung verhängt Strafzölle auf europäische Produkte.
3 Durch zunehmende Produktivität sinken die Lohnstückkosten.
4 In vielen Branchen gibt es überdurchschnittliche Tariflohnerhöhungen.

Situation
Nachdem in der Eurozone die Preise stark angezogen haben, möchte die EZB den Preisauftrieb bremsen. Sie erhöht den Leitzins.

5. Aufgabe

Bringen Sie die Folgen der Zinserhöhung in die richtige Reihenfolge:

1 Ein weiterer Preisauftrieb wird gebremst.
2 Die Refinanzierung der Geschäftsbanken bei der EZB verteuert sich.
3 Investition und Konsum gehen zurück.
4 Die Nachfrage der Verbraucherinnen und Verbraucher und Unternehmen nach Krediten sinkt.
5 Die Geschäftsbanken erhöhen die Zinsen für gewährte Kredite.

☐ ☐ ☐ ☐ ☐

Erläuterungen und Lösungen

1. Aufgabe

Lösung: 3 – 4 – 1 – 2

Bei einem wirtschaftlichen Aufschwung werden die Produktionskapazitäten zunehmend ausgelastet, die Nachfrage nach Gütern sowie nach Arbeitskräften steigt.

Der Abschwung geht einher mit einer verringerten Kapazitätsauslastung, einem Rückgang der Nachfrage, dem Abbau von Überstunden sowie auch das Einrichten von Kurzarbeit.

2. Aufgabe

Lösung: 1 und 3

Die Förderung von Neugründungen (Start-up-Unternehmen) bedeutet auch eine zunehmende Nachfrage nach Ressourcen, die diese Unternehmen benötigen.

Werden die Einkommensteuersätze gesenkt, führt dies bei den Verbraucherinnen und Verbrauchern zu einem höheren Einkommen. Neben einem Sparanteil wird der Einkommenszuwachs auch für konsumtive Zwecke genutzt, was zu einer konjunkturbelebenden Wirkung beiträgt.

3. Aufgabe

Lösung: 5

Wirtschaftliches Wachstum und Rückgang der Arbeitslosigkeit sind deutliche Kennzeichen eines aktuellen Aufschwungs.

4. Aufgabe

Lösung: 1 und 4

Die Verteuerung betrieblicher Ressourcen wie etwa Rohstoffpreise und Energie führen bei den Unternehmen zu erhöhten Kosten, die diese dann an ihre Kundinnen und Kunden über höhere Preise weitergeben.

Der Preis einer Ware setzt sich u. a. aus den Material- und Lohnkosten zusammen. Steigen die Lohnkosten, kann das über die erhöhten Verbraucherpreise zur Inflation beitragen.

5. Aufgabe

Lösung: 2 – 5 – 4 – 3 – 1

Eine Erhöhung des Leitzinses der EZB verteuert die Kreditaufnahme der Banken. Die Banken berechnen daraufhin ihren Kundinnen und Kunden höhere Zinsen.

Höhere Zinskosten führen bei Verbraucherinnen und Verbrauchern und Unternehmen zu einem Rückgang der Nachfrage nach Krediten.

Dadurch gehen auch kreditfinanzierter Konsum und kreditfinanzierte Investitionen zurück.

Eine Minderung der gesamtwirtschaftlichen Nachfrage führt letztlich zu einer Preisdämpfung.

Konjunkturphasen = Wellenbewegungen der Wirtschaft

Aufschwung	Hochkonjunktur	Abschwung	Tiefstand
• Auftragseingänge steigen • Steigerung der Produktion • Beschäftigungszunahme	• Hohe Auftragsbestände • Kapazitätsauslastung • Vollbeschäftigung	• Absatzschwierigkeiten • Arbeitslosigkeit • Geringe Produktion	• Produktionsrückgang • Absatzrückgang • Kurzarbeit

Geldpolitik: Aufgabe der Europäischen Zentralbank (EZB)

Zinspolitik:	Zinserhöhung/-senkung zur Beeinflussung von Verbrauch und Investition
Offenmarktpolitik:	An- und Verkauf von Wertpapieren zur Beeinflussung der Geldmenge
Ständige Fazilitäten:	Bereitstellung/Absorbierung von Übernachtliquidität der Banken

Situation zur 1. bis 5. Aufgabe
Bei der Forderung nach einem Wachstum der Wirtschaft handelt es sich um ein Ziel des Stabilitätsgesetzes. Eine Steigerung des Wachstums wird dabei mit einer zunehmenden Güterbefriedigung und einer Steigerung des Wohlstands gleichgesetzt. Messlatte für das Wachstum bildet die Entwicklung des Bruttoinlandprodukts im Zeitablauf.

1. Aufgabe

Alle Volkswirtschaften nennen als wirtschaftspolitische Zielsetzung Wachstum. Welche Aussage zum Wirtschaftswachstum ist richtig? ☐

1 Das Bildungsniveau der Arbeitnehmerinnen und Arbeitnehmer hat keinen Einfluss auf das Wachstum.
2 Technische Innovationen können eine Ursache wirtschaftlichen Wachstums sein.
3 In der Bundesrepublik Deutschland ist Wachstum insbesondere auf die umfangreiche Landwirtschaft zurückzuführen.
4 Eine Steigerung der Arbeitsproduktivität kann zwar zu höheren Löhnen, nicht aber zu einem höheren Wachstum führen.
5 Frühindikator für das Ziel „Angemessenes und stetiges Wachstum“ ist das nominale Bruttoinlandsprodukt.

2. Aufgabe

Prüfen Sie, welche Aussage zum Wachstum richtig ist. ☐

1 Von einem qualitativen Wachstum wird gesprochen, wenn das nominale Bruttoinlandsprodukt größer ist als die Preissteigerungsrate.
2 Wird die Umweltbelastung dadurch reduziert, dass neue Technologien entwickelt werden, wird von einem quantitativen Wachstum gesprochen.
3 Nur über eine staatlich geförderte Grundlagenforschung lässt sich auf Dauer qualitatives Wachstum sicherstellen.
4 Qualitatives Wachstum berücksichtigt Umweltaspekte: Eine Erhöhung des Bruttoinlandsprodukts geht dabei einher mit einer Reduzierung der Umweltbelastungen.
5 Nur Großbetriebe haben die personellen und finanziellen Voraussetzungen, innovativ zu werden und damit Wirtschaftswachstum zu ermöglichen.

3. Aufgabe

Wie kann die Bundesregierung wirtschaftliches Wachstum fördern? ☐

1 Sie gewährt Lohn- und Gehaltszuschüsse bei Kleinunternehmen mit bis zu zehn Beschäftigten.
2 Sie sorgt für ein arbeitgeberfreundliches Kündigungsrecht.
3 Sie schafft finanziell günstige Rahmenbedingungen durch erhöhte Abschreibungen und Subventionen.
4 Sie vertraut den Selbstregulierungskräften der sozialen Marktwirtschaft.
5 Über die Kreditanstalt für Wiederaufbau fördert sie innovative „Start-up-Unternehmen“.

4. Aufgabe

In der wirtschaftspolitischen Diskussion wird zwischen qualitativem und quantitativem Wachstum unterschieden. Welche Maßnahme sorgt für qualitatives Wachstum? ☐

1 Kommunen senken ihre Hebesätze für kommunale Steuern.
2 Förderung umweltfreundlicher Technologien (Windkraft, Sonnenenergie)
3 Förderung von Langzeitarbeitslosen zur Beschäftigungsaufnahme
4 Gewährung von Einarbeitungszuschüssen für Berufsrückkehrerinnen und -rückkehrer
5 Förderung der Grundlagenforschung in Universitäten

5. Aufgabe

Prüfen Sie, welche Auswirkungen Wachstum auf Bevölkerung, Ressourcen und Umwelt haben kann (zwei Antworten). ☐ ☐

1 Ungehemmtes Wachstum ohne ökologische Aspekte kann zu einem vermehrten CO_2-Ausstoß führen, was in Schwellenländern derzeit auch erkennbar ist.
2 Negative Auswirkungen eines quantitativen Wachstums auf die Umwelt gibt es nicht, weil Wachstum in jedem Fall nur positive Aspekte auf Bevölkerung und Umwelt hat.
3 Wachstum um jeden Preis beinhaltet auch eine zunehmende Verminderung natürlicher Ressourcen, was sich am Beispiel Erdöl aufzeigen lässt.
4 Verfolgt eine Volkswirtschaft das Ziel „Wachstum“, kann sie es nur erreichen, wenn sie Umweltbeeinträchtigungen in Kauf nimmt.

Erläuterungen und Lösungen

1. Aufgabe

Lösung: 2

Technische Innovationen können Wachstum initiieren und beschleunigen. So hat beispielsweise die Erfindung der Dampfmaschine industrielle Produktionsprozesse ermöglicht und zur wirtschaftlichen Entwicklung beigetragen.

Derzeit sind es die digitalen Welten einschließlich der zunehmenden Bedeutung der Künstlichen Intelligenz, die Gesellschaft und Produktion beeinflussen und Produktionssteigerungen sowie Kostenreduzierungen ermöglichen. Der Breitbandausbau der Netze, schnelles Internet, 5G Mobilfunk, Industriestandard 4.0 sowie eine leistungsfähige Verkehrs- und Infrastruktur sind flankierende Maßnahmen der Bundesregierung, um Wachstum zu beschleunigen.

2. Aufgabe

Lösung: 4

Umweltaspekte in Kombination mit höherer Güter- und Dienstleistungsproduktion sind Kennzeichen eines qualitativen Wachstums.

3. Aufgabe

Lösung: 5

Werden innovative Start-up-Unternehmen mit finanziellen Mitteln ausgestattet, können sie Arbeitsplätze schaffen und einen erhöhten Beitrag zum Bruttoinlandsprodukt leisten.

4. Aufgabe

Lösung: 2

5. Aufgabe

Lösung: 1 und 3

Auswirkungen eines in der Regel zweistelligen Wachstums lassen sich am Beispiel China verdeutlichen: Die CO_2-Belastung nimmt dort drastisch zu. Zeitweilig müssen dort Verkehr und Produktion eingeschränkt oder ganz eingestellt werden, was an Zeiten von Smog und Smog-Alarm im Ruhrgebiet der späten 60er-Jahre erinnert.

Ein ungehemmtes Wachstum ohne Berücksichtigung natürlicher Ressourcen und deren Grenzen führt zu einer Verknappung der Rohstoffe. Um beispielsweise Öl im Meer zu fördern, wird in immer tiefere Meeresschichten vorgestoßen (sog. „übertiefe Bohrungen“ mit mehr als 5 km Tiefe). Erdölvorräte sind nicht unbegrenzt und eines Tages aufgebraucht.

Eine Verknappung der Ressourcen führt letztlich aber zu höheren Preisen, die eine weitere Produktion einschränken und damit letztlich auch Wachstum reduzieren.

Probeprüfung Teil 1

Kaufmännische Unterstützungsprozesse

- ➡ ungebundene Prüfungsaufgaben
- ➡ 90 Minuten
- ➡ 100 Punkte
- ➡ Gewichtung 25 % vom Gesamtergebnis

Situation
Sie sind momentan in der Personalabteilung der Autohaus Schmidt GmbH eingesetzt. Dort sollen Sie die Mitarbeitenden bei der Personalbeschaffung, dem Abschluss von Arbeitsverträgen bis hin zur Personalabrechnung unterstützen.

1. Aufgabe

(24 Punkte, ca. 20 Minuten Bearbeitungszeit)

1.1 Die Personalbeschaffung kann sowohl auf internem als auch externem Weg erfolgen. Geben Sie die **zwei** Vorteile der internen Personalbeschaffung an.

- ______
- ______

(2 Punkte)

1.2 Für eine neu zu besetzende Stelle soll eine Zeitungsanzeige aufgegeben werden. Nennen Sie **vier** Inhalte, die diese Anzeige enthalten sollte.

- ______
- ______
- ______
- ______

(4 Punkte)

1.3 Die Bewerbung für eine ausgeschriebene freie Stelle enthält unter anderem ein qualifiziertes Zeugnis des/der vorherigen Arbeitgebenden. Nennen Sie **zwei** Informationen, die ein qualifiziertes Zeugnis, zusätzlich zu einem einfachen Zeugnis, enthält.

- ______
- ______

(2 Punkte)

1.4 Für die meisten Mitarbeitenden der Autohaus Schmidt GmbH gilt für die tägliche Arbeitszeit das Gleitzeitmodell. Erklären Sie dieses Modell.

______

______

______

______

______

______

(3 Punkte)

1.5 Nennen Sie neben den Namen und den Adressen der Vertragspartner/-innen **sechs** Inhalte eines Arbeitsvertrags.

- ______
- ______
- ______
- ______
- ______
- ______

(6 Punkte)

Fortführung der Situation
Die Geschäftsleitung hat sich entschieden, Frau Kruse als Mitarbeiterin im Verkauf einzustellen. Sie erhält ein Grundgehalt von 1.700,00 € und einen Arbeitgeberzuschuss zu den vermögenswirksamen Leistungen in Höhe von 20,00 € pro Monat. Zusätzlich bekommt Sie einen Firmenwagen gestellt. Der geldwerte Vorteil beträgt 320,00 € pro Monat. Ferner erhält Frau Krause eine Bruttoertragsprovision von 5 %.

1.6 Im abgelaufenen Monat erzielte Frau Kruse einen Bruttoertrag von 24.000,00 €. Berechnen Sie das sozialversicherungspflichtige Bruttogehalt von Frau Kruse.

(2 Punkte)

1.7 Für einen anderen Kollegen ergeben sich im abgelaufenen Monat folgende Daten.

Abrechnung Dieter Maurer	Beträge in €
Gesamtbrutto	3.300,00
Lohnsteuer	193,33
Kirchensteuer	......
Krankenversicherung	262,35
Pflegeversicherung	50,33
Rentenversicherung	306,90
Arbeitslosenversicherung	39,60

1.7.1 Berechnen Sie die Kirchensteuer bei einem Kirchsteuersatz von 9 %.

(2 Punkte)

1.7.2 Berechnen Sie das Nettogehalt von Herrn Maurer.

(3 Punkte)

Situation
Sie sind in der Buchhaltung eingesetzt und sollen einige Zahlungsvorgänge buchen. Ihnen liegt der nachstehende Kontoauszug vor.

Auszug vom 09.07.20XX		Nr. 208	Blatt 1
Commerzbank	IBAN DE21 1111 2004 1234 0542	BIC COBADEHDXXX	
Wert	Buchungstext	Umsätze Soll	Umsätze Haben
08.07.	GUTSCHRIFT Fa. Zopp e.K. RE 807043 D 03.07. abzgl. 3 % Sk.		2.425,00
08.07.	ÜBERWEISUNG Fa. Autoteile Anders GmbH ReNr. 19/758 vom 3.7. abzgl. 2 % Skonto	1.749,30	
Autohaus Schmidt GmbH			

2. Aufgabe *(14 Punkte, ca. 10 Minuten Bearbeitungszeit)*

2.1 Über welchen Betrag lautete die Rechnung an die Firma Zopp e. K. ursprünglich?

(2 Punkte)

2.2 Wie hoch ist der Skontoabzug in € von der Rechnung der Autoteile Anders GmbH?

(2 Punkte)

Fortführung der Situation
Die Zahlungsbedingung der Autoteile Anders GmbH lautete 30 Tage netto, bei Zahlung innerhalb von zehn Tagen 2 % Skonto. Die Autohaus Schmidt GmbH musste ihr Konto überziehen, um Skonto abziehen zu können. Die Bank berechnet einen Dispositionszinssatz von 7,2 % p.a.

2.3 Berechnen Sie die Bankzinsen, die das Autohaus für die Inanspruchnahme des Skontos aufwenden muss (ggf. auf 2 Stellen nach dem Komma runden).

(3 Punkte)

2.4 Wie hoch ist der Finanzierungsvorteil, den das Autohaus in diesem Fall erzielt?

(3 Punkte)

2.5 Buchen Sie die Zahlung an die Autoteile Anders GmbH.
Die Rechnung über die Dachboxen wurde bereits gebucht.

1200 Bank
1400 Forderungen a.L.L.
1576 Abziehbare Vorsteuer 19 %
1600 Verbindlichkeiten a.L.L.
1776 Umsatzsteuer 19 %
3300 Bestand Teile
3301 Wertberichtigung Teile
8300 Erlöse Teile

Konto-Nr.	Kontobezeichnung	Betrag €	Konto-Nr.	Kontobezeichnung	Betrag €

(4 Punkte)

3. Aufgabe *(22 Punkte, ca. 20 Minuten Bearbeitungszeit)*

Folgender Auszug aus dem Kontenplan steht Ihnen zur Verfügung:

1200 Bank	7000 VAK Verkauf Neuwagen
1400 Forderungen a.L.L.	7030 VAK Überführung
1600 Verbindlichkeiten a.L.L.	7200 VAK Zulassungspauschale
1576 Vorsteuer 19 %	7300 VAK Teile über Theke
1776 Umsatzsteuer 19 %	7309 VAK Teile und Zubehör intern
3000 Bestand Neuwagen	8000 Erlöse Verkauf Neuwagen
3030 Bestand Überführung	8030 Erlöse Überführung
3100 Bestand Gebrauchtwagen	8110 Erlöse GW differenzbesteuert
3110 Bestand GW differenzbesteuert	8111 Mehrerlöse Differenzbesteuerung
3200 Bestand Zulassungspauschale	8300 Erlöse Verkauf Teile über Theke
3300 Bestand Teile	8309 Erlöse Teile und Zubehör intern

Situation
Die Privatkundin Frau Schulz hat sich für einen Neuwagen entschieden und gibt ihr gebrauchtes Fahrzeug für 4.000,00 € in Zahlung. Der Wert des Gebrauchtwagens soll mit dem Anschaffungspreis des Neuwagens verrechnet werden

3.1 Bilden Sie den Buchungssatz für die Inzahlungnahme des Gebrauchtwagens.

Konto-Nr.	Kontobezeichnung	Betrag €	Konto-Nr.	Kontobezeichnung	Betrag €

(2 Punkte)

Fortführung der Situation
Das gebrauchte Fahrzeug wird ohne weitere Aufbereitung einige Tage später an den Studenten Werner Meyer für 4.952,00 € verkauft. Der Kunde zahlt durch Sofortüberweisung.

3.2 Ermitteln Sie die im Verkaufspreis enthaltene Umsatzsteuer.

(1 Punkt)

3.3 Buchen Sie den Verkauf des Gebrauchtwagens.

Konto-Nr.	Kontobezeichnung	Betrag €	Konto-Nr.	Kontobezeichnung	Betrag €

(4 Punkte)

Fortführung der Situation
Der Listenpreis des Neuwagens von Frau Schulz beträgt 47.600,00 € (brutto).
Das Autohaus erhält eine Grundmarge von 13 % und eine Zusatzmarge von 2 %.
Der Hersteller berechnet zusätzlich für die Überführungskosten 429,00 € (netto).

3.4 Berechnen Sie die Gesamtmarge, die das Autohaus für dieses Fahrzeug erhält.

(2 Punkte)

3.5 Die Überführungskosten werden Frau Schulz ohne Aufschlag in Rechnung gestellt. Buchen Sie die entsprechende Ausgangsrechnung.

Konto-Nr.	Kontobezeichnung	Betrag €	Konto-Nr.	Kontobezeichnung	Betrag €

(3 Punkte)

3.6 Ermitteln Sie nachvollziehbar, welchen Betrag Frau Schulze an das Autohaus überweisen muss.

(2 Punkte)

3.7 Berechnen Sie anhand des unten stehenden Beleges den Gesamtpreis, den das Autohaus an den Hersteller zahlen muss, indem Sie die grauen Felder ausfüllen.

Panther Autowerke AG

Panther Autowerke AG – Auf der Höhe 47 – 89231 Neu-Ulm

Autohaus Schmidt GmbH
Ettore Bugatti-Straße 6–14
50737 Köln

Panther Autowerke AG
Auf der Höhe 47
89231 Neu-Ulm

Tel.: 0731-12345-00
E-Mail: panther@autowerke.de
Internet: www.panther.de

Rechnung

Liefer-Nr.: 877 Bestell-Nr.: 354 Kunden-Nr.: 102 Datum: 03.01.20XY

Fahrzeug-Ident.-Nr.: SAJABG0F7G8K30017		Betrag in €
Modell	Panther F-TYPE SVR AWD 2.0 Liter V6	
Farbe	Lithium silber metallic	
Bezug	Stoff/Leder: schwarz/rot	
Felgen	20 Zoll Carbon	
Sonderausstattung	Navigon plus	
Listenpreis		
Grundmarge	13 %	
Zusatzmarge	2 %	
Fahrzeugpreis		
Überführungskosten		
Netto-Rechnungsbetrag 19 % MwSt.		
Gesamtbetrag		

(8 Punkte)

Situation
Sie sind mit der Erstellung von Werkstattrechnungen beauftragt.
Dazu sollen Sie zunächst den Stundenverrechnungssatz (SVS) neu berechnen, da sich der Durchschnittslohn im Werkstattbereich erhöht hat.
Ihnen stehen folgende Daten zur Verfügung:
Werkstattdurchschnittslohn: 18,00 € je Stunde (1 Stunde = 12 Arbeitswerte (AW)
Gemeinkostenzuschlag: 450 %
Gewinnzuschlag: 5 %
Wagniszuschlag: 2 %

4. Aufgabe *(15 Punkte, ca. 15 Minuten Bearbeitungszeit)*

4.1 Begründen Sie, aus welchem Grund bei der Kalkulation ein Wagniszuschlag erhoben wird?

(3 Punkte)

4.2 Berechnen Sie nachvollziehbar den Preis für einen Arbeitswert (AW) brutto, der dem Kunden Frank Krause in Rechnung gestellt wird.
(Runden Sie ggf. auf 2 Stellen nach dem Komma.)

(3 Punkte)

4.3 Erstellen Sie die Werkstattrechnung für Herrn Krause, indem Sie die unterstehenden grauen Felder in der Rechnung ausfüllen.
(Sollten Sie in Aufgabe 4.2 kein Ergebnis haben, gehen Sie von 9,00 € je AW aus)

Autohaus Schmidt
Ihr Partner in Sachen Auto!

Schmidt GmbH – Ettore-Bugatti-Str. 6-14 – 50737 Köln

Frank Krause
Ringstraße 45 a
52374 Halden

Schmidt GmbH
Ettore-Bugatti-Str. 6-14
50737 Köln

Tel.: 0211 12345 67
E-Mail: info@autohausschmidt.de
Internet: www.autoschmidt.de

Rechnung

Rechnungs-Nr.: 2022-01-0027 Kunden-Nr.: 7007 Datum: 07.01.20XY

Pos	Leistung	MwSt.	Einzelpreis €	Anz.	Gesamtpreis €
1	Aus- und Einbau Lichtmaschine	19		20	
2	Lichtmaschine im Austausch	19	450,00	1	450,00
			Zwischensumme		
			+ 19 % MwSt.		
			+ 19 % MwSt. auf Altteil		
			= Gesamtbetrag		

(6 Punkte)

4.4 Erläutern Sie, warum der Kunde Umsatzsteuer auf das Austauschteil bezahlen muss.

(3 Punkte)

Situation
Aufgrund der hohen Werkstattauslastung soll eine neue Hebebühne angeschafft werden. Die Geschäftsleitung hat sich für eine TM30XI mit einem Bruttolistenpreis von 4.165,00 € der Firma Lutz entschieden. Die Transport- und Montagekosten betragen insgesamt 1.249,50 € brutto. Die Geschäftsleitung konnte einen Rabatt von 10 % auf den Listenpreis aushandeln. Zusätzlich soll der angebotene Skonto von 2 % auf den Gesamtrechnungspreis in Anspruch genommen werden.

5. Aufgabe *(10 Punkte, ca. 10 Minuten Bearbeitungszeit)*

5.1 Erläutern Sie, warum der Rabatt im Gegensatz zu Skonto buchhalterisch nicht erfasst wird. (Warum gibt es keinen Konto-Rabatt?)

(4 Punkte)

5.2 Ermitteln Sie rechnerisch nachvollziehbar den Anschaffungswert der Hebebühne.

(3 Punkte)

Fortführung der Situation
Der Hebebühne wird im Oktober geliefert und montiert. Die Abschreibungsdauer beträgt 15 Jahre. Die Abschreibung erfolgt linear.

5.3 Ermitteln Sie den Abschreibungsbetrag der Hebebühne für das Anschaffungsjahr.

(2 Punkte)

5.4 Ermitteln Sie den Buchwert der Hebebühne zum Ende des Anschaffungsjahres.

(1 Punkt)

Situation
In der Autohaus Schmidt GmbH wird eine permanente Inventur durchgeführt. Das bedeutet, dass alle Ein- und Ausgänge kontinuierlich in der Lagerbuchhaltung aufgezeichnet werden und jeder Artikel einmal jährlich körperlich erfasst wird.

6. Aufgabe *(15 Punkte, ca. 15 Minuten Bearbeitungszeit)*

6.1 Nennen und beschreiben Sie ein anderes mögliches Inventurverfahren.

(3 Punkte)

Fortführung der Situation
Für das abgelaufene Jahr liegt Ihnen von der Autohaus Schmidt GmbH die folgende, vereinfachte Bilanz vor:

Schlussbilanz in T€

Aktiva			Passiva		
0050	Grundstücke	112	0800	gezeichnetes Kapital	490
0080	Gebäude	617	0851	Satzungsmäßige Rücklage	30
0200	Maschinen/Anlagen	83	0955	Steuerrückstellungen	212
0201	Werkzeuge/Kleingeräte	43	1600	Verbindlichkeiten aus L.u.L.	302
0300	Betriebs-/Geschäftsausstattung	103	1705	Darlehen (Laufzeit > 5 Jahre)	748
0321	Vorführwagen (PKW)	193	1770	Umsatzsteuer	88
3000	Bestand Neuwagen	449			
3110	Bestand GW regelbesteuert	97			
3300	Bestand Teile/Zubehör	58			
1400	Forderungen a.L.L.	45			
1200	Kreditinstitute	67			
1000	Kasse	3			
		1.870			**1.870**

6.2 Ermitteln Sie nachvollziehbar die Eigenkapitalquote in Prozent. (Runden Sie ggf. auf eine Stelle nach dem Komma.)

(3 Punkte)

6.3 Ermitteln Sie nachvollziehbar das Anlagevermögen in Euro.

(3 Punkte)

6.4 Ermitteln Sie nachvollziehbar die Anlagendeckung I in Prozent (Deckungsgrad I). (Runden Sie ggf. auf eine Stelle nach dem Komma.)

(3 Punkte)

6.5 Erläutern Sie, was die Anlagendeckung I aussagt.

(3 Punkte)

Bewertung:

- Insgesamt werden in der Prüfung 100 Punkte verteilt.
- Bei jeder Aufgabe werden die erreichbaren Punkte angegeben.
- Je Nennung gibt es einen Punkt.
- Bei Rechenaufgaben werden Folgefehler berücksichtigt. Das bedeutet, dass trotzdem die entsprechenden Punkte verteilt werden, auch wenn mit dem „falschen“ Ergebnis „richtig“ weitergerechnet wird.
- Auf den nächsten Seiten finden Sie eine Musterlösung und einen Bewertungsbogen.
- Es gibt natürlich zu einigen (offenen) Aufgaben auch andere sinnvolle Lösungen (andere Formulierungen, andere Beispiele).

Lösung und Bewertung zur Probeprüfung

erreichte Punkte:

1. Aufgabe *(24 Punkte)*

1.1 *(2 Punkte)*

- Mitarbeiter/-in ist bekannt
- Motivation ist hoch (Beförderung)
- keine/kurze Einarbeitung
- Abläufe bekannt
- keine Beschaffungskosten

____

1.2 *(4 Punkte)*

- Unternehmensbeschreibung
- Bezeichnung der Stelle
- Anforderungsprofil an die Stelle
- Eingliederung der Stelle
- Leistungen des Unternehmens
- Form der Bewerbung
- Adressat der Bewerbung
- Beginn der Tätigkeit

____

erreichte Punkte:

1.3 *(2 Punkte)*

- Leistungsbewertung/-beurteilung
- Führungsqualitäten
- Verhalten gegenüber Kunden/Kundinnen, Mitarbeitenden, Vorgesetzten

____

1.4 *(3 Punkte)*

Bei der Gleitzeit gibt es eine Kernarbeitszeit (z. B. 08:00 – 15:00 Uhr), zu der alle Beschäftigten anwesend sein müssen.
Außerhalb dieser Zeit können die Mitarbeitenden den Arbeitszeitbeginn und das Arbeitszeitende selbst bestimmen. So können die Mitarbeitenden selbstbestimmt Zeitguthaben und -schulden aufbauen und Ihre Arbeitszeit flexibler gestalten.

____

1.5 *(6 Punkte)*

- Einsatzort
- Arbeitszeit
- Bezeichnung der Stelle
- Beginn und Dauer der Tätigkeit
- Probezeit - Kündigungsfristen
- Entgelt
- Urlaub
- Zusatzleistungen/Sonderzahlungen

____

1.6 *(2 Punkte)*

1.700,00 € + 20,00 € + 320,00 € + 1.200,00 € = 3.240,00 €

____

1.7

1.7.1 *(2 Punkte)*

9 % von 193,33 = 17,40 €

1.7.2 *(3 Punkte)*

3.300,00 € – 193,33 € - 17,40 € – 262,35 € – 50,33 € – 306,90 € – 39,60 €
= 2430,09 €

____

gesamt Aufgabe 1: ________

erreichte Punkte:

2. Aufgabe *(14 Punkte)*

2.1 ***(2 Punkte)***

2.425,00 € : 97 · 100 = 2.500,00 €

2.2 ***(2 Punkte)***

1.749,30 € : 98 · 2 = 35,70 €

2.3 ***(3 Punkte)***

(1.749,30 € · 7,2 % · 20 Tage) : (100 % · 360 Tage)
= 6,9972 → gerundet 7,00 €

2.4 ***(3 Punkte)***

35,70 € : 1,19 = 30,00 € (netto) abzgl. Bankzinsen 7,00 € = 23,00 €
(auch richtig: 35,70 € – 7,00 € = 28,70 €)

2.5 ***(4 Punkte)***

Konto-Nr.	Kontobezeichnung	Betrag €	Konto-Nr.	Kontobezeichnung	Betrag €
1600	Verbindlichkeiten a.L.L.	1.785,00	1200	Bank	1.749,30
			3300	Bestand Teile	30,00
			1576	Abziehbare Vorsteuer	5,70

gesamt Aufgabe 2: ______

erreichte Punkte:

3. Aufgabe *(22 Punkte)*

3.1 ***(2 Punkte)***

Konto-Nr.	Kontobezeichnung	Betrag €	Konto-Nr.	Kontobezeichnung	Betrag €
3110	Bestand GW dif.best.	4.000,00	1400	Forderungen a.L.L.	4.000,00

3.2 ***(1 Punkt)*** 952,00 € : 119 · 19 = 152,00

3.3 ***(4 Punkte)***

Konto-Nr.	Kontobezeichnung	Betrag €	Konto-Nr.	Kontobezeichnung	Betrag €
1200	Bank	4.952,00	8110	Erlöse GW dif.besteuert	4.000,00
			8111	Mehrerlöse Dif.best.	800,00
			1776	Umsatzsteuer 19%	152,00

3.4 ***(2 Punkte)***

47.600,00 : 1,19 = 40.000,00 € → 15 % von 40.000,00 € = 6.000,00 €

3.5 ***(3 Punkte)***

Konto-Nr.	Kontobezeichnung	Betrag €	Konto-Nr.	Kontobezeichnung	Betrag €
1400	Forderungen a.L.L	510,51	8030	Erlöse Überführung	429,00
			1776	Umsatzsteuer 19%	81,51

3.6 ***(2 Punkte)*** 47.600,00 € + 510,51 – 4.000,00 € = 44.110,51 €

3.7 ***(8 Punkte)***

Listenpreis		**40.000,00**
Grundmarge	13 %	5.200,00
Zusatzmarge	2 %	800,00
Fahrzeugpreis		**34.000,00**
Überführungskosten		429,00
Netto-Rechnungsbetrag 19 % MwSt.		**34.429,00** 6541,51
Gesamtbetrag		**40.970,51**

gesamt Aufgabe 3: ______

erreichte Punkte:

4. Aufgabe *(15 Punkte)*

4.1 *(3 Punkte)*

Der Zuschlag wird für das unternehmerische Risiko angesetzt, das die Kapitalgebenden eingehen.
Neben dem wirtschaftlichen Risiko soll er auch Risiken wie Diebstahl, Schwund, Verderb oder Fehlplanungen abdecken.

4.2 *(3 Punkte)*

18,00 € + 450 % = 99,00 € + 7 % = 105,93 € : 12 AW/Stunde
= 8,83 € · 1,19 = 10,50 €

4.3 *(6 Punkte)*

Pos	Leistung	MwSt.	Einzelpreis €	Anz.	Gesamtpreis €
1	Aus- und Einbau Lichtmaschine	19	8,83	20	175,60
2	Lichtmaschine im Austausch	19	450,00	1	450,00
			Zwischensumme		626,60
			+ 19 % MwSt.		119,05
			+ 19 % MwSt. auf Altteil		8,55
			= Gesamtbetrag		754,20

8,55 € = 19 % von 450,00 €/10 (19 % von 10 % des Austauschteils)

4.4 *(3 Punkte)*

Das Austauschteil ist ein generalüberholtes ehemals defektes Teil. Der Kunde erhält das Austauschteil günstiger, weil er dem Autohaus sein defektes Teil überlässt (verkauft). Für diesen Preisvorteil zahlt er 19 % von 10 % des Wertes des Austauschteils in Form von Umsatzsteuer.

gesamt Aufgabe 4: ______

erreichte Punkte:

5. Aufgabe *(10 Punkte)*

5.1 *(4 Punkte)*

Der Rabatt (z. B. Mengen-, Messe-, Wiederverkäuferrabatt) hat immer einen konkreten Bezug und steht bei Rechnungsstellung schon fest. Daher muss er nicht mehr gesondert erfasst werden. Für den tatsächlichen Abzug des Skontos gibt es erst einen Beleg, wenn der entsprechende Kontoauszug vorliegt. Aufgrund der GoB darf er erst dann in der Buchhaltung erfasst werden.

5.2 *(3 Punkte)*

4.165,00 € : 1,19 = 3.500,00 €
– 10 % = 3.150,00 € – 2 % Skonto = Hebebühne = 3.087,00 €
+ Nebenkosten 1249,50 : 1,19 = 1050,00 € – 2 % = 1.029,00 €
= Anschaffungswert = 4.116,00 €

5.3 *(2 Punkte)*

4.116,00 € : 15 Jahre = 274,40 €/Jahr : 12 · 3 = 68,60 €

5.4 *(1 Punkt)*

4.116,00 € – 68,00 € = 4.048,00 €

gesamt Aufgabe 5: ______

erreichte Punkte:

6. Aufgabe *(15 Punkte)*

6.1 *(3 Punkte)*

Stichtagsinventur: Zehn Tage vor oder nach dem Geschäftsjahresende wird alles auf einmal erfasst.
Vor- oder nachverlegte Inventur: Die Inventur wir drei Monate vor oder zwei Monate nach dem Stichtag vorgenommen und die Bestände zum Stichtag durch Vor- oder Rückrechnung ermittelt. ______

6.2 *(3 Punkte)*

490 + 30 = 520 T € · 100 : 1.870 T € = 27,8 % ______

6.3 *(3 Punkte)*

112 + 617 + 83 + 43 + 103 + 193 = 1.151 T € ______

6.4 *(3 Punkte)*

1.151 T € →100 % 520 T € → x % ↔ 520 T € · 100 : 1.151 T € = ~45,2 % ______

6.5 *(3 Punkte)*

Die Anlagendeckung sagt aus, wieviel Prozent vom bilanzierten Anlagevermögen durch Eigenkapital gedeckt sind. ______

gesamt Aufgabe 6: ______

Auswertung:

Aufgabe	Gesamtpunkte	erreichte Punkte
1	24	
2	14	
3	22	
4	15	
5	10	
6	15	
Gesamt	100	

IHK-Notenschlüssel

Punkte	Note
100–92	1
91–81	2
80–67	3
66–50	4
49–30	5
29–0	6

Probeprüfung Teil 2

Wirtschafts- und Sozialkunde

- ➡ 33 gebundene Prüfungsaufgaben
- ➡ 60 Minuten
- ➡ 100 Punkte

Situation zu den Aufgaben 1 bis 4
Als Mitarbeiter/-in der Stabstelle „Planung und betriebswirtschaftliche Analysen“ haben Sie derzeit eine Sonderaufgabe bekommen. Ihr Arbeitsauftrag lautet, mögliche Rechtsformen für ein zu gründendes Tochterunternehmen in den neuen Bundesländern zu prüfen. Dieses Unternehmen soll schwerpunktmäßig den Vertrieb der netzwerkgesteuerten Haushaltsgeräte übernehmen.

1. Aufgabe

Sie schauen sich zunächst die Rechtsform Ihrer Handelspartnerin, der Küchenwelt Meschede GmbH an. Welche Aussagen treffen auf diese Gesellschaft zu?

1. Das Grundkapital der Küchenwelt muss mindestens 50.000 € betragen.
2. Der Firmenzweck muss sich im Namen der Kapitalgesellschaft wiederfinden, also eine Sachfirma sein.
3. Die GmbH ist zwar eine Gesellschaft, kann aber von einer Person gegründet werden.
4. Weil die GmbH eine Kapitalgesellschaft ist, muss zum Schutz der Arbeitnehmer nach GmbH-Gesetz ein Aufsichtsrat bestellt werden.
5. Das Stammkapital einer GmbH beträgt mindestens 25.000 €.

2. Aufgabe

Auch die „Küche & Mehr GmbH“ mit Firmensitz in Bonn, eine weitere Vertragspartnerin der MiHaG GmbH, firmiert in der Rechtsform der GmbH. Sie prüfen weitere rechtliche Aspekte wie etwa Haftung und Registereintrag. Welche Aussagen treffen auf die „Küche & Mehr GmbH“ zu?

1. Nur die GmbH als juristische Person haftet gegenüber Gläubigern mit ihrem Geschäftsvermögen, nicht aber die einzelnen Gesellschafter/-innen.
2. Der Handelsregistereintrag erfolgt in der Abteilung A des Amtsgerichts Bonn.
3. Der Zusatz „GmbH“ ist nicht zwingend notwendig, weil bereits aus dem Firmennamen hervorgeht, dass es sich um ein Unternehmen handelt.
4. Die Firma „Küche & Mehr GmbH“ ist eine natürliche Person und kann daher unter ihrem Namen verklagt werden oder auch selbst klagen.
5. Der Firmenname „Küche & Mehr GmbH“ könnte nach den Grundsätzen der Firmenbeständigkeit auch bei einem Verkauf beibehalten werden.
6. Alle Gesellschafter/-innen des Unternehmens haften persönlich, unmittelbar und solidarisch.

3. Aufgabe

Vertragspartner/-innen der MiHaG GmbH werden auch in der Form der juristischen Person geführt. Welche Unternehmen sind juristische Personen?

1. Stahlhandel AG
2. Brühler Gerätetechnik KG
3. Küchenstudio Petra Süttner e. K.
4. Kölner Haushaltstechnik GmbH
5. Rötter – Sicherheitsdienste OHG

4. Aufgabe

Die OHG stellt eine weitere Rechtsform dar, die zu prüfen ist. Vertragspartner/-innen der MiHaG GmbH sind die beiden Speditionsunternehmen InterTrans OHG sowie die Translogistik GmbH. Beide liefern deutschland- und europaweit die Güter der MiHaG GmbH an Kunden/Kundinnen aus.

Sie versuchen, entscheidende Merkmale beider Rechtsformen gegenüberzustellen. Ordnen Sie den folgenden Aussagen die beiden Rechtsformen OHG und GmbH zu.

Aussagen

a) Die Gesellschaft muss mindestens einen Voll- und einen Teilhaftenden haben.
b) Alle Gesellschafterinnen und Gesellschafter sind zur Geschäftsführung im Innenverhältnis sowie zur Vertretung der Gesellschaft im Außenverhältnis berechtigt.
c) Alle Gesellschafterinnen und Gesellschafter haften den Gläubigern gegenüber unbeschränkt, unmittelbar und direkt.
d) Es ist ein Mindestkapital von 25.000 € erforderlich, was als Stammkapital bezeichnet wird.

Rechtsformen

1 gilt für die Translogistik GmbH
2 gilt für die InterTrans OHG
3 gilt für keines der Speditionsunternehmen

Situation zu den Aufgaben 5 bis 9
Die MiHaG GmbH betrachtet sich als innovatives Unternehmen mit „Ökologischem Bewusstsein“ und achtet dabei auf umweltgerechtes und energiesparendes Verhalten sowohl in der Produktion als auch in der Distribution.
Alle Beschäftigten werden auch regelmäßig über umweltbewusstes Handeln am Arbeitsplatz und zur Mülltrennung informiert.

5. Aufgabe

Die MiHaG GmbH versucht immer wieder den Spagat zwischen ökonomischen und ökologischen Zielen. Ordnen Sie den Aussagen die entsprechenden Ziffern zu.

1 für eine überwiegend oder ausschließliche ökonomische Zielsetzung
2 für eine überwiegend oder ausschließliche ökologische Zielsetzung
3 bei einer Zielharmonie zwischen den beiden Zielen.

Aussagen

a) Kostenlose Abgabe von Bahntickets an Beschäftigte.
b) Erschließung neuer Märkte und kontinuierliche Ausweitung der Produktion – auch mit dem Ziel, Arbeitsplätze zu sichern
c) Einbau von LED-Lampen anstelle herkömmlicher Lampen

6. Aufgabe

Die Geschäftsleitung der MiHaG GmbH hat als weiteres Unternehmensziel die Beachtung ökologischer Gesichtspunkte bei der Produktion festgelegt. In welchen beiden Fällen wird dieses neue Unternehmensziel vernachlässigt?

1. Beim Kauf neuer Maschinen wird insbesondere die Energieeffizienz berücksichtigt.
2. Zurückgewonnene Prozesswärme wird im Produktionsprozess eingesetzt.
3. In der Produktion benötigtes Wasser wird gekühlt, gefiltert und als Brauchwasser wieder im Produktionsprozess eingesetzt.
4. Kartonverpackungen werden durch kostengünstige, aber äußerst werbewirksame Kunststofffolien ersetzt.
5. Anschaffung PS-starker leistungsfähiger SUV, die die Mitarbeitenden auch privat nutzen dürfen.

7. Aufgabe

Die MiHaG GmbH möchte einen zusätzlichen Beitrag zum Umweltschutz leisten, den sie werbewirksam einem breiten, ökologisch orientierten Publikum präsentieren kann. Prüfen Sie, wie sie das erreichen kann:

1. In der Werkskantine stellt sie von Mehrwegflaschen auf Tetra Pak-Behälter um.
2. Für ihre Küchenserie im Landhausstil verwendet sie tropische Edelhölzer und leistet damit einen Beitrag zur nachhaltigen Wirtschaftsförderung in Schwellenländern.
3. Ihren Fuhrpark stattet sie mit Hybridfahrzeugen aus.
4. Für die Versiegelung ihrer Granit-Küchenarbeitsplatten verwendet sie Lacke auf Wasserbasis.

8. Aufgabe

Nachhaltiges Wirtschaften zeichnet sich insbesondere dadurch aus, dass Ressourcen wiederverwendet werden. Bei welcher Maßnahme handelt die MiHaG GmbH nachhaltig?

1. Sie ersetzt in der Werkskantine Getränkedosen durch Flaschen.
2. In der Produktion und Verwaltung werden Sammelbehälter für Papier und Glas aufgestellt.
3. Überall im Unternehmen gibt es Behälter für Batterien, die an Sammelstellen zurückgegeben werden.
4. Bei der Produktion entstehende Metallreste werden eingeschmolzen und zur Herstellung neuer Bleche verwendet.

9. Aufgabe

Aus gelieferten Edelstahlblechen fertigt die MiHaG GmbH Edelstahlgehäuse für Waschmaschinen und Trockner. Beim Zuschneiden der Bleche fallen Reste an, die nicht unmittelbar verwendet werden können. Das Unternehmen liefert daher die Reste an ein Edelstahlwerk, das diese im Elektrostahlwerk einschmilzt und daraus neue Edelstahlbleche gewinnt. Welche Bezeichnung gibt es für diese Form der Rohstoffeinsparung?

1. Abfallverwertung
2. Recycling
3. Rohstoffnutzung im Dualen System
4. Energieeffizienz
5. Abfallverminderung
6. Abfallverwertung

Situation zu den Aufgaben 10 bis 13
Natürliche Personen benötigen Vollmachten, wenn sie Willenserklärungen im Namen der MiHaG GmbH abgeben, die diese rechtlich binden. Hierzu gehören Prokura und Handlungsvollmacht.

10. Aufgabe

Maria Weber, Prokuristin der MiHaG GmbH, hat der neuen Personalchefin, Rita Jacobsen-Klöbner, mündlich allgemeine Handlungsvollmacht erteilt. Prüfen Sie, welche Rechtsgeschäfte Frau Jacobsen-Klöbner wirksam abschließen darf.

1. ein Grundstück belasten
2. Personaleinstellung
3. Prokura erteilen
4. Kündigung von Arbeitnehmerinnen und Arbeitnehmern
5. allgemeine Handlungsvollmacht erteilen
6. keines dieser Rechtsgeschäfte, weil die Handlungsvollmacht nur mündlich erfolgte

11. Aufgabe

Cem Gül, Geschäftsführer der MiHaG GmbH, hat von der Erteilung der allgemeinen Handlungsvollmacht (siehe Aufgabe 10) erst im Nachhinein erfahren und ist damit nicht einverstanden. Prüfen Sie die folgenden Aussagen:

1. Die Prokuristin hätte vorher die Erlaubnis der beiden Geschäftsführenden einholen müssen, damit die Befugnis wirksam wird.
2. Die Prokuristin hat das Recht, eine nachrangige Vollmacht wie die allgemeine Handlungsvollmacht zu erteilen. Damit ist diese ordnungsgemäß erfolgt.
3. Die Handlungsvollmacht wurde nur mündlich erteilt; daher ist sie wegen eines Formmangels nicht gültig: Sie muss in notariell beurkundeter Form erfolgen.
4. Die Eintragung der Vollmacht in das Handelsregister hat konstitutive Wirkung: Da diese nicht erfolgt ist, ist sie unwirksam.

12. Aufgabe

Birgit Bahlsen, Mitarbeiterin in der Abteilung Einkauf, soll verschiedene Aufgaben erledigen. Zu welcher Aufgabe benötigt sie eine Artvollmacht?

1. Sie kauft Getränke für das geplante Betriebsfest.
2. Nach Materialanforderungen des Hauptlagerhauses bestellt die Mitarbeiterin regelmäßig die gewünschten Artikel.
3. Für das 25-jährige Betriebsjubiläum ist sie Ansprechpartnerin für die Gäste.
4. Sie soll eine Präsentation ausarbeiten zum Thema: "Unser Betrieb stellt sich vor".

13. Aufgabe

Im Handelsregister – Abteilung B – sind die beiden Prokuristinnen Ruth Mallik und Maria Weber als Gesamtprokuristinnen der MiHaG GmbH eingetragen. Stellen Sie fest, welche Rechtsgeschäfte sie wirksam abschließen können und welche Befugnisse sie haben.

1. Beide Prokuristinnen dürfen nur gemeinsam in allen Arten von gerichtlichen und außergerichtlichen Geschäften und Rechtshandlungen, die der Betrieb eines Handelsgewerbes mit sich bringt, die MiHaG GmbH wirksam vertreten.
2. Beide Prokuristinnen können mit dieser Vollmacht die MiHaG GmbH in allen Rechtsgeschäften einzeln rechtsverbindlich vertreten.
3. Bei gewöhnlichen Rechtsgeschäften können sowohl die Prokuristin Ruth Mallik als auch die Prokuristin Ruth Weber einzeln rechtsverbindliche Willenserklärungen für die MiHaG GmbH abgeben.
4. Beide Prokuristinnen sind nach dem Gesetz nur gemeinsam bevollmächtigt, sämtliche Rechtsgeschäfte einschließlich des Kaufs und Verkaufs von Grundstücken abzuschließen.

Situation zu den Aufgaben 14 bis 18
Neben Ihrem personalwirtschaftlichen Aufgabengebiet in der Personalabteilung der MiHaG GmbH sind Sie auch zuständig für die Zusammenarbeit mit dem Betriebsrat und die Beachtung und Anwendung tarifrechtlicher Vorschriften.

14. Aufgabe

Welcher Sachverhalt kann in einer Betriebsvereinbarung zwischen dem Betriebsrat und der Geschäftsleitung der MiHaG GmbH geregelt sein?

1. Höhe des Stundenlohns oder des Gehalts
2. Festlegung einer betrieblichen Gehalts- und Lohnstruktur
3. ein betrieblicher Urlaubsanspruch, der über dem tariflichen liegt (sog. „Günstigkeitsprinzip“)
4. Vereinbarungen über verkürzte Kündigungsfristen.
5. Regelungen zu Arbeitsbeginn, Arbeitsende und Pausenzeiten

15. Aufgabe

Bei der Personaleinstellung sind mitbestimmungsrechtliche Vorschriften zu beachten. Welche **zwei** Aussagen sind richtig? Beachten Sie die unten abgedruckten Gesetzestexte.

§ 93 BetrVG: Ausschreibung von Arbeitsplätzen

Der Betriebsrat kann verlangen, dass Arbeitsplätze, die besetzt werden sollen, allgemein oder für bestimmte Arten von Tätigkeiten vor ihrer Besetzung innerhalb des Betriebs ausgeschrieben werden.

§ 99 BetrVG: Mitbestimmung bei personellen Einzelmaßnahmen

(1) In Unternehmen mit in der Regel mehr als zwanzig wahlberechtigten Arbeitnehmern hat der Arbeitgeber den Betriebsrat vor jeder Einstellung, Eingruppierung, Umgruppierung und Versetzung zu unterrichten, ihm die erforderlichen Bewerbungsunterlagen vorzulegen und Auskunft über die Person der Beteiligten zu geben.

Er hat dem Betriebsrat unter Vorlage der erforderlichen Unterlagen Auskunft über die Auswirkungen der geplanten Maßnahme zu geben und die Zustimmung des Betriebsrats zu der geplanten Maßnahme einzuholen.

1. Der Betriebsrat kann verlangen, dass interne Bewerberinnen und Bewerber bevorzugt eingestellt werden müssen.
2. Der Betriebsrat muss bei jeder Einstellung, Versetzung, Umgruppierung und Eingruppierung unterrichtet werden. Er muss seine Zustimmung zu der geplanten personellen Einzelmaßnahme geben.
3. Einer internen Stellenausschreibung muss in jedem Fall eine externe Stellenausschreibung vorausgehen.
4. Der Betriebsrat kann eine interne Stellenausschreibung verlangen.
5. Über eine Bewerbung entscheidet allein der Arbeitgeber. Der Betriebsrat hat daher nicht das Recht, eine interne Stellenausschreibung zu verlangen.

16. Aufgabe

Im Tarifvertragsgesetz ist geregelt, wer Partei sein kann in einem Tarifvertrag, wer also rechtswirksam Tarifverträge abschließen kann. Wer ist dazu berechtigt?

1. Wirtschaftsministerium und Unternehmen
2. Arbeitgeberverbände und Gewerkschaften
3. Der Betriebsrat eines Unternehmens mit der Geschäftsleitung
4. Die Geschäftsleitung eines Unternehmens mit ihren Beschäftigten.

17. Aufgabe

Die MiHaG GmbH verfügt über einen Firmentarifvertrag, der demnächst ausläuft. Hierzu wurden bereits erste Tarifverhandlungen mit der Gewerkschaft ohne staatliche Einmischung aufgenommen. Wie lautet dieses im Grundgesetz verankerte Prinzip?

1. Erwerbswirtschaftliches Prinzip
2. Gewerbefreiheit
3. Vertragsfreiheit
4. Tarifautonomie
5. Niederlassungsfreiheit
6. Wirtschaftsautonomie

18. Aufgabe

Das Kündigungsschutzgesetz bezweckt den Schutz des Arbeitsplatzes und soll vor einer sozial nicht gerechtfertigten Kündigung schützen. Welche beiden Aussagen zum Kündigungsschutzgesetz sind zutreffend?

1. Das Kündigungsschutzgesetz findet nur Anwendung bei Betrieben mit mehr als 25 Beschäftigten.
2. Das Gesetz gilt nur bei außerordentlichen, nicht aber bei ordentlichen Kündigungen.
3. Das Kündigungsschutzgesetz soll vor willkürlichen Kündigungen schützen.
4. Es gilt erst ab einer Beschäftigungsdauer von mehr als sechs Monaten.
5. Das Kündigungsschutzgesetz gilt für Arbeitnehmerinnen und Arbeitnehmer ab dem ersten Tag der Beschäftigung.

Situation zu den Aufgaben 19 bis 24
Die MiHaG GmbH beachtet für ihre mittel- und langfristige Planung die aktuelle wirtschaftliche Situation und deren Entwicklung.

19. Aufgabe

Für die MiHaG GmbH ist es wichtig zu wissen, welche aktuelle Konjunkturphase vorliegt. Sollte es sich um eine Depression handeln, folgt daraufhin möglicherweise eine Expansion. Woran lässt sich diese Konjunkturphase erkennen?

1. verstärkte Nachfrage der Verbraucherinnen und Verbraucher
2. Abbau von Überstunden
3. zunehmende Auftragseingänge der Industrie
4. volle Auslastung der Kapazitäten
5. Rückgang des realen Bruttoinlandproduktes

20. Aufgabe

Je nach Marktsituation wird in Käufer- und Verkäufermärkte unterschieden. Wann sprechen wir von einem Käufermarkt?

1. Die Marktsituation zeichnet sich durch eine Vielzahl von kleinen Angebots- und Nachfragemengen aus.
2. Unternehmen handeln kundenorientiert und orientieren sich an den Bedürfnissen und Wünschen der Akteurinnen und Akteure am Markt.
3. Einem geringen Angebot am Markt steht eine große Nachfrage gegenüber.
4. Das Angebot auf diesem Markt ist größer als die Nachfrage, sodass dann Anpassungsprozesse in der Form von Preissenkungen die Folge sind.
5. Unternehmen stehen in einem strengen Wettbewerb zueinander und müssen schnell und intensiv auf veränderte Marktsituationen reagieren.

21. Aufgabe

Die wirtschaftliche Entwicklung zeichnet sich nicht durch Kontinuität, sondern durch Wellenbewegungen (Konjunkturen) aus. Woran lässt sich ein wirtschaftlicher Höhepunkt, ein sog. „Boom“ erkennen?

1. Die Sparquote geht deutlich zurück.
2. Dem hohen Angebot steht jetzt nur noch eine begrenzte Nachfrage gegenüber.
3. Die Produktion nähert sich ihrer Kapazitätsgrenze.
4. Es werden verstärkt Überstunden abgebaut und Arbeitskräfte freigesetzt.
5. Es herrscht ein Verbraucherinnen und Verbraucher günstiges und niedriges Preisniveau.

22. Aufgabe

In marktwirtschaftlichen Systemen ist der Markt die zentrale Steuerungsinstanz. Welche Aussage zum vollkommenen Markt ist richtig?

1. Die Verbreitung und zunehmende Nutzung des Internets und des damit einhergehenden Onlinehandels garantieren den vollkommenen Markt.
2. Zur vorhandenen Markttransparenz kommt die sofortige Reaktion auf Preisänderungen hinzu.
3. Es bestehen Präferenzen hinsichtlich Art und Zusammensetzung des Warenangebots.
4. Ausstattung, Design und Service der Produkte sind ein wesentliches Element eines vollkommenen Marktes.

23. Aufgabe

Für die Gerätesteuerung ihrer digitalen Produktreihe hat die MiHaG GmbH einen Kontrollmonitor entwickelt, der an der Gehäusefront von Kühl- oder Gefriergeräten platziert werden kann. Erste Erhebungen zum voraussichtlichen Absatz in einer dreimonatigen Einführungsphase zeigen das Nachfrageverhalten potenzieller Kundinnen und Kunden nach Preisdifferenzierungen der MiHaG GmbH.

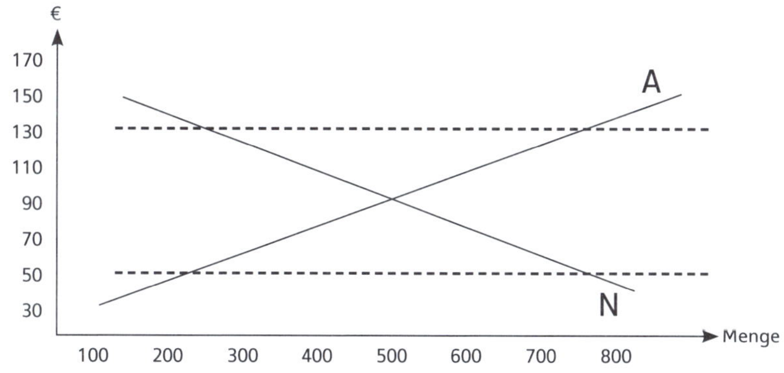

a) Ermitteln Sie den Gleichgewichtspreis.

b) Gibt es einen Angebotsüberhang (1) oder einen Nachfrageüberhang (2) bei einem Preis von 50 €/Stück?

c) Gibt es bei einem Preis von 130 €/Stück einen Verkäufermarkt (1) oder einen Käufermarkt (2)?

24. Aufgabe

Konjunkturindikatoren messen die aktuelle Wirtschaftslage. Es wird in Früh- und Spätindikatoren unterschieden. Welche Messgröße ist als Frühindikator geeignet?

1. Entwicklung der Import- und der Exportpreise
2. Höhe der Arbeitslosenquote
3. Preisindex für einen Arbeitnehmerhaushalt mit vier Personen
4. Steuereinnahmen des Bundes
5. Auftragseingänge der Industrie

Situationsbeschreibung zu den beiden folgenden Aufgaben

Einer Ihrer Freunde, Kurt Weiler, möchte sich selbständig machen und bittet Sie nach seiner bestandenen Abschlussprüfung um Hilfestellung. Er plant Service- und Dienstleistungen rund um die EDV, also

- Reparatur von Personalcomputern,
- Aufrüstung von Hardware,
- Einrichtung von Netzwerken,
- Beratung in Sicherheitsfragen,
- Cloud-Computing & mehr.

Zwar geht er zunächst nicht von einem in kaufmännischer Weise eingerichteten Geschäftsbetrieb aus, möchte aber dennoch seine kleine Firma in das Handelsregister eintragen lassen. Beachten Sie den folgenden Gesetzestext:

Handelsgesetzbuch (Auszug)

§ 1 [Istkaufmann] (1) Kaufmann im Sinne dieses Gesetzes ist, wer ein Handelsgewerbe betreibt.

(2) Handelsgewerbe ist jeder Gewerbebetrieb, es sei denn, dass das Unternehmen nach Art und Umfang einen in kaufmännischer Weise eingerichteten Geschäftsbetrieb nicht erfordert.

§ 2 [Kannkaufmann] Ein gewerbliches Unternehmen, dessen Gewerbebetrieb nicht schon nach § 1 Abs. 2 Handelsgewerbe ist, gilt als Handelsgewerbe im Sinne dieses Gesetzbuches, wenn die Firma des Unternehmens in das Handelsregister eingetragen ist.

25. Aufgabe

Ist eine Eintragung in das Handelsregister möglich? Wählen Sie zwei richtige Antworten aus:

1. Eine Eintragung ist nicht möglich, weil es sich bei den geplanten Dienstleistungen nicht um ein Handelsgewerbe handelt.
2. Eine Eintragung ist möglich, wenn Ihr Freund seine Firma nach den geltenden Vorschriften in das Handelsregister, Abteilung B eintragen lässt.
3. Eine Eintragung ist nicht möglich, weil ein kaufmännisch eingerichteter Geschäftsbetrieb nicht vorhanden ist.
4. Beachtet Ihr Freund generelle handelsrechtliche Vorschriften zur Firma, zum Namen sowie zur Rechtsform, so ist eine Eintragung in das Handelsregister, Abteilung A möglich.
5. Für den Fall einer Eintragung in das Handelsregister gelten für Ihren Freund die engeren Vorschriften des Handelsgesetzbuches und nicht die des Bürgerlichen Gesetzbuches.

26. Aufgabe

Für den künftigen Start-up-Unternehmer käme auch die Rechtsform der GmbH langfristig in Betracht. Welche Vorteile würde diese Rechtsform bieten?

1. Die Haftung ist ausschließlich auf die juristische Person (GmbH) beschränkt.
2. Die geringe Kapitalbasis von 25.000 € erleichtert die Gründung einer GmbH.
3. Bei der GmbH ist weder ein Betriebsrat noch ein Aufsichtsrat erforderlich.
4. Gesellschafterinnen und Gesellschafter einer GmbH haften unmittelbar und solidarisch.

Situation zu den Aufgaben 27 bis 32
Ihr Aufgabengebiet in der Personalsachbearbeitung umfasst die Betreuung und Information der Auszubildenden, die Bewerbungsabwicklung und die Gestaltung der Ausbildungsverträge.

27. Aufgabe

Ihnen liegt ein Ausbildungsvertrag der 24-jährigen Mathilda Sternau vor. Ihre Aufgabe besteht darin zu prüfen, ob er den gesetzlichen Vorschriften entspricht. In welcher Rechtsgrundlage schauen Sie im Zweifelsfalle nach?

1. Arbeitsstättenverordnung
2. Handelsgesetzbuch
3. Betriebsverfassungsgesetz
4. Berufsbildungsgesetz
5. Jugendarbeitsschutzgesetz

28. Aufgabe

Sie bereiten Ausbildungsverträge vor. Welchen Inhalt müssen die dabei von Ihnen erstellen Ausbildungsverträge in jedem Fall enthalten?

1. Rahmenlehrplan der Berufsschule
2. fachlich gegliederter Stoffplan der Berufsschule
3. Dauer der täglichen Ruhepausen
4. gemeinsamer Ausbildungsplan der Berufsschule und des Ausbildungsbetriebes
5. Ausbildungsplan des Ausbildungsbetriebes

29. Aufgabe

Christine Kaufmann, Auszubildende in der MiHaG GmbH, besteht ihre Abschlussprüfung am 15.01.2024; ihr Ausbildungsvertrag läuft aber bis zum 29.02.2024. Welche Aussage trifft zu?

1. Ihr Ausbildungsvertrag ist ein zeitlich befristeter Vertrag, den sie bis zum vereinbarten Vertragsende (29.02.2024) auch erfüllen muss.
2. Wird die Auszubildende nach der abgeschlossenen Prüfung weiterbeschäftigt, hat sie Anspruch auf die volle Ausbildungsvergütung bis zum Vertragsende (29.02.2024).
3. Christine Kaufmann kann nach bestandener Abschlussprüfung eine Weiterbeschäftigung bei der MiHaG GmbH im Angestelltenverhältnis verlangen.
4. Christine Kaufmann hat Anspruch auf anteilige Ausbildungsvergütung für den Monat Januar, eine weitere Beschäftigung nach dem Ausbildungsende begründet einen unbefristeten Arbeitsvertrag mit entsprechender Vergütung.

30. Aufgabe

Karla Klever hat ihre Ausbildung bei der MiHaG GmbH als Kauffrau für Büromanagement begonnen. Sie fragt, ob sie sich bei einer gesetzlichen Krankenkasse versichern muss oder ob sie sich auch privat versichern kann.
Was antworten Sie ihr?

1. Weil sie Auszubildende ist, übernimmt der Betrieb alle Beiträge zur Sozialversicherung, sodass sie sich nicht selbst versichern muss.
2. Weil ihre Ausbildungsvergütung unterhalb der Versicherungspflichtgrenze liegt, kann sie sich auch privat versichern.
3. Sie kann frei wählen zwischen einer Mitgliedschaft in der gesetzlichen Krankenversicherung oder in der privaten Krankenversicherung.
4. Solange ihre Ausbildungsvergütung die aktuelle Versicherungspflichtgrenze nicht übersteigt, bleibt sie mit eigenen Krankenversicherungsbeiträgen pflichtversichert in der gesetzlichen Krankenkasse.

31. Aufgabe

Zur Berechnung der Lohnsteuer muss die richtige Steuerklasse angewandt werden. Ordnen Sie die Steuerklassen 1 – 6 richtig zu:

a) ledige oder geschiedene Arbeitnehmerinnen und Arbeitnehmer ohne Kind:

b) zweites oder weiteres Beschäftigungsverhältnis

c) Ehegatten mit annähernd gleichem Einkommen

d) Ehegatten, wenn ein Ehegatte Arbeitslohn bezieht

32. Aufgabe

Jens Sonnenschein, Auszubildender der MiHaG GmbH, möchte von Ihnen wissen, welche Ausgabe als „unbeschränkt abzugsfähige Sonderausgabe“ geltend gemacht werden kann:

1. Aufwendungen für Fachliteratur
2. Spenden an gemeinnützige Vereine
3. gezahlte Kirchensteuer
4. Aufwendungen für die Unterstützung naher Verwandter
5. Aufwendungen für die Unterstützung der hilfsbedürftigen Mutter

33. Aufgabe

Im „Gesetz zur Förderung der Stabilität und des Wachstums der Wirtschaft“ – kurz: „Stabilitätsgesetz“ – sind die wirtschaftlichen Ziele der Bundesrepublik Deutschland definiert. Welche beiden Ziele sind dort genannt?

1. gerechte Einkommensverteilung
2. qualitatives Wachstum
3. Erhaltung der natürlichen Ressourcen
4. kürzere Arbeitszeiten
5. außenwirtschaftliches Gleichgewicht
6. hoher Beschäftigungsgrad
7. niedrige Steuersätze

Bewertung:

- Nachdem Sie den WiSo-Aufgabenteil sorgfältig durchgearbeitet haben, testen Sie nun Ihr Wissen unter Prüfungsbedingungen.
- Die Aufgaben beziehen sich wie bei der originalen IHK-Abschlussprüfung auf ein vorangestelltes Musterunternehmen.
- Das Musterunternehmen ist dem WiSo-Aufgabenteil vorangestellt.
- Achten Sie für einen möglichst realistischen Selbsttest auf die genaue Einhaltung der Zeit bei der Lösung Ihrer Aufgaben.
- Die Lösungen tragen Sie bitte in den vorgesehenen Lösungsbogen ein.
- Bewerten Sie im Anschluss daran Ihre Leistung.
- Jede Aufgabe wird mit 3,0303 Punkten bewertet.
- Bei Aufgaben mit mehr als einer Lösungsmöglichkeit errechnen Sie entsprechende Teilpunkte.
- Insgesamt können Sie 100 Punkte erreichen.
- Legen Sie zur abschließenden Gesamtbewertung den IHK-Bewertungsschlüssel zugrunde:

Erzielte Punkte	**100 – 92**	**91 – 81**	**80 – 67**	**66 – 50**	**49 – 30**	**29 – 0**
	Note 1	Note 2	Note 3	Note 4	Note 5	Note 6

Verlag und Autor drücken Ihnen die Daumen für eine erfolgreiche Abschlussprüfung.

Lösungsbogen

Aufgabe 1 ☐ ☐

Aufgabe 2 ☐ ☐

Aufgabe 3 ☐ ☐

Aufgabe 4 a) ☐ b) ☐ c) ☐ d) ☐

Aufgabe 5 a) ☐ b) ☐ c) ☐

Aufgabe 6 ☐ ☐

Aufgabe 7 ☐

Aufgabe 8 ☐

Aufgabe 9 ☐

Aufgabe 10 ☐ ☐

Aufgabe 11 ☐

Aufgabe 12 ☐

Aufgabe 13 ☐

Aufgabe 14 ☐

Aufgabe 15 ☐ ☐

Aufgabe 16 ☐

Aufgabe 17 ☐

Aufgabe 18 ☐ ☐

Aufgabe 19 ☐

Aufgabe 20 ☐

Aufgabe 21 ☐

Aufgabe 22 ☐

Aufgabe 23 a) ☐ b) ☐ c) ☐

Aufgabe 24 ☐

Aufgabe 25 ☐ ☐

Aufgabe 26 ☐ ☐

Aufgabe 27 ☐

Aufgabe 28 ☐

Aufgabe 29 ☐

Aufgabe 30 ☐

Aufgabe 31 a) ☐ b) ☐ c) ../.. d) ☐

Aufgabe 32 ☐

Aufgabe 33 ☐ ☐

Lösungen

Aufgabe 1 3, 5

Aufgabe 2 1, 5

Aufgabe 3 1, 4

Aufgabe 4 a) 3 b) 2 c) 2 d) 1

Aufgabe 5 a) 2 b) 1 c) 3

Aufgabe 6 4, 5

Aufgabe 7 4

Aufgabe 8 4

Aufgabe 9 2

Aufgabe 10 2, 4

Aufgabe 11 2

Aufgabe 12 2

Aufgabe 13 1

Aufgabe 14 5

Aufgabe 15 2, 4

Aufgabe 16 2

Aufgabe 17 4

Aufgabe 18 3, 4

Aufgabe 19 5

Aufgabe 20 4

Aufgabe 21 3

Aufgabe 22 2

Aufgabe 23 a) 90 € b) 2 c) 2

Aufgabe 24 5

Aufgabe 25 4, 5

Aufgabe 26 1, 5

Aufgabe 27 4

Aufgabe 28 5

Aufgabe 29 4

Aufgabe 30 4

Aufgabe 31 a) 1 b) 6 c) 4/4 d) 3

Aufgabe 32 3

Aufgabe 33 5, 6

Probeprüfung Teil 3

Fahrzeugvertriebsprozesse und Finanzdienstleistungen

- ➡ ungebundene Prüfungsaufgaben
- ➡ 90 Minuten
- ➡ 100 Punkte
- ➡ Gewichtung 25 % vom Gesamtergebnis

Situation
Sie sind momentan im Neuwagenverkauf der Autohaus Schmidt GmbH eingesetzt. Heute haben Sie einen Termin mit Herrn Busch, der sich für das neue E-tran-Modell interessiert. Zunächst möchte er allerdings eine Probefahrt machen.

1. Aufgabe

(47 Punkte, ca. 40 Minuten Bearbeitungszeit)

1.1 Geben Sie die **zwei** Dokumente an, die Sie von Herrn Busch für die Erstellung der Probefahrtvereinbarung benötigen.

– ____________________

– ____________________

(2 Punkte)

1.2 Nennen Sie **vier** Tätigkeiten/Kontrollen, die Sie vor der Übergabe des Probefahrzeugs an Herrn Busch üblicherweise durchführen sollten.

– ____________________

– ____________________

– ____________________

– ____________________

(4 Punkte)

1.3 Erläutern Sie **einen** Grund, warum Sie Herrn Busch auf der Probefahrt begleiten sollten.

____

____

____

(2 Punkte)

Fortführung der Situation:
Zusammen mit Herrn Busch konfigurieren Sie sein „Wunschauto“. Leider stellt Herr Busch fest, dass die ihm zur Verfügung stehenden liquiden Mitteln nicht ausreichen, um dieses Fahrzeug zu finanzieren. Sie erläutern Herrn Busch daraufhin die Möglichkeit einer Drei-Wege-Finanzierung.

1.4 Erläutern Sie den gewöhnlichen Ablauf einer Drei-Wege-Finanzierung.

____

____

____

____

____

(4 Punkte)

1.5 Nennen Sie **drei** Vorteile, die Herr Busch durch eine Drei-Wege-Finanzierung hätte.

– ____________________

– ____________________

– ____________________

(3 Punkte)

1.6 Welche **drei** Möglichkeiten hat Herr Busch branchenüblich am Ende der Laufzeit einer Drei-Wege- Finanzierung?

– ____________________

– ____________________

– ____________________

(3 Punkte)

Fortführung der Situation
Herr Busch hat sich für die Drei-Wege Finanzierung entschieden. Der Wert seines Gebrauchtwagens, den die Autohaus Schmidt GmbH für 8.000,00 € in Zahlung nimmt, soll in die Finanzierung als Anzahlung einfließen.

1.7 Sie sollen die monatliche Rate, die Herr Busch zahlen muss berechnen.
Ihnen liegen zusätzlich folgende Daten vor:

Gesamtfahrzeugpreis: 32.500,00 €
RSV Prämie: 12,48 € pro Monat
GAP Prämie: 3,95 € pro Monat
Laufzeit: 48 Monate

Hinweis:
Die Prämien sollen mitfinanziert werden.

Führen Sie die Berechnung in folgendem Schema durch:

		Beträge in €
Gesamtfahrzeugpreis		
Anzahlung		
Restrechnungspreis		
RSV- Prämie		
GAP-Prämie		
Nettodarlehensbetrag		
Zinsen	2.439,36 €	
Gesamtdarlehensbetrag		
Schlussrate (49. Rate) 48 % vom Gesamtfahrzeugpreis		
monatliche Rate		

(10 Punkte)

Fortführung der Situation:
Herr Busch ist mit der Finanzierung einverstanden. Sie beantragen jetzt mit ihm zusammen den Kredit bei Ihrer Herstellerbank.

1.8 Nennen Sie neben der Selbstauskunft zwei Möglichkeiten, die Kreditwürdigkeit eines Privatkunden/einer Privatkundin zu überprüfen.

– ______

– ______

(2 Punkte)

1.9 Die Banken verlangen von Kreditnehmenden Sicherheiten, die sie vor Forderungsausfällen schützen können. Geben Sie vier Möglichkeiten an, die sich typischerweise als Sicherheit bei der Fahrzeugfinanzierung eignen.

______

– ______

– ______

– ______

(4 Punkte)

1.10 Erläutern Sie, warum die Zinsen für Kredite bei den Herstellerbanken meistens günstiger sind als bei der Hausbank des Kunden/der Kundin.

______

______

______

______

______

(3 Punkte)

Fortführung der Situation
Nachdem alle Formalitäten erledigt wurden, legen Sie Herrn Busch die verbindliche Bestellung für sein Orderfahrzeug zur Unterschrift vor. Herr Busch hat noch einige Fragen zu den auf der rechten Seite abgebildeten Neuwagenverkaufsbedingungen.

1.11 Erläutern Sie Herrn Busch, wie der Kaufvertrag für den Neuwagen zustande kommen kann. Gehen Sie dabei auf Antrag und Annahme im Zusammenhang mit dem Kaufvertrag ein.

(4 Punkte)

1.12 Herr Busch möchte wissen, ob er ein Recht auf Schadenersatz hat, falls das Autohaus nicht zum vereinbarten Zeitpunkt liefert und welche Schritte dafür notwendig sind.

(4 Punkte)

1.13 Schließlich möchte Herr Busch noch wissen, wie lang die gesetzliche Gewährleistungszeit in seinem Fall ist und ab wann sie beginnt.

(2 Punkte)

Neuwagen-Verkaufsbedingungen (Kraftfahrzeuge und Anhänger)

I. Vertragsabschluss/Übertragung von Rechten und Pflichten des/der Käufer/-in
1. Der/die Käufer/-in ist an die Bestellung höchstens bis drei Wochen, bei Nutzfahrzeugen bis sechs Wochen gebunden. Diese Frist verkürzt sich auf zehn Tage (bei Nutzfahrzeugen auf zwei Wochen) bei Fahrzeugen, die bei dem/der Verkäufer/-in vorhanden sind. Der Kaufvertrag ist abgeschlossen, wenn der/die Verkäufer/-in die Annahme der Bestellung des näher bezeichneten Kaufgegenstands innerhalb der jeweils genannten Fristen schriftlich bestätigt oder die Lieferung ausführt. Der/die Verkäufer/-in ist jedoch verpflichtet, den/die Besteller/-in unverzüglich zu unterrichten, wenn er die Bestellung nicht annimmt.
2. ...

II. Preise ...

III. Zahlung
1. Der Kaufpreis und Preise für Nebenleistungen sind bei Übergabe des Kaufgegenstandes und Aushändigung oder Übersendung der Rechnung zur Zahlung fällig.
2. ...

IV. Lieferung und Lieferverzug
1. Liefertermine und Lieferfristen, die verbindlich oder unverbindlich vereinbart werden können, sind schriftlich anzugeben. Lieferfristen beginnen mit Vertragsabschluss.
2. Der/die Käufer/-in kann sechs Wochen nach Überschreiten eines unverbindlichen Liefertermins oder einer unverbindlichen Lieferfrist den/die Verkäufer/-in auffordern, zu liefern. Diese Frist verkürzt sich auf zehn Tage (bei Nutzfahrzeugen auf zwei Wochen) bei Fahrzeugen, die bei dem/der Verkäufer/-in vorhanden sind. Mit dem Zugang der Aufforderung kommt der/die Verkäufer/-in in Verzug. Hat der/die Käufer/-in Anspruch auf Ersatz eines Verzugsschadens, beschränkt sich dieser bei leichter Fahrlässigkeit des Verkäufers auf höchstens 5 % des vereinbarten Kaufpreises.
3. ...

V. Abnahme
1. Der/die Käufer/-in ist verpflichtet, den Kaufgegenstand innerhalb von 14 Tagen ab Zugang der Bereitstellungsanzeige abzunehmen.
2. Im Falle der Nichtabnahme kann der/die Verkäufer/-in von seinen gesetzlichen Rechten Gebrauch machen. Verlangt der/die Verkäufer/-in Schadensersatz, so beträgt dieser 15 % des Kaufpreises. Der Schadenersatz ist höher oder niedriger anzusetzen, wenn der/die Verkäufer/-in einen höheren Schaden nachweist oder der/die Käufer/-in nachweist, dass ein geringerer oder überhaupt kein Schaden entstanden ist.

VI. Eigentumsvorbehalt
1. Der Kaufgegenstand bleibt bis zum Ausgleich der dem/der Verkäufer/-in aufgrund des Kaufvertrages zustehenden Forderungen Eigentum des Verkäufers/der Verkäuferin.
2. ...

VII. Haftung für Sachmängel
1. Ansprüche des Käufers/der Käuferin wegen Sachmängeln verjähren entsprechend den gesetzlichen Bestimmungen in zwei Jahren ab Ablieferung des Kaufgegenstandes.
2. ...

Verband der Internationalen Kraftfahrzeughersteller e.V. (VDIK): Neuwagen-Verkaufsbedingungen, S. 1–2. In: www.vdik.de. Stand: 12/2016. https://www.vdik.de/wp-content/uploads/2019/10/vdik_dl_recht_Neuwagen_Verkaufsbedingungen_12_2016.pdf [23.06.2022].

Situation
Eine Stammkundin, Frau Müller, Geschäftsführerin der Baustoffe Müller GmbH, benötigt für ihr Unternehmen einen neuen PKW. Sie hat sich bereits für ein Fahrzeug entschieden. Ihnen liegen folgende Daten der Herstellerbank vor.

Leasingangebot

E-Tran 50 4matic 313 PS (230 kW), Elektro

- selenitgrau metallic
- Businesspaket inkl. Navigationssystem Navitron

Anschaffungspreis: 60.550,00 € (netto)

Leasingsonderzahlung: 10.000,00 €	jährliche Fahrleistung: 20.000 km
Laufzeit: 36 Monate	Restwert: 55 % vom Anschaffungspreis
Leasingfaktor Neuwagen: 4,05	Leasingfaktor Gebrauchtwagen: 3,95

2. Aufgabe *(24 Punkte, ca. 20 Minuten Bearbeitungszeit)*

2.1 Berechnen Sie nachvollziehbar die monatlich von der Baustoffe Müller GmbH zu überweisende Leasingrate. (Ergebnisse auf zwei Stellen hinter dem Komma runden)

(8 Punkte)

2.2 Nennen Sie **zwei** Vorteile des Leasings gegenüber der Finanzierung für die Baustoffe Müller GmbH.

–

–

(2 Punkte)

2.3 Der Leasinggeber verlangt im Normalfall den Abschluss einer Vollkaskoversicherung für das Fahrzeug und einen Sicherungsschein. Erläutern Sie die Funktion des Sicherungsscheins.

(3 Punkte)

2.4 Die Leasingrate kann zusätzlich weitere Serviceleistungen bis hin zum Full-Service Leasing enthalten. Nennen Sie **fünf** Beispiele für diese Leistungen.

–

–

–

–

–

(5 Punkte)

Fortführung der Situation
Frau Müller hat gehört, dass im Zusammenhang mit einem Leasingvertrag häufig eine GAP-Versicherung abgeschlossen wird.

2.5 Erläutern Sie welches Risiko die GAP-Versicherung abdeckt.

____

____

____

____

____

(3 Punkte)

2.6 Zeichnen Sie in die folgende Grafik den typischen Verlauf von a) dem Wiederbeschaffungswert und b) dem Buchwert (beim Leasinggeber). Beschriften Sie die Verläufe entsprechend mit a) und b). Kennzeichnen Sie die entstehende Finanzierungslücke indem Sie dort ein c) eintragen.

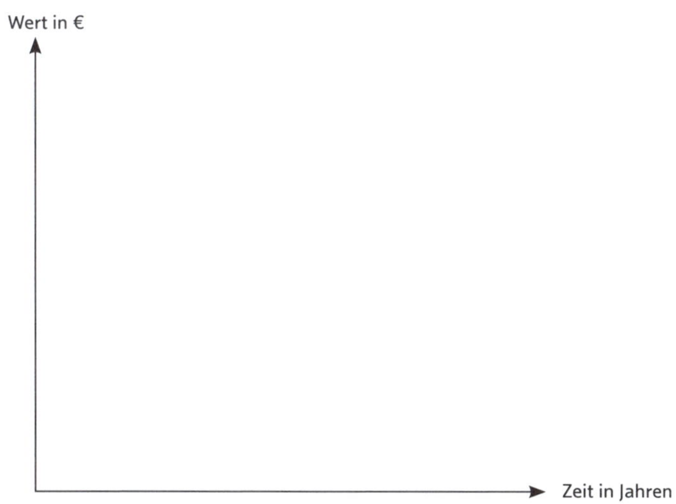

(3 Punkte)

Situation
Sie sind mit der Zulassung eines Neuwagens für einen Privatkunden beauftragt. Einen Termin bei der zuständigen KFZ-Zulassungsbehörde haben Sie schon gemacht. Jetzt stellen Sie die benötigten Dokumente zusammen.

3. Aufgabe *(14 Punkte, ca. 15 Minuten Bearbeitungszeit)*

3.1 Nennen Sie **fünf** Dokumente/Unterlagen, die Sie für die Zulassung benötigen.

– ______________________________

– ______________________________

– ______________________________

– ______________________________

– ______________________________

(5 Punkte)

Fortführung der Situation
Das neu zugelassene Fahrzeug wird vollkaskoversichert. Das beinhaltet sowohl die Haftpflicht als auch die Teilkaskoversicherung.

3.2 Nennen Sie die **drei** Schäden, die durch eine Haftpflichtversicherung abgesichert sind.

– ______________________________

– ______________________________

– ______________________________

(3 Punkte)

3.3 Geben Sie für jede Versicherung je einen typischen Schadensfall an.

Versicherung	Schadensfall
Haftpflicht	
Teilkasko	
Vollkasko	

(3 Punkte)

Fortführung der Situation
Für finanzierte Fahrzeuge wird häufig neben einer Vollkaskoversicherung auch eine RSV (Restschuldversicherung) abgeschlossen.

3.4 Welche **drei** Risiken werden normalerweise durch eine RSV-Versicherung abgedeckt?

–

–

–

(3 Punkte)

Situation
Die Nachkalkulation des Neuwagengeschäfts gehört auch zu Ihren Aufgaben. Dazu gehört die Berechnung des Einstandspreises unter Berücksichtigung der Händlermarge und sonstigen Vergünstigungen genauso wie die Berücksichtigung von eventuellen Zugeständnissen, die Sie dem Kunden beim Verkauf gemacht haben.

4. Aufgabe *(15 Punkte, ca. 15 Minuten Bearbeitungszeit)*

4.1 Folgende Daten liegen Ihnen zur Nachkalkulation des Fahrzeugs, dass an Herrn Busch (1. Aufgabe) verkauft wurde vor:

- Listenverkaufspreis (brutto): 32.500,00 €
- 14 % Händlermarge und 400,00 € Eroberungsprämie
- Der Schätzwert des Gebrauchtfahrzeugs liegt bei 7.000,00 €. Herr Busch bekam vom Autohaus Schulze 8.000,00 €.
- Zugabe von Winterreifen ohne Aufpreis mit einem internen Verrechnungssatz von 320,00 € und Verkaufspreis von 500,00 € (brutto)
- Der Verkäufer erhält 11 % Bruttoertragsprovision.

4.1.1 Ermitteln Sie nachvollziehbar den Einstandspreis für das Fahrzeug in Euro.

(3 Punkte)

4.1.2 Ermitteln Sie nachvollziehbar den Bruttoertrag des Fahrzeugs in Euro.

(4 Punkte)

4.1.3 Ermitteln Sie nachvollziehbar den Rohgewinn, den die Autohaus Schmidt GmbH aus dem Verkauf des Fahrzeugs erzielt.

(3 Punkte)

4.2 Erklären Sie den Unterschied zwischen Bruttoertrags- und Umsatzprovision.

(2 Punkte)

4.3 Nennen Sie drei Tätigkeiten, die nach der Übergabeinspektion in Zusammenhang mit der Fahrzeugaufbereitung erfolgen.

–

–

–

(3 Punkte)

Bewertung:

- Insgesamt werden in der Prüfung 100 Punkte verteilt.
- Bei jeder Aufgabe werden die erreichbaren Punkte angegeben.
- Je Nennung gibt es einen Punkt.
- Bei Rechenaufgaben werden Folgefehler berücksichtigt. Das bedeutet, dass trotzdem die entsprechenden Punkte verteilt werden, auch wenn mit dem „falschen" Ergebnis „richtig" weitergerechnet wird.
- Auf den nächsten Seiten finden Sie eine Musterlösung und einen Bewertungsbogen.
- Es gibt natürlich zu einigen (offenen) Aufgaben auch andere sinnvolle Lösungen (andere Formulierungen, andere Beispiele).

Lösung und Bewertung zur Probeprüfung

erreichte Punkte:

1. Aufgabe *(47 Punkte)*

1.1 *(2 Punkte)*

- Führerschein
- Personalausweis oder Reisepass mit Meldebescheinigung

______

1.2 *(4 Punkte)*

- Probefahrtvereinbarung kundenseitig unterschreiben lassen
- Dauer, Kilometerzahl der Probefahrt und Betankung festlegen
- Fahrzeug erklären oder Übergabe der Fahrzeugschlüssel und ZB I
- Vorschäden festhalten

______

1.3 *(2 Punkte)*

- direkte Beantwortung der Kundenfragen.
- Hinweis auf die Besonderheiten/Vorteile des Fahrzeugs
- Vermeidung der Überbeanspruchung des Fahrzeugs durch Kundinnen und Kunden
- Schutz vor Diebstahl

______

gesamt: ______

erreichte Punkte:

1.4 *(4 Punkte)*

Bei der Drei-Wege- oder Ballonfinanzierung wird nur ein Teil des Kreditbetrags, während einer festen vereinbarten Laufzeit getilgt. Vom Anschaffungswert des Fahrzeugs wird eine Anzahlung und der Restwert des Fahrzeugs abgezogen und nur der verbleibende Betrag finanziert. (Anzahlung – Raten – Restzahlung)

______

1.5 *(3 Punkte)*

- Person kann sich das „Wunschauto"/höherwertiges Fahrzeug leisten
- liquide Mittel bleiben erhalten, Geld anderweitig ausgegeben

______

1.6 *(3 Punkte)*

- Person kann das Fahrzeug weiterfinanzieren.
- Person kann das Fahrzeug zurückgeben.
- Person kann das Fahrzeug kaufen.

______

1.7 *(10 Punkte)*

	Punkte	Beträge in €
Gesamtfahrzeugpreis		32.500,00
Anzahlung	1	8.000,00(Gebrauchtwagen)
Restrechnungspreis	1	24.500,00
RSV- Prämie	1	599,04 (12,48 · 48)
GAP-Prämie	1	189,60 (3,95 · 48)
Nettodarlehensbetrag	1	25.288,64
Zinsen	2.439,36 €	
Gesamtdarlehensbetrag	1	27.728,00
Schlussrate (49. Rate) 48 % vom Gesamtfahrzeugpreis	1	15.600,00 (48 % v. 32.500 €)
monatliche Rate	3	252,67 (12.128 € : 48 M)

______

gesamt : ______

erreichte Punkte:

1.8 *(2 Punkte)*

- Gehaltsnachweise (der letzten drei Monate), Kontoauszüge
- Schufa, Grundbuchauszug über Immobilienbesitz

______

1.9 *(4 Punkte)*

- Sicherungsübereignung
- Mitdarlehensnehmende, (selbstschuldnerische) Bürgschaft
- Restschuldversicherung, GAP-Versicherung
- Vollkaskoversicherung mit Abtretung (Sicherungsschein)

______

1.10 *(3 Punkte)*

Die Herstellerbanken nutzen diese Niedrigzinsstrategie gezielt, um den Absatz von Fahrzeugen zu steigern. Vor allem in konjunkturschwachen Zeiten kann dies die Händler/-innen beim Verkauf unterstützen.

______

1.11 *(4 Punkte)*

Der Antrag im Sinne des Kaufvertrags ist die verbindliche Bestellung von Herrn Busch. Das Autohaus nimmt diesen Antrag an, indem die Bestellung innerhalb von drei Wochen schriftlich bestätigt oder die Lieferung ausgeführt wird.

______

1.12 *(4 Punkte)*

Der/die Käufer/-in muss sechs Wochen nach Überschreiten eines unverbindlichen Liefertermins den/die Verkäufer/-in, mit der Aufforderung zu liefern in Verzug setzen. Hat der/die Käufer/-in Anspruch auf Ersatz eines Verzugsschadens, beschränkt sich dieser bei leichter Fahrlässigkeit des Verkäufers/der Verkäuferin auf 5 % des vereinbarten Kaufpreises.

______

1.13 *(2 Punkte)*

Die Gewährleistungszeit beträgt entsprechend den gesetzlichen Bestimmungen zwei Jahre ab Ablieferung des Fahrzeugs.

______

gesamt Aufgabe 1: ______

erreichte Punkte:

2. Aufgabe *(24 Punkte)*

2.1 *(8 Punkte)*

Anschaffungspreis:

60.550 € – Sonderzahlung:10.000 €	=	50.550 € *(1)*
50.550.00 € · 4,05/100 = Neuwagenrate	=	2.047,28 € *(2)*
Restwert = 55 % vom Anschaffungspreis	=	33.302,50 € *(1)*
33.302,50 € · 3,95/100 = Gebrauchtwagenrate	=	–1.315,45 € *(2)*
= Leasingrate (netto)		731,83 € *(1)*
Umsatzsteuer 19 %		139,05 €
= Überweisungsbetrag		**870,88 €** *(1)*

______

2.2 *(2 Punkte)*

- Liquidität bleibt erhalten, keine Zunahme der Verbindlichkeiten
- keine Belastung des Kreditrahmens, keine Verschlechterung der EK-Quote

______

2.3 *(3 Punkte)*

Der Sicherungsschein wird von der Versicherungsgesellschaft zu Gunsten des Leasinggebers/der Leasinggeberin ausgestellt. Damit überträgt der/die Versicherungsnehmende. (Leasingnehmer/-in) die Rechte aus dem Versicherungsvertrag auf den/die Leasinggeber/-in.

______

2.4 *(5 Punkte)*

- Reifenwechsel, -einlagerung, -ersatz
- Vollkaskoversicherung, GAP-Versicherung
- Wartung und Reparaturen
- Tankkarte, Rundfunkgebühren
- Nachfüllung von Verbrauchsstoffen wie Öl und Frostschutz

______

gesamt : ______

erreichte Punkte:

2.5 *(3 Punkte)*

Die GAP-Versicherung deckt, im Falle eines Totalschadens oder Diebstahl des Fahrzeugs, die Differenz zwischen dem Wiederbeschaffungswert, den die Versicherung zahlt und dem Buchwert bei Leasinggeber, den der/die Leasingnehmer/-in an den/die Leasinggeber/-in zahlen muss.

2.6 *(3 Punkte)*

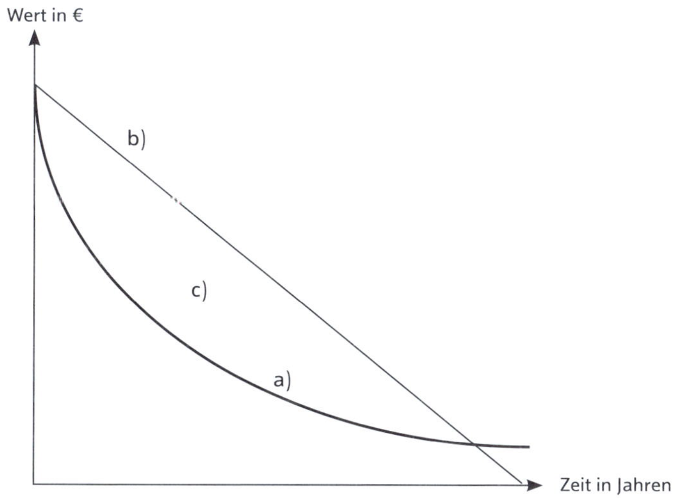

gesamt Aufgabe 2:

erreichte Punkte:

3. Aufgabe *(14 Punkte)*

3.1 *(5 Punkte)*

- Zulassungsbescheinigung Teil II , Zulassungsvollmacht
- eVB Nummer der Versicherung, CoC-Bescheinigung
- evtl. Wunschkennzeichen, SEPA-Lastschriftmandat
- Personalausweis/Reisepass mit Meldebescheinigung (Kopie)

3.2 *(3 Punkte)*

- Sachschäden
- Personenschäden
- Vermögensschäden

3.3 *(3 Punkte)*

Versicherung	Schadensfall
Haftpflicht	Auffahrunfall durch den/die Versicherungsnehmer/-in verursacht Person wird übersehen und angefahren
Teilkasko	Steinschlag durch ein vorausfahrendes Fahrzeug Wildschaden, Sturmschäden ab Windstärke 8
Vollkasko	selbstverursachte Schäden am eigenen Fahrzeug Vandalismusschäden

3.4 *(3 Punkte)*

- unverschuldete Arbeitslosigkeit
- Tod
- längerfristige Arbeitsunfähigkeit (länger als sechs Wochen)

gesamt Aufgabe 3:

erreichte Punkte:

4. Aufgabe *(15 Punkte)*

4.1

4.1.1 *(3 Punkte)*

32.500,00 € : 1,19 = 27.310,92 (netto)
abzgl. 3823,53 € (14 % Marge) = 23.487,39 €
23487,39 € – 400,00 € Eroberungsbonus
= 23.087,39 € = Einstandspreis

4.1.2 *(4 Punkte)*

3823,53 € (14 % Marge) + 400,00 € Eroberungsbonus	= 4.223,53 €
abzgl. Überzahlung Gebrauchtwagen	– 1.000,00 €
abzgl. Zugabe Winterreifen	– 320,00 €
= Bruttoertrag	= 2.903,53 €

4.1.3 *(3 Punkte)*

Bruttoertrag 2.903,53 €
abzgl. 319,39 (11 % Bruttoertragsprovision) = 2.584,14 €

4.2 *(2 Punkte)*

Während der/die Verkäufer/-in bei der Bruttoertragsprovision einen Prozentanteil von der Differenz zwischen dem Verkaufserlös und den verrechneten Anschaffungskosten bekommt, erhält er/sie bei der Umsatzprovision einen Prozentsatz vom erzielten Umsatz.

4.3 *(3 Punkte)*

- Fahrzeug waschen – Innenraum reinigen
- Aufkleber/Schutzhülle entfernen
- Kennzeichenhalter anbringen

gesamt Aufgabe 4: ________

Auswertung:

Aufgabe	Gesamtpunkte	erreichte Punkte
1	47	
2	24	
3	14	
4	15	
Gesamt	100	

IHK-Notenschlüssel

Punkte	Note
100–92	1
91–81	2
80–67	3
66–50	4
49–30	5
29–0	6

Sie haben die schriftlichen Teile der Abschlussprüfung hinter sich gebracht.

Nun steht die letzte Hürde an:

Das fallbezogene Fachgespräch

Übersicht

1. Was erwartet mich?
2. Wie ist der Ablauf?
3. Was kann geprüft werden?
4. Wie bereite ich mich vor?

Die nächsten Seiten sollen Ihnen helfen, auch im mündlichen Prüfungsteil möglichst erfolgreich zu sein.

1. Was erwartet mich?

Im fallbezogenen Fachgespräch beweisen Sie, dass Sie den tagtäglichen Aufgaben im Autohaus gewachsen sind.

Wie beim „Gesellenstück" am Ende einer handwerklichen Ausbildung sollen Sie zeigen, dass Sie alle Tätigkeiten, die ein/e Automobilkaufmann/-frau im Autohaus durchzuführen hat, „drauf" haben.

Aber keine Angst!

Ihre „Meisterprüfung" müssen Sie erst in der beruflichen Praxis bestehen. Zum Ende der Ausbildung genügt es, die Grundlagen zu beherrschen.

Dies zeigen Sie vor einem Prüfungsausschuss der zuständigen Stellen, also den Industrie- und Handelskammern oder auch der Handwerkskammern. Er besteht aus mindestens drei Mitgliedern. Person und auch der Berufsschule werden das Gespräch leiten. Für den Inhalt sind Sie zuständig.

2. Wie ist der Ablauf?

Sie erhalten den Termin und den Ort Ihres Fachgesprächs in der Regel mit den Ergebnissen der schriftlichen Abschlussprüfung.

Bitte seien Sie pünktlich, denn ein unentschuldigtes Fernbleiben zählt als „nicht bestanden". Kontrollieren Sie also den Weg und vor allem die Zeit bis zum Prüfungsort.

Dann ist es soweit: Sie werden in den Prüfungsraum gebeten.

Nach Vorstellung des Prüfungsausschusses werden Sie oft nach Ihrem Ausbildungsbetrieb und dem Ablauf Ihrer Ausbildung gefragt. Dies gibt dem Prüfungsausschuss die Möglichkeit, sich schon mal einen ersten Eindruck über Sie zu machen. Und es nimmt ein wenig die Anspannung.

Wenn in der Einladung gefordert, legen Sie auch Ihr Berichtsheft vor.

Die eigentliche Prüfung beginnt nun.

Der Prüfungsausschuss legt Ihnen zwei praxisbezogene Aufgaben vor, aus denen Sie eine Aufgabe auswählen.

Sie bearbeiten dann die Aufgabe und entwickeln einen Lösungsweg.

Hierzu bekommen Sie eine Vorbereitungszeit von 20 Minuten. Sie machen sich stichpunktartig Notizen als Leitfaden für das eigentliche Gespräch.

Das fallbezogene Fachgespräch wird mit der Darstellung des Lösungswegs durch Sie eingeleitet. Der Prüfungsausschuss stellt darüber hinaus Fragen zu Aspekten, die noch unklar sind. Insgesamt dauert das Gespräch höchstens 20 Minuten.

Sie verlassen nun den Prüfungsraum. Der Prüfungsausschuss bewertet das Gehörte. Maximal sind auch hier 100 Punkte möglich.

Schließlich werden Sie wieder hereingebeten. Sie erfahren jetzt, ob sie die Prüfung insgesamt bestanden haben und erhalten darüber eine Bescheinigung.

Herzlichen Glückwunsch: Ihre Ausbildung ist nun beendet.

Das Gesamtergebnis der Prüfung erfahren Sie dann in Ihrem Berufsabschluss-Zeugnis. Die Gesamtnote errechnet sich wie folgt:

Fach	Bewertung	Maximale Punkte
Teil 1 Gestreckte Abschlussprüfung (gebundene Aufgabenstellung) Warenwirtschafts- und Werkstattprozesse	20 %	100
Teil 2 Gestreckte Abschlussprüfung (Offene Aufgabenstellung) Fahrzeugvertriebsprozesse und Finanzdienstleistungen	25 %	100
Kaufmännische Unterstützungsprozesse	25 %	100
Wirtschafts- und Sozialkunde	10 %	100
Fallbezogenes Fachgespräch (mündlich) Kundendienstprozesse	20 %	100
Gesamtergebnis	100 %	100

3. Was kann geprüft werden?

Im Prüfungsbereich „Kundendienstprozesse“ sollen Sie nachweisen, dass Sie in der Lage sind, komplexe Aufgaben des Kundendienstes unter Einbeziehung betrieblicher Marketingaktivitäten zu bearbeiten, die Vorgehensweise zu begründen, Problemlösungen zu erarbeiten, Hintergründe und Schnittstellen zu anderen Arbeitsbereichen zu erläutern und Ergebnisse zu bewerten.

Der inhaltliche Schwerpunkt liegt also im Service-/Werkstattgeschäft und seinen Schnittstellen zu z. B. Marketing, Garantien und Kfz-Versicherungen bei der Unfallschadenabwicklung.

Viele zuständige Stellen sehen den Begriff „Kundendienstprozesse“ aber auch weit. „Dienst an den Kundinnen und Kunden“ beinhaltet neben dem Service/Werkstattgeschäft dann z.B. auch eine Beratung zu Finanzierungs- oder Versicherungsprodukten, das Teile-und Zubehörgeschäft, usw.

4. Wie bereite ich mich vor?

Ihr Prüfungsergebnis wird nicht nur dadurch bestimmt, was Sie sagen, sondern auch, wie Sie es sagen.

Zu Ihren zukünftigen Aufgaben im Autohaus gehört es auf jeden Fall, dass Sie nicht nur Ihr Fach theoretisch beherrschen, sondern auch, dass Sie mit Menschen umgehen können.

Geben Sie also nicht nur den Schulstoff wieder. Zeigen Sie im Prüfungsgespräch, dass Sie die Arbeitsabläufe im Autohaus kennen und die Aufgaben strukturiert darstellen und erfüllen können.

Tipps

- *Seien Sie freundlich und höflich.*
- *Kleiden Sie sich dem Anlass entsprechend (wie bei einem Termin mit wichtigen Kundinnen und Kunden).*
- *Ordnen und gliedern Sie Ihre Ausführungen (Schreibzeug, Konzeptpapier und Taschenrechner nicht vergessen).*
- *Sprechen Sie klar und deutlich.*
- *Veranschaulichen Sie durch Beispiele aus Ihrem Ausbildungsbetrieb.*

Auf den folgenden Seiten finden Sie Beispiele für mögliche praxisbezogene Aufgaben. Spielen Sie mit Ihren Prüfungskolleginnen und -kollegen fallbezogene Fachgespräche durch.

Situation

Ihre langjährige Kundin Frau Simone Schauder ruft am Freitagnachmittag bei Ihnen im Autohaus an, weil sie einen Termin in der nächsten Woche für eine Inspektion mit Mobilitätsgarantie ihres Pkw braucht. Sie sind derzeit in der Auftragsannahme tätig und nehmen den Anruf entgegen. Aus dem Gespräch geht hervor, dass Frau Schauder einen Termin zu Beginn der Woche benötigt, weil sie am kommenden Donnerstag eine Urlaubsreise antreten will. Außerdem kann sie den Wagen nur nachmittags entbehren, da sie am Vormittag arbeitet und ihr Kind um 12.30 Uhr vom Kindergarten abholen muss.

Der aktuelle Stand der Werkstattauslastung der kommenden Woche sieht folgendermaßen aus:

Montag												
Uhrzeit	7	8	9	10	11	12	13	14	15	16	17	18
Bühne 1												
Bühne 2												
Bühne 3												
Bühne 4												

Dienstag												
Uhrzeit	7	8	9	10	11	12	13	14	15	16	17	18
Bühne 1												
Bühne 2												
Bühne 3												
Bühne 4												

Mittwoch												
Uhrzeit	7	8	9	10	11	12	13	14	15	16	17	18
Bühne 1												
Bühne 2												
Bühne 3												
Bühne 4												

Donnerstag												
Uhrzeit	7	8	9	10	11	12	13	14	15	16	17	18
Bühne 1												
Bühne 2												
Bühne 3												
Bühne 4												

Freitag												
Uhrzeit	7	8	9	10	11	12	13	14	15	16	17	18
Bühne 1												
Bühne 2												
Bühne 3												
Bühne 4												

Samstag												
Uhrzeit	7	8	9	10	11	12	13	14	15	16	17	18
Bühne 1												
Bühne 2												
Bühne 3												
Bühne 4												

Übungsfall 1: Inspektion

1. Beurteilen Sie die Situation der Werkstattauslastung im Fall Schauder, wenn Sie davon ausgehen, dass die geplante Inspektion mindestens 90 Minuten in Anspruch nimmt. Zeigen Sie verschiedene Möglichkeiten auf, wie Sie mit Frau Schauder bei der Auslastungssituation in der Werkstatt einen Inspektionstermin vereinbaren können.

2. Frau Schauder bestätigt vorab telefonisch ihren Auftrag. Zählen Sie Vorteile auf, welche diese vorhergehende Anmeldung sowohl für die Kundin als auch für das Autohaus bringt.

3. Nach erfolgter Terminplanung fährt Frau Schauder mit ihrem Wagen bei der Direktannahme des Autohauses vor. Bei dieser Direktannahme stellt der Serviceberater Herr Wuj fest, dass an der Vorderachse Reparaturbedarf besteht. Herr Wuj weist Frau Schauder darauf hin.

   Erläutern Sie, warum die Direktannahme im Werkstattgeschäft für das Autohaus immer mehr an Bedeutung gewinnt (drei Aspekte).

4. Die Inspektion am Fahrzeug von Frau Schauder ist zum vereinbarten Abholtermin erledigt. Frau Schauder trifft im Autohaus ein und will ihr Fahrzeug abholen. Sie legen Frau Schauder die Rechnung vor. Die Kundin verlangt eine weitergehende Erläuterung der Rechnungsposition „Inspektion mit Mobilitätsgarantie“. Nennen Sie Frau Schauder mindestens sechs Arbeitspositionen, die im Rahmen einer Inspektion normalerweise durchgeführt werden.

5. Erläutern Sie Frau Schauder die Leistungen einer Mobilitätsgarantie.

Lösungsvorschlag Übungsfall 1

1. Für den von Frau Schauder gewünschten Termin sind unmittelbar keine zeitlich ausreichenden Kapazitäten mehr vorhanden. Sie können aber evtl. durch Umplanungen in der Werkstatt (Dienstag Bühne 2/3 oder Mittwoch Bühne 1/2/3) geschaffen werden.

Montag												
Uhrzeit	7	8	9	10	11	12	13	14	15	16	17	18
Bühne 1												
Bühne 2												
Bühne 3												
Bühne 4												

Donnerstag												
Uhrzeit	7	8	9	10	11	12	13	14	15	16	17	18
Bühne 1												
Bühne 2												
Bühne 3												
Bühne 4												

Dienstag												
Uhrzeit	7	8	9	10	11	12	13	14	15	16	17	18
Bühne 1												
Bühne 2												
Bühne 3												
Bühne 4												

Freitag												
Uhrzeit	7	8	9	10	11	12	13	14	15	16	17	18
Bühne 1												
Bühne 2												
Bühne 3												
Bühne 4												

Mittwoch												
Uhrzeit	7	8	9	10	11	12	13	14	15	16	17	18
Bühne 1												
Bühne 2												
Bühne 3												
Bühne 4												

Samstag												
Uhrzeit	7	8	9	10	11	12	13	14	15	16	17	18
Bühne 1												
Bühne 2												
Bühne 3												
Bühne 4												

Weitere Möglichkeiten, z. B.:

- Anbieten eines Samstag-Termins (hier Auslastung in dieser Woche unbekannt)
- Hol- und Bring-Service für freie Vormittagstermine
- Ersatzwagen zur Verfügung stellen

2. Für die Kundin verringert sich die Wartezeit und es kann meist ein verbindlicher Abholtermin vereinbart werden.

   Die Werkstattauslastung lässt sich besser planen. Erforderliche Teile können rechtzeitig bestellt werden.

3. - Dienstleistung für Kundinnen und Kunden transparenter und damit vertrauensbildend
   - Anschaulichere Darstellung von Problemen
   - Möglichkeit zur frühzeitigen Auftragserweiterung (kein Nachtelefonieren)
   - Zusatzgeschäfte können angeboten werden (z. B. günstige Pauschal- oder Servicepakete)

   usw.

4. Arbeitspositionen bei Inspektion:
   - Bremsentest
   - Beleuchtung
   - Funktion Signalanlage
   - Zustand Gurte
   - Flüssigkeitsstand (Batterie, Kühlmittel, Frostschutz ...)
   - Profiltiefe Reifen
   - Bremsflüssigkeit
   - Motoröl- und Filterwechsel u. a.

5. Die Leistung der Mobilitätsgarantie besteht **im Pannenfall** in der Kostenübernahme für:
   - Soforthilfe vor Ort
   - Abschleppen und Bergen
   - Ersatzfahrzeug für Reparaturdauer (zeitliche Begrenzung möglich)
   - Hotel/Übernachtung bei weiteren Fahrten u. a.
   - Reparaturkosten werden nicht übernommen!

Situation
Ein auswärtiger Autofahrer fährt vor Ihrem Autohaus vor. Der Kunde teilt Ihnen mit, dass die Temperaturanzeige seines Fahrzeugs sehr hoch sei. Bei der Auftragseröffnung stellen Sie fest, dass der Kunde sein Fahrzeug nicht regelmäßig zur Inspektion brachte.

Übungsfall 2: Auftragsannahme

1. Nennen Sie dem Kunden mögliche Ursachen für die starke Erhitzung des Motors.

2. Sie sprechen den Kunden auf die Notwendigkeit zur regelmäßigen Durchführung von Inspektionen an.

   Welche Argumente bringen Sie vor?

3. Der Kunde erklärt, dass die Durchführung von Inspektionen für ihn mit sehr vielen Umständen verbunden sei.

   Welche Dienstleistungen im Zusammenhang mit den Inspektionen bieten Autohäuser ihren Kundinnen und Kunden an?

4. Bei der Auftragseröffnung fragen Sie den Kunden bereits nach der beabsichtigten Zahlungsweise. Der Kunde hat nicht genügend Bargeld bei sich, um den Rechnungsbetrag zu begleichen, und möchte daher überweisen.

   Bieten Sie ihm verschiedene Möglichkeiten zur Zahlung an. Gehen Sie dabei auch auf die Vor- und Nachteile für Ihr Autohaus ein.

5. Es stellt sich heraus, dass die Reparatur doch länger dauern wird. Der Kunde möchte diese Zeit nicht im Autohaus warten und fragt Sie nach einem Mietwagen. Sie bieten dem Kunden eine entsprechende Ersatzmobilität an.

   Was müssen Sie vor Herausgabe eines Fahrzeugs an den Kunden beachten bzw. unternehmen?

Situation
Ihr Kunde Fritz Listig beschwert sich bei Ihnen über die „gesalzenen Werkstattpreise“.
Er ist der Meinung, dass die Preise der Vertragswerkstätten völlig überzogen sind, und will in Zukunft seine Inspektionen und Reparaturen von einem Bekannten am Wochenende erledigen lassen.

Übungsfall 3: Werkstattlöhne

1. Mit welchen Argumenten versuchen Sie, den Kunden zu überzeugen, dass Reparaturen und Inspektionen, die in einer Vertragswerkstatt durchgeführt wurden, für ihn von Vorteil sind?

2. Erklären Sie dem Kunden, warum die Stundenverrechnungssätze so hoch sein müssen.

3. Ihr Kunde gibt zu bedenken, dass die Mechaniker ja wohl nur ca. 20 % von dem verdienen, was der Kunde pro Stunde bezahlen muss. Dieser Preis entspricht dem Fünffachen der Lohnkosten. Wie wird dieser Multiplikator genannt und wie wird er berechnet?

4. Eine freie Werkstatt in der Nähe Ihres Autohauses hat einen um 10 % geringeren Stundenverrechnungssatz als Sie.

   Welche Gründe können dafür ausschlaggebend sein?

5. Welche Maßnahmen erscheinen Ihnen sinnvoll, um Kundinnen und Kunden mit älteren Fahrzeugen wieder für Ihre Werkstattleistungen zu gewinnen?

Lösungsvorschlag Übungsfall 2

1. Mögliche Ursachen für eine starke Erhitzung sind z. B.:
   - fehlendes Kühlerwasser
   - defekte Wasserpumpe
   - Thermostat defekt

2. Argumente für eine regelmäßige Inspektion sind z. B.:
   - Werterhalt des Fahrzeugs (scheckheftgepflegt)
   - Verkehrssicherheit bleibt gewährleistet.
   - Betriebssicherheit ist gewährleistet.
   - Erhalt von Garantieansprüchen
   - evtl. Mobilitätsgarantie

3. Sie bieten Ihren Kundinnen und Kunden die Dienstleistungen an, die im Zusammenhang mit den Inspektionen vom Autohaus angeboten werden:
   - Hol- und Bringservice
   - Werkstattersatzfahrzeug
   - Taxigutscheine

   ...

4. Mögliche Zahlungsformen: Kreditkarte, EC-Karte im ELV oder im PIN-Verfahren, ...
   - Es wäre auch denkbar, den fremden Kunden zu einer Bank zu bringen, wo er das Geld am Automaten holen kann.
   - Eine Begleichung der Rechnung per Überweisung ist bei einem fremden Kunden sehr unsicher.
   - Generell ist der Zahlungseingang auch beim EL-Verfahren nicht sicher, da Lastschriften z. B. mangels Deckung abgewiesen werden können oder der Kunde der Ausführung widersprechen kann (Rückbelastung).
   - Kreditkarten sind grundsätzlich sicher. Allerdings entstehen hier für das Autohaus relativ hohe Gebühren.

5. Notwendige Tätigkeiten vor der Herausgabe eines Fahrzeugs an Kundinnen und Kunden sind z. B.:
   - Ausfüllen einer entsprechenden Vereinbarung (z. B. Mietvertrag)
   - Kopie des Personalausweises
   - Kopie der Fahrerlaubnis
   - Fahrzeug mit dem Kunden auf mögliche Beschädigungen kontrollieren (ebenso bei Rückgabe)
   - Fahrzeug erklären
   - Auf Tankfüllung hinweisen

Lösungsvorschlag Übungsfall 3

1. Mögliche Argumente sind z. B.:
   - Vorteil beim Verkauf des Fahrzeugs
   - Gewährleistung der Werkstatt für die Reparaturarbeiten
   - Eine Vertragswerkstatt hat geschulte Mitarbeiterinnen und Mitarbeiter und entsprechende Werkstatteinrichtungen und Diagnosegeräte. Die Reparaturqualität ist deshalb sehr hoch.
   - Durch Spezialwerkzeug und geschultes Personal ist die Reparaturdauer kürzer. Kundinnen und Kunden sparen dadurch zu bezahlende Arbeitszeit.

2. In den Stundenverrechnungssatz fließen ebenfalls die Lohnnebenkosten, die Gemeinkosten wie AfA, Instandhaltungskosten, Energiekosten, Entsorgungskosten, Gehälter von Verwaltung, der Werkstattleitung mit ein.

3. $\text{Werkstattindex} = \frac{\text{Stundenverrechnungssatz}}{\text{Produktivlohn}}$

4. Die freie Werkstatt hat häufig geringere Gemeinkosten, z. B. geringere Lagerhaltung, geringe Verwaltungskosten, wenig Personal.
   Nicht alle Arbeiten können dort ausgeführt werden.

5. Folgende Maßnahmen könnten Kundinnen und Kunden überzeugen:
   - Pauschalangebote für bestimmte Arbeiten
   - Kostenlose Fahrzeugwäsche
   - Kostenloser Beleuchtungstest
   - Reifeneinlagerung
   - Durchsicht vor dem Urlaub
   - Hol- und Bring-Service
   - Kostengünstige Fahrzeuge für die Reparaturdauer
   - Sonderrabatte auf Ersatzteile

Situation

Ihr langjähriger Stammkunde, Herr Schnell, sitzt bei Ihnen in der Service-Annahme.
Heute Morgen hat ihm an einer Kreuzung ein SUV-Fahrer die Vorfahrt genommen. Sein erst drei Monate altes Auto wurde erheblich beschädigt. Zum Glück wurde er selbst nicht verletzt.
Die Schuldfrage ist eindeutig geklärt, die Versicherung des Unfallgegners ist Herrn Schnell bekannt.

Übungsfall 4: Unfallschadenabwicklung

1. Herr Schnell wünscht, dass Sie die Reparatur abwickeln.

   Welche Formulare lassen Sie ihn unterschreiben?
   Erläutern Sie den jeweiligen Zweck.

2. Welche Ansprüche hat Herr Schnell gegenüber der gegnerischen Versicherung?

3. Herr Schnell geht davon aus, dass er den Neuwagenwert ersetzt bekommt, schließlich ist er mit seinem neuen Wagen erst 2.000 km gefahren.

   Wie ist die Rechtslage?

4. Herr Schnell lässt das Auto in Ihrer Werkstatt. Am Nachmittag erscheint der Sachverständige, Herr Gütlich.

   Nennen Sie die Aufgaben eines Sachverständigen.

Lösungsvorschlag Übungsfall 4

1. Zu unterschreibende Dokumente und Formulare sind z. B.
   - RKÜ (Reparaturkosten-Übernahmebestätigung): Bestätigung, dass die Versicherung des Unfallgegners den Schaden übernimmt
   - Sicherungsabtretung: Der Kunde tritt damit seine Versicherungsansprüche gegenüber der gegnerischen Versicherung an das Autohaus ab.
   - Reparaturauftrag: Der Kunde legt den Umfang der Reparatur fest, erkennt die AGBs an und ist damit auch für die Bezahlung verantwortlich.

2. Herr Schnell hat gegenüber der gegnerischen Versicherung z. B. folgende Ansprüche:
   - Reparaturkosten
   - Gutachterkosten
   - Mietwagen für die Reparaturdauer, alternativ Nutzungsausfallentschädigung
   - Wertminderung
   - Abschleppkosten
   - Rechtsanwaltskosten
   - Sonstige Kosten wie Auslagen an Porto, Telefon usw.

3. Voraussetzungen für die Abrechnung auf Neuwagen-Basis ist:

   a) Das Fahrzeug ist nicht älter als einen Monat.

   b) Fahrzeug ist nicht mehr als 1.000 km gefahren.

   c) Es liegt ein erheblicher Schaden vor.

   Genaueres ist den jeweiligen Versicherungs-Vertragsbedingungen zu entnehmen.

   Punkt 1 und 2 treffen nicht zu, Herr Schnell wird somit nicht auf Neuwagen-Basis abrechnen können. Er erhält jedoch eine Wertminderung vergütet.

4. Die Aufgaben eines Sachverständigen sind z. B.:
   - Besichtigung und Feststellung des Schadens
   - Einschätzung der Reparaturkosten und -dauer
   - Angaben über die Höhe einer evtl. Wertminderung
   - Beurteilung der Reparaturwürdigkeit
   - Feststellung des Zeitwerts (einschl. Dokumentation von Sonderausstattung, Reifenprofil)
   - Bei nicht reparaturwürdigen Fahrzeugen Feststellen des Restwerts

Brauner, Angelika, Hohenpeißenberg: 29.2.

Bundesministerium für Digitales und Verkehr, Berlin: 25.1, 25.2, 25.3, 25.4, 25.5, 25.6, 25.7, 25.8, 25.9, 26.1, 26.2, 26.3, 26.4, 26.5, 26.6, 26.7, 26.8, 26.9.

Getty Images (RF), München: mikimad 1.1.

Shutterstock.com, New York: damiangretka 281.1; etraveler 6.1; Ivantsov, Ruslan 32.1; Kalinovsky, Dmitry 283.1; kitzcorner 33.1; kovop58 7.1; Minerva Studio 29.1; Muller, Frederic 14.1; nd3000 39.1; Photology1971 281.2; Podushko Alexander 17.1; Syda Productions 277.1; tuulijumala 12.1; UfaBizPhoto 279.1; Visual Generation 117.1.

stock.adobe.com, Dublin: Titel; geschmacksRaum® 40.1; hedgehog94 Titel, Titel, Titel, Titel; nsdpower 1.2; peterschreiber.media 9.1, 27.1; svort 17.2.

Sachwortverzeichnis

U

V

W

Z